Sous la direction de
Denis Zervudacki

Dictionnaire *amoureux* de l'entreprise et des entrepreneurs

Dessins d'Alain Bouldouyre

PLON
www.plon.fr

Collection fondée
par Jean-Claude Simoën

92, avenue de France
75013 Paris
Tél. : 01 44 16 09 00
Fax : 01 44 16 09 01
www.plon.fr
www.lisez.com

Mise en pages : Nord Compo (Villeneuve-d'Ascq)
Dépôt légal : octobre 2021
ISBN : 978-2-259-30772-7

MIXTE Papier issu de sources responsables FSC® C003309

Plon est un éditeur qui s'engage pour la préservation de son environnement et qui utilise du papier fabriqué à partir de bois provenant de forêts gérées de manière responsable.

À Yvon Gattaz
qui m'a transmis la passion d'entreprendre.

À François Perigot
qui m'a appris les vertus du capitalisme.

À Arnaud, Mathieu, Xavier et Gilles qui,
depuis son origine,
m'accompagnent dans ce qui n'était qu'un projet.

... et à tous les coauteurs de ce Dictionnaire amoureux de l'entreprise et des entrepreneurs *qui est le leur.*

Préface

Quel singulier pays que notre douce France, toujours prompte à célébrer le futile et si dure, farouche et ingrate envers ceux qui y exercent la fonction vitale de créer richesse et emploi.

Victor Hugo déplorait déjà l'ingratitude « pour le don nécessaire, jamais pour le don du superflu » et le manque de reconnaissance pour celui qui « vous donne le pain quotidien » contrairement « à qui vous donne la parure ».

Tel est le sort réservé en France à l'entreprise et aux entrepreneurs.

C'est sur ce triste constat qu'est née l'idée de ce Dictionnaire amoureux.

Mathieu Laine m'avait fait l'hommage de la dédicace de son monumental et érudit *Dictionnaire amoureux de la liberté*. Emporté par l'élan d'une lecture gourmande, j'achevais celle-ci avec la liste des « ouvrages parus dans la même collection ». Sur la carte du Tendre des plus vibrantes déclarations d'amour qu'est chez Plon le Dictionnaire amoureux s'égaient Proust, le général de Gaulle, les chats, le piano, le vin, les explorateurs, Mozart et Tintin. Plus de 130 titres dédiés à ceux sur lesquels les Français jettent un regard énamouré.

Mais point d'entreprise, ni d'entrepreneurs.

Pas de place ni à « Tendre sur Inclinaison », ni à « Tendre sur Estime », pas plus qu'à « Tendre sur Reconnaissance » pour ceux qui, avec celle de penser, sont les acteurs de la plus belle des libertés, celle d'entreprendre. Ni de droit de cité pour l'entreprise qui bien qu'étant le « cœur battant » de la société française n'a toujours pas trouvé place dans celui des Français.

Être au cœur sans être aimé. C'est pour mettre fin à ce paradoxe qu'aura été pensé et bâti ce Dictionnaire sur le mode de celle à qui il est dédié, l'entreprise.

Le créneau était donc vacant. Commença alors le temps de la conception avec ses joies, ses épreuves, ses doutes et ses surprises.

Et celui des obstacles à surmonter et des choix à effectuer.

Le premier aura été d'identifier celui qui, en soliste, dans la tradition des Dictionnaires amoureux, aurait à l'instar d'un Alain Ducasse pour la cuisine, d'un Jean-Michel Wilmotte pour l'architecture, d'un Mario Vargas Llosa pour l'Amérique latine ou d'un Luc Ferry pour la philosophie, tout à la fois le talent et la légitimité pour être dans une démarche exclusive et univoque l'auteur du *Dictionnaire amoureux de l'entreprise et des entrepreneurs.*

Une signature indiscutable à mes yeux s'imposait. Celle de celui dont j'ai eu l'honneur d'être le co-organisateur du comité qui l'a accompagné dans son entrée sous la Coupole.

Ma démarche ne rencontra pas un franc succès auprès du premier créateur d'entreprise devenu immortel qui va cependant assurer l'une des toutes premières entrées de ce dictionnaire.

Échouer et rebondir est l'une des règles d'or de l'entrepreneur. Tout comme l'est celle de contourner l'obstacle en raisonnant autrement.

C'est ainsi que me vint l'idée de penser « *out of the box* » d'une tradition bien installée et de convaincre Plon de faire entorse à la sacro-sainte règle de ses Dictionnaires amoureux de ne porter qu'une ou exceptionnellement deux signatures et d'accepter que ce Dictionnaire soit rédigé à plusieurs mains.

Cette « disruption » fut, entre entrepreneurs, une affaire vite entendue.

Restait à recueillir l'adhésion de tous ceux qui avaient légitimité à être les hérauts de ce Dictionnaire amoureux.

« La pierre n'a point d'espoir d'être autre chose qu'une pierre. Mais de collaborer, elle s'assemble et devient temple », disait Antoine de Saint-Exupéry. Et ce sont près de 90 auteurs qui auront apporté leur pierre à ce temple de l'Amour.

Chacun l'a fait avec ses mots, son style, son regard, son expérience et ses propres convictions d'entrepreneur mais aussi de philosophe, d'artiste, de syndicaliste, d'essayiste, d'écrivain, d'humanitaire, de religieux, d'économiste ou d'universitaire.

Chacun l'a fait comptable de son seul propos. Mais tous l'ont fait avec cœur pour célébrer l'entreprise, saluer les entrepreneurs et louer l'esprit d'entreprise.

Rarement entreprise aura réuni un tour de table aussi prestigieux.

S'il en fut ainsi, c'est que notre « entreprise » répondait à un puissant besoin, celui de la reconnaissance. Celui aussi de partir à la conquête du cœur des Français auprès de qui l'image de l'entreprise et des entrepreneurs est si injustement dépréciée.

Et pour ce faire rétablir quelques vérités premières qui devraient pourtant s'imposer d'évidence.

En proclamant que l'argent n'est pas forcément sale, que les patrons ne sont pas tous des voyous, que faire du profit n'est pas honteux, que le laisser-faire n'entraîne pas naturellement le laisser-aller.

Bref, faire la pédagogie de l'entreprise, ce que notre école se grandirait de mieux faire.

Dire que la raison d'être de l'entreprise n'est pas la quête exclusive et frénétique du profit et que souvent mieux que d'autres, elle est au service du bien commun.

Dire qu'elle n'est pas à l'origine de nos problèmes, les inégalités sociales, la pollution et les discriminations mais qu'elle en est la solution.

Dire aux jeunes parfois encore trop méfiants vis-à-vis de l'entreprise qu'ils y trouveront souvent mieux qu'ailleurs la réponse à leur quête de sens, d'éthique et d'intégrité.

Que créer son entreprise est une aventure enthousiasmante qui n'est pas réservée à une élite diplômée mais ouverte à tous ceux qui veulent réussir leur vie et le faire au service des autres.

Toutes ces vérités premières vont être proclamées, tel est notre espoir lorsque ces pages ont été écrites, au sortir d'une crise inouïe dont on a dit qu'elle était celle de la mondialisation car elle était planétaire et dont l'issue fut trouvée grâce aux vertus de la mondialisation.

Et cela ne pouvait plus opportunément tomber pour, comme toute nouvelle entreprise, arriver sur son marché à point nommé.

Celui où après le temps de l'hôpital et celui de l'État arrive le temps de l'entreprise.

Non que l'entreprise ait été absente pendant la crise. Elle aussi aurait d'ailleurs, mérité les applaudissements des Français.

Et déclarées, elles aussi « héros Covid », toutes celles qui en deuxième ligne dans tous les secteurs vitaux de notre économie ont, bravant l'adversité, continué en prenant leur risque à faire tourner l'économie et celles qui ont réorganisé leurs activités pour produire masques, gels hydroalcooliques et blouses.

Des applaudissements aussi auraient dû accompagner la prouesse réalisée par ces laboratoires et leurs chercheurs et ces multinationales qui encore plus que nos fleurons nationaux ont, dans notre pays, mauvaise presse. Elles ont, en mobilisant des moyens faramineux, avec des fortunes diverses mais avec la même énergie, trouvé en moins d'un an le vaccin contre le Covid-19, ce qui en d'autres temps leur aurait pris huit ans, et décidé de façon inédite de sacrifier leurs compétitions sur l'autel d'un intérêt supérieur, celui de contribuer à la bonne santé du monde. Et que dire d'autre qu'ils ont été épatants de ces jeunes entrepreneurs qui, avec une incroyable audace et agilité, nous ont, de façon spectaculaire, démontré les vertus de l'esprit d'entreprise en nous permettant d'avoir « vite notre dose ».

Notre pays, comme l'ont fait les autres a, de façon légitime durant la crise, paré au plus pressé autour d'une puissante intervention de l'État.

Mais la sortie de crise ne saurait reposer sur le grand retour de l'État providence et avec lui, celui de nos vieilles lunes, de nos vieux démons et des vieilles recettes, celles des facilités et des addictions qui nous ont tant pénalisés dans le passé.

Lorsque la crise sanitaire sera surmontée demeureront ses dégâts – et nombre d'entreprises en seront aussi victimes –, les factures à payer, l'humain à réparer et les économies à reconstruire.

Seules les entreprises seront alors en mesure de permettre à la France de recréer de la richesse dans un pays qui, en un an, en aura perdu plus de 8 % et détruit plus de 320 000 emplois.

Rarement des temps aussi propices se présenteront alors aux entreprises pour apporter la démonstration qu'à travers leur dynamisme et leur responsabilité sociale, ce sont elles qui créent la « Richesse des Nations ». Et que sans elles il ne saurait y avoir de « *Build Back Better* ».

Alors arriveront, comme pour toute entreprise, l'heure de vérité et le moment fatidique d'être confronté à son marché qui pour notre dictionnaire sera celui de ses lecteurs, avec l'espoir d'éveiller auprès de ceux-ci ces désirs qui sont les prolégomènes de tout amour et qu'advienne alors le temps de la reconnaissance.

Celui où, comme cela arrive ailleurs, le décès d'un grand capitaine d'industrie lui vaudra des funérailles nationales, où la cour des Invalides ne sera pas ouverte pour ne rendre un dernier hommage qu'aux seuls chanteurs, journalistes, acteurs, ou écrivains mais aussi à des entrepreneurs qui auront bien mérité de la patrie, qu'ils soient eux aussi faits sir ou lord et qu'un jour la France reconnaissante fasse entrer au Panthéon un patron autrement que pour y accompagner son épouse.

En attendant, voilà le moment arrivé où à leur tour l'entreprise et les entrepreneurs ont leur Dictionnaire amoureux et cette reconnaissance dont William

Shakespeare disait qu'elle est « un noble et digne salaire pour les âmes généreuses ».

*

Pour susciter cette « mémoire du cœur » et qu'enfin notre pays aime ses entreprises, ceux qui les créent, les dirigent et les animent, plus de 90 portes vont s'offrir au lecteur. Bousculant quelque peu l'ordre de Diderot et de d'Alembert, notre dictionnaire, tout à la fois tellement et si peu académique, va s'ouvrir – puisqu'il en est l'alpha et l'omega – par l'Amour.

Denis Zervudacki

Amour

par Emmanuelle Duez,
fondatrice de The Boson Project

> « Je t'aime est hors dictionnaire. »
>
> Roland Barthes,
> *Fragments d'un discours amoureux.*

« L'amour est une aventure obstinée[1]. »
L'acte entrepreneurial, pulsion d'amour

« L'amour est une aventure obstinée. Le côté aventureux est nécessaire, mais ne l'est pas moins l'obstination. Laisser tomber au premier obstacle, à la première divergence sérieuse, aux premiers ennuis, n'est qu'une défiguration de l'amour. Un véritable amour est celui qui triomphe durablement, parfois durement, des obstacles que l'espace, le monde et le temps lui proposent », Alain Badiou, *Éloge de l'amour*.

---

1. A. Badiou, N. Truong, *Éloge de l'amour*, Flammarion, 2009.

Qu'est-ce qu'entreprendre ? N'y a-t-il pas là une ressemblance à l'amour, à la conquête de l'amour ? L'amour pour le commun des mortels a trait à l'intensité, une quête sans fin, l'expression de soi, la recherche d'une réponse dans les yeux d'un autre.

« Le je t'aime est la quête impérieuse d'une réponse, d'un retour[1] » ; autant d'éléments qui résonnent profondément pour l'entrepreneuse que je suis. Se donner pleinement, sans compter jamais ; croire aveuglément et croire jusqu'au bout ; vivre une épopée faite de montagnes russes, d'échecs cuisants, de moments galvanisants ; pour finir épuisé mais heureux. Les similitudes sont nombreuses.

S'il est excessif d'affirmer que l'entreprise est amour, ou n'est qu'amour, il est en revanche plus confortable d'avancer que l'entrepreneur est un amoureux. En tout cas, nombre d'entre eux. L'amour, sentiment, reste une chose statique. Les artifices qu'on lui attribue, les attentions, les cadeaux ne sont que les indices d'un amour. Certes ce sentiment peut muter, devenir intense, orageux, léger, voire se transformer en son exact opposé. Il peut même subsister par-delà les plus grandes distances ou les plus grandes durées. Mais il reste sentiment, et non mouvement. *A contrario*, l'amoureux est actif. Le je t'aime est profusion, il est un dévoilement complet à l'autre. L'amoureux s'expose, se donne, se perd. Il est porteur d'une flamme, d'un manque qui le met en mouvement, le dépasse et parfois le consume. Plus que l'entreprise n'est amour, c'est l'entrepreneur qui est l'amoureux. Dans un engagement qui le transcende et que bien souvent il ne sait qualifier, il recherche quelque chose, au-delà de l'entreprise créée. D'ailleurs, ne nourrit-on pas par le truisme d'histoires d'amour un dessein qui dépasse très

1. R. Barthes, *Fragments d'un discours amoureux*, Éditions du Seuil, 1977.

largement l'être aimé ? L'objet aimé n'est pas un but, il est un objet chose[1].

L'entrepreneur amoureux s'engage donc, absolument, infiniment, car dans l'amour « la dépense est ouverte à l'infini[2] ». Il donne son temps, son équilibre, sa santé parfois... Il donne tout parce que ce n'est pas un travail mais une quête existentielle, l'expression d'une manière d'être au monde. L'entreprise devient alors la vie, objet de passion comme toute autre chose. Dans *Le Banquet*, Socrate soutient que l'*eros* tire sa source du manque. Autrement dit, l'amour naît d'une tension qui nous pousse à chercher ce que l'on ne possède pas encore. L'amour est donc inquiétude au sens leibnizien du terme : comme l'aiguillon de la boussole, il nous exhorte à sortir de là où nous nous sommes circonscrits, de notre « zone de confort » – terme cher aux entrepreneurs –, pour soulager un malêtre ou un malaise causé par ce qui, déjà, nous échappe. En ce sens et naturellement le projet entrepreneurial se place sous l'égide d'Éros. Il est une projection, un dépassement vers ce qui n'existe pas encore. Il est une mise sous tension, un déséquilibre vers l'avant. D'ailleurs, si l'on se réfère à son étymologie : le projet est un « jeté en avant », c'est-à-dire un plan mis en œuvre qui se donne au futur, tendu en dehors du sujet qui le pense. En d'autres termes, le projet est une visée vers laquelle l'intention inquiète de celui qui le porte se démène. Engagement total, tension, inconfort, projection et manque : autant de notes qui forment la grande symphonie entrepreneuriale.

Selon Barthes, l'être aimé est reconnu par le sujet amoureux comme *atopos*. Autrement dit, il est nécessairement

1. *Ibid.*
2. *Ibid.*

original, fascinant, surprenant mais aussi déraisonnable, pas à sa place, dérangeant. C'est en des termes similaires que le qualifient les adversaires de Socrate : l'inclassable qui ne peut être classé en ce qu'il est unique, une « image singulière qui est venue miraculeusement répondre à la spécialité de mon désir[1] ». Pour toutes ces raisons, le projet entrepreneurial se doit d'être *atopos*. On aime un projet précisément parce qu'il est ce vers quoi on se met en acte pour atteindre une singularité absolue, parce qu'il n'existe pas tout à fait mais se donne à voir en puissance, comme ce qui demande à s'incarner en acte. Parce qu'il s'esquisse petit à petit, se dévoile, et ce faisant nous donne envie. Parce qu'il est le seul et l'unique, qu'il ne sera jamais parfait, jamais terminé. Parce qu'il nous met en vie. Entre l'amoureux et le sujet de son amour, l'entrepreneur et le projet entrepreneurial, l'artiste et son œuvre, la même tension apparaît, porteuse des mêmes conséquences : le projet doit être aimé s'il veut passer du rêve au réel, de l'abstrait au concret, de l'idéalisation à l'incarnation. D'une idée de l'amour à une histoire d'amour.

Love at scale
Quand le projet devient entreprise, communauté humaine

Le projet devenu histoire fédère désormais au-delà de son créateur, l'amour « passe à l'échelle ». L'entreprise crée des liens entre les individus, maillage de relations sociales et de fraternités, fruit de rapports d'attraction, d'affinités électives et d'intérêts croisés. Le projet génère des « airs de famille », au sens wittgensteinien du terme :

1. *Ibid.*

entre les individus réunis, aucune ressemblance directe ne peut être constatée alors même qu'ils semblent tous apparentés, sans que nous puissions toutefois établir ni déterminer l'élément qui crée cette ressemblance. Est-ce le sens donné à l'action ? Un certain goût des autres[1] particulier au projet ? La raison d'être originelle de l'acte entrepreneurial ? Ou des considérations plus pragmatiquement matérielles ? Quelle que soit l'essence de cette attraction, ici l'amour change de nature. Il se distingue d'*eros*, amour érotique du couple, pour embrasser *philia*, une des formes données à l'amour par Socrate[2] et Aristote.

La *philia*, qui se traduit davantage par amitié, désigne une appartenance à une maisonnée. *Oikos* en grec a donné... économie, du grec *oikonomía*. Nous y voilà. Cette maison commune est une entreprise librement créée pour s'entraider et former une *polis*, communauté d'intérêts poursuivant les mêmes biens. Si l'on considère l'entreprise comme un microcosme sociétal, une mini-société, organisation au sein de laquelle des individus adultes font société ensemble, alors on peut oser affirmer que cette petite *oikonomía* « n'a pas pour fin un avantage présent, mais ce qui est utile à la vie tout entière[3] ». En ce sens, on pourrait dire que la *philia* au cœur du projet est de celle qui fait la différence entre un simple agrégat d'individus (un vol de grues, dit Aristote) et une véritable *polis*, une communauté de personnes unies dans la recherche d'un manque, dans le tâtonnement vers ce qui n'existe pas encore, dans la réalisation du projet qui n'est que l'expression d'une insuffisance. Si l'amour est résolument entreprise, l'entreprise est aussi beaucoup d'amour.

---

1. E. Duez, J. Dupuy, *Le Goût des autres*, Éditions de l'Observatoire, 2020.
2. Nous nous appuyons sur les *Mémorables* de Xénophon et le *Lysis* de Platon.
3. Aristote, *Éthique à Nicomaque*.

L'amour objet social.
L'humanisme au cœur du projet

L'amour est fondateur, il est ciment de la relation si singulière entre l'artiste et son œuvre, donc l'entrepreneur et le projet. Une fois ce projet réel, à force d'être aimé, il se détache pour devenir la passion de tous, en tout cas de plusieurs, des autres. Tels les quartiers d'orange partagés, dans *Les Souffrances du jeune Werther*[1], la denrée rare est dispersée parmi ceux qui rejoignent le projet, lequel peu à peu devient épopée humaine, communauté de destin. Mais tout cet amour... pour quoi faire ? À quoi bon si inéluctablement cette histoire magnifique s'échoue et s'abîme dans un système sans queue ni tête, où les gagnants sont toujours les mêmes, les perdants de plus en plus nombreux et les transitions à adresser de plus en plus vitales ? Cette pulsion de vie, ce manque qui nous met en mouvement pourront-ils un jour faire entreprise vraiment, faire œuvre utilement, au sens où la raison d'être et de demeurer des entreprises dans la cité n'aurait pour fin, et non plus seulement pour moyen, que l'amour ?

C'est ce que prônent les humanistes, courant au sein duquel humblement je m'inscris. « L'humanisme est une éthique de confiance en la nature humaine. Il prescrit pour but et pour règle, à l'individu comme à la société, de tendre sans cesse vers une existence plus haute[2]. » Alors pour compléter ce théâtre amoureux, aux quatre formes d'amour définies par les Grecs : *Éros*, *Philia*, *Agapè* et *Storge*, je propose d'ajouter la *philantropia*, soit l'amour du genre humain dans son ensemble. Nous autres

1. J. W. von Goethe, *Les Souffrances du jeune Werther*, 1774.
2. A. Renaudet, *Dictionnaire des lettres françaises. Le XVIe siècle*.

bâtisseurs, en déséquilibre avant permanent, habités de rêves, assoiffés d'absolu, devons faire présider nos projets et nos âmes de cet idéal exigeant. L'entreprise sera amour ou ne sera plus[1].

1. L'humanisme qui convient à notre temps est un humanisme de la finitude, qui reconnaît ses limites et par humilité et lucidité renonce à les dépasser. Ces limites sont de trois ordres : limites naturelles, limites socio-politiques et limites métaphysiques ou spirituelles.

A

A

Abdel, Amadou, Georges, Boris et les autres

par Marek Halter,
écrivain

Je suis arrivé en France en 1950, à l'âge de 14 ans. L'intégration, l'insertion n'étaient pas alors des valeurs palpables. Je ne connaissais pas la langue, ni l'organisation de la société que je m'apprêtais à affronter. Jusque-là, je n'avais connu que deux systèmes totalitaires : le nazisme en Pologne et le soviétisme en Asie centrale où ma famille a trouvé refuge. J'ignorais ce qu'étaient la démocratie, la liberté d'expression ou le libre arbitre dont on est seul responsable.

Une cousine née quant à elle en France, professeur, a tenté de m'apprendre le français. Laborieux !

Mon père, imprimeur descendant de générations d'imprimeurs depuis Gutenberg, ce dont il était fier, voulait que j'apprenne le métier. Il me trouva du travail à ses côtés, à l'imprimerie du journal *France Soir*, quotidien le plus lu du pays : un million d'exemplaires par jour. L'imprimerie se trouvait rue Réaumur à Paris, dans un immeuble imposant, une ruche à plusieurs étages. Rédaction et fabrication réunies au son des rotatives, d'énormes machines aussi imposantes que les chaînes de production filmées dans *Les Temps modernes* de Charlie Chaplin.

Mon père était linotypiste. On dit aussi « compositeur ». Inventée par un Allemand en 1884, la Linotype, qui a marqué mon enfance, en Pologne puis à Paris, est aujourd'hui remplacée par l'ordinateur qui a en commun avec elle le clavier alphanumérique. Chaque frappe fait tomber une matrice en cuivre correspondant à un caractère. Lorsqu'une ligne de matrice (ligne-bloc) est saisie, la machine, haute de plus de deux mètres et pesant plus d'une tonne, coule du plomb chaud sur cette ligne qui sert de moule. Une fois refroidies, ces lignes-blocs (auxquelles on ajoute à la main les titres plus ou moins gros) sont assemblées aux dimensions de la page. La « mise en pages » est ensuite encrée puis passée sous une presse pour impression du texte sur papier. Pour retranscrire ce que je ressentais dans ce lieu, je ne peux m'empêcher de citer Balzac qui décrit avec précision un atelier d'imprimerie à Angoulême dans *Les Illusions*

perdues : « S'ils [les curieux] regardaient les berceaux formés par les feuilles étendues sur des cordes attachées au plancher, ils se heurtaient le long des rangs de casses, ou se faisaient décoiffer par les barres de fer qui maintenaient les presses. S'ils suivaient les agiles mouvements d'un compositeur grappillant ses lettres dans les cent cinquante-deux cassetins de sa casse, lisant sa copie, relisant sa ligne dans son composteur en y glissant un interligne, ils donnaient dans une rame de papier trempé chargée de ses pavés, ou s'attrapaient la hanche dans l'angle d'un banc [...]. »

Mon père a réalisé son rêve. Il a été sacré « meilleur linotypiste de *France Soir* » et a transmis le métier à son fils.

Quant à moi, à 15 ans, je suis devenu le plus jeune syndiqué de France. C'est ainsi que j'ai découvert la vie en entreprise, avant de devenir français à mon tour.

Pendant des décennies, on a cru que l'intégration se faisait à l'école et lors du service national (militaire). Jacques Chirac a suspendu ce dernier en 1997. L'Église a aussi joué un rôle dans l'intégration des immigrés, mais c'était bien avant la guerre, quand ceux-ci venaient d'Espagne, du Portugal, d'Italie et de Pologne, tous catholiques. Avec les guerres de décolonisation au Maghreb, ils ont progressivement été remplacés par les musulmans. Les partis politiques ont tenté de les approcher, mais les idéologies n'attiraient déjà plus les foules.

Et l'école républicaine ? Elle apporte aux enfants – d'où qu'ils viennent – les fondamentaux sur le pays où ils vivent, à travers les cours d'histoire et de géographie, notamment, qui les aident à se repérer dans l'espace et dans le temps, à faire leur place dans notre société autour d'une culture commune et à penser le monde ; ou encore à travers l'enseignement moral et civique qui se fonde sur la transmission des valeurs républicaines inscrites dans la Déclaration des droits de l'homme, la Convention des droits de l'enfant et dans la Constitution de la Ve République, valeurs nécessaires au vivre-ensemble dans une société laïque et démocratique. Un rapport constant à une culture commune, renforcé par l'étude d'œuvres littéraires, artistiques et musicales...

Cependant, chaque enfant intègre l'école avec ses propres préjugés, souvent transmis par ses parents ou sa famille. Et ses origines le distinguent des autres enfants. La décapitation du professeur d'histoire et de géographie Samuel Paty le 16 octobre 2020 montre malheureusement que l'école n'a pas trouvé l'élan nécessaire pour façonner les enfants – quelles que soient leurs origines – en de fervents patriotes de la République.

Alors ? Alors il ne reste que l'entreprise. Cette entreprise que, curieusement, on ignore lorsque l'on parle d'intégration. C'est pourtant en son sein que chaque immigré apprend la langue et découvre la solidarité des classes que l'on a tendance à oublier, et la fierté de faire progresser une entreprise si celle-ci a l'intelligence de partager ses performances avec ceux qui en sont à l'origine.

Je me souviens avec un grain de nostalgie de mon arrivée tous les matins à l'imprimerie, avec ma gamelle et mon sandwich, le moment où je retrouvais mes camarades et échangeais avec eux quelques blagues idiotes en français, comment chacun se moquait de l'accent des autres, souvent exotique.

Entre 1959 et 1967, dans un contexte français de reconstruction, le général de Gaulle – qui, reconnaissons-le, a eu plusieurs coups de génie – a avancé l'idée de l'intéressement, d'abord, puis celle de la participation des travailleurs au bénéfice de l'entreprise. Une voie alternative entre capitalisme et communisme. Il s'agit, écrit-il dans ses *Mémoires*, de « construire un nouveau [régime], qui règle les rapports humains de telle sorte que chacun participe directement aux résultats de l'entreprise à laquelle il apporte son effort et revête la dignité d'être, pour sa part, responsable de la marche de l'œuvre collective dont dépend son propre destin ». Il associe ainsi les travailleurs à la marche de la production et au désir de sa réussite. Et ce sans distinction entre employés. Un contrat facultatif, de trois ans renouvelables, donnant droit à des exonérations fiscales pour les entreprises signataires. Et des dégrèvements de l'impôt sur le revenu pour les salariés. Seules 250 entreprises se prêtent au jeu, soit moins de 1 % des travailleurs. Un échec. Les ordonnances de 1967 iront même jusqu'à obliger les entreprises à reverser aux travailleurs, en plus de leur salaire, une part des profits réalisés grâce à leur travail ce qui, à moyen terme, tendrait à effacer les frontières entre patronat et salariat. L'examen de ces textes est confié aux libéraux Georges Pompidou et Édouard Balladur, entre autres, qui, inquiets des répercussions de telles lois sur les détenteurs des capitaux et l'économie française, y sont peu favorables. Quant aux patronats et aux syndicats, ils réagissent avec hostilité.

Entre-temps, la société française a changé. Les permanences des partis politiques, où les ouvriers se retrouvaient après le travail pour partager des projets militants dans une camaraderie plus restreinte qu'à l'entreprise, mais tout aussi enrichissante, ont laissé place aux lieux de divertissement et de prière.

Le titre prestigieux d'« ouvrier », qui a marqué la société occidentale depuis le *Manifeste du parti communiste* de Karl Marx, s'est doublé d'une précision qui a rétréci son champ d'action : l'origine. Les traditions particulières à chacun, culinaires, vestimentaires, religieuses, s'introduisent peu à peu au sein de l'entreprise. Certains y ont vu très tôt un avantage. C'est le cas de Trigano père et fils, avec le Club Med – une entreprise centrée autour de la convivialité et de l'ouverture à tous –, puis de la jeune chaîne hôtelière internationale, urbaine et branchée, Mama Shelter. Un lieu de vie et de partage à taille humaine où tout le monde trouve sa place. Une équipe qui affirme sa diversité et séduit un public diversifié et nombreux.

En revanche, face à ces diversités actives, l'État, lui, préfère légiférer. Tout d'abord en ressortant des archives le mot « laïcité ». Cette notion, née le 9 décembre 1905 avec la loi sur la séparation des Églises et de l'État, met fin au quasi-monopole qu'exerçait l'Église catholique dans l'éducation des enfants, s'appuyant sur trois piliers : la neutralité de l'État, la liberté de conscience et le pluralisme.

Proposer un remède, c'est reconnaître la maladie. Les hommes, qui vivaient jusque-là leur diversité, souvent sans en avoir conscience, voient soudainement l'avantage qu'ils peuvent en tirer. Venue des États-Unis, la revendication catégorielle s'épanouit en France. La promotion de la diversité est devenue, au sein des entreprises françaises, plus attractive que la lutte contre les discriminations. La loi légifère même – voir l'« égalité des chances » et la « discrimination positive » – un quota de travailleurs handicapés, un quota de femmes, une certaine représentativité culturelle, évitant ainsi, mieux qu'à l'école ou que dans les institutions publiques, l'enfermement des individus dans une unique catégorie : femme, homme, handicapé, senior, homosexuels... En les libérant même des rapports de domination tels que les a décrits Michel Foucault (1975). Dans un contexte marqué par le racisme et le rejet de l'autre, la possibilité de côtoyer une plus grande diversité dans les entreprises est devenue plus attractive pour de nombreux chercheurs d'emplois.

La roue tourne. Grâce à la publication du rapport *Workforce 2000 – Work and Workers for the 21st Century* par l'institut américain Hudson, qui annonce une révolution dans la composition de la main-d'œuvre, principalement en raison de l'entrée sur le marché du travail des femmes et des membres des minorités ethniques, les entrepreneurs comprennent vite que cette diversité leur permettra d'en finir avec une politique impopulaire qui s'appuie essentiellement sur une catégorie privilégiée, tout en répondant aux objectifs de la productivité.

En France, l'histoire de la lutte contre les discriminations au sein de l'entreprise est plus récente qu'aux États-Unis. L'une des premières références à la diversité apparaît en 2004 dans le rapport de Claude Bébéar, « Les entreprises aux couleurs de la France », en réponse à la mission que lui confie le Premier ministre d'alors Jean-Pierre Raffarin en ces termes : « Cette diversité doit se retrouver à tous les échelons de la société, c'est-à-dire y compris aux plus hauts. Cette diversité doit être visible : c'est une question de justice, c'est aussi la seule voie possible pour revitaliser le pacte républicain [...]. » Ce rapport, donc, propose un modèle de promotion de la diversité, non seulement comme réponse à la pénurie de main-d'œuvre dans certains secteurs d'activité, mais également pour dynamiser les entreprises françaises. « L'acceptation puis la gestion de la diversité dans l'entreprise ne peuvent en effet résulter que de la prise de conscience par les entrepreneurs eux-mêmes de l'intérêt, pour l'entreprise et son développement, de prendre en compte cette dimension de la gestion des ressources humaines. »

En effet, grâce à la devise française « liberté, égalité, fraternité », nous sommes particulièrement sensibles aux valeurs dites universelles, associées à la neutralité d'un espace public interdit aux communautarismes. Dans le discours public, l'égalité des chances et la diversité correspondent à une vision méritocratique de la société, où le libre marché récompense le talent et le travail de chacun. « Toute la confusion qui règne aujourd'hui entre le *racial* et l'*ethnique* ne résulte pas d'erreurs au regard de ce que serait une définition correcte de ces catégories [...] elles disent une vérité moins que l'altérité perçue, que des personnes françaises continuent d'être vues comme n'étant pas d'ici » (Didier Fassin, *De la question sociale à la question raciale ? Représenter la société française*, 2006).

Mesurer la diversité en France est impossible. Ne sommes-nous pas tous, comme le croyait Voltaire, les enfants des Lumières, à l'image de l'homme universel ? Les partisans des statistiques ethniques pensent quant à eux que la lutte contre les discriminations passe obligatoirement par leur mise en évidence, leur identification et leur repérage. Car la France, ce que nous ignorons, est un pays d'immigration. Particulièrement l'Île-de-France qui représente toute la palette des religions et spiritualités existantes dans le monde. En Europe, elle est le pays qui compte le plus grand nombre de citoyens musulmans, juifs et bouddhistes.

Après les attentats du 13 novembre 2015, le Medef a décidé de s'engager sur la sécurité des entreprises et des salariés, ainsi que sur les questions de ressources humaines, souhaitant « accompagner les chefs d'entreprise dans la gestion constructive et apaisée de la diversité, notamment religieuse » (*Les Échos*, 2015).

Pour le président de la Confédération des petites et moyennes entreprises, François Asselin, lui-même à la tête d'une entreprise familiale de restauration de monuments anciens, « tout se passe très bien ». « La cohabitation se fait dans un esprit serein. Nous respectons les fêtes et jours fériés inscrits sur le calendrier. Si des souhaits de changements d'horaire étaient formulés par les salariés pour des causes religieuses, [...] la réponse serait toujours la même : oui à condition que ça n'entrave pas l'intérêt de l'entreprise [...]. »

Pour Benoît Bourg, DRH de l'entreprise stéphanoise Thuasne, spécialisée dans la fabrication de produits médicaux, les choses se déroulent aussi sans encombre. « Nous mettons en avant la diversité, car nous jugeons que c'est un facteur de réussite et de développement pour une ETI [entreprise de taille intermédiaire] [...]. L'entreprise est une représentation de toutes les composantes de la société » (Tiphaine Thuillier, « La Religion en entreprise, un faux problème pour les patrons », *L'Express*, 2016).

Après avoir accepté d'écrire sur l'entreprise comme lieu d'intégration, et après avoir parcouru de nombreux textes et témoignages s'y référant, j'ai voulu approcher le problème de plus près. Vérifier ma thèse. Le plus simple a été de visiter un chantier. Il se trouve qu'il y en avait un près de chez moi dans le Marais où, tous les jours depuis un mois, je voyais s'affairer des hommes sur les trottoirs et les échafaudages, chargeant et déchargeant des camions. Sur mon passage, je les entendais échanger des mots, souvent avec de forts accents.

Un matin, donc, je me suis posté en face du chantier et j'ai attendu qu'ils arrivent. Je ne savais pas encore si j'allais les interroger, ou simplement les observer. Cela suffira-t-il à étayer mes propos ?

Au bout d'un moment, dans le brouillard matinal, j'ai aperçu un homme. Plutôt petit. Il portait un bleu de travail et un casque blanc de protection sur la tête. Il a fait le tour du chantier, comme s'il en était le propriétaire. Puis il s'est planté devant l'entrée et a allumé une cigarette. Son visage est resté dans l'ombre, mais de là où je me trouvais, je voyais ses mains fortes au teint foncé. Puis j'ai vu apparaître un deuxième homme. Grand, mince, le pas décidé, il lança :

— Alors, Amadou ? Toujours le premier !

Ils se sont serré la main. Le grand s'appelait Abdel. Je l'ai appris plus tard, au gré de leur conversation. Il s'est retourné et a aperçu, en même temps que moi, un troisième homme. Celui-ci, empâté, avançait, comme souvent les gros, d'un pas allègre, légèrement dansant.

— Voilà le Russe ! s'écria le « grand ».

Et s'adressant au nouveau venu :

— Ça va, Boris ?
— Pas tellement…

Boris avait la voix traînante.

— Ma femme Khadija est malade, ajouta-t-il. Une indigestion…

— Et moi qui croyais, reprit le « grand », que nous aurons enfin demain notre couscous tchétchène !

— Tu l'auras Abdel, tu l'auras ! Le meilleur couscous du monde !

À cet instant, j'ai vu un quatrième homme, à peine plus grand qu'Abdel, mais plus costaud : Georges, le délégué syndical. Il portait son casque de chantier à la main. Son crâne était dégarni.

— Vous connaissez la nouvelle ? lança-t-il de loin.

Ses trois camarades se sont approchés.

— L'entreprise a signé un nouveau contrat.

— Un nouveau chantier ? demanda Boris. Où ça ?

— Porte d'Ivry.

— Brrravo ! s'exclama le Russe en roulant les « r » comme un tambour.

Abdel a fait quelques pas de danse en imitant Slimane.

— Pourquoi es-tu si content ? s'étonna Georges.

— J'aurai un métro direct, répondit Abdel, et assez de temps pour déposer Anis à l'école.

— Et toi ? demanda à son tour Abdel au Russe.

— Parce que nous aurons du travail, pardi !

— Tout ça grâce à notre délégué syndical, a fait Amadou, en mettant sa large main sur l'épaule du chauve.

Ce dernier rit, un peu gêné, et couvrit son crâne chauve de son casque de protection.

— Non, dit-il, c'est grâce à l'entreprise.

Puis il ajouta encore quelque chose que je n'entendis pas. Un gros camion venait de se parquer entre nous, en pleine rue.

Quatre arbres ne forment pas une forêt, mais, à ce moment-là, j'ai pensé qu'au fond rien n'avait changé depuis mon enfance et que je n'avais pas tort d'affirmer que l'entreprise restait le lieu d'intégration par excellence.

Voir : Diversité ; Inclure.

Académie

par Yvon Gattaz,
fondateur de Radiall,
membre de l'Institut,
président d'honneur du CNPF (ex-Medef)

Voilà une institution bien mystérieuse pour le lecteur qui doit se demander comment elle se retrouve dans un Dictionnaire amoureux consacré à l'entreprise et aux entrepreneurs

Le terme « académie » date de Platon et il a été utilisé souvent de façon insolite pour des activités les plus diverses.

L'académie qui nous intéresse ici est l'une des cinq compagnies prestigieuses qui constituent l'Institut de France, lui-même peu connu des Français et de mes amis chefs d'entreprise à qui je rappellerai rapidement les noms : l'Académie française fondée en 1635 par Richelieu, l'Académie de peinture et des sculptures créée en 1648 qui devint l'Académie des beaux-arts, l'Académie des inscriptions et belles-lettres rassemblée en 1661, l'Académie des sciences créée par Colbert en 1666 et enfin, l'Académie des sciences morales et politiques née sous la Convention en 1795, Académie dans laquelle un chef d'entreprise créateur d'une entreprise industrielle a été subrepticement introduit en 1989. Cette révolution mérite quelques lignes.

En effet, j'ai découvert moi-même cette Académie prestigieuse par hasard comme Christophe Colomb pour l'Amérique : Terre ! Terre ! Quai Conti !

Cette rencontre inattendue entre l'Académie et un simple chef d'entreprise, normalement obsédé par ses innovations technologiques, ses produits, ses clients, ses fournisseurs et sa convivialité, mérite d'être rapidement expliquée.

En 1989, Pierre de Calan venait d'être élu à l'Académie des sciences morales et politiques et me demanda de lui remettre son épée d'académicien. Une bombe ! Devant mon effarement, Pierre de Calan m'expliqua ce qu'étaient cette Académie des sciences morales et politiques et cette fameuse épée, symbole final, dont la remise pouvait être éventuellement confiée à l'incompétence d'une personnalité extérieure.

Je ne pouvais refuser et je fis de mon mieux.

Seule demande de sa part en retour : que je fasse par la suite une « communication » à l'Académie sur l'entreprise. Je lui promis d'appeler rapidement le président de l'Académie pour fixer la date de cette prestation.

Tout d'abord, le bâtonnier Albert Brunois me questionna sur mon futur exposé sur l'entreprise qui me semblait le satisfaire. Puis il m'interrogea longuement sur ma carrière, sur la création avec mon frère, de la société Radiall sur le lancement de mes associations : le mouvement E.T.H.I.C des moyennes entreprises de taille humaine, industrielles et commerciales, Jeunesse et Entreprises déjà reconnue d'utilité publique et sur la revue mensuelle *Les 4 Vérités*.

Puis, à la fin de l'entretien débuta une séance d'une commedia dell'arte parfaitement réussie.

— Non ! Vous ne ferez pas de communication à l'Académie !

Stupéfaction. Erreur ? Maladresse ? J'étais terrassé. Mais dans un sourire, le bâtonnier compléta son propos abrupt :

— Non, vous allez tout simplement présenter votre candidature à l'Académie elle-même.

— Oh oh ! Mais il faudrait qu'un fauteuil soit libre.

— C'est le cas depuis le décès récent de Pierre Massé et nous recherchons un candidat pour la section « Économie, Politique, Statistique et Finances », celle de votre ami Pierre de Calan. Mais je vous demande une réponse rapide.

Une bombe aussi inattendue que celle d'Hiroshima et semblable à celle du président Paul Huvelin en 1981 lorsqu'il me proposa de poser ma candidature à la présidence du CNPF (Conseil national du patronat français).

Immensément flatté par cette proposition exceptionnelle, j'interrogeai mon entourage qui, lui non plus, ne connaissait aucunement l'Institut de France.

Ma famille était farouchement contre, soucieuse de ma santé. Mon frère et associé Lucien pour celle de notre entreprise Radiall. Mais mes amis des *4 Vérités* et d'E.T.H.I.C. furent enthousiasmés par cette possibilité inattendue de faire passer dans ce temple de la pensée nos idées non conformistes sur l'entreprise. Après trois jours d'enquête, je rappelai enfin le bâtonnier peu satisfait de ce retard et surtout de mon manque d'enthousiasme.

L'élection eut lieu le 29 mai 1989 face à deux amis, Marcel Boiteux et Michel Albert qui, par bonheur, me rejoignirent un peu plus tard à l'Académie : j'étais élu dès le premier tour avec 20 voix sur 35 présents.

Mon épée d'académicien, ce symbole authentique qui est conservé précieusement dans les familles, me fut remise en 1990 dans la toute nouvelle pyramide du Louvre par Alain Peyrefitte qui déclara : « Vous êtes le premier créateur d'entreprise industrielle qui entre sous la Coupole depuis la fondation de l'Académie en 1635. » Quelle bouffée ! Et quelle responsabilité pour ne pas décevoir mes éminents confrères des différentes sections : philosophie ; morale et sociologie ; législation, droit public et jurisprudence ; économie politique, statistique et finances ; histoire et géographie ; section générale. Bien entendu, je fus douillettement accueilli dans la section « économie ».

Passionné par cette nouvelle fonction dans un milieu d'érudits dont la convivialité n'a d'égal que le talent, je me suis investi sans réserve et après la disparition de certains de mes confrères et la démission du doyen en titre Gaston Défossé, souffrant, je fus élu dès 1995 doyen de la section et je resterai à ce poste passionnant pendant plus de vingt ans puisque c'est en octobre 2019 que j'ai transmis à Jean-Claude Casanova ce titre de doyen responsable. Je ne suis donc plus aujourd'hui qu'un « commun des immortels ».

Quel rôle ai-je pu jouer personnellement dans le rapprochement entre entreprises et Institut, ces deux monuments longtemps enfermés dans les murs de leur citadelle ? Il est vrai qu'en 1989 aucun chef d'entreprise français ne connaissait l'Institut de France et ses cinq académies. Tout au plus connaissent-ils la Coupole finalement peu différente de celle des Invalides ou du Panthéon et qui culmine à 44 mètres car Le Vau avait interdiction de dépasser la hauteur de 45 mètres du Louvre d'en face. Ce premier « Collège des Quatre Nations » a été construit par Mazarin pour former « à la française » les jeunes nobles des territoires récemment conquis.

En réalité ce pied introduit par l'entrepreneur dans la porte de l'Institut en 1989 a été symbolique et le chancelier de l'époque Édouard Bonnefous ne s'était pas trompé en m'admonestant fermement : « J'espère que vous n'allez pas introduire à l'Académie des entrepreneurs parmi nos érudits dans ce Parlement des Savants. »

Cette mise en garde aurait dû décourager toute autre arrivée après la mienne. Mais il n'en fut rien et Maurice Allais, notre prix Nobel d'économie, entré à l'Académie un an après moi, eut l'audace de segmenter les membres entre « les professeurs » et « les non-professeurs », de façon parfois ironique. C'est ainsi que plusieurs non-professeurs, et en particulier des chefs d'entreprise, furent élus par la suite.

L'Entreprise est elle-même une monumentale école car on y apprend, non pas des matières intellectuelles à diplômes, mais toutes « ces qualités d'émission » qui ne s'enseignent pas dans les facultés ou les grandes écoles : l'imagination créatrice, le goût du risque, l'envie d'entreprendre, le travail en commun, le charisme, l'autorité spontanée, la ténacité, la résistance à l'épreuve, l'espoir de réussir et surtout le « bon sens », cette qualité sommaire mais essentielle dont sont parfois dépourvus nos super-diplômés. Une infiltration subreptice chez nos érudits dont les talents m'ont toujours émerveillé.

L'Académie des sciences morales et politiques a par ailleurs cette particularité insigne d'être cloisonnée en différentes sections énumérées plus haut et chaque membre d'une section est sincèrement subjugué par les connaissances de ses confrères dans des domaines qui lui échappent. Une école d'un très haut niveau hebdomadairement réunie. Et pour un chef d'entreprise, normalement obsédé par la dernière ligne de son compte de résultats, ces escapades intellectuelles lui apportent une autre culture qu'il n'aurait jamais rencontrée dans sa vie professionnelle.

Inversement, il est possible également que les caractéristiques fortes des chefs d'entreprise ne laissent pas nos éminents confrères totalement indifférents.

Remercions donc Richelieu et Mazarin de ce qu'ils ont fait pour le mélange des cultures, devenu inévitable dans le monde moderne.

Mais j'entends d'ici la question naïve et inévitable du lecteur : « Mais à quoi sert l'Académie des sciences morales et politiques ? » Je vais tenter d'y répondre en quelques lignes que j'ai largement empruntées à l'excellent texte qu'avait rédigé notre secrétaire perpétuel Jean-Robert Pitte.

Benjamine des cinq académies qui composent l'Institut de France, l'Académie des sciences morales et politiques occupe une place sans équivalent dans le paysage scientifique français. Son appellation, héritée en droite ligne des courants philosophiques du XVIIIe siècle, inscrit son activité dans une féconde tradition intellectuelle, toujours actuelle, qui la met en prise avec les évolutions les plus récentes de la société. Telle est en effet sa raison d'être depuis plus de deux siècles : éclairer, avec le recul et la sagesse que lui confèrent ses statuts et son histoire, les enjeux et les défis du temps présent, en vue de préparer l'avenir.

À la vérité, l'Académie est une compagnie savante réellement fille des Lumières.

L'objet des études de l'Académie des Sciences morales et politiques est donc tout ce qui se rapporte à l'humain, envisagé aussi bien dans sa dimension personnelle que collective. Les six sections qui la composent reflètent la diversité des approches retenues.

L'Académie des sciences morales et politiques a été parfois qualifiée de « Cercle généraliste de spécialistes ». Elle est pour une large part le reflet de ses cinquante académiciens, qui décident collectivement de ses grandes orientations et animent ses travaux. Son statut, protégé par la loi, lui assure, à l'instar des autres Académies qui composent l'Institut de France, la liberté de ses choix et une totale indépendance vis-à-vis des pouvoirs publics. Cette dernière se manifeste en premier lieu dans la sélection de ses membres, qui s'opère suivant un mode exclusivement électif.

Le nombre de fauteuils étant définitivement fixé à 50 depuis 1832, on ne peut présenter sa candidature que lorsqu'un fauteuil est libéré par le décès de son titulaire, ce qui faisait dire plaisamment à Maurice Schumann : « Pour qu'une Académie soit vivante, il faut qu'on y meure beaucoup. »

Nombre de figures de la vie intellectuelle française ont appartenu, depuis deux siècles, à l'Académie des sciences morales et politiques. Citons Alexis de Tocqueville, Jules Michelet, Henri Bergson, René Cassin, Lucien Febvre, Albert Schweitzer ou Raymond Aron. Sept de ses membres ont été distingués par le prix Nobel, dont les deux Français lauréats du prix Nobel d'économie, Maurice Allais et Jean Tirole.

La vocation essentielle de l'Académie des sciences morales et politiques est d'éclairer le citoyen sur les questions fondamentales et les débats qui agitent la société.

Que ses portes se soient ouvertes à des entrepreneurs est aussi l'éclatante illustration de la place centrale de l'entreprise dans la société, au service de la nation.

Puisse ce court témoignage démontrer la compatibilité entre les qualités indispensables à un chef d'entreprise et son admission surprenante dans ce cercle fermé qui a été pendant des siècles si éloigné de ses préoccupations majeures.

Oui, l'Académie et l'entreprise se sont définitivement réconciliées et méritent un côte à côte dans ce dictionnaire amoureux.

Actif

par Robin Rivaton,
investisseur,
essayiste

Actif, c'est la nature même de l'entrepreneur qui a une activité, est en mouvement, invente, innove, agit. L'actif, c'est tout à la fois le début et la finalité de l'entreprise, autrement dit les moyens qu'elle utilise pour produire et le patrimoine qu'elle construit au fil du temps.

L'actif comprend tous les biens et droits que l'entreprise possède depuis des choses extrêmement tangibles comme les bâtiments, les machines et équipements mais aussi intangibles comme le fonds de commerce, les créances, brevets déposés.

L'actif, ce sont ces usines qui fument, ces machines qui crissent et grognent, ces camions et chariots qui déplacent des marchandises, ces commerces qui accueillent les consommateurs.

Utiliser les actifs était alors la compétence clé. Il fallait savoir les optimiser, les améliorer, les agencer entre eux de façon à faire en sorte que ses employés en tirent le meilleur.

Mais les actifs qui étaient essentiellement matériels ont de plus en plus laissé la place aux actifs immatériels. Il ne faut pas tant les utiliser que les créer, les inventer, les dessiner. L'économie de la connaissance a porté au pinacle les brevets et les licences qui en découlent. Les innovations sont protégées, et c'est dans ces contrats, vulgaires bouts de papier, que réside la création de richesse de demain.

Les grandes entreprises sont également des objets de séduction. La marque la plus valorisée au monde, le géant Amazon, est ainsi estimée à 220 milliards de dollars, soit plus que tous les entrepôts logistiques et véhicules de transport du groupe. Si les actifs sont immatériels, ils semblent aussi plus volatils et se déprécient à une vitesse inédite.

Rappelez-vous Enron qui a vu s'évaporer 24 milliards d'actifs, essentiellement sur papier, en l'espace de quelques mois. Alors qu'avant un actif important impliquait nécessairement des résultats importants, il n'est plus guère un indicateur de la valeur de l'entreprise. Le retour sur capitaux investis est devenu extrêmement hétérogène dans l'économie selon le secteur d'activité des entreprises.

L'actif a pour corollaire le passif tel un miroir à deux faces. L'actif et le passif constituent les deux parties du patrimoine d'une entreprise. Elles doivent apparaître, sous la forme de deux colonnes, dans son bilan comptable et permettent d'évaluer sa valeur.

Le passif, c'est la façon de financer l'entreprise, à savoir à la fois les capitaux propres et les dettes. Il n'y a pas d'actif sans passif et derrière chaque passif il y a un investisseur ou un créancier qui a apporté des capitaux à un entrepreneur pour lancer son activité. Ça serait bien mal lui rendre hommage que de considérer ces derniers comme passifs dans la vie de l'entreprise. Ils y contribuent également.

Voir : Actionnaire.

Actionnaire

par Xavier Fontanet,
ancien président d'Essilor,
professeur à HEC
et Henri Lachmann,
ancien président de Schneider Electric

Sans être des « cumulards », nous comptabilisons à nous deux plus de cinquante ans de présidence et de présence au sein de conseils d'administration. C'est forts de cette expérience que nous allons évoquer le rôle capital de l'actionnaire dans l'entreprise.

Depuis l'origine de l'entreprise que certains relient à l'écriture du code de Hammurabi il y a près de quatre mille ans, il s'est toujours trouvé des actionnaires pour la financer et porter le risque. Il y a eu aussi l'expérience des pays communistes où la collectivité possédait les entreprises. Tout le monde s'accorde pour dire qu'elle n'a pas été un franc succès. C'est donc une constante historique que l'actionnaire apporte l'argent aux entreprises, porte le risque, les salariés étant rémunérés, que l'entreprise gagne ou perde de l'argent.

L'existence de l'actionnaire est donc aussi ancienne que l'entreprise. La raison en est simple, chaque entreprise a besoin pour fonctionner d'un capital qui finance ses actifs.

Dans le cas de l'industrie, il s'agit d'usines et de stocks, dans le cas de la distribution de magasins, dans le cas des services d'ordinateurs et de bureaux. C'est indispensable lors du démarrage quand il n'y a pas encore de chiffre d'affaires et qu'il faut financer les premières dépenses. Quand l'entreprise a pris son envol, elle croît en général à une vitesse plus rapide que sa rentabilité et l'actionnaire doit souvent remettre au pot. Ce n'est que lorsque l'entreprise est stabilisée et n'a plus besoin de prioritairement investir qu'il peut espérer retrouver, grâce au dividende, sa mise de départ... Encore faut-il que l'entreprise soit alors rentable, ce qui est loin d'être toujours le cas !

L'inconnu est au centre de la vie de l'entreprise et il est très difficile à caractériser ; réussir à le faire serait d'ailleurs contradictoire avec la notion même de risque. On peut néanmoins tenter de classer les risques en trois grandes familles : d'abord les risques naturels et politiques, ensuite les risques concurrentiels, enfin les risques technologiques.

— Face aux risques politiques et à ceux qui sont liés à des pandémies, aux catastrophes naturelles, l'entreprise ne peut rien ; les forces en jeu sont largement supérieures aux siennes, sauf à s'assurer, ce qui n'est pas toujours possible, elle ne peut qu'assumer ce type de risque.

— Le risque concurrentiel est incontournable. Dans un métier, il y a toujours plusieurs acteurs. Il ne suffira pas d'avoir beaucoup travaillé et réalisé des exploits techniques si on a en face de soi quelqu'un de plus habile et de plus compétitif, surtout lorsque la mondialisation ajoute chaque jour de nouveaux concurrents !

— La destruction créatrice, enfin, affecte tous les métiers : chacun se développe en en déplaçant un autre. Dans un domaine que tout le monde connaît, en moins de cinquante ans, le phonographe a été remplacé par le magnétophone, lui-même par le Discman de Sony, puis est venu l'iPod, Spotify raflant la mise en ce moment... tout cela en attendant la prochaine vague. Rien ne garantit qu'un métier sera éternel.

Ce triple risque, c'est l'actionnaire qui le porte. Il est dès lors normal qu'il surveille l'usage des capitaux qu'il a investis et fasse valoir son droit aux profits éventuels puisque, si pertes il y a, c'est lui qui les supportera.

Actionnaire et *affectio societatis*

À l'origine, les entreprises étaient familiales. Les actionnaires liaient alors leur sort à celui de l'entreprise. Puis sont apparus il y a cinq cents ans les marchés financiers et la Bourse. Cette invention révolutionnaire a permis à un plus grand nombre de devenir propriétaires d'entreprises.

On observe en Bourse des actionnaires d'entreprises cotées qui gardent longtemps leurs actions (en anglais ils font ce qu'on appelle du « *buy and hold* »). À l'autre bout du spectre, on trouve des actionnaires qui ne les gardent qu'une poignée de secondes. Ils font des arbitrages à très court terme entre différentes bourses et jouent sur les fluctuations de la valeur des monnaies : c'est ce qu'on appelle le « *high frequency trading* » qui représente de très gros volumes (près de 50 %) sur les marchés américains. Entre les deux, on trouve des porteurs d'actions, pour qui celles-ci sont des placements purement financiers et qui jouent en général la diversification ou achètent des parts de fonds. Ces derniers disposent de leur capital en fonction de leurs besoins personnels indépendamment de ceux de l'entreprise.

Il existe une troisième catégorie d'investisseurs, les « *private equity* ». Ceux-ci ont soit racheté des entreprises familiales ou des filiales de groupes, soit sorti de Bourse des affaires qui y étaient cotées. Ces investisseurs accompagnent les sociétés pendant une certaine période de leur vie, pendant laquelle ils sont totalement impliqués puis revendent en règle générale à d'autres *private equity* ou les mettent en Bourse. C'est une catégorie nouvelle d'actionnaires qui connaît depuis une quarantaine d'années une forte croissance. Pour couvrir l'ensemble du spectre, il faut également mentionner les activistes. Ce sont des actionnaires qui veulent rester minoritaires. Ils disposent de moyens juridiques et financiers puissants et cherchent à exercer de l'influence sur l'entreprise sans en prendre le contrôle.

Les actionnaires familiaux, les *buy and hold*, les *private equity* ont chacun, à des degrés divers, de l'*affectio societatis*, les autres ont une réelle distance par rapport à l'entreprise.

L'actionnaire, la stratégie de l'entreprise et les instances de gouvernance

La composition du capital d'une entreprise et sa stabilité ont une influence considérable sur sa stratégie et son fonctionnement. Sans même avoir été dirigeant, il suffit d'avoir travaillé dans une entreprise pour savoir qu'il est très difficile d'avoir une stratégie stable quand l'actionnaire change tout le temps. Les relations entre l'entreprise et son actionnaire doivent faire l'objet de la plus grande attention, elles s'exercent à travers le Conseil d'administration.

On considère en général le PDG comme un personnage tout-puissant. C'est un raccourci évidemment un peu rapide. C'est clair, s'il possède lui-même la majorité du capital. Ce n'est pas vrai s'il est salarié sans ou avec peu de capital. Pour bien juger la situation, il faut entrer dans les relations entre le management de l'entreprise et son actionnariat en évoquant le fonctionnement du Conseil et des Assemblées Générales.

Le rôle fondamental de l'actionnaire est de voter en AG les résolutions proposées par le Conseil d'administration. Il s'agit d'abord d'approuver les comptes, de fixer le dividende, c'est-à-dire de se porter garant de la véracité des chiffres et d'arbitrer entre liquidités et croissance. L'actionnaire vote aussi les résolutions proposant les nouveaux administrateurs et délègue au Conseil la responsabilité de nommer (ou de révoquer) la direction générale. La dernière responsabilité des actionnaires est d'accepter ou de refuser toutes les propositions du Conseil concernant l'évolution du capital de la société, comme des émissions de nouvelles actions. Depuis quelques années, le contrôle des AG sur le Conseil se renforce puisqu'on y vote également les conditions de rémunération des dirigeants.

Nous pouvons tous les deux témoigner, en tant qu'anciens dirigeants et anciens administrateurs, que les affaires qui marchent, qu'elles soient familiales, cotées ou contrôlées par un *private equity*, sont celles dans lesquelles une harmonie et une bonne intelligence règnent entre Conseil et management. Tout au long de l'année, la Direction Générale de l'entreprise présente au Conseil la stratégie de l'entreprise et le tient au courant de son fonctionnement opérationnel. Le Conseil est un lieu de discussion, il est par essence réactif plus que proactif. Ce n'est pas au conseil de proposer la stratégie mais il doit en discuter pour en vérifier le bien-fondé et alors la supporter. Il est de son devoir de veiller à ce que l'ambiance de travail soit bonne dans l'entreprise. S'il considère que la Direction générale ne fait pas son travail, son devoir est de la changer.

Le fonctionnement des conseils fait l'objet de nombreuses réflexions dans le cadre de ce qu'on appelle la gouvernance. La tendance actuelle est de lutter contre le court-termisme en établissant des règles suivant lesquelles on juge de façon adéquate la performance des dirigeants, en particulier l'équilibre entre le court et le long terme. Ces règles sont actuellement revisitées et enrichies, en introduisant des incitations qui favorisent, comme le suggère la loi PACTE, la prise en compte de l'empreinte de l'entreprise sur l'environnement. Ce travail sur les critères est absolument fondamental, quand on sait à quel point les règles induisent les comportements.

Un consensus se dessine pour encourager les entreprises à travailler dans un esprit de partenariat avec leurs fournisseurs et se comporter en bons citoyens dans les régions où elles ont un impact significatif sur l'économie locale.

Les réflexions sur la gouvernance portent aussi sur l'indépendance du Conseil vis-à-vis du management, sur le choix des administrateurs, leur indépendance d'esprit, leur compétence et leur variété. Le rôle du Conseil est particulièrement sensible dans le cas des entreprises cotées et non contrôlées. L'un des sujets les plus difficiles est de déterminer s'il est sain ou non que le président du Conseil soit la même personne que le directeur général. C'est en jugeant sur les faits que, sur la durée, les doctrines en la matière se perfectionneront.

Un consensus fort se dégage actuellement pour encourager la durée de détention des actions autour de l'idée que les stratégies de long terme donnent de meilleures performances économiques que la recherche obsessionnelle de la rentabilité à court terme. Les idées consistant à baisser significativement la fiscalité des plus-values pour les très longues détentions sont en train de faire leur chemin dans de nombreux pays.

Le travail d'un Conseil est donc essentiel à la bonne marche de l'entreprise et va demander aux administrateurs de plus en plus d'implication. À ce propos, clairement, du travail est à faire, en France, sur les qualificatifs utilisés ; un « Conseil » fait bien plus que « conseiller », le mot « administration » est lui aussi très mal approprié, quant aux « jetons » de « présence », difficile de trouver pire si on veut donner au public la vraie image du travail produit par la très grande majorité des conseils.

Il est aussi pour les entreprises cotées une autorité supérieure dont il faut rappeler le travail de fond. Il s'agit de l'Autorité des marchés financiers (AMF) qui a pour mission de veiller à la protection de l'épargne investie dans les entreprises. Son domaine d'intervention est vaste. Elle joue un rôle d'arbitre en cas de dysfonctionnement avéré d'un Conseil et est là pour s'assurer que les AG se déroulent correctement. L'autre volet de sa mission est de veiller à ce que ne soient admises à la cotation que des affaires saines et ne soient proposées au marché que des opérations respectant un cahier des charges contraignant. L'AMF est en quelque sorte un tuteur du travail des Conseils, elle est pour les actionnaires le garant que leur investissement est correctement traité.

De nouvelles formes d'actionnariat

L'économie de marché est en constante évolution. On a vu apparaître il y a une centaine d'années un nouveau type de sociétés dans lesquelles le capital était possédé par les clients. Ces formules fonctionnent particulièrement bien dans la banque, l'assurance et le domaine agricole. L'autre évolution de fond est la montée de l'actionnariat salarié qui permet au personnel de l'entreprise d'être associé non seulement à la création de valeur mais aussi à la gouvernance de l'entreprise. Cette évolution fondamentale permet aux « salariés actionnaires » de devenir « actionnaires salariés » ce qui est en fait une véritable révolution touchant au concept de salariat en particulier quand les actions détenues deviennent une part significative du patrimoine desdits salariés. C'est assurément la meilleure façon d'associer le capital et le travail. C'est aussi, il faut le noter, un domaine où la France a un leadership en Europe. Il est une façon de résoudre le lancinant problème de la répartition de la valeur entre capital et travail. De ce point de vue il est une solution infiniment plus efficace pour le partage de la valeur que l'ISF dont on a bien vu qu'il détruit le potentiel de création de valeur en réduisant la motivation et en provoquant l'exil de nombreux entrepreneurs. Cerise sur le gâteau, l'actionnariat salarié permet de compléter les retraites comme le démontrent éloquemment les entreprises qui le pratiquent depuis longtemps.

Les choses évoluent donc en permanence, l'entreprise aussi ! C'est probablement à sa capacité d'adaptation qu'elle doit, quand on y réfléchit bien, sa formidable longévité. Une chose est sûre, on aura toujours besoin et pour longtemps encore d'actionnaires prêts à mettre leur capital à risque dans l'entreprise !

Voir : Actif ; Capital ; Gouvernance (et responsabilité) ; Investir ; Risquer : le risque dans tous ses états.

Agriculture

par Christiane Lambert,
cogérante du GAEC Lambert Foulier,
présidente de la FNSEA

Sans elle, je n'aurais pas été la même. L'agriculture est le phare qui a guidé, qui continue de guider ma vie et qui est à la source de mon éthique, de mes valeurs et de mes engagements.

Existe-t-il une profession, une activité qui offre à celles et ceux qui l'embrassent la reconnaissance, chaque jour renouvelée, de contribuer au bien de l'humanité, et cette fierté de nourrir les populations ? À bien y penser, aucun autre métier n'aurait pu m'offrir la satisfaction d'être si utile à la société.

À l'âge où mes jeunes camarades rêvaient d'une autre vie, loin des travaux de la ferme familiale et de la « rudesse » de ce monde paysan, cette vocation était une évidence pour moi.

Agricultrice (sans que le statut, à l'époque, ne soit reconnu à titre officiel) : voilà ce à quoi j'aspirais dès mon jeune âge.

Le contact avec les animaux, le travail avec et dans la nature, les joies d'un métier de création où les activités sont rythmées par les saisons, l'héritage familial de mes parents engagés et enthousiastes sont autant d'éléments qui ont dû, à l'époque, conditionner ce choix. Mais à bien y réfléchir, y a-t-il une raison plus profonde à cela ? Cette question, je me la suis souvent posée.

Cette vocation ne peut m'empêcher de penser que mon appartenance à la famille agricole me rattache aussi plus largement à notre communauté de destin. Sans agriculture, sans paysans, peut-on décemment imaginer que notre pays aurait le même goût, le même visage, le même esprit ?

Indéniablement, notre pays est profondément marqué par son activité agricole, qui évoque la solidité des traditions, le rythme immuable des saisons, la force des territoires. Elle a façonné des siècles d'histoire, des fiertés régionales, des paysages éblouissants, des cultures gastronomiques plurielles, des récits familiaux qui encore de nos jours résonnent dans le cœur et la mémoire de tous les Français.

Contrairement aux autres épopées humaines, qui placent culturellement le progrès comme condition intrinsèque à leurs propres développements, il est saisissant de voir que l'image de l'agriculture convoque encore la nostalgie d'un temps révolu. Celui d'une civilisation paysanne qui structurait encore notre organisation sociale il y a un siècle. Une société construite en « opposition » à l'économie industrielle, à la société urbaine, qui n'aurait pas pris le virage de la modernité ni de l'ouverture européenne et mondiale.

En réalité, l'agriculture a évolué au rythme des transformations de la société et répond aux grands défis du siècle : l'alimentation, la santé, la sécurité sanitaire, l'environnement sain, la biodiversité, les solutions pour la lutte contre le changement climatique déjà déployées et montrant leur pleine efficacité pour le bien commun, les hommes et la planète.

Être agriculteur aujourd'hui, c'est être un entrepreneur du vivant, car la mission nourricière s'est enrichie de multiples missions connectées aux grands défis locaux, comme globaux.

De tout temps et sur tous les territoires, c'est l'esprit d'entreprise, l'attachement viscéral à développer et transmettre les fermes qui ont poussé les agriculteurs à trouver des solutions individuelles et collectives.

Grâce à la formation, au conseil, à l'innovation, aux organisations collectives qui ont permis la promotion pour le plus grand nombre, l'agriculture continue à susciter des vocations chez les jeunes.

Cette réflexion profonde, que trop de gens ignorent, me laisse à penser que l'agriculture, telle que nous la connaissons aujourd'hui, a réinventé son propre référentiel, sans toutefois renier ses racines ni ses savoir-faire millénaires.

Alors que notre monde fait face à l'accélération des changements et l'imbrication des enjeux climatiques, sanitaires, économiques, démographiques et environnementaux, les agriculteurs tiennent entre leurs mains toutes les solutions pour garantir à notre humanité les moyens de sa propre résilience et de sa sécurité alimentaire.

La fonction nourricière plébiscitée depuis la crise du Covid commencée au printemps 2020 a redonné confiance et reconnaissance aux acteurs de l'alimentation, en deuxième ligne derrière les soignants.

L'alimentation saine, sûre, durable, telle que les chaînes alimentaires française et européenne ont su la construire est enfin reconnue comme l'un des piliers majeurs de notre santé. L'accès à l'alimentation pour tous est porté comme un enjeu politique pour la cohésion sociale et justifie pleinement les politiques publiques mises en œuvre.

Il reste beaucoup à faire pour que la reconnaissance économique par des revenus meilleurs soit enfin accessible aux agriculteurs. C'est un combat permanent pour ceux qui continuent à répondre aux attentes nombreuses et parfois paradoxales de leurs concitoyens. C'est au cœur de mon engagement syndical et professionnel.

Pour relever les défis qui nous attendent collectivement, notamment le renouvellement des générations, redonnons à l'Agriculture toute sa place, et que l'amour des Français pour les Agriculteurs et la campagne perdure.

Âme

Lire *Les entreprises ont-elles une âme ?* d'Alain Etchegoyen, François Bourin éditeur, 1990.

Voir : Bâtir ; Culture d'entreprise ; Enracinement (… ou des racines et des ailes) ; Éponyme ; Être.

Apprentissage

par Henri Lachmann,
ancien président de Schneider Electric

Il y a trois principaux lieux de « l'apprendre » : la famille, l'école et l'entreprise.

En France, les deux premiers sont souvent en échec, et le troisième, l'entreprise, n'a pas su ou voulu suffisamment assumer cette responsabilité de contribuer à la formation de nos jeunes. Ainsi en France plus de 2 500 000 jeunes ne sont ni en emploi, ni en stage, ni en formation (les 3 ni) et près de 25 % sont au chômage. Nous sommes les mauvais élèves du chômage des jeunes en Europe. L'école française est devenue la plus inégalitaire de l'OCDE, celle où la prédétermination sociale est la plus forte. La France compte environ 500 000 apprentis et l'apprentissage dure en général deux ans. Une classe d'âge représente environ 800 000 jeunes. Alors que les entreprises de plus de 250 salariés représentent 50 % de la totalité des salariés du secteur privé en France, elles n'emploient environ que 20 % de la totalité des apprentis. Dans le secteur public, il n'y a pratiquement pas d'apprentis, alors que la fonction publique hospitalière emploie 1 500 000 personnes et pourrait être un véritable lieu d'apprentissage.

Une bonne formation de nos jeunes, alternant école et entreprises, constitue aussi un élément de notre compétitivité. Contribuer par leur implication active à la formation des jeunes, par l'apprentissage relève de la responsabilité des entreprises et de la solidarité envers eux. C'est aussi l'intérêt bien compris de toutes les entreprises grandes et moins grandes.

L'entreprise doit assumer cette importante responsabilité. C'est aussi son devoir de contribuer à la formation des jeunes. Elle en a les moyens et se doit de les avoir.

Elle est un lieu d'enseignement du savoir être, du savoir vivre, du savoir-faire, du savoir-faire faire.

L'entreprise permet également de développer les bienfaits et l'efficacité du collectif, et aussi d'en découvrir les contraintes : on ne gagne jamais seul.

C'est par l'apprentissage que l'entreprise assumera le plus efficacement cette importante et nouvelle responsabilité de formation. Ce sont les ETI et les grandes entreprises, celles qui emploient plus de 250 salariés, qui sont le mieux à même d'attirer, de former et d'accompagner les apprentis. Il faut des locomotives pour tirer les trains et c'est à elles qu'il appartient de tirer le train de l'apprentissage.

L'accompagnement par un tuteur est essentiel pour la formation et l'épanouissement de l'apprenti. Le tuteur peut même devenir le tiers de confiance pour les jeunes qui sont souvent très seuls. Ce sont des roseaux qui ont besoin d'un chêne. Sans se substituer à la famille, souvent défaillante, le tuteur est ce référent, cet interlocuteur adulte et bienveillant qui leur manque souvent. Le rôle du tuteur est totalement différent de celui d'un professeur d'école.

La formation en alternance à l'école et en entreprise permet aussi de jeter un pont entre ces deux mondes trop souvent en ignorance l'un de l'autre. La vie du jeune ne s'arrête pas quand il quitte l'école, et ne recommence pas quand il rejoint une entreprise : cette continuité est essentielle. L'apprentissage constitue aussi le premier contact des jeunes avec le monde de l'entreprise. Il peut ainsi constituer un véritable instrument de la nécessaire réconciliation de la société française avec ses entreprises. C'est une occasion pour celles-ci de devenir plus inclusives. L'apprentissage ne peut pas et ne doit pas être la filière de l'échec, mais devenir un mode de formation standard, du CAP au doctorat, en parallèle et en option de la formation classique : pour les filles et pour les garçons, pour les cols bleus et pour les cols blancs.

L'apprentissage n'est pas de la préembauche. Si l'apprenti est embauché, tant mieux, mais c'est surtout un mode de formation efficace, de long terme et permettant l'employabilité des jeunes.

La réussite et les succès économiques de l'Allemagne, de l'Autriche et de la Suisse où plus de 60 % des jeunes suivent cette voie de formation sont aussi le résultat d'une pratique intense de l'apprentissage. En France, la qualité des médecins et de la médecine (je ne parle pas là du système de santé) est le résultat d'une véritable formation en alternance en faculté de médecine et à l'hôpital où l'on utilise les termes d'externe et d'interne et pas d'apprenti, alors que c'est une véritable formation par l'apprentissage. Les lycées professionnels qui relèvent de l'Éducation nationale et qui préparent au bac professionnel ont moins de 10 % de leurs effectifs en apprentissage. Ce sont ces élèves qui sont les moins adaptés à l'enseignement classique et qui devraient être formés en alternance à l'école et en entreprise. Ce sont ces jeunes lycéens qui ne sont pas adaptés à la formation classique que l'on doit privilégier. Ce sont ces lycées professionnels qui devraient former l'essentiel de leurs élèves par la voie de l'apprentissage. Cela doublerait presque le nombre d'apprentis et constituerait une formidable occasion concrète et structurée de collaboration entre l'Éducation nationale et les entreprises. Encore faudrait-il que les entreprises notamment les grandes, répondent à la demande des lycées professionnels et des jeunes à être formés en apprentissage.

La crise du Covid pourrait être l'occasion pour les entreprises d'embaucher des apprentis alors que les pouvoirs publics ont décidé de donner des aides très importantes à leur recrutement et ainsi d'assumer plus et mieux ces importantes et nécessaires responsabilité et solidarité. C'est aussi leur intérêt.

On ne peut pas laisser autant de nos jeunes sur le bord de la route avec ces 3 ni : ni en formation, ni en stage, ni en emploi. Nous n'avons pas le droit d'exclure nos jeunes, sans formation, sans qualification, du monde du travail ni du monde de l'entreprise. Nous, chefs d'entreprise, avons ce devoir de responsabilité et de solidarité envers les jeunes. Nos jeunes ont une soif d'apprendre, une volonté d'être qualifiés et de travailler en entreprise. Il nous appartient de les accueillir, de les préparer, de les former, de les qualifier concrètement.

Nous sommes en déficit de collectif. Trop souvent, l'école ignore les entreprises et les entreprises ignorent l'école. Le chacun pour soi est mortel pour notre société. Qui mieux que l'entreprise peut préparer et enseigner le travail collectif et collaboratif ?

J'ai toujours été très sensible à cette nécessité pour nous entrepreneurs de contribuer à la formation et à la qualification des jeunes. L'école ne sensibilise pas, ne prépare pas, ne forme pas, ne les qualifie pas au travail collectif. L'entreprise peut et doit le faire. Mes origines et mon éducation franco-allemande expliquent sans doute ma sensibilité à cette pratique de l'apprentissage. L'Allemagne a compris depuis longtemps la complémentarité entre l'école et l'entreprise. L'école française sélectionne trop par l'échec et les entreprises sont trop indifférentes à cet échec de formation et le subissent.

Dans les entreprises que j'ai dirigées, j'ai toujours promu les bienfaits de l'apprentissage pour les jeunes. Bienfaits pour notre pays et aussi pour les tuteurs pour lesquels être utile aux jeunes constitue une véritable gratification.

Depuis quarante ans je fais la promotion de l'apprentissage sans grand succès. Certes ce mode de formation a progressé mais très insuffisamment. Il reste encore trop souvent pour nos jeunes, pour leurs familles, pour l'école, une filière de l'échec. Les apprentis trouvent un emploi plus de 8 fois sur 10.

L'apprentissage est un véritable passeport pour l'emploi et nous raisonnons trop souvent en termes de diplôme (aucun pays au monde ne raisonne en termes de bac + 3, + 5...) et pas assez en termes de métier, de compétence et de qualification. Le blocage français à l'égard de l'apprentissage est d'ordre socio-culturel : l'apprentissage en entreprise doit devenir un mode de formation standard et donc relever de l'enseignement professionnel au sein de l'Éducation nationale et non du ministère du Travail.

Une partie du financement de la formation de nos jeunes doit être réorientée vers l'apprentissage et les entreprises doivent y être fortement incitées et même contraintes à y recourir de façon plus systématique.

La taxe d'apprentissage est trop souvent détournée de son objectif.

Je continuerai à me battre pour que l'apprentissage devienne un mode de formation standard. Quand nous aurons 1 000 000 de jeunes apprentis en formation, nous aurons résolu une grande partie de notre problème de chômage des jeunes et de notre compétitivité. Chez Strafor puis chez Schneider Electric, nous avons plus de 5 % de nos salariés en France en apprentissage. Une fois leur formation achevée et leur diplôme obtenu, ces jeunes n'ont pas tous été embauchés. Mais nous les avons suivis et accompagnés dans leurs recherches d'emplois et avons ainsi constitué un collectif d'anciens qui sont devenus une partie intégrante de notre écosystème. Ces jeunes qui ne sont pas tous adaptés à l'enseignement général classique se sont épanouis en étant formés par la voie de l'apprentissage dans nos entreprises et nos collaborateurs en ressentent une légitime fierté. Ainsi l'apprentissage constitue-t-il une occasion de réconcilier une génération de jeunes avec des générations plus âgées. Transmettre son expérience, la faire transmettre par nos collaborateurs a toujours été quelque chose de gratifiant. Le proverbe « Donne, tu auras » est parfaitement illustré par cette transmission de notre savoir, de notre savoir être et de notre savoir-faire.

Faisons tous ensemble, famille, Éducation nationale, entreprises et jeunes, de l'apprentissage un mode standard de formation.

Voir : École, université et entreprise ; Emploi ; Les femmes et les jeunes, avenir de l'entreprise.

Argent

par Monseigneur Antoine de Romanet,
évêque aux Armées françaises,
et Gilles Denoyel,
ancien directeur général délégué d'HSBC France

L'argent ! Symboliquement une toute-puissance ! Quelle est ma liberté dans l'usage de cet outil ? Quel est mon rapport à cet excellent serviteur et à ce si redoutable maître ?

L'argent est un moyen de paiement dont la neutralité transactionnelle cache un besoin ardent : gagner de l'argent, c'est gagner sa vie ! Nous travaillons à gagner cet argent, vecteur de la plupart de nos actes personnels sous forme de dépenses, de placements ou de dons... Cet argent est également vecteur de nos activités professionnelles : au cœur de l'entreprise, l'argent est unité de compte, instrument de réserve, de transaction et d'investissement, but et critère de la réussite.

Si l'argent est immémoriel, la situation contemporaine ne se compare avec aucune autre période du passé : les milliards d'aujourd'hui semblent ne plus connaître de limites. Traditionnellement, l'argent était corrélé à des réalités physiques qui bordaient des frontières, sinon au désir ou à la cupidité, du moins à la possession. Ce n'est définitivement plus le cas depuis la suspension de la convertibilité du dollar en or. De nos jours, un « trader » doué ou fou peut rêver d'amasser en quelques années une fortune sans bornes. Les plus grands groupes atteignent des capitalisations boursières et accumulent des réserves de cash qui défient l'entendement. Où s'arrête mon besoin alors que mon désir est infini ? Et si je ne suis pas cupide, ne suis-je pas adepte du « toujours plus » ? Pour beaucoup de ceux qui m'entourent et peut-être pour moi-même, je vaux ce que je gagne. Mais ce système est-il juste ? L'activité de certains mérite-t-elle tant d'honneur ? Le marché justifie-t-il de tels écarts de rémunération ? Quelle est l'utilité sociale ou la valeur morale du travail fourni ?

Comprenons-le bien : l'argent n'est en soi ni « bon » ni « mauvais » mais c'est son usage qui rend la personne esclave des biens matériels ou bien le libère en remettant la réalité à sa juste place et l'homme au centre. Il s'agit d'ordonner le but et le moyen, ne pas confondre l'instrument et sa finalité. L'outil est dangereux, il faut s'en servir sans qu'il puisse asservir.

Puisque nous sommes dans un dictionnaire « amoureux », filons cette métaphore pour analyser les relations de l'argent et de l'amour, qui partagent des qualités essentielles. Les deux sont des énergies dont la valeur est liée à leur bon usage. L'homme est fait pour aimer et pour être aimé, son aspiration ultime est d'être en relation d'amour avec les autres, et avec « le tout autre » pour les croyants.

Parce que nous risquons de le confondre avec une divinité en portant sur un objet fini un désir infini, nous nous exposons à faire de l'argent une idole en nous trompant de maître. Une idole est une réalité de ce monde qui passe devant laquelle je me prosterne comme si elle était capable de m'offrir « salut » et « vie éternelle ». Or nous ne le savons que trop, « les linceuls n'ont pas de poche », et « on n'a jamais vu un coffre-fort suivre un cercueil ».

La langue française est pauvre pour exprimer l'amour : si j'aime une personne comme le chat aime la souris, c'est pour la détruire à mon profit... ce qui n'est pas vraiment une bonne affaire pour celui ou celle que j'aime... et si j'aime l'argent comme j'aime le chocolat d'un appétit insatiable et gourmand je suis l'objet de la commisération d'autrui !

Il existe trois mots en grec pour approcher cette réalité de l'amour, l'amour de l'autre comme l'amour de l'argent : eros (pulsion de vie), philia (économie de marché) et agapè (gratuité fondatrice) = pulsion/régulation/donation. « Eros », c'est l'amour qui prend. La pulsion, l'élan vital, l'attirance, le désir, la captation de l'autre pour soi : « l'autre pour moi ». La logique de pure puissance. On lâche les freins et on s'empare de tout ce qui peut l'être. Si cette énergie n'est pas en elle-même négative – sans l'eros de nos parents nous ne serions pas là les uns et les autres ! –, elle est toujours à convertir. C'est la logique des dynamiques de domination sous toutes leurs formes : si je ne mange pas l'autre, lui me mange ! Comment dans ces conditions vivre en paix !

« Philia » c'est l'amour qui échange. La « philia » est réciprocité ou elle n'est pas. Elle définit les bons contrats « gagnant-gagnant » ; les « je te tiens, tu me tiens par la barbichette » ; « si tu m'invites à dîner, je t'invite à dîner » ; « tu ne me fais pas de mal, je ne te fais pas de mal ». Tel est le fondement d'une humanité qui essaie de vivre sans trop d'anicroches dans une conjugaison d'intérêts bien compris. Mais si je n'ai plus rien à donner je n'aurai plus rien à recevoir ! Sur ce registre, là encore, comment vivre en paix !

« Agapè », c'est le « pur amour », l'amour qui donne, un amour universel sans contrepartie si ce n'est le bonheur de donner et de se donner. L'« agapè » n'attend rien pour lui-même, il est tout entier dans le don à l'autre : « moi pour l'autre ». Dans cette logique, la relation à l'autre sera une éternelle richesse : la même main est celle qui donne et qui reçoit. Or j'ai infiniment plus à recevoir qu'à donner. Quel drame d'avoir le poing fermé ! Quel bonheur d'avoir les mains ouvertes sur le monde et sur mes frères !

L'Argent-Eros est une pulsion de vie.

L'argent est indispensable à nos vies : l'instinct premier de conservation ne rend-il pas sa quête nécessaire pour ne pas mourir de faim ? Cet argent-là vise fondamentalement un usage de sécurisation, il s'agit de calmer mes peurs : crainte de l'avenir, de la solitude, de la mort... Dans sa volonté de toute-puissance, l'enfant devenu adulte aspire à détenir ce bien afin d'assouvir ses désirs. Se déploie vite une soif de posséder toujours davantage, sans s'occuper des autres, voire à leurs dépens, en une convoitise violente parfois frénétique.

Or lorsque l'argent devient une fin en soi s'installe une fascination redoutable : l'homme devient son esclave. Servir un maître, c'est s'approprier son point de vue pour tout gérer en conséquence.

L'Argent-Eros sévit l'impitoyable loi du plus fort qui confère une illusion de puissance et de domination, de privilèges et de droits en une quête incessante, toujours frustrante. « Post coïtum animal triste. » Rapidement, l'argent sépare et isole en nous détournant des autres, en nous écartelant au-dedans de nous-mêmes. Et cela peut aller jusqu'au meurtre...

Lorsque l'argent est érigé en indicateur unique de la performance individuelle ou collective (la « dictature des résultats trimestriels »), lorsque la gestion de l'entreprise est exclusivement financière ou s'appuie sur des prises de risques excessifs, et *a fortiori* quand les capitaux deviennent source de blanchiment, de corruption, d'abus de marché ou de détournement, il est légitime de s'interroger : est-ce que je possède mon argent ou est-ce qu'il me possède ?

L'Argent-Philia est une gestion contractuelle d'intérêts bien compris.

Le pouvoir libératoire de l'argent est vécu depuis le XVIIIe siècle comme le vecteur de deux valeurs chères aux Lumières : la liberté individuelle et l'égalité.

L'ouvrier mérite son salaire, sa juste rétribution est donc un dû. Le prix du travail devient dès lors une joie méritée : l'argent ainsi perçu, bien utilisé, libère des mauvais soucis, épanouit, conduit à la paix. Sagement géré et décemment dépensé, il rend l'homme responsable et libre.

L'argent est un bien pour l'entreprise ; un moyen de création, de prise de risque et de développement grâce au financement interne ou externe ; un outil de fonds de roulement pour les investissements ou les acquisitions ; une mesure de l'efficacité ; une motivation pour les équipes comme pour les personnes.

L'argent assure aussi une certaine forme d'égalité : le mien vaut bien le tien quelles que soient mes qualités propres ou mes intentions. Il incarne une expression de ma dignité : la convention de Genève sur le traitement des prisonniers de guerre prévoit qu'ils doivent recevoir un pécule minimum au quotidien afin de maintenir une part de dignité et d'autonomie. Il représente également un lieu de responsabilité, ce que traduit le respect de la propriété privée par la tradition biblique.

Dans cette dimension contractuelle, dette et argent sont liés. D'abord, parce que l'argent permet d'éteindre la dette. Les juristes conviennent ainsi de son pouvoir libératoire : je paie, je suis libre. Ensuite, parce que l'argent constitue une double créance. Une créance à vue sur une communauté de paiement puisque, à tout moment, elle peut être exercée à l'encontre d'un vendeur. Une créance universelle reconnue par tous ceux qui acceptent mon argent en paiement de ma dette. En payant, je suis quitte, dit l'homme moderne.

L'Argent-Agapè est l'expression du don gratuit en un sommet d'humanité.

L'être humain est fait pour le don : c'est l'offrande qui exprime et réalise sa dimension de transcendance. La gratuité est cet autre nom de la « grâce ». S'inspirant des traditions religieuses mais en s'en émancipant aussi, la philanthropie manifeste, comme son nom l'indique, un « amour du prochain ». Une volonté de mettre au service d'autrui et de la collectivité une partie de ses ressources, souvent dans un esprit de restitution par rapport à ce que l'on a reçu ou encore dans un désir de transformation de la société.

La tradition biblique affirme qu'une part des biens de confort et que la totalité du superflu ne peuvent être gardées jalousement pour soi. C'est la pratique de la dîme, le don de 10 % de mes revenus en une exigence de justice : nous ne sommes que les gérants des avoirs que nous avons entre les mains au service du bien commun.

Il est établi que faire preuve de générosité procure une intense satisfaction, un certain état de plénitude. Plus profondément, la question est de savoir comment on peut entrer dans l'immortalité, celle de la mémoire ou de l'honneur. Or, le don confère une sorte de noblesse. L'acceptation de la finitude terrestre est comme facilitée par la conviction que le défunt survivra dans la mémoire, qu'il ne meurt pas réellement, accédant à une forme d'éternité, une « mort immortelle ».

Bien que la discrétion ait son importance, l'effet d'entraînement des « *giving pledge* » est tel que l'initiative lancée par Bill Gates, Warren Buffett et David Rockefeller en 2009 était déjà rejointe, fin 2016, par plus de 150 grandes fortunes s'engageant à donner au total plus de 350 Mds USD. Ces « milliardaires » ne laisseront à leurs enfants que quelques dizaines de millions...

Nous sommes désormais en présence d'une véritable culture mêlée de l'argent, du succès et de la générosité, mais aussi de la bénédiction que sont la création de richesse et plus encore son partage.

Cette culture essaie de s'acclimater en France, à un niveau beaucoup plus modeste, avec l'initiative « Changer par le don » lancée par Denis Duverne et Serge Weinberg en décembre 2018.

Le don devient occasion de rencontre, de connaissance et de reconnaissance. L'argent devient une grâce de partage. Il peut nous aider à traduire notre amour, à œuvrer pour la justice, à faire grandir le respect. Il peut nous permettre de tisser des liens et de réconcilier des cours.

Nous voyons bien qu'ici, nous sommes appelés à une conversion radicale. Si la « philia » est cet état stationnaire, incertain, instable qui permet un minimum de coexistence, l'« éros » non humanisé conduit au drame – j'entends écraser et exterminer mon frère –, au saccage écologique, au pillage des ressources naturelles et de la biodiversité. « Être homme, dit Camus, c'est être celui qui s'empêche », être celui qui dompte son eros et qui dépasse son intérêt bien compris pour entrer dans l'« agapè », dans la plénitude de l'amour-don gratuit, mettant en son centre l'homme, tout l'homme, tous les hommes, le tout de l'homme.

Art et entreprise

par Jérôme Duval Hamel,
professeur des universités (Paris II),
ancien dirigeant de groupes industriels et culturels,
président du Comité franco-allemand
des industries culturelles

La relation entre arts et entreprises longtemps pensée impossible a aujourd'hui généré, bon an mal an, de nombreux enfantements. De leurs visions pourtant différentes, artistes et entrepreneurs ont créé, au fil du temps, des coopérations fécondes et en perpétuelle réinvention. Elles sont importantes pour les scènes artistiques et économiques. Elles le sont aussi pour nos évolutions individuelles et collectives, professionnelles et intimes. Nous nous redoutons parfois, nous nous comprenons souvent, et finalement nous aimons tant nous retrouver.

Des relations anciennes et complexes

« Maintenant on veut mêler l'industrie à l'art. L'industrie ! Nous n'en voulons pas ! Qu'elle reste à sa place et ne vienne pas s'établir sur les marches de notre école, vrai temple d'Apollon, consacré aux arts seuls de la Grèce et de Rome[1] », avançait le célèbre peintre Ingres, alors directeur de l'École des beaux-arts de Paris. Le maître est emblématique d'une approche majeure de la coopération art-entreprise en ce XIXe siècle, grand siècle de l'émergence de l'économie telle que nous la connaissons aujourd'hui. Gustave Flaubert s'inscrit dans cette veine quand il écrit à l'un des promoteurs de cette synergie : « Tu as célébré l'industrie et chanté la vapeur, ce qui est idiot[2]. » D'autres mobilisent les artistes contre ce nouveau monde, tel le journaliste, alors réputé, Edmond Texier : « La vue d'une machine intéresse parce qu'on pense à son utilité ; elle ne passionne pas. Si quelqu'un a le droit de réagir contre l'envahissement du mécanisme universel, c'est le poète. Le poète est le chantre inspiré des passions, et l'industrie n'a que des intérêts[3]. » Encore plus sentencieux, l'écrivain britannique Thomas Love Peacock qualifie cette nouvelle ère entrepreneuriale de « *unpoetical times*[4] ».

1. J.-A.-D. Ingres, *Réponse au rapport sur l'École impériale des beaux-arts adressée au maréchal Vaillant*, Paris, 1864.
2. G. Flaubert, lettre à Maxime Du Camp à propos de son recueil *Les Chants modernes*, 1855.
3. E. Texier, « Le Machinisme », *Le Siècle*, 1855.
4. Th. Love Peacock, *The Four Ages of Poetry*, 1820.

Et pourtant, plus sagement, le Premier consul, Bonaparte, crée, au début de ce siècle, une section beaux-arts dans la Société d'encouragement pour l'industrie nationale. Le peintre Delacroix aime à rappeler que les artistes doivent se souvenir qu'ils descendent de l'artisan, cet *homo faber ergaster*, entrepreneur des premiers temps. Et il a raison. Les artistes ont depuis longtemps travaillé avec des marchands, et avec des fabricants dans les manufactures royales. Ils se sont même organisés en ateliers à la main-d'œuvre nombreuse, à la stratégie commerciale éprouvée y compris celle du travail sur commande, et se sont dotés d'une véritable gestion financière. À la fin du siècle, des audacieux dépassent les querelles et réinitient un véritable dialogue entre arts et entreprises. Nous leur devons beaucoup. Qu'il s'agisse de têtes couronnées à l'instar de Napoléon III ou du prince Albert – époux de la reine Victoria – avec « leurs » premières Expositions universelles. Ou de peintres et écrivains tels G. Courbet, V. Hugo et même le grand conteur H. C. Andersen ! Ou encore, un peu plus tard, de mouvements d'arts appliqués tels *Arts and Crafts* en Angleterre, Art nouveau et Arts déco en France, Jugendstil en Allemagne...

Les tenants du beau et de l'utile se rapprochent dès lors pleinement. De leurs amours naît un foisonnement d'expressions. Elles s'incarnent dans une double dynamique : l'entreprise s'inspire des artistes et les artistes s'inspirent de l'entreprise.

Inspiration artistique, expiration économique

Dans ce premier mouvement, le monde économique mobilise les artistes et signe des coopérations, bien loin d'être marginales.

Pour développer ses produits, l'entreprise a en effet compris l'intérêt de s'inspirer des arts. Cette collaboration prend après la Première Guerre mondiale une dimension inégalée.

Qui mieux en effet que des artistes pour ennoblir la présentation commerciale des produits ? D'illustres coopérations se sont nouées autour d'affiches publicitaires avec Braque et Picasso, ou de « packaging » avec Delaunay et Cocteau. Peut-être sera-t-on surpris d'apprendre qu'Apollinaire ou Mallarmé ont rédigé des « textes » commerciaux. Les entreprises savent donc puiser dans l'artistique des ressources utiles. Certaines d'entre elles « recyclent » même des œuvres d'art. La campagne pour les crèmes Mont Blanc a utilisé « La complainte du progrès » de Boris Vian. Et qui ne connaît pas le tableau de la fameuse laitière de… Nestlé ? ! « *Share a Coke* », lancée en 2011 par Coca-Cola, s'inspire du poème d'amour « *Having a Coke With You* » de l'avant-gardiste new-yorkais, Frank O'Hara. L'apport des artistes décuple la puissance du marketing. Ils nous offrent leur musicalité, leur pouvoir évocateur, et leur richesse émotionnelle.

Mais cette coopération ne se limite pas au marketing. L'art s'immisce aussi au cœur de la fabrique industrielle comme l'a promu tout particulièrement dans les années 1920 l'école du Bauhaus, avec un retentissement international inédit. Ce dialogue sera fertile : certaines de ses productions sont devenues des icônes rééditées régulièrement depuis près d'un siècle, tels la « lampe Kamdem » de Marianne Brandt ou le « fauteuil 83 » de Marcel Breuer (renommé plus tard « Wassily »). On les trouve dans nombre de bureaux de dirigeants d'entreprise, comme autant de marqueurs sociaux et de témoins d'un succès international toujours contemporain. Le Bauhaus nous a prouvé que les formes utiles sont belles et que les formes belles sont utiles. Cette école a scellé une alliance magistrale des arts avec l'industrie et a été une des pionnières de ce qui va devenir, quelques décennies plus tard, l'un des phares du XXe siècle : le design.

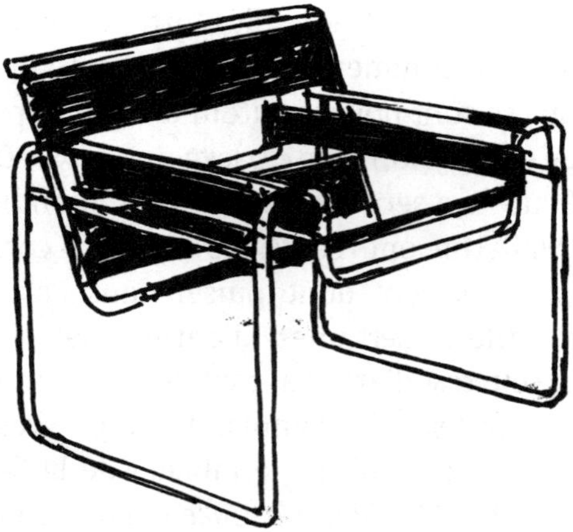

Le design fait pénétrer la sensibilité artistique dans les produits industriels et de grande consommation. Cette introduction du beau dans le fonctionnel de séries est une puissante incarnation de la relation art/entreprise. Les entreprises conscientes que « le beau fait vendre » développent à grande échelle ce que les artisans du beau savent faire en petit nombre. Le succès populaire est au rendez-vous. Et de nombreuses créations de design sont déjà muséales. Aujourd'hui le design investit tous les champs de notre société en y apportant beauté et sensibilité, en touchant tout un chacun, en facilitant les usages présents et à venir, et anticipant de manière concrète l'expérience client. On s'éloigne ainsi de la conception célèbre de l'écrivain Théophile Gautier pour qui « il n'y a de vraiment beau que ce qui ne peut servir à rien ; tout ce qui est utile est laid[1] ».

1. Th. Gauthier, préface de *Mademoiselle de Maupin*, Paris, 1835.

Le design nous libère définitivement de ces dichotomies artistes/industrie, beau/utile, et unique/multiple.

Figure de la coopération arts et industrie, le design n'est pas isolé. Il fait en effet partie d'un secteur qui est aussi nourri de cette synergie : les industries culturelles.

Ces activités présentent la singularité d'offrir des contenus artistiques pluriels, associés à une production industrielle à large diffusion. Elles sont portées par de réelles entreprises, souvent importantes et internationales, qui font cohabiter artistes et managers.

Ce secteur recouvre officiellement[1] huit domaines outre le design : la mode, le cinéma, l'édition, la musique, les médias, le luxe, le jeu vidéo et les commerces culturels. Il pèse en Europe, en termes de chiffre d'affaires ou d'effectifs, autant que les secteurs de la chimie et de l'automobile. Il assure une création foisonnante comme renouvelée, et contribue notablement à notre patrimoine culturel. L'association des artistes au monde entrepreneurial atteint ici un niveau particulièrement élevé, avec le plaisir comme objectif commun.

Enfin, l'entreprise aime aussi s'inspirer des artistes avec une autre ambition : celle d'améliorer son management. Artistes et entrepreneurs se retrouvent sur ce sujet, particulièrement depuis les années 2000. Comme l'affiche le Centre Pompidou, « cette conversation entre artistes et monde professionnel apparaît aujourd'hui vitale pour apprivoiser les transformations à l'œuvre dans nos sociétés et ouvrir de nouvelles perspectives dans notre façon de penser le travail, les relations qu'il génère et les sources d'innovation qu'il

1. Tel que défini par le Comité franco-allemand des industries culturelles.

fait découvrir[1] ». Ateliers d'écriture et séminaires d'innovation conduits avec des artistes sont aujourd'hui nombreux. Nous nous souvenons de ces étonnements partagés avec Pierre Boulez, lors d'une conférence en entreprise sur le rôle de chef d'orchestre *versus* celui de dirigeant, et qui nous conduisirent à modifier quelque peu la dirigeance de l'entreprise ! Autant d'opérations que l'on retrouve désormais internationalement, avec des pédagogies de plus en plus confirmées, à la satisfaction des entreprises et des artistes. Ce résultat est heureux car il permet un partage nourrissant, une nouvelle synergie entre ces deux univers.

L'appréhension des coopérations arts et entreprises ne serait pas complète si l'on n'évoquait pas la dynamique inverse de celle jusqu'alors investie : non plus l'entreprise s'inspirant des artistes mais les artistes s'inspirant de l'entreprise.

Inspiration économique, expiration artistique

Le monde entrepreneurial sait fournir aux artistes des supports et des sujets. Et souvent bien au-delà de ce qu'on imagine...

Les entreprises proposent régulièrement aux artistes de nombreux outils, tels la peinture en tube ou les procédés photographiques, cinématographiques et plus récemment numériques qui ont tous métamorphosé les scènes artistiques.

Les entreprises savent aussi, et ceci depuis fort longtemps, soutenir les arts à travers commandes et mécénat. Dans de nombreux pays le législateur a récemment

1. Site Internet du Centre Pompidou.

développé divers dispositifs d'aide à ce secteur par l'entremise des entreprises. Ces mesures ne sont pas à sous-estimer. Elles permettent un appui important à la création et à la conservation du patrimoine artistique, comme le font par exemple en Allemagne de grands groupes industriels, tel Würth, ou de grandes familles d'entrepreneurs comme Burda.

Mais c'est dans une dimension encore plus importante que le monde entrepreneurial se rapproche des arts : l'entreprise prise comme sujet d'inspiration par les artistes.

L'ensemble de ces œuvres ayant alors pour thème le monde économique sont rassemblées sous le vocable d'Art faber[1]. L'Art faber est nourri d'œuvres iconiques et internationales. On compte parmi ses pages les plus glorieuses, celles des peintres William Turner, Claude Monet, Sigmar Polke, Andy Warhol... ; des écrivains et poètes comme Balzac, Charles Dickens, Émile Zola, Thomas Mann, Guillaume Apollinaire, John Steinbeck, Jacques Prévert, Annie Ernaux... ; des sculpteurs comme Constantin Meunier ou César... ; des cinéastes tels Charlie Chaplin, Fritz Lang, Jacques Tati ou encore Ken Loach... ; des photographes comme Lewis Hine, Alfred Stieglitz, Dorothea Lange, Henri Cartier-Bresson, Sebastião Salgado, Yann Arthus-Bertrand... et même des compositeurs comme Honegger ou des chorégraphes tels Oskar Schlemmer et plus récemment de Pina Bausch... parmi tant d'autres ! Des grands mouvements artistiques y ont aussi contribué tels l'impressionnisme, le réalisme, le naturalisme, l'expressionnisme, le Bauhaus, le pop art... Et la création contemporaine n'est pas en reste ! Tous nourrissent un patrimoine d'une richesse imposante.

1. Cf J. Duval Hamel et L. Arizpe, Collection Art faber, aux éditions Actes Sud.

Certains seront étonnés de l'accueil positif réservé à ces œuvres à la thématique économique, pourtant peu réputée pour son esthétisme ! Musées, festivals, académies... et public s'y consacrent régulièrement. On ne compte plus les prix Nobel de littérature ayant contribué à l'Art faber, à l'instar d'Elfriede Jelinek. Même les économistes s'y réfèrent, comme Thomas Piketty dans son dernier ouvrage, ou le regretté Bernard Maris dans *Houellebecq économiste*.

L'Art faber nous apprend, à nous hommes et femmes d'entreprise, que le fonctionnel peut être artistique. Le peintre Fernand Léger le confirme : « J'aime les formes imposées par l'industrie moderne, je m'en sers – les aciers aux mille reflets plus subtils et plus fermes que les sujets dits classiques[1]. » Ces œuvres mettent aussi en valeur le talent productif et entrepreneurial des hommes. Un talent au cœur de notre histoire et de nos identités, comme le rappelle le philosophe Henri Bergson : « Si nous pouvions nous dépouiller de tout orgueil, si, pour définir notre espèce, nous nous en tenions strictement à ce que l'histoire et la préhistoire nous présentent comme la caractéristique constante de l'homme et de l'intelligence, nous ne dirions peut-être pas *Homo sapiens*, mais *Homo faber*.[2] » Une autre facette de la relation entre les mondes de l'entreprise et de l'art s'est ainsi développée autour de l'Art faber.

Sous l'impulsion d'Umberto Eco, un collectif inédit d'artistes, d'entrepreneurs et d'universitaires s'est engagé pour la promotion de cet art, encore trop peu valorisé. Plus de 30 publications et manifestations sont d'ores et déjà lancées. La première réalisation a été exposée en France et en Allemagne, notamment à l'ambassade de

1. Lettre de Fernand Léger à Léonce Rosenberg, début 1919, in « Correspondance Fernand Léger-Léonce Rosenberg », *Les Cahiers du Musée national d'art moderne*, 1996.

2. H. Bergson, *L'Évolution créatrice*, Paris, 1907.

France à Berlin, pour le centenaire du Bauhaus. Le philosophe Michel Serres, soutien de ce projet, aimait rappeler qu'ici se joue ce que fait l'homme et ce qui le fait. Qu'il soit artiste ou entrepreneur.

« À la fin tout devient poésie… »

… Quittons-nous avec cette sentence de l'une des grandes figures des arts mais aussi issue du monde économique, l'ingénieur des mines et poète romantique Novalis.

En effet au-delà de tous les discours, la réalité, et surtout contemporaine, vit une heureuse coalescence des arts avec les entreprises. Ses acteurs contribuent à façonner notre société dans des dynamiques plurielles. Ils nous alertent sur ses dysfonctionnements, ils nous célèbrent et motivent, ils nous font respirer dans les hauteurs des arts. Edgar Morin nous en rappelle le caractère impératif : « Comme nous vivons dans une société techno-bureaucratique, nous voulons chasser de notre mode de penser tout ce qui est poétique. Nous ne voulons avoir que de la prose. Or le fonctionnement du cerveau humain ne se fait pas sur le modèle d'un ordinateur digital. Il fonctionne aussi de façon analogique, métaphorique, poétique[1]. »

Poésie et économie, arts et entreprises ne s'opposent pas. Conjuguer leurs talents respectifs tient de la nécessité.

Voir : Artisan ; Créer et diriger dans le domaine musical ; Divertir ; Mécénat ; Publicité.

---

1. E. Morin, *Sciences, Poésie, Société,* La République des lettres, 2013.

Artisan

par Bernard Arnault
Président-directeur général de LVMH

Le Japon, où le geste qui façonne est tout aussi important que l'ouvrage façonné, inscrit les plus remarquables de ses artisans au registre des Trésors nationaux vivants. Peut-être ont-ils compris, encore plus intimement que nous, que ce qu'il faut perpétuer, c'est la vie du geste, c'est la pensée que l'artisan infuse dans l'objet et qui se transmet à celui qui, ensuite, le détient.

Le Japon, que les principales maisons du groupe LVMH ont vraiment découvert dans les années 1980 lorsqu'elles s'y sont véritablement implantées et développées à la faveur du grand mouvement de tourisme des Japonais en Europe, nous a beaucoup appris, car nous avons confronté, avec beaucoup de succès, deux philosophies de l'artisanat : en Europe, peut-être parce que nous sommes influencés par une culture millénaire des vins de longue garde, nous recherchons les objets qui se patinent ou se bonifient, dont la perfection se révèle avec le temps ; au Japon, la perfection de l'objet, comme celle d'un grand saké, sort des mains de l'artisan et elle est, notamment dans leur art de la forge, quasiment immuable. Découvrant ce dont rêvait la clientèle japonaise et la nature de l'exigence qu'elle place en l'artisanat, nous avons su prendre en compte cet idéal, nouveau pour nous, et choisir nos cuirs autrement, coudre avec plus de précision, trouver des matières plus finement tissées. Ce symbole concentre là toute la vérité et la vigueur de nos traditions artisanales : elles dialoguent et se renouvellent sans se dénaturer.

Pourquoi ce préambule ? Tout simplement pour établir nettement que le grand artisanat rayonne dans le monde entier. C'est là son échelle naturelle. Il fascine comme tout ce qui est lointain et rare. L'artisanat de très haute qualité va de pair avec la navigation hauturière et les expéditions lointaines. La route de la soie a plus de vingt siècles. L'archéologie nous l'apprend de manière constante : on retrouve des bols de verrerie romaine antique dans des tombes de Nanjing du Ier siècle de notre ère, et des perles de verre de même provenance et de même époque jusqu'en Corée et au Japon. Plus étonnant, non loin de la côte orientale de Sumatra, on a, il y a quelques années, découvert l'épave d'un boutre arabe du Xe siècle chargé d'une cargaison de vaisselle chinoise d'or et de céramique, destinée à l'exportation, manifestement fabriquée sur commande, aux décors variés selon les marchés ciblés : motifs bouddhistes de lotus pour l'Asie centrale, décorations géométriques et inscriptions coraniques à destination du marché musulman, céramiques blanches aspergées de vert pour la production visant la Perse, tout cela issu de cinq ateliers spécialisés, situés dans cinq provinces différentes de l'empire chinois. À l'évidence, l'artisanat voit loin, l'artisan sûr de son savoir-faire et de la qualité de ses réalisations ambitionne, par la nature même de son activité et de son talent, une diffusion vaste, pourquoi pas mondiale, c'est pourquoi il s'allie aux grands commerçants.

Si l'artisanat parle un langage compréhensible par toutes les cultures, c'est que, tous, nous partageons l'admiration pour la belle fabrication et la prouesse technique. En ce sens, l'artisanat a des racines communes avec le sport, lui aussi grand pourvoyeur de beaux gestes et de grandes émotions, mais le sport est une pratique, où l'instant de grâce s'évanouit sitôt apparu, tandis que l'artisanat est une production qui dure dans l'objet produit. Tous nous sommes sensibles à ce qui émane d'un ouvrage parfait parce que nous sommes admiratifs de ce qu'il faut de mémoire, de patience, d'attention, de volonté et d'ambition pour parvenir à l'excellence du produit d'artisanat. Ce que nous voyons dans l'objet créé, c'est la somme de vertus qu'il a fallu mettre en œuvre dans le processus de fabrication même pour parvenir au résultat. De même, l'harmonie propre à une belle création artisanale est d'une nature tout à fait particulière : c'est une harmonie issue du bel agencement des parties et des matières, de l'élégance des raccords, par exemple en joaillerie entre la pierre et son serti, en maroquinerie entre le cuir et le métal. Il y a une satisfaction universellement ressentie qui naît de la contemplation de ce qui est bien ajusté. Ce n'est pas un hasard si *artisan* remonte à la galaxie primitive indo-européenne des mots en *ar* où se côtoient art, harmonie, ordre, arithmétique, liée ensemble par la confiance qu'on éprouve devant un assemblage solide, équilibré, réalisé de main de maître.

Tout mon goût personnel, immodéré, pour l'artisanat vient de là : l'artisan est à la croisée de l'art et du nombre, de l'inspiration créative et de la rigueur géométrique. J'aime tout particulièrement le défi qu'on retrouve dans la production de l'artisan, comme dans l'équilibre fragile des deux plateaux d'une balance, autant d'art utile que de mathématique appliquée. Si j'y suis aussi attentif, c'est qu'une longue pratique du piano m'a fait travailler, dans de longues heures d'exercice, cette fusion musicale entre geste de la main et la rigueur de l'esprit qui compte et qui décompose, entre l'élan mental des sentiments et l'élan physique du bras et des doigts. L'artisan est au confluent de cette double exigence, que j'imagine sous la forme des deux hémisphères de notre cerveau, distincts et complémentaires à la fois : d'une part la variété et la profusion de l'inspiration artistique, libre dans ses moyens d'expression et sans finalité pratique, d'autre part l'économie de moyens de la pensée géométrique. Il nous appartient de veiller à ce que l'équilibre ne soit jamais rompu : sans créativité, l'objet ne suscite pas l'intérêt ; sans rationalité du mode de fabrication, l'objet n'est pas viable.

Former un artisan est donc une triple démarche : guider sa main aux gestes du métier, ouvrir son esprit à accueillir l'inspiration des arts majeurs, l'habituer à garder les pieds sur la terre de l'économie. C'est dans ce cadre que nous cultivons la transmission des traditions artisanales. Les perpétuer et les renouveler sont la principale préoccupation du groupe que je préside. Les perpétuer car, dans bien des métiers, la transmission entre les générations ne tient parfois qu'à un fil, qu'un des nombreux aléas de la vie peut irrémédiablement rompre. Les renouveler car de nouvelles techniques, de nouvelles matières et de nouvelles exigences apparaissent. Un simple exemple : il est de notre devoir prospectif de former les artisans qui, dans le monde, sauront le mieux travailler les cuirs végétaux ou les nouvelles matières, qui sauront intégrer les dernières avancées agronomiques comme l'agroforesterie, qui auront la conscience environnementale la plus aboutie, de sorte à projeter leurs métiers dans le monde des décennies à venir. L'Institut des métiers d'excellence du groupe LVMH a, depuis 2012, été fondé dans ce but : donner un cadre de transmission de qualité aux grandes professions artisanales sur lesquelles nos maisons ont établi leur réputation et qu'elles ont, depuis plusieurs siècles, puissamment contribué à améliorer et développer. Il a formé, en France, en Italie, en Suisse, en Espagne et au Japon, plus de 1 000 artisans. Bon nombre d'entre eux ont rejoint les ateliers de Christian Dior, Louis Vuitton, Chaumet, Fendi, Loro Piana, Bulgari, Tag Heuer, Guerlain, Rimowa, et les vignes d'Hennessy, Moët & Chandon, Veuve Clicquot, Ruinart ou les domaines viticoles du nouveau monde. Toutes ces maisons, qui sont en développement constant, ont organiquement besoin de ces nouveaux artisans pour satisfaire cette demande croissante et augmenter leur rayonnement.

J'ai toujours cru dans la force du modèle artisanal et chaque jour me renforce dans ma conviction. Toutes les maisons du groupe LVMH, toutes celles qui ont rejoint le groupe depuis sa création, à l'exception peut-être de nos maisons de distribution, ont toutes en commun de fonder leur modèle sur un primat absolu du travail artisanal et sur la maîtrise de leur artisanat. Je crois à la vertu des productions artisanales, car elles sont plus durables, moins polluantes que les grandes séries industrielles. Je crois aussi au potentiel des professions artisanales car elles sont génératrices de grandes fiertés pour ceux qui s'y vouent, à proportion des prouesses qu'ils y réalisent dans leurs métiers. Je crois enfin qu'elles sont socialement très saines car elles gomment les inégalités d'origines et de milieux, laissant une large part au mérite et à la volonté.

Fukumi Shimura, dont chacun des kimonos est un chef-d'œuvre et qui est la plus admirée des trésors nationaux vivants, a coutume de se demander : « Comment un esprit troublé pourrait-il extraire les couleurs de la nature dans leur pureté première ? » Toute notre vigilance, dans le groupe LVMH, est de nous assurer qu'aucun trouble ne perturbe le soin que nos artisans apportent à leur ouvrage. Car dans chacun des produits que nos maisons proposent au monde entier, il y a le désir que nos artisans y ont infusé, et qui épouse le désir de la cliente ou du client qui les achètent.

Voir : Art et entreprise.

Ascenseur social (... et dignité)

par Daniel Hierso,
entrepreneur et président du réseau
outre-mer Network

L'ascenseur social (institutionnel) est mort : et alors ?

L'ascenseur social est un vecteur vers l'accomplissement de soi mais ce n'est pas le seul.

À l'heure des notions d'économie décarbonée, du partage, de diminution de l'empreinte environnementale, la course à la reconnaissance sociale et à l'accumulation de richesses passera-t-elle à l'arrière-plan ? Certes, il est plus facile de tenir ce discours quand on est sorti soi-même de la pauvreté ou de la misère.

La crise du Covid accélère la mutation d'un système de plus en plus digitalisé.

« Il y en a qui achètent des Rolex à 50 ans, moi je veux juste la liberté pour un gamin » pourrait rétorquer à Jacques Séguéla, Stéphane Ravacley, qui le 3 janvier a entamé une grève de la faim pour son apprenti guinéen en voie d'expulsion.

Qu'est-ce qui pousse soudain une nouvelle génération vers la quête de sens ? Même la finance semble s'orienter de plus en plus vers les projets à impact.

La liberté est fondamentalement au cœur de l'Homme. Et la crise économique qui vient en 2021, paupérisant encore plus la classe moyenne, sera-t-elle le vecteur d'une nouvelle envie d'entreprendre ou de se réaliser autrement ?

L'heure des « temps difficiles » d'Ibn Khaldun approche et avec elle les questions de fond : que vais-je accomplir de grand dans le timing qui m'est imparti ?

Et si la notion d'ascenseur social évoluait voire changeait de sens ? À l'heure où beaucoup de petits entrepreneurs risquent de connaître la grande pauvreté en 2021 et où la liberté de mouvement et d'indépendance devient parfois un signe extérieur de richesse ?

Envie d'entreprendre : la nouvelle quête de sens ?

Ils tentent leur chance chaque année dans ces gares comme Station F, Euratechnologies, The Camp ou Fablabs et tiers-lieux où d'aucuns aspirent à changer le monde. Bienvenue dans le monde de la Start-up Nation ! Il paraît qu'en France on n'a pas de mots pour décrire ce qu'est un entrepreneur ; ah ces Américains ! Des légions de jeunes diplômés s'engagent ; beaucoup échoueront. D'autres sont attirés par la quête de valeurs quitte à revoir drastiquement à la baisse leurs prétentions salariales. Entreprendre devient alors un challenge, un combat, une résilience, un acte de foi ou un chemin de vie...

Contrairement à ce qu'on pense, les jeunes issus des territoires fragiles (ruraux ou outre-mer), des quartiers prioritaires de la ville (QPV), les migrants sont certainement les mieux armés par nature pour mener ce combat ; absence de réseaux, méconnaissance des codes, tant d'obstacles à franchir qui nécessitent pour ce faire une résilience à toute épreuve, une capacité de *bootstrapper* et de réfléchir à des effets de levier à tout instant ; n'est-on pas déjà sur des notions de ROI ?

Car l'autre réalité de la Start-Up Nation qu'on évoque peu, c'est la grande précarité de ces *early* entrepreneurs qui naviguent avec une énergie incroyable entre le frigo à moitié vide, les huissiers souvent présents, les défauts ou délais de paiement, les levées de fonds avortées. Et pourtant ils sont de plus en plus nombreux à relever le défi !

Les nouveaux révolutionnaires des temps modernes ne seraient-ils pas les entrepreneurs ?

Certains y voient même un hommage à leurs grands-parents venus il y a plusieurs années pour travailler dans des conditions pénibles, un témoignage à leurs terroirs merveilleux de la France profonde où l'on emprunte encore de l'énergie à la tradition. Tous fortement animés par la valeur TRAVAIL.

Car un entrepreneur n'est pas qu'un reporting, un EBITDA, un fichier clients en costard ; c'est un homme ou une femme en transit avec sa « légende personnelle », son histoire familiale, ses rêves et une envie folle d'être au quotidien ce générateur de confiance que lui octroient ses clients.

Un sens de l'effort et de la résilience d'où vont naître des exemples de prospérité ; à l'image de toutes ces TPE, PME ou ETI familiales en action, à tout ce monde paysan en transition difficile, à tout ce savoir-faire accumulé par ces familles du compagnonnage, artisans d'art : la qualité du service et la notion de travail bien fait comme seule et unique référence.

Qu'ils aient créé leur entreprise par défaut car ils étaient sans emploi ou par peur d'être invisibles dans un grand groupe : ils ont souvent ce besoin intarissable d'être acteurs de leur devenir !

Confiance et grain de folie : et si c'était ça aussi, la véritable motivation des entrepreneurs ?

L'accomplissement personnel et l'acquisition des codes professionnels ; un nouveau chemin initiatique

Dans les sociétés traditionnelles, dans les filières d'excellence ouvrières ou dans l'armée, la notion de passage du statut d'enfant à celui d'adulte, d'adhérent de la corporation, de membre actif du corps passe par l'initiation.

Cette nouvelle acquisition des codes, des réseaux, de la stratégie, des modes d'acquisition de traction commerciale automatique deviennent les nouveaux rites d'initiation d'une génération vive, inventive qui a intégré qu'elle ne doit plus attendre son développement mais le créer.

Elle rencontre sur son chemin des mentors, des aînés, qui ont réussi ou échoué bien avant et de cette synergie naissent de nombreuses initiatives à travers le pays.

Mohamed Adou (CREO), Yacine Djaziri (La Nouvelle PME & les JDS), Mohed Altrad, Ming Po Cai (Cathay Capital), Sylvain Makaya (Paris Finance Nanterre Club), Frédéric Bardeau (SIMPLON), Roxanne Varza (Station F), Elie Nkamgueu (Club Efficience), Mathieu Corniéti (Impact partners), Abdelaali El Badaoui (Banlieues santé), Gaël Musquet (HAND), Céline Lazorthes (SISTA), Steve Moradel (Acting for water), Aude de Thuin (WIA), Christine Fontanet (100 jours pour entreprendre), José Jacques Gustave (mEETnoo), Pascal Latouche (Orange Fab), Olivier Mathiot et Samir Abdelkrim (Emerging Valley-Choiseul for Good).

Contrairement à ce que l'on pourrait penser, l'entrepreneuriat est sans doute l'un des espaces où la rencontre entre gens de peu d'expérience et ceux qui ont beaucoup grandi est assez facile. Autocensure, méfiance ; la solidarité entre les entrepreneurs serait-elle une réalité ?

Ils sont nombreux, ces bâtisseurs de ponts, infatigables créateurs de liens entre des rives apparemment éloignées qui regorgent de talents voire souvent de valeurs identiques.

Xavier Niel (école 42, Station F), Pierre Gattaz et Moussa Camara avec les Déterminés, Maurice Lévy et le programme de l'escalator, Blandine Mulliez et la Fondation Entreprendre, la chaire ESS de l'ESSEC, les multiples Fondations d'entreprises privées (Essilor, Engie, FACE, etc.).

L'ADIE a sorti des millions de Français de la précarité en leur donnant accès aux codes, la méthode et un peu de financement afin de lancer sur orbite des profils souvent éloignés de l'emploi voire blacklistés Banque de France.

Curieusement, la culture et le respect des aînés sont encore très ancrés dans les générations issues de l'immigration, d'outre-mer ou de la ruralité. Sans doute y a-t-il dans ce lien intergénérationnel des trésors de savoir-faire sous-exploités ?

On a tous croisé à un moment ou un autre ces plateformes publiques ou privées, un entrepreneur ou *business angel* qui nous a donné le déclic d'oser !

Programme de mentorat et *feed-back* ou la nouvelle alliance entre les générations, l'économie du partage

Pendant les premières années du réseau, tout notre effort était tourné vers les problématiques d'amorçage et de création d'entreprises. Mais très vite se posaient à nous la question de la pérennité de nos structures et le manque de formation de base.

Comment structurer sa croissance quand on n'a pas de réseau et que l'on est autodidacte ?

Il y a huit ans de cela, j'ai eu la chance de participer à une expérience atypique : les Jeudis de la stratégie.

Une rencontre géniale entre l'un des plus grands entrepreneurs du CAC 40 Xavier Fontanet, des entrepreneurs d'outre-mer et des quartiers, la Fondation HEC et le BCG.

Tout a commencé par une rencontre et un dîner génial organisé par les équipes de Yacine Djaziri et la Nouvelle PME avec des entrepreneurs des quartiers en 2011 (ça ne nous rajeunit pas, lol).

Ce qui nous a réunis : l'envie d'entreprendre.

Ce qui nous a motivés : comprendre les ressorts de la réussite d'un projet.

Ce qui a fonctionné : la volonté de partager et le retour d'expérience.

Deux ans plus tard, nous décidons de lancer un programme de formation à destination des entrepreneurs des quartiers populaires en post-amorçage.

Ce qui en 2013 n'était qu'un cours de stratégie (donné par « el maestro » à HEC : oui on lui donne plusieurs surnoms) deviendra en quelques années une formation dynamique à 360° permettant à plus de 130 entrepreneurs de se retrouver chaque année. Avec à la clé une bourse pour une formation HEC et un suivi personnalisé de consulting pour les meilleurs dossiers pendant un an par le BCG.

Le concept : adapter les stratégies d'acquisition de parts de marché relatives des grands groupes à l'international à sa stratégie de conquête dans sa rue, son quartier, sa ville, sa région...

Autant vous dire que pour bon nombre d'entre nous ce fut une révélation !

En outre-mer où le tissu entrepreneurial à 95 % de TPE souffre d'un contexte concurrentiel très fort, ce fut carrément une bouffée d'oxygène promulguée par les réseaux d'entrepreneurs locaux (Medef, FTPE, CPME et agences d'innovation locales) et les JT locaux.

Si vous questionnez Monsieur Fontanet, il vous dira : « Ce projet m'a beaucoup apporté. Au-delà de la joie de transmettre, ça m'a aussi aidé à simplifier des notions de stratégies fines, ça se ressent dans les émissions de BFM Stratégie. Avec le temps, j'ai vu ces jeunes progresser, les JDS, c'est devenu comme une famille avec des personnalités fortes qui s'assument et c'est sans doute le plus extraordinaire. »

Huit ans plus tard, les JDS c'est à ce jour :

— 1 100 entrepreneurs formés, + de 6 000 emplois pérennisés, 1 programme télé (BFM Stratégie),

— 1 livre réédité. Après le *Petit Livre rouge* de Mao, le *Livre vert* de Kadhafi, le *Petit Livre bleu* des « Jeudis de la stratégie »,

— une association et une génération formée et outillée qui a progressé ; à l'image de Laurence Lascary (présidente des producteurs 50/50), Saïd Hammouche (Mozaik RH), Leïla Bezaz (mon petit appart), Angélique Zettor (Genymobile), Anne-Laure Morel de Torskal, Yann Rivière (Groupe GAIA), Arnaud Chéreau (WELLO), Anass Patel (570easi), Shirley Billot (Kadalys).

L'ascenseur social est mort, vive l'ascenseur social !

La vague de fond des milliers d'entrepreneurs nés au croisement de la tech et des métiers traditionnels émerge. Elle s'autoalimente à la faveur de l'annonce des levées de fonds, des réussites commerciales, de la maturité des écosystèmes et la montée en puissance des *rol models* qui sont une alternative à l'imaginaire de la délinquance dans certains milieux et une option pour retisser l'amortisseur social.

Sans doute serait-il opportun également de mettre en réseau, au sein de la francophonie, ces milliers d'ambassadeurs économiques d'une France en mouvement issue des QPV qui auraient à cœur de valoriser l'image de l'unique pays archipel au monde où le soleil ne se couche jamais ?

Dans les années 80, Harlem Désir dénonçait avec force les ascenseurs en panne à réparer d'urgence dans les barres HLM des quartiers difficiles (financement public des programmes d'égalité des chances).

Dans les années 2000, Aziz Senni avec son ouvrage de référence sur *L'ascenseur social est en panne... j'ai pris l'escalier* évoquait déjà l'entrepreneuriat comme facteur clé de progrès et d'ascension.

Nous sommes en 2021, au cœur d'une tempête sociale, économique, financière et sanitaire, notre devoir est d'accompagner une nouvelle génération qui n'a plus le temps de se plaindre « des pannes d'ascenseur » mais qui devient promoteur immobilier, architecte et propriétaire de ses propres écoquartiers !

Christian Sautter de passage sur Station F à l'invitation de Joël Saingré en charge du programme Arts & Métiers m'interroge sur la pertinence de notre projet outre-mer Network et après trente minutes d'échanges me dit : « Jeune homme je vous félicite vous avez réussi ! »

Je lui dis : « M. Sautter, sans doute me suis-je mal exprimé, je ne vais pas réussir, nous allons échouer.

— Votre historique démontre pourtant le contraire ».

— Mon objectif n'est pas de réussir, mais d'emmener avec nous toute une nouvelle génération vers la culture entrepreneuriale afin d'en faire des hommes et des femmes libres et combattants et non plus des générations victimaires pleurnichardes et fragiles.

— Ah, je comprends mieux, vous ne dirigez pas un programme, vous êtes en mission... »

Il a tout compris.

L'ascenseur social institutionnel est mort, nous sommes tous devenus l'escalier.

Voir : Autodidacte et méritocratie ; Entreprendre en banlieue, c'est entreprendre le monde.

Assurer

par Thomas Buberl,
Directeur Général d'AXA

Générer de la tranquillité

Il n'est de bien plus précieux pour l'homme que sa tranquillité d'esprit. Trésor déjà chéri par Sénèque ou Épicure, la quiétude de l'âme est sans doute l'un des ingrédients clés d'un développement heureux. Pourtant, celle-ci est constamment menacée, sapée, et assaillie par les infortunes du destin. Des plus banales sources d'inquiétude aux plus fondamentales, comme l'accident ou la mort, des plus matérielles aux plus intimes, comme le bien-être de ses proches, chacun fait l'expérience du risque et de l'aléa qui, consubstantiels à la condition humaine, en rythment l'expérience.

Face à une adversité contre laquelle on ne peut se prémunir seul, une réponse consiste en la mise en commun de ressources permettant d'aider ceux qui sont affectés, en même temps qu'elle incite chacun à une prudente responsabilité. L'assurance résulte de cette prise de conscience.

Autrement dit, le fondement essentiel de l'assurance est la solidarité, à travers la mutualisation d'une partie des ressources au bénéfice de la communauté. C'est un principe simple mais immémorial, qui constitue encore aujourd'hui le socle de toute solution d'assurance, même face aux risques les plus complexes.

Si les philosophes préconisaient des remèdes spirituels et individuels pour s'arracher aux fatalités de la vie, l'assurance propose un modèle rationnel de répartition du risque qui permet non pas de s'y soustraire, mais de se prémunir autant que possible contre ses effets, en mettant la force du collectif au service de la protection de l'individu. C'est à cette aspiration noble et ancienne que répond aujourd'hui le Groupe AXA, que j'ai l'immense honneur de diriger.

Un métier multiséculaire

Dès l'Antiquité, des traces historiques attestent de l'existence de mécanismes de secours collectif par lesquels la communauté soutenait ceux de ses membres affectés par la matérialisation d'un risque. Le code de Hammurabi déjà, datant du IIe millénaire av. J.-C., fait référence à un système permettant au propriétaire de marchandises commerciales en transit de s'assurer contre les risques de disparition de leurs biens du fait de brigandages ou d'accidents. Ces derniers avaient ainsi la possibilité d'emprunter une somme d'argent devant être remboursée à l'arrivée à destination de la cargaison, principal et intérêt, mais demeurant acquise en cas de disparition de la marchandise.

Ce mécanisme est à la base du « prêt à la grosse aventure », dont d'autres manifestations se retrouvent au cours de l'Antiquité, et qui est relativement semblable aux *catastrophe bonds* modernes. Le plus vieux contrat d'assurance au sens où nous l'entendons de nos jours fut signé à Gênes au XIVe siècle, où fut également établie la première société d'assurances maritime. En France, c'est à l'initiative de Jean-Baptiste Colbert que fut créée la Chambre générale des assurances, refondée en Compagnie générale des assurances et grosses aventures de France, en 1688. La même année, le mythique marché des Lloyd's of London voyait le jour à Londres, précisément pour répondre aux besoins d'assurance des navires.

Loin de se contenter des expéditions maritimes, l'assurance s'est dès lors progressivement emparée d'autres risques, collectifs et individuels, relatifs aux dommages des biens ou des personnes, de court ou de long terme. Du XVIIe au XIXe siècle, l'assurance foisonne : partout en Europe, on fonde des compagnies ou des mutuelles, on innove en couvrant de nouveaux risques, on régule pour répondre à l'activité grandissante, on assiste aux premières faillites. Des formes d'assurances vie sont également développées. Progressivement, le champ de l'assurance s'élargit, pénétrant tous les niveaux de la vie économique et sociale.

Le Groupe AXA, par son ancrage historique dont les plus anciennes racines remontent au XIXe siècle, est l'héritier de cette longue tradition, à laquelle les femmes et les hommes qui le composent rendent chaque jour hommage par leur travail.

Œuvrer pour le progrès et le développement

Au cœur de l'assurance, donc, réside la volonté de se prémunir contre le péril, de s'arracher aux déterminismes de la nature, de faire œuvre de prévoyance et de résistance aux risques ; bref, de constituer, par le génie social, des mécanismes d'émancipation et d'amélioration de la condition des hommes. En somme, l'assurance est un outil du progrès humain. Cette corrélation positive entre développement et assurance est en réalité réciproquement causale.

L'assurance joue d'abord un rôle d'amortisseur, capable d'absorber tout ou partie des coûts négatifs engendrés par un événement adverse. En répartissant entre tous les assurés l'impact d'un sinistre, l'assurance convertit en un fardeau modeste pour tous ce qui serait un obstacle parfois insurmontable pour un seul. Mais il ne s'agit pas d'un jeu à somme nulle : la valeur de ce service est plus grande pour la société que celle du sinistre dont il couvre une partie du montant. En effet, l'assurance enraye la spirale négative des conséquences d'un sinistre. Par exemple, la prise en charge des coûts de santé minimise le temps d'incapacité d'un assuré, et lui permet par conséquent de reprendre le cours normal de son activité de consommation et de production.

En générant de la confiance, l'assurance rend possible le développement des échanges et favorise en outre l'activité économique. Parce qu'elle offre à chacun une protection en cas d'aléa, l'assurance permet la prise de risque fondamentale sans laquelle aucun projet entrepreneurial, aucun commerce n'est possible. Des marchands babyloniens au commerce maritime contemporain, l'assurance fluidifie les échanges en garantissant à ses acteurs de ne pas subir la pleine conséquence d'un aléa. De même, qui aurait été découragé à la suite d'un revers de fortune trouvera dans l'assurance la ressource financière qui lui permettra de disposer des moyens de son redressement.

Pour celui qui y souscrit, l'assurance joue un rôle de bouclier, de filet de sécurité. Assurer, c'est fournir une protection contre le pire, notamment la perspective d'un déclassement et avec lui, bien souvent, de la pauvreté. Le concept de micro-assurance, cher au prix Nobel de la paix Muhammad Yunus, a ainsi permis de couvrir des pans entiers de la population mondiale contre certains risques, notamment les maladies, permettant de faciliter leur développement. L'introduction de solutions de micro-assurance a permis de faire progresser le taux de couverture dans les pays les plus pauvres et de contribuer au développement économique de ces régions.

Ce qui est vrai à l'échelle individuelle se confirme à l'échelle macroéconomique : l'assurance fonctionne pour la société comme un ballast économique, un stabilisateur en temps de crise. L'assurance est, en effet, contracyclique par nature. En collectant à l'avance des primes, souvent dans des périodes de prospérité économique, qui ne sont réglées qu'à terme, lors de la survenance de sinistres, l'assureur amortit l'impact des événements négatifs.

L'assurance favorise donc la stabilité économique sur le long terme. Cet horizon est fondamental, et plus particulièrement pour les activités d'assurance vie. Parce qu'il faut générer suffisamment de rendement sur les sommes capitalisées par les assurés, les assureurs deviennent d'importants investisseurs, tournés vers le futur. Assurer, dans ce cas, nécessite d'identifier et d'investir dans des actifs suffisamment rémunérateurs et sûrs pour permettre de verser le complément de retraite ou d'épargne promis.

En endossant le rôle d'investisseurs, dits institutionnels, les assureurs deviennent de véritables artisans de la croissance économique de demain, soutenant les États dont ils financent la dette, investissant dans les fonds propres des entreprises, finançant la construction d'infrastructures partout dans le monde. Là encore revient la question, toujours centrale, du progrès : économique certes, mais aussi sociétal à travers les infrastructures nouvelles, comme celles liées aux énergies renouvelables, et enfin technique, en favorisant l'innovation des acteurs privés.

Enfin, assurer ne consiste pas seulement à intervenir *a posteriori* pour remédier à des sinistres déjà réalisés, mais aussi, *a priori*, à en prévenir la survenance ou à permettre aux assurés de mieux connaître les risques et comment s'en prémunir. En partageant avec eux leur expertise, par exemple sur les facteurs de risques dans le domaine de la santé, en menant des actions de prévention, notamment sur la sécurité routière, les assureurs encouragent le progrès individuel et collectif. Parfois critiquée pour sa supposée dimension paternaliste, la prévention, inhérente à l'assurance, reflète en réalité un accompagnement vers une meilleure maîtrise de son destin, une émancipation des « fatalités évitables ». Toutes ne le sont pas, certes, mais il y a un réel enjeu à développer au-delà du cercle restreint des professionnels une véritable culture de la prévention.

À la fois instrument et produit de la prospérité économique et du développement social, technique et humain des sociétés, l'assurance est donc intimement liée à la question du progrès. C'est pourquoi AXA a souhaité inscrire dans sa raison d'être le sens de son action : « Agir pour le progrès humain en protégeant ce qui compte. » Celle-ci reflète notre mission première, protéger, ainsi que notre ambition d'être des vecteurs du progrès dans la société.

Un acte fondamentalement social

Pris dans son acception la plus strictement économique, assurer consiste à fournir un service tarifé selon des modalités variables, négociées entre un particulier ou une entreprise d'une part, et une compagnie de l'autre. Cependant, cette présentation sommaire et technicienne fait l'impasse sur la dimension la plus essentielle de cet acte qui repose sur l'humain.

Assurer, c'est en effet se confronter au tragique, endosser une responsabilité considérable ; c'est souvent affronter les drames, parfois partager les joies, toujours soutenir et secourir ceux qui se tournent vers vous. Derrière chaque contrat, des hommes et des femmes soucieux, derrière chaque enseigne, des agents et courtiers engagés ayant à cœur d'honorer leur confiance en leur fournissant le meilleur accompagnement possible.

Présent aux moments clefs de la vie de ses clients, intégré au tissu économique depuis l'autoentrepreneur jusqu'à la multinationale, l'assureur est véritablement enchâssé dans la société. Il est partout un recours, fréquemment un conseiller, inlassablement un acteur de la communauté. Il en structure une partie de la vie et des échanges. C'est ainsi que les agences d'assurances représentent aujourd'hui, à l'heure de la désertification rurale, l'une des activités dont le maillage territorial demeure le plus fort.

Je l'observe chaque fois que je me déplace sur le terrain, aux côtés de nos agents généraux qui sont au plus près des sinistrés : la dimension sociale de l'assurance est particulièrement palpable dans les moments de crise, où nous prenons la pleine mesure de la contribution positive individuelle et collective que représente l'assurance. Un proche rapatrié de l'étranger pour une urgence médicale, une famille relogée après une tempête ayant détruit leur foyer, une entreprise dédommagée et accompagnée après l'incendie de ses locaux – c'est dans ces épreuves de la vie que l'on voit ce que l'assurance a de plus concret et de fort à offrir. C'est d'ailleurs la raison pour laquelle il n'aurait pu y avoir de meilleur moment pour révéler la raison d'être d'AXA que l'année 2020, au cœur d'une crise sanitaire exceptionnelle qui nous a tous permis de mesurer la profondeur de notre métier d'assureur, moi le premier.

L'assurance, plus importante que jamais face à la complexité du monde

Nos sociétés font aujourd'hui face à des défis de plus en plus nombreux et complexes. Face à la transformation du paysage des risques, les sociétés ont besoin d'assureurs experts et solides pour leur apporter des réponses adaptées.

Comprendre et anticiper les risques est au fondement même du métier d'assureur. Cette maîtrise est d'abord celle du passé, pour construire les modèles probabilistes qui permettent aux assureurs de prévoir l'impact d'aléas et de moduler en conséquence les contributions nécessaires des assurés pour y faire face. Mais l'exercice rétrospectif a ses limites dès lors que nous ne disposons que « d'une seule version du passé ». C'est pourquoi de nombreux travaux se concentrent sur la nature présente et future des risques. C'est par exemple le cas du *Rapport annuel sur les risques futurs* d'AXA (*Future Risks Report*) qui éclaire notre compréhension des risques émergents dans nos sociétés. Cet outil essentiel combine la vision prospective des experts AXA, de nos partenaires et clients.

Plusieurs risques doivent aujourd'hui retenir notre attention du fait de leur relative nouveauté, de leur dimension systémique et de leur caractère de plus en plus prégnant : le risque sanitaire, le risque cyber ou encore le risque climatique. D'abord, le risque sanitaire s'est manifesté en 2020 avec toute la force des épreuves du destin en ce qu'il s'est agi d'un événement soudain, intégral et absolu. Ensuite, les risques environnementaux se font toujours plus pressants, et nous n'avons pas fini d'en prendre la mesure. Enfin les risques technologiques, au premier rang desquels le risque cyber, constituent une menace à prendre en compte avec une grande attention.

Tous ces nouveaux risques partagent certaines caractéristiques. D'abord, par leur nature même, ils sont de plus en plus complexes. Qu'il s'agisse du cyber, du sanitaire, ou de l'environnemental, des compétences expertes sont requises non seulement pour les comprendre mais aussi pour y répondre. Ensuite, ces risques sont de plus en plus interconnectés : nul n'ignore par exemple l'impact écologique des nouvelles technologies, fortement génératrices d'émissions de gaz à effet de serre, ni les risques sanitaires que font courir les bouleversements de biodiversité liés au changement climatique, qui modifient les aires traditionnelles de prévalence de maladies. Par ailleurs, la réponse à ces risques, du fait de leur complexité et de leur ubiquité, ne peut incomber à un seul acteur ni même à un seul type d'acteurs. Enfin, ces risques ont en commun une ampleur inédite, naturellement génératrice de frais élevés pour y répondre. Toutefois, si le coût de la réponse est important, celui de l'impréparation est plus élevé encore.

Assurer l'avenir

J'ai la conviction que la période que nous vivons s'inscrit dans une révolution du risque qui accélère l'entrée dans un deuxième âge de l'assurance. Le premier reposait sur un modèle essentiellement statistique, statique et correctif, c'est-à-dire *a posteriori*. Depuis une vingtaine d'années, tout cela change sous nos yeux. En face des risques nouveaux, la question de la compensation ne résout pas tout, elle doit s'accompagner de services : comment redémarrer une activité, comment augmenter la résilience des assurés, comment accompagner et mieux prévenir ? L'assurance doit passer du rôle de « payeur » à celui de « partenaire ». C'est ce nouvel axiome que j'ai placé au cœur de la stratégie d'AXA depuis mon arrivée à la tête de l'entreprise. L'assurance, hier une promesse sur l'avenir face à un risque aléatoire, est appelée à proposer à ses clients davantage de valeur immédiatement tangible.

En outre, la crise du Covid-19 a révélé la fragilité de notre monde en exposant ses failles. Par là même, elle a mis en lumière toute la pertinence du rôle de l'assurance, mais a aussi, parfois, souligné ses insuffisances. Face à des événements aussi soudains, massifs et touchant toute la société à la fois, l'assurance privée ne peut pas tout. C'est pourquoi je plaide en faveur d'une coopération entre les secteurs public et privé, pour définir des systèmes de protection complémentaires où chacun prendra sa part. C'est notamment le cas en matière de santé. Dans ce domaine, comme pour les risques climatiques ou encore les risques technologiques, l'investissement et le savoir-faire du privé seront tout aussi indispensables que la mobilisation et les ressources des acteurs publics.

Enfin, l'évolution des attentes de la société, des consommateurs, des régulateurs et des actionnaires est une tendance qui traverse tout le capitalisme contemporain, mais dont la signification est particulièrement forte pour l'assurance, placée au cœur de la cité. Assurer jouera, aujourd'hui comme demain, un rôle essentiel pour accompagner la société dans ses évolutions : encourager la transition écologique, participer à la transition numérique, prévenir les risques sanitaires et pandémiques. Cette dimension est déjà à l'œuvre chez la plupart des acteurs du secteur. Dans ces domaines, fidèle à son identité d'assureur engagé, AXA est un précurseur.

L'assurance n'est pas étrangère aux débats et questionnements que la crise sanitaire a ouverts. Mais en dépit de ces défis, ou plutôt précisément parce qu'ils en soulignent toute l'importance, l'assurance continuera d'être un extraordinaire levier de progrès et un facteur du développement de nos sociétés. Les questions auxquelles l'assurance entend fournir une réponse sont plus complexes que jamais, mais ils sont aussi une opportunité unique pour le secteur de poursuivre sa transformation et de faire progresser la société.

Voir : Risquer : le risque dans tous ses états.

Attractivité

**Wolfgang, Meg, Karien,
Bob, Akio... et les autres**

*par Denis Zervudacki,
président de Zerphilia,
fondateur des États de la France,
ancien secrétaire général du CNPF (ex-Medef)*

Que serait la France sans celles et ceux qui, venus d'ailleurs, ont contribué à écrire son histoire ?

Les Maria Salomea Skłodowska, qui repose au Panthéon sous le nom de Marie Curie, les Georges Charpak, Gao Xingjian, Henri Bergson qui ont donné à la France des prix Nobel, les Elsa Kagan, Lev Aslanovitch Tarassov, Wilhelm Apollinaris, Roman Kacew qui sous les noms d'Elsa Triolet, Henri Troyat, Guillaume Apollinaire et Romain Gary ont écrit parmi les plus belles pages de la littérature française, les Blaise Cendrars, Hans Hartung ou Ossip Zadkine qui ont rejoint la Légion étrangère pour défendre notre pays.

Et Ieoh Ming Pei, Charles-Édouard Le Corbusier, Auguste Perret, Renzo Piano, Oscar Niemeyer qui venus eux aussi de l'étranger ont dessiné nos villes comme l'a également fait un certain Gustave Eiffel qui, né Bönickhausen, a donné à notre capitale et à notre pays le symbole de son rayonnement dans le monde.

Et que serait Onnaing sans Toyota, Cestas sans Mondelez, Gien sans Otis, Tilloy-lès-Mofflaines sans General Mills, Montluel sans Carrier et Figeac sans Collins Aerospace, nos territoires et la France sans ces entreprises « étrangères » qui, venues des quatre coins de la planète, ont, elles aussi, fait le choix d'y élire domicile.

Voilà trente ans que les sociétés que j'ai créées œuvrent autour d'une « raison d'être » – déjà –, celle d'accompagner dans leur développement et leur démarche citoyenne en France ces sociétés dans « les veines desquelles coule la France, même si elles n'ont pas une goutte de sang français », comme le disait de lui-même Romain Gary.

Cet engagement a été inspiré par l'histoire de ma famille qui quitta Chios au moment de ses massacres et qui après avoir navigué en Méditerranée, d'Athènes à Héraklion, d'Alexandrie à Monastir, fit le choix de la France.

Avec une feuille de route : être plus français que les Français.

Cette feuille de route est aussi celle de ces entreprises venues d'ailleurs qui sont françaises par choix et par volonté, et non par hasard.

Que les entreprises étrangères, en faisant le choix de s'y installer, enrichissent la France est une vérité qui ne s'est pas imposée d'évidence dans un pays qui doit son patronyme à un peuple d'envahisseurs.

Longtemps (et malheureusement quelquefois encore), notre pays a entretenu une relation affective pleine d'ambiguïté face à l'investissement international. Paradoxale et parfois paranoïaque.

Celle d'un pays toujours prompt à saluer nos fleurons nationaux quand, avec audace, ils partent à la conquête du monde, mais qui a longtemps été suspicieux et précautionneux vis-à-vis des groupes étrangers qui « débarquent » sur ses terres.

Rappelons-nous ces cris d'orfraie qui ont accueilli l'arrivée annonciatrice d'un « Tchernobyl culturel » d'Eurodisney, avec ses 40 000 emplois alors que notre pays aurait dû s'enorgueillir d'être sorti vainqueur d'une compétition ayant opposé plus de 80 sites.

Rappelons-nous aussi les procès d'intention faits à ces groupes étrangers ayant des visées sur nos « bijoux de la Couronne » et autres « cathédrales » auxquels il ne faut pas toucher dans un pays qui, autre paradoxe, a longtemps fait la fine bouche vis-à-vis de ceux qui nous arrivent mais – venant souvent des mêmes « Jean qui pleure » – est intolérant avec ceux qui nous boudent ou nous quittent.

Curieux pays que le nôtre toujours prompt à se lamenter sur le départ de quelques entreprises roulottes prêtes à choisir le premier terrain vague, de s'offusquer lors de ces fermetures de sites et de ces histoires qui comme dans la vie amoureuse peuvent, elles aussi, prendre fin, et qui longtemps n'a pas su claironner haut et fort sa capacité à attirer les meilleurs projets internationaux et à accueillir avec tapis rouge ceux qui le choisissent.

Les temps ont heureusement changé et notre pays a enfin compris combien les groupes étrangers sont des acteurs majeurs de ces fondamentaux qui font la vitalité et la force d'une économie – produire, servir, investir, former, employer, exporter.

Les chiffres sont là. Éloquents. Édifiants.

Les quelque 29 000 sociétés contrôlées par l'étranger provenant de 115 pays pèsent en France 760 milliards de chiffre d'affaires, réalisent 17 % de la valeur ajoutée française, emploient 2 200 000 de nos compatriotes, dont près du tiers de ceux qui œuvrent dans le secteur industriel, réalisent plus du tiers de nos exportations et apportent ainsi à notre balance commerciale l'équivalent de près de 1 500 Airbus, offrent aux salariés français des rémunérations supérieures à celles des entreprises françaises, les forment plus que celles-ci ne le font, réalisent 29 % de l'investissement corporel de l'industrie et assurent 29 % de la « Recherche & Développement » des entreprises œuvrant en France.

Tel est l'écot des groupes étrangers à la France sans compter la contribution majeure que, par leur seule présence, ils apportent au dynamisme et à la compétitivité globale de l'appareil productif français.

Atouts, attraits et handicaps

Ces performances ne datent pas d'aujourd'hui et, de longue date, la France a été une destination considérée par les investisseurs internationaux.

Notre pays possède en effet des atouts majeurs en matière d'attractivité, au premier rang desquels se trouve sa place centrale en Europe, que personne ne pourra jamais lui enlever.

Il dispose aussi de talents rares et d'un esprit d'innovation reconnus, d'une productivité et d'une créativité de nos compatriotes saluées par tous les groupes mondiaux, ainsi que d'un dynamisme démographique qui lui confèrent un réel avantage comparatif par rapport à ses concurrents.

Ces atouts auraient dû permettre à notre pays de faire la différence dans les « benchmarks » qui amènent les multinationales à décider de leur implantation. Mais ils ont, souvent à notre détriment, été mis en balance avec de sérieux handicaps dont les moindres ne sont pas le coût du travail, un manque de flexibilité, des lourdeurs administratives, une insécurité juridique, et une instabilité qui est le pire des fléaux pour l'investisseur.

Notre capacité de séduction a aussi été fortement altérée par l'image souvent jaunie que la France a longtemps projetée d'elle à l'étranger.

Celle d'un pays réfractaire au changement où le vieux a du mal à mourir et le neuf du mal à naître, et où toute volonté réformatrice le mettait « à feu et à sang ». Celle d'un pays où l'on travaillait moins qu'ailleurs et qui était souvent en grève. Celle d'un pays « complexe », souvent nourri par celui du sentiment de sa supériorité et inspiré par une « exception française » qui pour l'investisseur a longtemps rendu la vie plus compliquée ici qu'ailleurs.

De tout cela, ceux qui sont les « ambassadeurs » de la France auprès de leur maison-mère ont porté la croix et été pénalisés dans leur plaidoyer *pro domo*.

Car auprès de Wolfgang, Meg, Karien, Bob, Akio... et des autres œuvrent ceux, souvent des « Frenchies », qui président aux destinées des filiales de groupes étrangers installés en France.

Ces Amélie, Gaëtan, Stéphanie, Olivier, Jacques et autres Nicolas qui plaident la France pour que leur maison-mère y installe ses projets de développement et y prospère.

Tel est leur intérêt. Tout nouvel investissement élargit leur territoire. Toute délocalisation le réduit.

Telle est aussi leur conviction, bien placés pour connaître les exceptionnels atouts humains, scientifiques, technologiques et géographiques de notre pays.

Longtemps, dans les compétitions intragroupes, ils ont vu, la mort dans l'âme, leur échapper des investissements qui, alors qu'ils auraient pu venir chez nous, se sont installés ailleurs, sous des cieux pas forcément plus cléments de pays qui, avec moins que nous, ont souvent, parce que leurs yeux étaient plus doux, fait mieux que nous.

The place to be

Les chiffres de l'attractivité 2019 sont tombés et l'impensable est arrivé.

La France, devançant pour la première fois la Grande-Bretagne et l'Allemagne, est montée sur la première marche du podium européen de l'investissement international.

Cette performance n'est pas le fruit du hasard mais le résultat d'une politique ambitieuse en matière d'attractivité et de réformes qui, longtemps différées, comptées, rejetées ont été enfin menées tambour battant.

Elle est aussi l'heureux événement d'une rencontre amoureuse entre un pays qui n'avait jamais aussi ouvertement déclaré sa flamme aux entreprises étrangères qui, de leur côté, sont tombées sous son charme.

Après avoir longtemps douté de la France, elles ont enfin décidé de croire en elle, saisies par une « envie » d'autant plus subite que notre pays venait de faire le choix de l'ouverture alors que d'autres faisaient celui du retrait ou du repli.

« We believe in France », « Wir glauben an Frankreich », « Crediamo nella Francia », « 我们相信法国 », « 私たちはフランスを信じています ».

Voilà ce que nos « ambassadeurs » et le premier d'entre eux, Pascal Cagni, notre ambassadeur « At large » qui sillonne le monde pour promouvoir notre pays, ont, baume au cœur, entendu à Atlanta, Francfort, Milan, Shanghai ou Tokyo.

Juste retour. Jamais depuis trois ans les groupes étrangers n'ont fait l'objet d'autant d'égards et d'attentions, comme l'illustre, le fameux sommet « Choose France » de Versailles… où ceux qui ont souvent boudé la France jouent des coudes et se poussent du col pour y être conviés.

Cette rencontre amoureuse n'aura pas été une idylle sans lendemain.

Ces dernières années, la France a gagné d'incroyables parts de marché : des sièges mondiaux ou européens et des centres de recherche viennent s'y installer, de spectaculaires projets qui en d'autres temps nous auraient échappé nous sont arrivés, des talents qui avaient décidé d'écrire ailleurs leur avenir nous reviennent et d'autres venus d'ailleurs nous arrivent.

La corbeille de la mariée est garnie et la France après de féroces compétitions avec d'autres prétendants a été choisie par des groupes étrangers comme l'on fait récemment SKF à Saint-Cyr-sur-Loire, Boehringer Ingelheim à Jonage, AstraZeneca et Coca-Cola à Dunkerque, Mars à Haguenau, Novartis à Huningue, Procter & Gamble à Amiens, ou encore Hexcel aux Avenières pour y installer leurs projets de développement et y créer des emplois… par milliers.

En 2018 et 2019, la croissance du nombre d'investissements accueillis en France fut à deux chiffres et ce sont près de 40 000 emplois qui en 2019 ont été créés par des groupes étrangers en France.

Et, en 2020, qui fut une année noire pour les flux mondiaux d'investissement qui auront chuté de 40 %, ceux à destination de la France n'auront connu qu'une diminution de 17 % et, alors que la crise aura détruit près de 320 000 emplois, les investissements étrangers en auront créé ou maintenu près de 35 000.

Capitaux étrangers. Richesse française !

Bref, la France attire et enfin séduit et continue à le faire.

Pour le bien de notre pays et le bien-être de nos concitoyens. Pour mieux vivre au pays du bien-vivre.

Ce que les groupes étrangers nous apportent en termes de richesse et d'emploi restera bien sûr, la première dimension de leur « citoyenneté ».

Mais celle-ci repose aussi sur les politiques exemplaires qu'ils mènent en matière d'inclusion notamment à l'intention de la jeunesse elle aussi venue d'ailleurs bien placés pour savoir ce que signifie « *Diversity means wealth* ! ».

Exemplaire fut aussi pendant la crise du Covid-19 l'attitude des groupes étrangers qui, dans un élan de solidarité, entre dons de masques dont le premier fabricant sur le site français est canadien, d'argent, de gel hydroalcoolique, de combinaisons, de gants, de nourriture, auront en ces temps de guerre, eux qui sont la « légion étrangère » de l'économie française hautement contribué à l'effort collectif.

Reste désormais un rang à maintenir.

La crise du Covid va immanquablement, entre « *offshoring* », « *nearshoring* », « *reshoring* », rebattre les cartes de l'attractivité.

Dans la quête de plus de souveraineté, les groupes étrangers en continuant de venir l'irriguer par leurs investissements, ont toute leur place pour participer au « projet français » de se réinventer pour retrouver la maîtrise de notre destin et faire gagner la France.

Bref, étrangers et quelquefois plus français que les Français pour continuer à servir un pays qui leur a ouvert les bras et qui pour reprendre les propos du président de la République, lors des obsèques de Charles Aznavour, est celui de « la France véritable qui est celle qui accueille, qui ne se racornit pas dans la peur obsidionale et continue de vivre dans l'hospitalité ».

Autodidacte et méritocratie

par Pierre Gadonneix,
président d'honneur d'EDF
et du Conseil mondial de l'Énergie,
président d'honneur de Harvard Business School Club,
président du conseil d'administration de Rexecode,
président du conseil d'administration de Latécoère

Accéder aux plus hautes responsabilités et faire partie de l'élite a longtemps, en France, été le terme d'un parcours qui a commencé par l'école et celle de notre République peut plus que d'autres s'enorgueillir d'avoir permis l'émergence de personnalités d'origine modeste.

Mais il est aussi une autre « voie royale » que j'aimerais saluer, celle de l'entreprise qui permet à ceux qui « en veulent » et osent et qui sans « peau d'âne » jouent un rôle majeur dans la prospérité économique de notre pays.

Cette conviction qui est mienne est, paradoxalement, celle d'un pur produit de la fabrique de l'élite française.

Je la tiens de ce que j'ai pu observer durant mon « parcours » et des enseignements que j'en ai tirés.

J'aimerais poser un premier constat.

La capacité cognitive et analytique qui se traduit par le talent de réussir aux examens puis de brasser efficacement des données dans la vie professionnelle, a longtemps été et demeure largement encore l'étalon-or des valeurs jugées nécessaires pour réussir.

À cette forme de sélection par la logique qui débouche sur des formations souvent scientifiques s'ajoute, surtout en France, le talent d'expression.

De cela, j'ai fait personnellement l'expérience.

Ces deux critères, esprit logique et capacité d'expression, sont à la base de l'examen mondial qui sert dans la constitution des dossiers pour l'admission dans les universités US dont la Harvard Business School où j'ai eu l'honneur et la satisfaction d'être étudiant.

Le sésame pour y être admis, le test TOEFL donne lieu à deux notes, l'une « quantitative » qui mesure l'esprit logique, l'autre « qualitative » concernant le talent d'expression.

Avant de rejoindre la Business School de Harvard, j'avais effectué des études caractéristiques de la formation des élites françaises avec un diplôme d'ingénieur de Polytechnique suivie d'une première expérience de vie professionnelle de quatre ans. Mon arrivée aux États-Unis dans une Business School prestigieuse aura été pour moi un choc culturel et la prise de conscience qu'il y avait d'autres formes de sélection et de préparation des élites destinées à conduire les entreprises.

Mon premier rapport d'étonnement « d'Huron à Harvard » a concerné le mode de sélection.

Je pensais que, comme ce fut mon cas, tous les élèves sélectionnés étaient admis après examen de leur dossier au seul critère des deux notes quantitatives et expression qui étaient à un niveau élevé (surtout la première !).

J'ai cependant réalisé qu'il y avait parmi les élèves des profils qui ne répondaient pas à ces critères mais qui se révéleront plus tard très performants dans le cours de leur carrière en entreprises.

En effet, à côté de candidats au profil classique et quelquefois héritiers des noms célèbres de réussites industrielles ou financières émergeaient des leaders charismatiques qui avaient été identifiés par des succès dans des activités associatives, sportives et quelquefois entrepreneuriales.

Mon deuxième sujet d'étonnement a concerné la formation délivrée notamment par rapport à une approche que nous avons longtemps privilégiée en France.

La Harvard Business School se caractérise en effet par une forme d'enseignement fondée exclusivement sur la méthode des cas, c'est-à-dire un enseignement qui part de situations vécues dans les entreprises pour conduire l'élève à analyser puis raisonner et décider des solutions les plus pertinentes.

Ce n'est qu'au cours de ce processus que les réflexions théoriques sont introduites.

Cette méthode d'ailleurs initiée par Harvard il y a un siècle, pour l'enseignement du droit, m'est alors apparue novatrice et illustre combien dans le domaine du management, la théorie sans retour ou sans confrontation à l'expérience est de peu d'efficacité.

L'autre constat que j'ai pu dresser durant mon séjour aux US à la Harvard Business School au début des années 1970 concerne le débouché naturel des étudiants.

Celui-ci n'était alors pas la création d'entreprise. Les voies royales des élites étaient d'être recrutées par une grande entreprise prestigieuse telles GE ou Procter & Gamble… ou une société de conseil en management tel McKinsey. Puis le « Graal » a été les établissements financiers et les fonds d'investissement.

La création d'entreprise était alors une exception car jugée trop risquée et moins prestigieuse.

Les temps ont depuis lors changé. Une évolution significative s'est produite avec le développement de vocations d'entrepreneurs parmi les diplômés de Business Schools même si encore aujourd'hui les jeunes diplômés créateurs d'entreprises ne représentent qu'une faible minorité de l'ordre de 10 % des promotions.

Une faible proportion mais qui aura produit des Bill Gates (Microsoft), Mark Zuckerberg (Facebook), Larry Page (Google), Jerry Yang (Yahoo) ou autres Reed Hastings

(Netflix) qui ont, même s'ils n'en sont pas tous sortis diplômés, fréquenté les bancs de Harvard.

Mais il est, à côté de la « Grande École », une « petite porte » et un chemin de traverse pour accéder aux plus hautes responsabilités en entreprise : le terrain auquel se sont frottés et où se sont formés de prestigieux entrepreneurs, ceux qu'on appelle les « self-made men » qui ont donné aux USA, outre Benjamin Franklin, John Rockefeller, Thomas Edison, Walt Disney, Henry Ford, et autres Ralph Lauren.

Les « self-made men », dans la culture anglo-saxonne, sont toujours fiers de revendiquer ce titre qui pour eux est « de gloire » : celle d'avoir réussi sans diplôme et d'être souvent partis de rien.

La situation dans notre pays de celui que nous appelons ici « l'autodidacte » est plus contrastée.

Certains affichent avec fierté d'où ils sont partis. Ainsi Sylvain Floirat, René Monory, Maurice Schlogel ont, non sans humour, déclaré dans cette bible de l'establishment qu'est le *Who's Who* qu'ils avaient pour seul diplôme d'être carrossier, garagiste ou coursier.

D'autres l'ont caché, comme s'il était honteux d'être « partis de rien ».

*

Avoir réussi sans avoir emprunté la voie royale doit être salué car leur réussite est d'autant plus méritoire dans un pays où « l'entre-soi » a longtemps été roi et où faire partie de « l'establishment » notamment de ceux qui ont fréquenté la même « grande école » et appartiennent au même « grand corps » est décisif pour accéder au pouvoir.

Ainsi, ayant mesuré le rôle des autodidactes parmi les entrepreneurs à succès, l'un de mes prédécesseurs à la présidence de l'Association des anciens élèves de la Harvard Business School, Daniel Jouve, a eu l'idée il y a trente ans de créer un prix qui récompense les entrepreneurs autodidactes ayant eu des réussites exceptionnelles.

J'ai eu l'honneur d'animer ce prix au cours des dix dernières années et j'ai eu le bonheur de rencontrer des personnalités étonnantes qui ont développé des réussites majeures.

J'aimerais dans ce dictionnaire amoureux rendre hommage à ces « entrepreneurs autodidactes » qui font, eux aussi, la vitalité de notre économie.

2019-2020 : Éric Kayser, Boulangeries Éric Kayser
2018 : Gary Anssens, Alltricks
2017 : Yannick Alléno, Groupe Yannick Alléno
2016 : Joseph Arakel, Tempo One
2015 : Martial Guigal, Domaine Guigal
2014 : Philippe Ginestet, Gifi
2013 : Gérard Dorey, Carrefour
2012 : Michel Garcia, Everial
2011 : Lucien Georgelin, SARL Georgelin
2010 : Max Massa, Group Onet

J'ai tiré de leur succès quelques enseignements que j'aimerais vous livrer.

Certains talents et valeurs se retrouvent chez tous les entrepreneurs, qu'ils soient autodidactes ou non. Je pense à la valeur travail, la ténacité, la capacité à approfondir et gérer la complexité, la rigueur comptable et financière.

Mais il y a des qualités et talents qui sont spécifiques à ceux qui sont « partis de rien » ; je pense à :

— l'audace et la prise de risque qui leur est naturelle car c'est autour de ces valeurs qu'ils ont commencé leur parcours et que cela leur a réussi ;

— la détermination face à l'adversité. Presque tous les entrepreneurs sélectionnés que j'ai rencontrés ont connu un ou plusieurs échecs mais par leur détermination ont su les surmonter et rebondir ;

— une intelligence exceptionnelle des relations humaines. Ils sont souvent des leaders charismatiques et ils savent déceler chez leurs interlocuteurs, clients, équipes internes, partenaires leurs attentes et les convaincre d'adhérer à leurs projets.

Ces entrepreneurs autodidactes que j'ai rencontrés ont des personnalités remarquables et ils incarnent à haut niveau les valeurs de courage, d'audace, de travail, de leadership nécessaires à la réussite d'une entreprise.

Leur expérience de début difficile leur a forgé une volonté et une capacité de maîtriser les situations les plus complexes et à compter essentiellement sur eux-mêmes sans protection à la différence de cadres dans une grande entreprise ou *a fortiori* dans l'Administration.

Cette contribution des entrepreneurs autodidactes est essentielle à la santé de notre économie.

C'est aussi un formidable message d'espoir et un modèle pour tous les jeunes qui doivent savoir que même sans diplôme, l'avenir peut être radieux.

Voir : Ascenseur social (… et dignité) ; Mérite.

Autonomie

par Julia de Funès,
philosophe et essayiste

« Référer les actes, les performances, les conduites singulières à un ensemble qui est à la fois champ de comparaison, espace de différenciation et principe d'une règle à suivre », tel est le principe disciplinaire que Michel Foucault décrit en 1975 dans *Surveiller et punir*. L'entreprise n'évoque pas toujours explicitement des règles à suivre. Mais ses collaborateurs sont néanmoins soumis à la contrainte d'une conformité à une norme. C'est l'assujettissement invisible et impalpable que les salariés ressentent sans toujours en avoir conscience. Cette contrainte est celle de l'homogénéisation et de la normalisation dont le contrôle est facilité par les nouvelles technologies et leur puissance panoptique. Aujourd'hui il ne s'agit plus d'un pouvoir visible, individualisé et autoritaire, qui correspondait au premier âge de management, mais d'un pouvoir désindividualisé, désincarné, qui agit par l'effet d'une visibilité générale. Dans la majorité des grands sièges, l'architecture des bureaux répond à cette exigence de visibilité. Tout est vitré pour être transparent. Tout devient visible et observable. Les bâtiments ne semblent plus faits pour être vus eux-mêmes et pour la beauté de leur architecture, mais pour mieux voir et rendre visibles ceux qui s'y trouvent. Ce pouvoir de la visibilité est paradoxal : d'un côté, il est absolument indiscret puisqu'il est partout en ne laissant aucune zone d'ombre, et de l'autre, absolument discret puisqu'il n'est détenu par personne et fonctionne en silence. Il rend visible en étant invisible : les salariés s'y soumettent en n'obéissant à personne. La lourdeur que peut revêtir l'entreprise n'est donc pas simplement administrative ;

elle est aussi et surtout normalisatrice. Les salariés sont contraints de faire converger leurs comportements et leurs apparences, y compris vestimentaires, car la norme est le signe d'appartenance à un corps social homogène. Cette normalisation inhérente à toute corporation peut étouffer les collaborateurs et diminuer leur capacité à créer, à prendre des initiatives, à innover et tout simplement à agir.

La possibilité d'échapper à l'observation et à la normalisation explique en partie l'appétence pour le télétravail, qui est moins due au gain de temps obtenu en évitant les trajets qu'à la sensation de ne plus être directement visible. Il se sent libéré, même s'il travaille autant sinon plus qu'à son bureau. La libération que procure le télétravail est une déréification dans la mesure où le salarié n'est plus observé ni observable en permanence. Il est moins sujet d'une surveillance, il n'est plus l'objet d'un savoir. Aussi, les individus travaillent de plus en plus loin de leur bureau, à la maison ou ailleurs. Rien n'indique qu'on travaille mieux dans un *open space* que chez soi. Rien n'indique qu'on travaille moins chez soi qu'en *open space*. Laissons donc cette liberté aux salariés. Elle ne coûte rien, sauf pour ceux qui emploient des collaborateurs paresseux qui n'ont pas à rester dans l'entreprise. Bien entendu, cette déconnexion entre le travail et le bureau n'est ni applicable au commerçant, au restaurateur ou aux travailleurs sur sites, ni généralisable. Une entreprise a besoin de temps collectifs de cohésion. Mais chacun peut constater l'ampleur du déploiement progressif du télétravail. Aussi le management du XXIe siècle se voit-il contraint de mettre progressivement fin à cette surveillance, à cette lisibilité permanente, à ce repérage qui rend le salarié mesurable, calculable, connaissable, en remplaçant la transparence, la traçabilité et l'enregistrement permanent par le travail à distance et la confiance qu'il suppose.

Soyons toutefois nuancés : l'autonomie n'est pas la liberté. Dans une démocratie libérale, chacun doit être libre de mener sa vie comme il l'entend, dans le cadre des règles édictées par l'État de droit. Chacun se fixe des objectifs individuels, à charge pour la société de lui donner les moyens de les atteindre. Dans une économie fluide et en croissance, chaque individu doit pouvoir travailler dans une organisation (entreprise, association, service public...) cohérente avec ses valeurs et ses buts. La liberté des choix de vie s'exprime de cette façon-là. Mais à l'intérieur de l'organisation, la liberté est nécessairement restreinte. C'est le projet collectif, celui qui a été déterminé par l'entrepreneur, qui guide les actions des uns et des autres. Chacun se voit affecter une mission qui doit mener à la réalisation de ce projet. C'est là que la notion d'autonomie intervient. « Être autonome » signifie « se fixer à soi-même sa propre loi ». Il s'agit de s'organiser comme on l'entend. On appelle les voitures sans chauffeur « voitures autonomes ». Elles ne sont pas libres au sens fort. Une voiture est programmée pour amener des passagers là où il lui est demandé d'aller. La direction est imposée. Mais elle n'est pas « conduite » par un humain. Elle fait en quelque sorte son travail toute seule. Aussi, l'autonomie et un certain niveau de contrainte ne sont pas antinomiques dans l'entreprise comme dans le reste de la vie. Il est entendu, selon Spinoza, que « l'homme n'est pas un empire dans un empire[1] », qu'il n'est pas libre mais se meut dans un univers pétri de déterminismes. Il est soumis à toutes sortes de lois : naturelles, physiques, géographiques, sociales, psychologiques, etc. « Les hommes se croient libres parce qu'ils sont conscients de leurs actions et ignorants des causes qui les déterminent[2]. » L'homme est semblable à

1. B. Spinoza, *L'Éthique*, 1677.
2. *Ibid.*

une pierre dévalant une pente et qui, si on lui attribuait momentanément la conscience, penserait être à l'origine de son propre mouvement, alors que celui-ci n'est dû qu'à l'impulsion causée par un tiers qu'elle ignore. L'homme est pris dans l'enchaînement des causes et des effets qui régit le monde. Mais il lui est néanmoins possible de gagner en autonomie dans un univers contraint en devenant « cause adéquate[1] » de ses actes. Une « cause adéquate » est une cause que nous connaissons clairement. Nous savons donc exactement quel effet elle peut faire naître. Autrement dit, il faut prendre le temps de connaître la nécessité des causes déterminantes pour libérer une puissance d'action et ne plus subir les événements. Il faut pour ce faire parvenir à une connaissance distincte. Le véritable enjeu pour l'individu n'est donc pas tant de choisir ou de faire ce qu'il veut, mais d'essayer de comprendre son environnement et de se rendre, par la compréhension, actif. Non pas que la connaissance nous affranchisse de toute contrainte, mais elle nous libère en nous permettant de devenir autonomes. En somme, se libérer, devenir autonome, c'est être actif, apte à trouver les moyens d'augmenter une puissance d'action. Pensons à la danse classique. Noureev n'est pas moins soumis aux lois de la pesanteur que vous ou moi. Néanmoins, il ne danse pas tout à fait comme nous, il s'envole. À force de travail, de connaissance des lois et des mécanismes de son corps, il les assouplit sans les absoudre, il les élargit sans les anéantir. Il ne brise pas les lois de la pesanteur, mais il les utilise jusqu'à les maîtriser pour mieux en jouer. Il est plus autonome dans ses mouvements, car il se conduit plus activement que nous ne pouvons le faire, nous qui subissons passivement la lourdeur de notre propre corps. Le danseur, quant à lui, transcende les contraintes sans s'en affranchir.

1. *Ibid.*

Voilà ce que les salariés devraient pouvoir faire avec les contraintes de l'entreprise. Être conscients des objectifs collectifs stratégiques et respectueux des contraintes corrélatives, mais libres de s'organiser sans ajouter de contraintes inutiles à celles qui sont inhérentes au projet de l'entreprise. « Être libre, ce n'est pas faire ce que l'on veut, mais savoir ce que l'on fait[1]. »

Pour cela, la norme comportementale ou le process ne doivent jamais l'emporter automatiquement sur l'appréciation du sens de la situation. C'est à cette condition que nous n'aurons pas affaire à des automates, mais à des humains en entreprise, autrement dit des sujets actifs et autonomes, agissant à partir de leur discernement et de leur intelligence d'action. Favoriser cette autonomie et cette responsabilisation reste l'un des enjeux majeurs du management moderne.

Voir : Capital humain ; Confiance ; Les femmes et les jeunes, avenir de l'entreprise ; Travail demain.

1. Ibid.

B

Bâtir

par Martin Bouygues,
président de Bouygues

Bâtisseur, mon père Francis Bouygues, fondateur du groupe Bouygues, l'était doublement : par son statut d'entrepreneur hors du commun et, bien évidemment, par l'activité de construction de notre groupe. Je suis, à sa suite, devenu un entrepreneur repreneur, heureux et fier de ce que nous avons construit à force d'audace et de détermination.

Bâtir un groupe diversifié

Commençons par son histoire, notre histoire. La France d'après-guerre a besoin de logements et d'équipements. Alors que le plan Marshall encourage la reconstruction, Francis Bouygues, âgé de 29 ans, fonde en 1952 l'Entreprise Francis Bouygues (EFB), son entreprise de bâtiment, avec l'équivalent de 1 830 euros en poche. Il croit à la dynamique de l'émulation où chacun fait ses preuves, qu'il ait ou non un diplôme, et possède, pour l'époque, une vision originale de l'entreprise, notamment dans les métiers du BTP encore assez archaïques. Inspiré d'un voyage d'études aux États-Unis, son management détonne par son audace et ses choix économiques et organisationnels novateurs : place de l'informatique, contrôle de gestion, gestion optimisée des flux... Il repose sur l'esprit d'équipe de ceux qui cherchent ensemble à se dépasser.

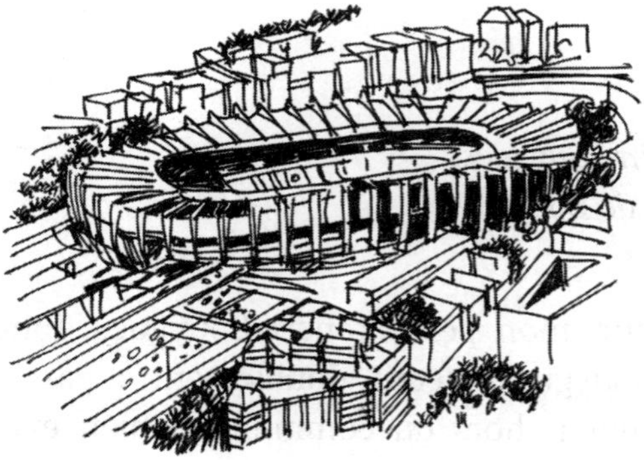

Le 30 juin 1970, l'entreprise est cotée à la Bourse de Paris. Un tournant financier rapidement suivi d'un tournant technique : en 1972, la Coupe de France se joue dans un parc des Princes flambant neuf, livré avec cinq mois d'avance par Bouygues. Pour ne pas gêner les spectateurs, le stade a été construit sans piliers d'appui dans les tribunes. Une prouesse technique qui permet à l'entreprise, dont la dénomination est devenue « Bouygues » le 15 mai 1972, de prendre place sur le marché des ouvrages d'art et à l'international. 1975 voit la création de Bouygues Offshore, spécialisée dans les travaux parapétroliers. De mon côté, je deviens entrepreneur en créant la société de maisons individuelles Maison Bouygues. Dans les années 1980, l'international compte pour plus de la moitié dans le chiffre d'affaires du BTP de Bouygues, qui remporte en 1981 deux contrats déterminants : l'université de Riyad en Arabie Saoudite et le pont de Bubiyan au Koweït. Le groupe entame une mue. C'est l'heure du défi des grandes diversifications entreprises par Francis Bouygues, convaincu que ses méthodes de management sont transposables à d'autres secteurs. En 1984, pour sa première diversification loin de la construction, Bouygues choisit d'acquérir une entreprise familiale de distribution d'eau, Saur. En 1985, les activités immobilières sont rassemblées sous une seule et même entité : Bouygues Immobilier. En 1986, Bouygues acquiert le groupe Screg, qui comprend notamment Colas, dont 44 % de l'activité est réalisée dans 30 pays. Et, en 1987, il devient actionnaire principal de la chaîne TF1. Les années 1980, qui ont commencé par le plus grand chantier du monde (Riyad), s'achèvent avec le chantier du siècle, le tunnel sous la Manche.

Quand en septembre 1989 j'en prends les commandes à l'âge de 37 ans, la petite entreprise de bâtiment est devenue un groupe international. Les collaborateurs de la première heure accompagnent mes premiers pas de chef d'entreprise avec leurs compétences et leur loyauté et m'aident à développer le groupe à la suite de mon père. Dans les années 1990, malgré la crise, nous réalisons en France de grands ouvrages, comme le Stade de France ou le pont de Normandie. En Asie du Sud-Est, et notamment à Hong Kong, la croissance est fulgurante. Mais les prouesses techniques ne sont plus le privilège de la construction : les années 1990 marquent l'avènement du numérique. En 1994, nous obtenons la troisième licence de téléphonie mobile. Deux ans après, le lancement de Bouygues Telecom bouleverse le marché par des innovations marketing qui démocratisent le téléphone mobile. À la fin du millénaire, nous sommes devenus un groupe de construction, de médias et de télécommunications. Bouygues Construction s'illustre dans la construction de tunnels et de ports, avec en 2001 la réalisation de Groene Hart aux Pays-Bas grâce au plus grand tunnelier du monde. L'usage du numérique et la multiplication des canaux de diffusion permettent à Bouygues Telecom et TF1 d'explorer de nouveaux univers.

En 2005, nous affirmons notre engagement en matière de transition environnementale. Le groupe conçoit ainsi, en France et à l'international, les premiers bâtiments à énergie positive, aménage des écoquartiers, réalise des centrales solaires, rénove des immeubles anciens conformément aux meilleurs standards d'efficacité énergétique, construit des ouvrages de travaux publics dédiés au transport collectif, recycle en masse des matériaux de construction, offre une seconde vie aux téléphones mobiles usagés et sensibilise les citoyens à la cause environnementale. En décembre 2020, nous nous engageons de manière concrète dans une stratégie climat alignée sur l'Accord de Paris afin de réduire nos émissions de gaz à effet de serre de 30 % à 50 % suivant les filiales d'ici à 2030.

Bâtir avec les autres

Groupe de services diversifié, Bouygues est à présent implanté dans plus de 90 pays et compte 130 500 collaborateurs. Ces femmes et ces hommes représentent la première richesse de l'entreprise et méritent le plus grand respect. Avant de prendre toute décision stratégique, l'essentiel à mes yeux est de garder à l'esprit que notre entreprise est avant tout une aventure humaine. Comment l'entreprise pourrait-elle remplir sa mission sans des salariés motivés, efficaces, compétents, qui travaillent dans le meilleur climat social possible ?

Dès sa création, l'Entreprise Francis Bouygues mise sur les progrès sociaux, en allant au-delà des dispositions réglementaires. Francis Bouygues, pour qui un homme fatigué ne peut être un collaborateur accompli et heureux, invente en 1966 le « samedi commerce » : une journée chômée et payée par mois, puis deux à partir de 1972, pour que les collaborateurs puissent faire leurs courses à une époque où les semaines de travail durent six jours. En 1972 s'ajoute un autre acquis social majeur : la mensualisation des salaires. Un changement si radical qu'il nécessite des explications auprès des intéressés, habitués au salaire horaire. Concurrents et législateurs s'aligneront sur cette avancée les années suivantes.

En 1963, Francis Bouygues fonde l'Ordre des Compagnons du Minorange, qui distingue les meilleurs ouvriers pour leurs compétences, leur conscience professionnelle et leur état d'esprit. L'objectif : donner de la fierté aux collaborateurs qui travaillent sur les chantiers. « L'Ordre des Compagnons du Minorange est non seulement ce qui fait l'originalité de Bouygues, mais aussi l'une de ses grandes forces », disait-il. Ils sont aujourd'hui 2 200, répartis dans une trentaine d'ordres chez Bouygues Construction, Colas et Bouygues Telecom.

Pour ma part, je suis très attaché à l'actionnariat salarié qui est à mon sens l'une des meilleures façons d'associer les collaborateurs à la réussite de l'entreprise, de les motiver et de les fidéliser. C'est également une excellente manière d'installer un actionnariat stable, gage de pérennité de l'entreprise. Chez Bouygues, les salariés possèdent 20,3 % du capital et 27,4 % des droits de vote, ce qui en fait la première société du CAC 40 pour l'actionnariat salarié.

Tous nos collaborateurs sont unis par un socle de fondamentaux culturels : le respect – valeur cardinale de l'entreprise –, la confiance, la transmission et la créativité, encourageant leur engagement. Nous pensons chez Bouygues que l'état d'esprit des hommes et des femmes est un levier plus puissant que la seule force technique et économique de l'entreprise. Entretenez en permanence un bon état d'esprit dans vos équipes et le jour où une crise se présentera, vous pourrez alors solliciter vos collaborateurs et ils feront bloc derrière vous. Pour bâtir une équipe solide, un conseil : fuyez les génies individualistes. Ils conduisent souvent à la catastrophe. Dans l'entreprise, seule est fertile la capacité de travailler harmonieusement et intelligemment ensemble. Et dans la vérité. C'est grâce à ces valeurs fortes, partagées par tous, que le groupe Bouygues n'est pas un conglomérat mais un groupe diversifié. Sa forte culture d'entreprise fédère l'ensemble des collaborateurs, qu'ils soient sur un chantier en Asie ou présentateurs du journal de TF1. La culture, c'est notre ciment, ce qui crée un sentiment d'appartenance, de fierté légitime sur laquelle les femmes et les hommes du groupe s'appuient tous les jours. En somme, c'est ce qui fait que Bouygues est Bouygues.

Bâtir pour construire l'avenir

On entend souvent parler des sociétés en termes d'acquisition, de fusion, de capitalisation, de valorisation, sur fond de mondialisation, avec à la une des médias des opérations financières, purement financières. On se soucie des actionnaires mais on évoque rarement les clients ou les collaborateurs. C'est une grave erreur de raisonnement : une entreprise n'a d'autre finalité que de servir et de toujours mieux servir ses clients. C'est son objectif, sa raison d'être. Et pour l'entrepreneur que je suis, c'est la seule préoccupation qui compte. La mission du groupe Bouygues est d'apporter le progrès humain dans la vie quotidienne au plus grand nombre. Et la meilleure façon de remplir cette mission exigeante est de mettre le client au cœur de notre stratégie. Ce n'est pas une posture ou une injonction, bien au contraire. Le client est la raison d'être de l'entreprise, et le satisfaire notre seul objectif. Nous ne devons jamais l'oublier, même et surtout en temps de crise. Nous devons lui apporter des produits et des services toujours plus innovants tout en restant compétitifs. Il faut nous inscrire dans une dynamique de progrès : tout faire pour être meilleur que le meilleur de nos concurrents et être meilleur aujourd'hui qu'hier.

Je le dis souvent à mes collaborateurs : notre vision de l'entreprise est fondée sur cette trilogie clients, collaborateurs et actionnaires, dans cet ordre. Elle doit offrir des produits et des services aux clients, grâce à des collaborateurs bien recrutés, formés et motivés. Si, et seulement si, nous faisons bien notre travail, les profits suivront et les actionnaires seront rémunérés. *A contrario*, une société dont la seule logique serait d'enrichir ses actionnaires en mettant ses clients au second plan est vouée à l'échec sur le long terme. C'est ce à quoi je me suis toujours attaché tout au long de ma vie professionnelle.

Enfin, nos filiales sont porteuses de croissance car elles répondent toutes à des besoins essentiels et en constante évolution : se loger, se déplacer, communiquer, s'informer et se divertir. Leur diversité permet d'amortir les conséquences de cycles moins positifs rencontrés l'une par l'autre. La combinaison de ces deux caractéristiques permet à Bouygues de générer un *cash-flow* libre de façon pérenne. La valeur ainsi créée peut être réinvestie dans notre développement et partagée avec nos parties prenantes. Nous nous donnons pour règle de maintenir une situation financière solide qui assure notre indépendance d'action et la pérennité de notre modèle. En particulier, nos activités de construction sont peu consommatrices de capitaux et génèrent un niveau élevé de trésorerie.

Bâtir avec des principes de management forts

La manière la plus efficace de diriger un groupe aussi diversifié est de privilégier la décentralisation opérationnelle. Elle permet d'agir au bon niveau avec un principe de subsidiarité : la maison-mère n'a pas vocation à faire à la place des cinq filiales. À mon sens, l'intégration verticale est la meilleure façon de tuer une entreprise – ainsi Bouygues Immobilier n'a aucune obligation de faire travailler Bouygues Construction, par exemple – car on perd toute notion de prix du marché, de contrôle des coûts et on déresponsabilise les managers qui ne peuvent plus gérer leur compte de résultats. Ma philosophie de chef d'entreprise est simple : être pragmatique, avoir les pieds sur terre, cultiver le bon sens dans le raisonnement et l'éthique dans le comportement. Ou encore, être pessimiste dans la réflexion mais optimiste dans l'action. En d'autres termes, envisager tous les scénarios possibles en imaginant le pire et nous y préparer. Mais une fois la décision prise, s'engager à fond, sans état d'âme, avec pour seul objectif : réussir.

Parfois les résultats ne sont pas à la hauteur de nos espérances. On apprend alors beaucoup de ses échecs. L'essentiel est de les reconnaître, de ne pas les cacher, d'en tirer les leçons et de rebondir. Des périodes de crise, nous en connaissons tous. Aucun chef d'entreprise n'y échappe. Chez Bouygues, je ne compte plus celles que nous avons dû affronter : accidents sur les chantiers, exercice déficitaire en 1995, arrivée impromptue d'un actionnaire agressif voulant démanteler le groupe à la fin des années 1990, panne générale du réseau Bouygues Telecom en 2004 et bien d'autres choses encore. Dans ces moments, il faut garder son sang-froid et prendre les bonnes décisions. Mais cela ne s'improvise pas. Le succès dépend de notre degré de préparation et de notre force de caractère, bien entendu, mais aussi de quelques principes cultivés depuis longtemps. Le jour où une crise survient, les bons réflexes surgissent. Plus le monde est complexe, plus le bon sens est indispensable. Je vous invite à lire ou relire Auguste Detœuf, polytechnicien et fondateur d'Alstom, qui a écrit *Propos de O. L. Barenton, confiseur*, un recueil d'aphorismes paru après la Première Guerre mondiale qui reste très actuel. Il disait que « bon sens et logique, cela fait un chef, bon sens sans logique, un subordonné et logique sans bon sens, une catastrophe ». Ce bon sens doit notamment nous conduire à poser les bonnes questions face à une décision difficile. « Ne fais pas ce que tu ne comprends pas », m'avait dit Francis Bouygues en guise de viatique quand il m'a confié les rênes de l'entreprise. Ce conseil de bon sens, qui m'avait paru simpliste quand je l'ai reçu, m'a en fait été précieux par la suite dans les grands choix stratégiques du groupe, en particulier lors des enchères UMTS[1] dans les télécoms au début des années 2000. Ne comprenant pas pourquoi il fallait payer si cher ces fréquences et pour quel bénéfice pour le consommateur, j'ai décidé de ne pas concourir. Et bien nous en a pris.

1. En 2000, les licences de téléphonie mobile à la norme UMTS (3G) sont mises à prix à 32,5 MdF (soit 4,95 Md€) par le gouvernement français. Un montant très élevé, que seuls les opérateurs SFR et Orange acceptent de payer. Finalement, en octobre 2001, le gouvernement baisse le prix à 619 M€, leur durée étant portée de quinze à vingt ans. Bouygues Telecom s'empare alors de la troisième licence.

Aujourd'hui, ces trente années passées à la tête de Bouygues ont conforté les convictions de management transmises par Francis Bouygues : je crois, plus que jamais, que les femmes et les hommes sont au cœur de notre aventure entrepreneuriale.

Voir : Capital humain ; Client ; Culture d'entreprise ; Dynastie ; Éponyme.

Bien commun

par Xavier Fontanet,
ancien président d'Essilor,
professeur à HEC

En affirmant que le but de l'entreprise était exclusivement de faire du profit, Milton Friedman n'a pas facilité la tâche de ceux qui expliquent que l'entreprise, quand elle travaille dans un cadre bien conçu, œuvre dans le sens de l'intérêt général et contribue au bien commun.

Les entreprises sont une création très ancienne de l'humanité, elles ont donc évolué dans des environnements très divers. Si on cherche à être concis, comme le veut le principe d'un dictionnaire, on peut dire qu'elles ont connu deux types de situation : l'économie libre de marché et l'économie administrée. Il y a aujourd'hui un consensus pour admettre que les économies administrées n'ont pas fonctionné, et ce pour deux raisons.

La première raison a été la démotivation des acteurs qui a résulté de l'abandon de l'intérêt individuel comme moteur de l'action. Les autorités ont imaginé pour le remplacer toutes sortes de contraintes et de stratagèmes, les faits sont là, aucun n'a réussi à dynamiser l'économie, que ce soit en Russie, en Chine sous Mao ou à Cuba, pour ne citer que trois exemples.

La seconde raison est la complexité des économies modernes : un pays comme la France abrite 3 millions d'entreprises. Aucune intelligence, aussi puissante soit-elle, ne peut coordonner de façon centralisée les innombrables interactions qu'elles ont quotidiennement avec leurs dizaines de millions de clients.

Les économies de marché se sont donc imposées par la force des choses et personne ne conteste qu'elles ont fait du bien en contribuant à éradiquer la pauvreté dans nombre de pays en voie de développement. Dans certains pays occidentaux, par contre, là où les classes moyennes ont subi dans les dernières années le choc des délocalisations, on recommence à se demander si l'économie de marché peut toujours contribuer à l'avènement du bien commun.

Pour tenter d'y voir clair, il faut revenir sur le langage. Un certain nombre de mots, essentiels, ont été déformés, voire détruits par les luttes intellectuelles dans lesquelles ils ont été engagés. Il faut repréciser les définitions et les concepts qu'ils expriment pour faire tomber les idées fausses et être en mesure de raisonner sainement.

Le profit

Le premier mot est celui de profit. Bien des gens vont expliquer qu'une entité qui vise le profit ne peut pas, par construction, participer au bien commun. Le terme « profit » a des connotations négatives : profiter fait immédiatement penser à profiteur. Dans le même ordre d'idée, l'expression « résultat d'exploitation » n'est pas beaucoup mieux en suggérant que la marge des entreprises vient de l'exploitation des employés par le patron. Les chefs d'entreprise peuvent témoigner que ces explications ne tiennent pas la route. Les entreprises sont toutes en concurrence les unes avec les autres et les équipes menées au fouet ne sont jamais les plus efficaces : quand elles traitent mal leurs salariés, les entreprises perdent rapidement leur compétitivité, font faillite ou se font racheter. Cela est encore plus vrai dans un monde diversifié qui demande de décentraliser les décisions pour mieux coller au terrain. Les entreprises qui gagnent sont celles où les gens sont responsabilisés et par le fait même, motivés.

D'autres avancent que le profit reflète la capacité de l'entreprise à manipuler ses clients par la publicité, histoire d'expliquer qu'il est contraire au bien commun ; il est vrai que l'on peut manipuler tout le monde quelque temps, quelques personnes très longtemps, mais jamais tout le monde tout le temps... ou alors on considère que les gens sont idiots. C'est faire peu de cas de la nature humaine et oublier la concurrence qui donne à tout moment la possibilité de changer de fournisseur.

Il est bien plus pertinent de voir le profit comme la reconnaissance manifestée par les clients aux entreprises qui rendent le meilleur service. On voit alors se dessiner un système vertueux où les entreprises les plus efficaces sont aussi celles qui ont le plus de moyens pour investir et croître. Les Allemands ne s'y sont d'ailleurs pas trompés. Helmut Schmidt expliquait que « le profit d'aujourd'hui était l'investissement de demain et l'emploi d'après-demain ». Le profit est récompense et moyen de développement, il est un allié précieux dans la difficile recherche du bien commun.

Il est un deuxième sujet qui fait couler beaucoup d'encre : le concept d'intérêt individuel. Dès qu'on en parle viennent les images d'individualisme, d'égoïsme. Bien sûr la rapacité existe mais c'est encore une fois mal connaître la dynamique des affaires. Les rapaces ne tiennent pas dans la durée parce que les clients s'en aperçoivent très vite. Les entreprises qui marchent sont celles qui gardent leurs clients parce que ceux-ci trouvent leur compte dans la relation qu'ils ont avec elle ; leurs équipes commerciales sont tournées vers les sources d'amélioration des produits et la conquête de nouveaux clients. C'est une règle universelle, l'intérêt du producteur n'est assuré sur la durée que si celui du consommateur l'est aussi ; les opposer ne peut venir que dans l'esprit de théoriciens qui observent les situations de l'extérieur, sans avoir eux-mêmes vécu ce qu'est une relation durable entre client et fournisseur.

Pour bien raisonner, il faut mettre l'intérêt individuel du consommateur au cœur de la quête du bien commun car sa responsabilité dans la chaîne des décisions est fondamentale ; le cas de la délocalisation qui est une des causes du malaise actuel en est un parfait exemple. Si on demande qui est responsable des délocalisations, l'immense majorité des gens questionnés vous diront que c'est le producteur. Quand on y réfléchit à deux fois, c'est en fait le consommateur français qui, par son acte d'achat (une chemise réalisée en Thaïlande), a délocalisé vers les pays à bas coût de main-d'œuvre les usines françaises dans lesquelles certains de ses compatriotes travaillaient. Le pouvoir est au consommateur. C'est lui qui commande, ses actes ne sont pas neutres, c'est ce qui faisait dire à une très grande entreprise dont l'excellence traverse les siècles : « Chez Nestlé, le Président c'est bébé ! » On ne peut pas laisser le consommateur ignorer les conséquences des actes qu'il pose et qu'il doit assumer.

On ne peut pas se plaindre de la mondialisation et acheter des produits venant de l'étranger, pas plus changer constamment de fournisseur et s'opposer à la flexibilité de l'emploi. La main gauche qui travaille en entreprise ne peut ignorer la main droite qui fait les achats du ménage. On ne peut pas laisser le consommateur en dehors des réflexions sur le bien commun.

La concurrence

Le troisième mot qui pose problème à nos concitoyens c'est la concurrence, qu'on adore quand il s'agit d'aller voir un match de foot mais qu'on n'aime pas trop quand elle s'applique à l'entreprise où l'on travaille.

On explique régulièrement qu'elle n'est que la loi du plus fort. Elle a donc une mauvaise image dans un pays sensible comme le nôtre à l'égalité. On ne peut pas nier que des excès existent et c'est précisément pour cela qu'il faut des autorités pour agir dans les cas de dysfonctionnements avérés. Mais dans la pratique, surtout depuis que les marchés se sont ouverts au monde, la règle générale c'est une franche concurrence. Elle est rude mais n'a pas que des défauts. Elle est partageuse : en faisant baisser les prix elle transfère les gains de productivité aux consommateurs. Elle contrôle les profits des entreprises, dès que ceux-ci sont trop élevés, en suscitant de nouveaux joueurs qui les font baisser. La concurrence joue un rôle de régulateur. En permettant de remettre en cause les positions établies elle est promotrice de liberté. La concurrence permet de progresser car on n'a pas de meilleur professeur que son plus dur adversaire ! Que serait Federer sans Nadal ? La concurrence, cette mal-aimée, a, quand on y regarde de plus près, de nombreux attributs qui peuvent être mis au service du bien commun !

On l'a dit plus haut, pour que ces vertus potentielles donnent leur pleine mesure, il faut une autorité qui ne peut être logée que chez un arbitre, l'État. L'économie de marché et les entreprises ont besoin d'un État qui veille au bon fonctionnement du système, évite les ententes et les comportements prédateurs, on ne le dira jamais assez. Ceux-ci peuvent aussi bien venir de producteurs confrontés à des concurrents devenus trop faibles que de distributeurs devenus trop forts face aux producteurs. Les autorités de la concurrence ont un rôle clé, encore faut-il qu'elles diagnostiquent avec précision les situations et définissent correctement le contour des marchés en particulier leur étendue géographique.

Parties prenantes du bien commun

Les choses sont en train d'évoluer sous l'influence des jeunes générations qui recommandent d'intégrer dans la réflexion toutes les parties prenantes de l'entreprise et pas seulement le client et le consommateur : bien évidemment les employés qu'il faut rémunérer correctement former et associer, mais aussi les fournisseurs avec qui il faut idéalement tisser des liens de partenariat. Les nouvelles générations sont également sensibles à ce que l'on tienne compte du très long terme et notamment des effets sur les territoires et les ressources non renouvelables dans lesquelles l'entreprise puise pour fonctionner.

Cette évolution profonde interpelle également les États, les rappelant à leur devoir de concevoir les règles permettant de réduire les pollutions de l'air et de l'eau tout en respectant les ressources non renouvelables. Il ne s'agit pas seulement de légiférer mais aussi de faire appliquer les lois avec une insistance particulière pour les métiers de production dont les produits circulent d'un pays à l'autre. Si on ne le fait pas, les entreprises des pays vertueux seront pénalisées par rapport à celles qui opèrent dans des pays négligents ! On fera alors gagner de la part de marché aux tricheurs et on obtiendra le résultat exactement inverse de celui qu'on s'était donné. Il est une règle bien connue et acceptée : pour que le monde soit vivable il faut s'interdire ce qu'on condamnerait chez les autres, règle valable pour les individus aussi bien que pour les États.

Une vertueuse combinaison

À première vue, définir le bien commun paraissait une tâche surhumaine puisqu'on s'appuyait sur deux concepts contradictoires avec l'idée même de bien commun : l'intérêt particulier et la concurrence ; quant au troisième concept, la durabilité, autrement dit la fidélité, voilà encore des notions qui ont un caractère désuet à une époque où (même si les choses sont en train de changer) on vénère l'immédiateté et où on déteste se lier. Il n'empêche que quand on met tous ces ingrédients ensemble ils se bonifient comme on va le voir.

Considérez en effet une entreprise qui a réussi à créer des relations de long terme avec ses clients, ses employés, ses fournisseurs, le tout dans un environnement concurrentiel. La concurrence permet à tout moment, à chacun des participants, de casser la relation pour trouver mieux ailleurs. Si la relation dure c'est que chacun y trouve son compte. On est donc dans un cas où il y a harmonie entre toutes les attentes. Tout converge alors vers une situation que l'on ne peut qualifier autrement que d'intérêt général. En un mot, la concurrence, l'intérêt particulier et la fidélité mis ensemble permettent de tendre, quand la situation dure, vers le bien commun.

Ce n'est donc pas la peine d'aller chercher des choses compliquées, quand la concurrence est saine (rappelons là encore le rôle clé de l'État), l'économie de marché permet de faire converger naturellement les initiatives individuelles vers le bien commun. Elle est, quoi qu'on raconte dans certains cercles, un magnifique outil mis au service de l'humanité. C'est peut-être en définitive la raison profonde qui explique sa formidable résilience sur la très longue durée.

Voir : Concurrence et marché ; Profit, investissement et emploi ; Sens, raison d'être et leadership.

C

Capital

par Michel Cicurel,
économiste,
président fondateur du groupe La Maison

Les amoureux de l'entreprise, dont je suis, ont coutume de reprocher à l'État français, par ses réglementations, et plus encore ses prélèvements obligatoires, de handicaper le système productif privé. Il est vrai que les gouvernements de gauche, bien sûr, mais aussi de droite, n'ont jamais vraiment contrarié depuis la dernière guerre la montée de l'État providence, qui représente désormais beaucoup plus de la moitié de notre économie. Pourtant, on ne dit pas assez que, si l'État est responsable de certaines faiblesses de nos entreprises, l'inverse est également vrai : on ne saura jamais sérieusement faire reculer l'État providence sans avoir au préalable restauré l'économie privée, c'est-à-dire l'entreprise. Et pas seulement dans les fonctions d'intérêt général qu'on lui réclame progressivement : la diversité, l'égalité des sexes, l'ascenseur social, la formation, l'environnement, etc. Mais bien plus encore dans ses fonctions les plus classiques : la création d'emplois et la distribution des revenus du travail.

On ne peut retirer les béquilles de l'économie privée que lorsqu'elle marche suffisamment bien. Et c'est tout l'art difficile d'amorcer ce cercle vertueux au lieu du cercle vicieux des décennies écoulées : « faire descendre les impôts et charges par l'ascenseur, la dépense publique par l'escalier ».

Mais pour que ce processus s'engage durablement et harmonieusement, il faut qu'une grande majorité de nos concitoyens aime l'entreprise et se l'approprie. Or l'évolution de l'économie moderne menace d'aiguiser la lutte des classes au lieu de favoriser leur union : il suffit aujourd'hui, dans tous les pays riches, d'une allumette pour mettre le feu et transformer les fameux partenaires sociaux en adversaires déchaînés. D'ailleurs les mots libéralisme et capitalisme, en réalité forcément synonymes, sont devenus obscènes aux yeux de beaucoup.

Il y a trente ans, lors de l'effondrement de l'Union soviétique, l'économie sociale de marché devenait le modèle unique du monde présageant la « fin de l'histoire ». Or aujourd'hui ce modèle se lézarde sous les coups des populismes qui apportent, comme toujours, de mauvaises réponses à de bonnes questions. Il faudra entendre l'exaspération de la classe moyenne en voie d'extinction et lui apporter les solutions à ses plaintes légitimes. Cette dernière, trop pauvre pour être riche et trop riche pour être pauvre, n'est pas la principale bénéficiaire ni des dividendes de l'économie privée, ni des subsides de l'aide publique. C'est ainsi que plus de 3 milliards de personnes ont l'impression, comme le prolétariat ouvrier autrefois, de devenir les damnés de la terre. Même si Donald Trump n'a été en rien un modèle politique, il a au moins adressé les tourments de l'Américain moyen, tout en soutenant les entreprises et le capitalisme libéral qui sont le moteur des États-Unis, si performants.

En Europe, nos Gilets jaunes risquent au contraire de dévaster nos économies et de devenir ainsi les principales victimes de leur mouvement. Le national-capitalisme de Trump à la tête d'une nation-continent n'a rien de commun avec le national-socialisme des partis extrêmes de nos nations européennes déjà trop divisées. Cette fracture est sans doute aujourd'hui l'une des plus graves qui menacent notre planète, et c'est en réconciliant la classe moyenne avec l'entreprise capitaliste qu'on peut le mieux la conjurer.

La classe moyenne souffre, en effet, d'une double peine, qui réclame un double traitement.

Elle est atteinte d'abord dans ses revenus d'activité. Certes, en tant que consommatrice, elle a profité de la mondialisation pour améliorer considérablement son pouvoir d'achat.

L'habillement, l'électroménager, l'électronique – téléphone mobile ou écran plat – et bien d'autres produits encore sont devenus abordables pour la plus grande masse des consommateurs. Il est clair que sans la main-d'œuvre émergente, rien de tel n'eût été possible.

Mais le relais est assuré aujourd'hui par les robots des pays développés. Or, tandis que les travailleurs chinois ont vu leurs salaires augmenter, le « salaire » des robots ne fera que diminuer, pour des performances sans cesse accrues grâce à l'intelligence artificielle, menaçant ainsi la main-d'œuvre qualifiée préservée jusqu'ici. Pour celle-ci, le péril chinois recule tandis que se profile la maladie auto-immune du progrès technologique de nos propres entreprises qui agresse les emplois et les rémunérations de nos travailleurs. Pour la classe moyenne, le mal était l'étranger, il devient le capital ! L'aversion envers la mondialisation se transforme en anticapitalisme primaire.

Or aujourd'hui, rien ne serait plus stupide que de freiner la modernisation de nos entreprises.

C'est exactement l'inverse qu'il faut faire. D'ailleurs les pays les plus robotisés sont aussi des zones de plein-emploi, donc de rémunérations élevées, courbe de Phillips oblige !

Mais ce qui vaut pour les États-Unis ou l'Allemagne, dont l'avantage compétitif est évident, ne peut être étendu à l'ensemble de l'économie mondiale sans que la classe moyenne planétaire se prolétarise et se venge. Même en Chine ! Qu'on le veuille ou non, il y aura une génération de classe moyenne affaiblie, et c'est pourquoi il est bien trop tôt pour amputer l'État providence. Les libéraux qui veulent accélérer le calendrier de l'amaigrissement des systèmes sociaux ne comprennent pas que, ce faisant, ils condamnent à la potence le modèle qu'ils soutiennent.

On doit, dans les années à venir, s'habituer à vivre « en même temps » Schumpeter pour que nos entreprises s'aguerrissent à la compétition mondiale, et Keynes pour que les malmenés de la métamorphose soient protégés, le temps qu'il faudra et quoi qu'il en coûte.

Durant ce répit, on devra préparer activement un univers accueillant pour nos futures générations de classe moyenne. La formation est à l'évidence une priorité absolue, et la France adresse désormais cet investissement essentiel qui devrait progressivement soutenir l'emploi et les revenus du travail.

Mais il y a la deuxième peine, celle de la rémunération de l'épargne. Car l'épargne des classes moyennes ne peut être actuellement orientée que vers des placements liquides et sans risque, puisque c'est une « épargne de précaution », d'autant plus abondante que les épargnants sont inquiets. On l'a vu avec la surépargne de la pandémie.

Or les crises mondiales, celles de 2008 ou de 2020, ne connaissent qu'un seul traitement : encore et toujours l'État providence alimenté par la création, voire l'inondation monétaire des banques centrales. C'est ainsi que depuis longtemps, et sans doute pour longtemps, l'épargne sans risque ne rapporte plus rien, et même moins que rien.

Simultanément, le capital investi dans la technologie connaît des rendements à deux chiffres.

Ainsi, la classe moyenne ressent le progrès technique comme un adversaire, et observe un monde qui lui paraît intolérable : une petite minorité de capitalistes qui s'enrichit en pulvérisant les revenus de son travail quotidien et de son travail passé, c'est-à-dire son épargne.

Ce drame est évidemment dangereux socialement et politiquement. Mais il l'est aussi économiquement, car il faudra beaucoup plus de capital dans les années à venir pour adresser les grands défis du monde moderne : le digital, pour ne pas laisser les deux superpuissances, les États-Unis et la Chine, se partager la domination technologique de la planète, car il en va de notre souveraineté ; l'écologie, car il est vital d'investir massivement dans les innovations qui permettront d'adresser le dérèglement climatique sans mettre le monde entier au ralenti ; la santé, puisque au-delà des maladies liées au vieillissement, s'ajoute le défi des pandémies, désormais connu comme une donnée inéluctable de notre avenir, exigeant non seulement l'intelligence des chercheurs mais aussi les capitaux. Ce n'est pas un hasard si ce sont des chercheurs européens qui ont dû s'allier avec les États-Unis pour permettre en un temps record la découverte des meilleurs vaccins contre le Covid.

La conclusion est évidente : l'association capital-travail au sein de l'entreprise dans sa forme actuelle est dépassée. Il faut que les travailleurs deviennent aussi capitalistes. Mais pas seulement dans leur propre entreprise sous la forme excellente de l'actionnariat salarié, aussi à l'extérieur pour participer aux formes les plus nécessaires et les plus rémunératrices du capitalisme mondial. Certes, le monde réclame plus de capital, mais il lui faut aussi beaucoup plus de capitalistes.

Et là encore, c'est l'attelage Schumpeter-Keynes qui fera l'affaire ! On doit offrir aux classes moyennes l'accès au rendement élevé de l'investissement à risque mais sans le risque. Et pour cela, il faut et il suffit que l'État donne sa garantie. Ce qui assure également la liquidité puisque les banques prêtent généreusement aux détenteurs de produits garantis (contrats euros des compagnies d'assurances). Cela ne coûterait rien à l'État, et pourrait même lui rapporter la rémunération de la garantie, car un portefeuille large et diversifié d'investissements technologiques non cotés ne doit jamais perdre de valeur, et assure une rémunération supérieure à 10 % l'an. Ce serait d'ailleurs un modèle intéressant pour l'avenir d'user de l'État garant qui fait faire, plutôt que de l'État dépensier qui fait, alors qu'il est devenu dramatiquement impécunieux. Ce serait une transition excellente pour protéger les victimes du progrès tout en rendant sa place légitime à l'économie privée, et donc à l'entreprise.

La promotion d'une classe moyenne progressivement capitaliste est particulièrement nécessaire en France, où les fonds de pension n'existent pas en raison de la retraite par répartition, où il n'y a presque pas d'actionnaires individuels (environ 1 million), si nombreux aux États-Unis ou en Chine, et où l'État providence accaparé par les dépenses sociales et de fonctionnement ne peut plus guère investir dans la construction de l'avenir.

La France pourrait ainsi donner à l'Europe et au monde le magnifique exemple à suivre d'un capitalisme de masse. Car le capitalisme libéral, seul système économique ayant jamais fait ses preuves, ne peut survivre en étant le privilège d'une infime minorité. Aimer l'entreprise, c'est aussi aimer le capital, mais le capital pour tous !

Voir : Actionnaire ; Investir.

Capital humain

par Sophie Bellon,
présidente du conseil d'administration de Sodexo

« Capital humain ». Deux termes *a priori* aussi peu compatibles que « dictionnaire » et « amoureux » ! Que vient faire l'humain aux côtés de ce qui désigne en premier lieu une « somme d'argent » dont on est propriétaire, un « patrimoine pouvant rapporter des revenus », ou encore un « ensemble de ressources accumulées » ?

On s'y retrouve peut-être mieux du côté de l'adjectif, puisque ce qui est « capital » désigne « ce qui est essentiel », « de toute première importance ». Devrait-on alors parler plutôt d'« humain capital » ? Les femmes et les hommes ne sont-ils pas, *in fine*, l'alpha et l'oméga de tout projet d'entreprise ?

Et pourtant… Il y a quelques années, une société de VTC lançait un « mode silencieux », permettant aux utilisateurs de ses services *premium* d'indiquer au chauffeur, *via* l'application, leur souhait de ne pas être « dérangés » pendant leur trajet. Une annonce qui avait fait réagir : l'avènement de la technologie permettrait-il d'effacer, de s'affranchir de l'humain ? Devrait-on se réjouir de pouvoir, d'un clic, réduire quelqu'un au silence, gommer l'individu ? Serait-ce un facteur de progrès ?

La réconciliation des deux notions – « capital » et « humain » – est en tous les cas au cœur du projet entrepreneurial de mon père Pierre Bellon lorsqu'il fonde Sodexo en 1966. Particulièrement en avance sur son temps, alors que les enjeux sociétaux et environnementaux sont encore bien loin des préoccupations premières (capitales ?) des dirigeants de l'époque, il dote son entreprise d'une double mission : améliorer la qualité de vie de ses propres collaborateurs et des personnes que l'entreprise sert au quotidien, et contribuer au développement économique, social et environnemental des territoires où Sodexo exerce ses activités. Dès le premier jour, les salariés sont donc au centre du projet. Et l'humain, bien sûr, puisque tout tourne autour de ce principe simple : Sodexo, ce sont des femmes et des hommes – de plus en plus au fil des années, jusqu'à atteindre 420 000 aujourd'hui – au service d'autres femmes et d'autres hommes.

Je ne crois pas me tromper en disant que pour toute entreprise, y compris celles dont les capacités productives reposent bien plus que les nôtres sur l'utilisation de machines et d'outils plus ou moins sophistiqués, l'humain est le véritable capital de l'entreprise. Mais d'une manière générale, les entreprises du secteur des services partagent cette spécificité : le capital humain est au cœur de notre *business model*. Notre atout le plus précieux, notre actif fondamental, ce sont nos équipes.

Une chose ne cesse d'ailleurs de m'interpeller, lorsque je vais à leur rencontre. La très grande majorité d'entre elles sont présentes sur les sites de nos clients – établissements de santé, entreprises, écoles, universités, bureaux, usines, institutions publiques, lieux touristiques ou sportifs… – dans plus de 60 pays à travers le monde. Tout groupe global que nous sommes, c'est d'abord l'ancrage local qui nous caractérise.

En Inde, nous sommes indiens. Aux États-Unis, américains. Chinois en Chine. Et pourtant, je ne peux que constater, chaque fois que je me rends là où travaillent nos équipes, la puissance de cet invariant : nos valeurs fondatrices, définies pour l'entreprise il y a maintenant cinquante-cinq ans – esprit de service, esprit d'équipe, esprit de progrès –, sont bel et bien incarnées par nos collaborateurs, partout dans le monde.

Je m'en émerveille chaque fois. Mais cet état de fait n'est pas le fruit d'un miraculeux hasard. Dans nos métiers, vis-à-vis de nos clients et de nos consommateurs, nos équipes sont tout simplement le visage de l'entreprise. En ce sens, leur responsabilité est immense – et leur engagement tout à fait crucial. Le rôle de la chaîne managériale pour transmettre ces valeurs et faire perdurer une culture d'entreprise puissante est ici fondamental. Une fois encore, on en revient au rôle essentiel de l'humain.

Vous l'aurez compris à ce stade de mon propos, je ne crois pas en une entreprise qui serait progressivement en train de se déshumaniser. L'année 2020, la crise sanitaire et son cortège de confinements, la nécessité pour beaucoup de rester durablement éloignés de leur lieu de travail l'ont bien montré : le lien social est au cœur du sujet. J'oserais même dire que l'intérêt que l'entreprise suscite auprès de ses parties prenantes est en grande partie, et de plus en plus, proportionnel à l'importance qu'elle apporte, justement, au capital humain. En témoigne l'importance toujours plus grande que prennent les compétences relationnelles par rapport aux compétences techniques, dans le recrutement et le développement des collaborateurs. Pour nombre d'entreprises, la prise de conscience a bien eu lieu : la dimension humaine se révèle, de plus en plus, créatrice de valeur.

Mais il ne s'agit pas d'être naïf. D'ignorer les bouleversements du monde. De méconnaître la profondeur des mutations que nous vivons, et le rythme effréné des disruptions, encore accéléré par la pandémie qui a frappé nos sociétés en 2020. De nombreux secteurs, à commencer par les services, sont fortement challengés par les ruptures technologiques, la digitalisation de nos écosystèmes, la quête d'une efficacité toujours plus grande, et de toujours plus de flexibilité. Plus ou moins subies, ces évolutions bousculent le fonctionnement de nos organisations.

D'un côté, ces exigences. De l'autre, des collaborateurs dont les attentes à l'égard des entreprises ont, elles aussi, beaucoup changé. Ces fameux *millennials* demandeurs d'un management qui s'adapte davantage à leurs besoins individuels, qui refusent – et ils ont bien raison ! – de sacrifier leur vie personnelle et leurs convictions à leur carrière, et souhaitent bénéficier de la flexibilité que permettent les nouveaux modes de travail. Ils exigent surtout plus de transparence, d'éthique et d'engagement sociétal de la part des entreprises qui les embauchent.

Et puis, la fonction attribuée au travail a évolué. Dans bien des cas, il n'est plus considéré comme un simple moyen de subsistance, mais bien plutôt comme un facteur clé d'épanouissement personnel, d'affirmation de soi dans la société, et de quête de sens. En témoignent la fin des carrières linéaires, la multiplication des expériences, le boom des reconversions dites « radicales », parfois inattendues.

Plus efficace et plus humaine, plus performante et plus responsable, plus rentable et plus souple... Prise entre des injonctions parfois contradictoires, l'entreprise du

XXIe siècle est invitée à opérer une évolution profonde de ses pratiques, et à adopter de nouvelles postures – notamment, et même surtout, à l'égard de son capital humain.

Car il ne saurait y avoir d'efficacité, de performance ni de rentabilité sans engagement des forces vives. L'évaluation même de la valeur créée par les entreprises est en train d'évoluer : la palette des indicateurs suivis s'élargit progressivement. Nous passons lentement, mais sûrement, d'une vision à « court terme » et financière à une prise en considération de la création de valeur sur le long terme, intégrant l'impact sociétal au sens large. Le capital humain, le développement des femmes et des hommes qui la composent se retrouvent, entre autres, au cœur de l'évaluation de la performance de l'entreprise.

À l'heure des grands changements, certaines recettes du passé ont atteint leurs limites. Il est temps désormais de donner un souffle nouveau à la façon dont on considère, et dont on cultive, ce capital humain.

Il est temps de rendre leurs lettres de noblesse à un certain nombre de valeurs quelquefois perdues, ou trop longtemps ignorées.

À commencer par la liberté d'agir. Je dirais même l'affranchissement. Quelle entreprise n'est, ou n'a pas été, touchée par le désir de tout contrôler ? Combien étouffent sous l'accumulation de normes, le carcan des process superflus, et le reporting à outrance ? Osons la confiance. Accordons à nos équipes, en particulier au plus près du terrain, les marges de manœuvre et l'autonomie dont elles ont besoin, et auxquelles elles aspirent. Redonnons de l'intelligence et de l'agilité à nos organisations globales, mettons-les au service d'un échelon local davantage responsabilisé. Encourageons la prise de risque. Ce sont des conditions fondamentales de l'engagement.

Avec la liberté, vient le droit à l'erreur. La tentation peut être grande de favoriser, au sein de nos entreprises, la culture du « sachant ». Une culture qui bloque l'esprit d'initiative, et peut même nous égarer. Au contraire, célébrons l'erreur : c'est elle qui fait progresser l'individu et l'organisation. Ayons, individuellement et collectivement, de la bienveillance à l'égard de celui ou celle qui se trompe. Acceptons et assumons de ne pas toujours savoir. Instaurer le droit à l'erreur, c'est permettre à chaque collaborateur d'innover, de sortir des sentiers battus, au service d'une ambition commune. C'est accepter que l'échec fasse partie de l'apprentissage, de la progression – et donc de la réussite. J'ai bien sûr moi-même, tout au long de mon parcours, commis des erreurs. J'en commettrai d'autres ! Elles ont jalonné mon développement. N'oublions pas que c'est aussi sur les apprentissages tirés des erreurs de chacun que se construit à long terme le succès de l'entreprise.

Cultiver le capital humain, c'est aussi repenser le rôle et la responsabilité de l'entreprise à l'égard de l'avenir de ses collaborateurs. L'entreprise doit aussi être un lieu d'émancipation individuelle. Par la formation tout au long de la vie, elle se doit de favoriser l'employabilité de chacun de ses salariés, de leur ouvrir des perspectives. Les aider à grandir et à se réaliser, c'est certes prendre le risque de les voir partir ailleurs. Mais c'est aussi la meilleure façon d'entretenir leur fidélité. Alors à toute entreprise qui s'interroge sur le développement de ses collaborateurs, je dis : « Sachez entretenir la flamme ! » Accordez-leur du temps. Nourrissez leurs rêves. Donnez-leur tout simplement les moyens de révéler le meilleur d'eux-mêmes. Et de vous choisir, en toute liberté !

Voir : Autonomie ; Confiance ; Culture d'entreprise ; Emploi ; Les femmes et les jeunes, avenir de l'entreprise.

Capitalisme responsable

par Jean-Dominique Senard,
président-directeur général de Renault

9 novembre 1989 : le mur de Berlin tombe. Les peuples d'Europe de l'Est célèbrent la victoire de la liberté retrouvée. Et très vite, les analystes s'accordent à célébrer une autre victoire : celle du capitalisme et de l'économie de marché, qui ont vaincu les économies socialistes à bout de souffle. Le célèbre chercheur en sciences politiques Francis Fukuyama théorise alors « la fin de l'histoire » marquée par la supériorité du libéralisme et l'avènement du capitalisme triomphant. Sa thèse devient la nouvelle pensée dominante. Et pourtant !

Trente ans plus tard, le capitalisme est fortement contesté pour ses manquements, ses déboires et ses dérives. Il est volontiers pointé du doigt pour son manque de responsabilité. À moins qu'il ne soit justement tenu pour responsable de tous les maux contemporains : injustices, inégalités, dégâts écologiques.

Encouragé par la faillite de l'État providence, le « laissez-faire » se serait-il « laissé aller » ?

Le capitalisme semble en effet s'être débridé, dévoyé et déshumanisé. Dominé par des acteurs financiers aux comportements jugés souvent opaques, abîmé par des pratiques douteuses permises par la technologie – à l'instar du trading à haute fréquence (THF) –, le capitalisme triomphant d'il y a trente ans n'est plus que l'ombre de lui-même.

Ce qui est principalement mis en accusation, c'est la financiarisation du capitalisme, et le primat absolu accordé au financier. Il s'est imposé dans le cadre d'une mondialisation qui, si elle a permis de sortir une partie de l'humanité de la pauvreté, en a aussi fragilisé une autre.

De son côté, la révolution numérique a également provoqué des fractures, suscité des anxiétés et creusé des inégalités. Et pour beaucoup, les travers de la révolution numérique sont également une dérive du capitalisme.

Ainsi, la responsabilité du capitalisme est plus que jamais engagée.

Certains voudraient pourtant résister au sens de l'histoire et considérer, à la suite de Milton Friedman, que « la responsabilité sociale des entreprises est d'accroître leurs profits » au mépris de toute autre considération.

En opposition radicale avec cette approche, mon intime conviction, c'est que le capitalisme doit être RESPONSABLE au sens le plus fort du terme.

Je pense même que le capitalisme sera responsable (ou ne sera plus).

Et l'entreprise qui, sur le marché est son bras armé, peut participer à la construction d'un monde meilleur.

À condition que l'entreprise ne se contente pas *d'être*, et que son existence repose sur le questionnement profond de sa raison d'être.

Si tel est le cas, mon sentiment est que se profilent des jours meilleurs où capitalisme et entreprise concluront avec leurs concitoyens un nouveau « contrat social » inscrit autour de la recherche du « bien commun ».

L'histoire de nos entreprises hexagonales m'encourage à le croire qui, héritières de notre culture humaniste ont de tout temps et ici plus qu'ailleurs, été sensibles à la « question sociale ».

On peut aussi rappeler toutes ces ambitions réformatrices qui depuis le rapport Bloch-Lainé, jusqu'à celui que j'ai rédigé avec Nicole Notat, en passant par celui de Pierre Sudreau, ont encouragé la dimension sociale du capitalisme.

Mon optimisme est aussi nourri par toutes les initiatives prises par ces très nombreuses entreprises, qui, sans attendre que cela leur soit imposé ou s'impose d'évidence ont, dans le domaine de la responsabilité sociale, par une démarche visionnaire et avant-gardiste, façonné le terreau d'un capitalisme responsable. Certaines l'ont fait au travers d'initiatives ne manifestant pas seulement un accompagnement moral du capitalisme financier, mais en posant les fondements d'un modèle alternatif : celui qui offre la prospérité tout en répondant à deux grands défis, celui du dérèglement climatique et celui de la réduction des tensions sociales qui traversent nos sociétés. Un capitalisme au service du bien commun. Et ainsi, trouver notre voie et notre place dans un monde qui se bipolarise entre un capitalisme anglo-saxon axé sur la maximisation du profit et un capitalisme d'État, en Chine principalement, de plus en plus agressif et placé au service d'institutions qui n'ont pas la même idée que nous de la démocratie.

Dans la quête de ce nouveau modèle, la recherche du profit doit demeurer une indispensable motivation de l'entreprise. Sans lui, pour reprendre la fameuse formule de Helmut Schmidt, il ne saurait y avoir d'investissement et d'emploi et l'absence de profit signerait la disparition de l'entreprise.

De même, le capitalisme, sur fond de libéralisme économique demeurera le seul système viable dans la durée pour assurer croissance et bien-être.

Le capitalisme responsable repose sur la conviction chevillée au corps que le profit n'est pas le but ultime, mais une condition nécessaire, indispensable… même si elle n'est pas suffisante.

Pour reprendre les mots visionnaires de Henry Ford : « L'entreprise doit faire des profits, sinon elle mourra. Mais si l'on tente de faire fonctionner une entreprise uniquement sur le profit, alors elle mourra aussi car elle n'aura plus de raison d'être. »

Le modèle du capitalisme responsable s'impose progressivement, car il assurera la rentabilité et la performance des entreprises qui, mieux que d'autres, sauront attirer les talents d'une jeunesse en quête de sens et des investisseurs qui seront, eux aussi, de plus en plus responsables.

Au cœur de ce capitalisme œuvreront des entreprises qui se sont donné une « raison d'être » ambitieuse, qui leur apportera la force et le souffle autour desquels se construira l'engagement des salariés. Une raison d'être qui offrira à tous une « meilleure raison d'avancer » dans une « symétrie des attentions », envers toutes ses parties prenantes pour fonder une nouvelle *affectio societatis*, large et puissante.

Les entreprises contribueront ainsi à l'intérêt collectif en démontrant qu'elles ne sont pas des structures « hors sol » mais qu'elles sont ancrées dans chaque territoire, et qu'elles agissent au cœur de leur développement.

Cette dynamique est déjà en marche. Mais il faut l'accélérer pour la rendre irréversible.

La crise sanitaire inédite que nous traversons a souligné le rôle essentiel des États, des collectivités territoriales, du système de santé et de ses acteurs, mais également celui des entreprises. Le soutien apporté par les États aux entreprises en difficulté a modifié les équilibres et installé le principe de contreparties à respecter, notamment en matière environnementale. Mais les entreprises ont également montré que leur action était capitale, et que les États étaient démunis sans leurs moyens d'action. Certaines entreprises ont fait preuve d'un grand sens de la responsabilité et de la solidarité, tant vis-à-vis de leurs salariés et de leurs familles, que de leurs autres parties prenantes : clients, partenaires, fournisseurs, monde associatif, et société en général.

Au sein du groupe Renault, je suis fier de tout ce qui a été accompli pour apporter un soutien pendant cette crise sanitaire. Partout où notre groupe est présent, il a mis à disposition des moyens d'expertise, d'ingénierie et de production (pour fabriquer des visières de protection ou des respirateurs) ; il a également prêté des véhicules et transformé certains en ambulances, et réalisé des dons au profit des personnels sanitaires. Quant aux salariés, ils se sont spontanément engagés, en participant à l'effort de production de matériel destiné aux soignants ou en soutenant des associations.

Ce contexte de crise sanitaire, qui s'est ajouté à la crise économique, sociale et environnementale, et plus généralement à la crise de confiance qui caractérise nos sociétés, offre à l'entreprise une très belle opportunité de démontrer qu'elle œuvre au « profit » de la société.

Mais cette opportunité doit être saisie dans un cadre qui ne peut être uniquement national. Avec le temps de l'entreprise, doit aussi sonner celui de l'Europe et du capitalisme responsable à l'échelle européenne.

Jean Monnet saluait l'aptitude européenne à grandir à travers les crises surmontées. Elle l'a encore montré – certes après bien des tergiversations – en transcendant ses égoïsmes pour accompagner de façon spectaculaire les États dans la relance de leurs économies.

Or, face aux blocs chinois et américains qui imposent leurs règles du jeu sans nous attendre, la seule réponse coordonnée ne peut être construite qu'à partir d'un modèle économique européen qui nous permette de disposer d'une réelle force de frappe. C'est le sens du rapport dont nous sommes à l'initiative avec Yves Perrier : proposer un véritable modèle de capitalisme responsable européen, qui identifie les besoins réels des entreprises et les moyens concrets d'y répondre.

La crise offre à l'Europe l'opportunité d'un « New Deal » visant à construire un modèle *sui generis* fondé sur les valeurs qui lui sont propres : la solidarité, la contribution au bien-être collectif, l'urgence climatique et la vision de long terme.

Ces valeurs sont constitutives du « capitalisme responsable » qui doit faire de l'Europe son terrain d'élection et installer, autrement que dans ses traités, l'économie sociale de marché.

Et pour ce faire, l'Europe doit prendre des initiatives qui seraient fondatrices d'un capitalisme responsable en générant la capacité des actionnaires européens à investir à long terme dans des entreprises qui reflètent nos valeurs, en reprenant la main sur l'information financière et extrafinancière, en s'affranchissant des impératifs des agences de notation anglo-saxonnes, en créant des fonds de pension européens et un grand fonds souverain européen.

Ainsi, l'Europe dans le prolongement de l'accord historique de juillet 2020, ira dans le sens d'une plus grande mutualisation de ses forces pour imposer son propre modèle.

S'appuyant sur le rôle clé des entreprises, l'heure est arrivée de faire évoluer, dans le cadre d'un libéralisme tempéré, le capitalisme responsable à l'échelle européenne, seul capable de faire rimer développement économique, développement social, développement des territoires, et développement durable.

Voir : Europe ; Sens, raison d'être et leadership.

Citoyenneté

par Philippe Wahl,
président du Groupe La Poste

Il y a encore quelques années, on ne pouvait parler d'« entreprise citoyenne » sans susciter d'emblée une méfiance instinctive. N'y aurait-il pas là une contradiction dans les termes ? L'entreprise n'est-elle pas, *in fine*, guidée par le profit alors que le citoyen doit l'être par l'intérêt général ? Quand le propos était tenu par un dirigeant, la suspicion s'accentuait : ne s'agirait-il pas d'un artifice de communication ?

Ces craintes ne viennent pas de nulle part. Le 13 septembre 1970, dans un article devenu célèbre, Milton Friedman proclamait que « la responsabilité sociale des entreprises est d'augmenter leurs profits[1] ». C'était alors une provocation, celle d'un économiste libéral qui, en pleine polémique entre capitalisme et socialisme, entendait rappeler les mérites du marché, dont la « main invisible » était censée faire que la recherche par chacun de son intérêt personnel menât à la prospérité du plus grand nombre. C'était aussi un programme, annonciateur d'une radicalisation du libéralisme – le « néolibéralisme » – qui allait irriguer les réflexions et les comportements des décennies suivantes et modifier en profondeur le fonctionnement des entreprises. Cependant Milton Friedman précisait déjà que cette augmentation des profits devait se faire dans le respect des lois et des règles éthiques.

1. M. Friedman, « The Social Responsibility of Business Is to Increase its Profits », in *The New York Times Magazine*, 13 septembre 1970.

Le rapport Notat-Senard[1] s'est penché sur cette question de la raison d'être des entreprises et il a, logiquement, donné lieu à des discussions et à des désaccords.

La solution choisie par la loi PACTE présentée par Bruno Le Maire, ministre de l'Économie et des Finances, a été d'ajuster la prise en considération des enjeux sociaux et environnementaux à l'intérêt social de l'entreprise dans l'article 1835 du code civil[2]. Cette loi a également choisi le volontariat pour affirmer une raison d'être et devenir, le cas échéant une entreprise à mission.

Or en cinquante ans, la frontière entre ce qui relève de la sphère économique et ce qui relève de la sphère politique s'est considérablement altérée.

D'abord des économistes ont mis en avant les notions de déséconomies externes ou d'impacts négatifs des entreprises sur le reste de la société. Le principe pollueur-payeur souligne en tout cas que l'activité des entreprises peut avoir des répercussions négatives sur l'environnement et doit faire, à tout le moins, l'objet d'une compensation financée par les entreprises responsables.

Les coûts sociaux ont été logiquement mis en cause par les organisations syndicales par exemple, dès 1977, dans un colloque sur « les dégâts du progrès[3] ».

Enfin, l'initiative récente de Facebook de créer une Cour suprême, organe de régulation (non étatique) du fonctionnement de ce réseau social d'expression, souligne

---

1. J.-D. Senard et N. Notat, rapport « Entreprise et intérêt général » du 9 mars 2018.

2. La loi du 22 mai 2019 relative à la croissance et la transformation des entreprises, dite loi PACTE (Plan d'action pour la croissance et la transformation des entreprises).

3. Colloque CFDT, *Les Dégâts du progrès*, Éditions du Seuil, coll. « Points politique », 1977.

l'entrée des GAFA dans le champ de la liberté d'expression et symbolise ce rôle « politique » d'une entreprise.

Au total, les entreprises d'aujourd'hui ont des impacts forts sur de très nombreux aspects de la vie en société. La prise en compte de ces impacts et le fait de considérer que leur maîtrise est de la responsabilité des entreprises ont progressé.

Dès lors, une entreprise citoyenne pourrait se définir comme une entreprise qui se préoccupe de son impact sur la société au-delà de la recherche du profit.

Les entreprises qui ont des missions de service public vont au-delà de l'objectif de la croissance des profits.

Leurs missions sont définies (sous le terme de SIEG, service d'intérêt économique général dans le cadre de l'Union européenne) comme des activités utiles à la société mais ne pouvant être offertes par les simples pratiques du marché. On dit d'une autre manière que ces activités économiques de service public répondent à une carence du marché.

L'offre d'un même tarif de desserte de l'électricité quel que soit le point du territoire, de transport ferroviaire régional à des conditions péréquées comme la distribution des lettres au même tarif quelle que soit la localisation du destinataire relève de ces missions de service public.

Cependant, les entreprises citoyennes dépassent largement la liste des entreprises de service public.

En effet, nous sommes aujourd'hui confrontés à des périls liés au réchauffement climatique sur la planète. Puisque la transition écologique nécessitera tôt ou tard une transformation profonde de l'appareil productif, les grands choix technologiques ne pourront plus se faire selon une logique exclusivement commerciale mais devront prendre en compte les impératifs dictés par la politique environnementale.

On pourrait ainsi décrire les entreprises citoyennes comme celles qui choisissent d'être à l'avant-garde de ce mouvement plutôt que de le subir. Elles comprennent que les demandes de la société à leur encontre se feront sans cesse plus pressantes et qu'elles portent sur leur impact écologique, et aussi social.

En ayant un temps d'avance sur le terrain écologique ou social, l'entreprise citoyenne fait coup double. Elle prend sa part dans la mise en œuvre de l'intérêt général et assure sa pérennité, car plus vite la bifurcation est prise vers des technologies vertes, moins leur adoption est coûteuse. Depuis neuf ans, le groupe La Poste est ainsi le leader de la logistique neutre en carbone. Certains croyaient, quand ce virage a été enclenché, que l'écologie ne serait qu'un supplément d'âme, intéressant mais périphérique. On se rend compte aujourd'hui de sa dimension stratégique puisque l'expérience accumulée et les instruments acquis, qu'il s'agisse de la constitution de l'une des plus grandes flottes de véhicules électriques au monde ou de la formation de 80 000 postiers à l'éco-conduite, rendent La Poste capable de décarboner entièrement la logistique urbaine dans les années à venir. Nous ne pourrions répondre à cette exigence que les villes commencent à formuler face à l'explosion du e-commerce si nous ne l'avions anticipée.

Pour les questions environnementales comme pour les questions sociétales, chacun d'entre nous est placé dans une position inconfortable. Nous souhaitons des services plus performants et plus personnalisés tout en souhaitant un usage raisonnable et contrôlé de nos données personnelles. Le rôle d'une entreprise citoyenne est d'épouser la diversité de ces attentes pour sortir d'une alternative délétère entre refus de l'innovation et mépris de la vie privée.

L'étendue de l'emprise des grandes entreprises sur nos données personnelles brouille les frontières entre l'économie et la politique. Si nous n'y prenons garde nous pourrions basculer dans une nouvelle forme de servitude volontaire[1].

Un fonctionnement numérique plus respectueux des libertés individuelles n'empêche en rien l'innovation et permet au contraire de l'étendre à des domaines comme la santé, où le manque de confiance et de transparence auraient sinon fini par l'entraver.

L'utilisation que nous faisons du progrès technologique n'est jamais dictée à l'avance : elle dépend de nos choix individuels et collectifs. Il n'y a pas donc lieu d'opposer systématiquement le profit et le sens.

Par leurs investissements, leurs innovations et leurs activités quotidiennes, les entreprises font l'Histoire. Une entreprise citoyenne est peut-être, tout simplement, une entreprise qui se soucie de l'Histoire qu'elle contribue à faire. Qui se soucie du résultat financier qu'elle réalise et de l'impact qu'elle produit sur la société. Et qui accepte de rendre des comptes à ce sujet.

Voir : Capitalisme responsable ; Développement durable ; Sens, raison d'être et leadership.

1. É. de La Boétie, *Discours de la servitude volontaire*, 1576.

Client

par Henri Giscard d'Estaing,
président du Club Med

« Vous nous aurez tellement manqué ! »

Une exclamation en forme de cri du cœur pour de nombreuses entreprises à leurs clients. Contraintes à la fermeture ou à l'ouverture partielle pendant de très longs mois, du fait de la crise sanitaire et de ses conséquences économiques et sociales, beaucoup de sociétés se sont retrouvées dans une situation complètement inédite : être totalement privées de leurs clients. De leurs activités. De leur raison d'être.

Pour le dirigeant d'entreprise que je suis, cet arrêt sur image a été un crève-cœur.

À la manière du bonheur que l'on perçoit au bruit qu'il fait en claquant la porte, l'impossibilité de servir le client nous rappelle, d'une façon parfois la plus aiguë, que c'est lui le cœur du réacteur.

Nul besoin d'études marketing pour comprendre que sans client, il n'y a pas d'activité. Pas de salarié. Pas d'entrepreneur. Pas d'entreprise. Pas d'économie. Rien. La flamme est éteinte. Le rideau est tiré.

La crise du Covid-19, qui démarré fin 2019 avant de paralyser l'ensemble du monde pendant toute l'année 2020 et une bonne partie de 2021, a eu des conséquences douloureuses sur les populations et au-delà sur l'ensemble des économies du monde.

Par sa longueur, sa dimension mondiale et son intensité, les moyens complètement inédits mis en place, comme les confinements, les couvre-feux, les limitations de circulation, cette crise marque une rupture et résonne depuis dans nos têtes pour nous rappeler à quel point la liberté est précieuse, nos modèles sont fragiles et qu'il faut désormais apprendre à vivre avec l'incertitude.

Pendant des mois, les libertés individuelles ont été mises entre parenthèses. Une situation exceptionnelle, temporaire et, surtout, une expérience fondatrice partagée par tous les habitants de la planète et les entreprises comme le Club Med, présent dans toutes les parties du monde.

En même temps qu'elle aura été une grande épreuve, la crise du Covid-19 a amplifié certaines évolutions déjà observées : elle nous a permis d'accélérer sur le digital et modifié sensiblement nos convictions dans certains domaines, notamment dans l'approche de la gestion ou de la relation avec le client.

Ma génération a toujours vécu avec la certitude qu'il suffisait de proposer des bons produits ou services au bon rapport qualité/prix, vendus au travers des bons canaux, pour générer de la croissance et de la valeur.

Le règne de ce fameux « produit roi », déjà ébranlé par la montée du digital qui a élargi la capacité de choix du client et sa possibilité de s'exprimer, a pris fin à mesure que la liberté, l'insouciance et le bonheur ont fait place aux contraintes et à la nécessité de s'adapter.

Depuis longtemps, aux données sociologiques sont venues s'ajouter les datas, ces masses d'informations collectées avec l'accord plus ou moins tacite du client. Stockées et traitées de façon mécanique par des IA, qui nous renseignent de façon très précise sur ce que les clients/consommateurs recherchent, consomment ou ne veulent plus.

Pour autant, dans une étude parue en 2019, le cabinet de conseil Roland Berger a montré que si 80 % des entreprises pensent entretenir de bons rapports avec leurs clients, seuls 8 % d'entre eux partagent cet avis.

Une dissymétrie des perceptions révélatrice d'un problème de fond : l'entreprise ne peut plus se contenter de connaître parfaitement son client.

Elle doit désormais le reconnaître, le considérer. Mieux, le protéger. Car nous entrons dans une époque où le « *care* » devient une valeur cardinale, dans laquelle le client fait confiance à une marque, une entreprise parce qu'il sait qu'elle va prendre soin de lui et de son environnement.

Plus aucune entreprise ne peut ignorer l'impact de ses actions et de ses produits.

Car on le sait, aux crises sanitaires succéderont des crises climatiques. Il n'y a plus de business plan qui ne prenne en compte les nouvelles attentes, légitimes, et de plus en plus fortes, des clients en matière de respect de l'environnement.

Dans le secteur du tourisme, durement éprouvé par la crise du Covid-19, la mise en place des confinements, la fermeture des frontières, rapides et sans préavis, ont montré la fragilité de notre monde.

Au Club Med, notre activité est en permanence en proie à la folie des hommes et de la nature. Cela nous oblige à l'humilité mais nous a nécessairement rendus organisés.

Dès la décision prise par certains pays de fermer leurs frontières, nous avons immédiatement mis en place un véritable pont aérien pour rapatrier nos clients et nos équipes, en quelques jours. Nous n'avons voulu laisser personne sur la route ou dans les aéroports. C'était notre rôle, notre responsabilité : l'ADN de notre entreprise qui a fait du bonheur partagé, de la convivialité et de la gentillesse ses marques de fabrique depuis soixante-dix ans.

Si, comme le pense Gramsci, « il y a crise quand l'ancien monde ne veut pas mourir et que le nouveau monde ne veut pas naître », il est clair que les crises sanitaires, climatiques et économiques qui s'accélèrent posent la question de la fin d'un modèle.

Celui d'une consommation de masse, d'un produit unique fabriqué en nombre et vendu toujours moins cher.

Véritable révolution copernicienne, le client qui était situé au bout de la chaîne de valeur du produit devient la valeur suprême. Il doit être plus que jamais au cœur des préoccupations des entreprises.

Même si de nombreux experts voient le basculement d'une économie de l'offre vers une économie de la demande, surtout dans des secteurs que d'aucuns qualifient aujourd'hui de « non essentiels », j'ai la conviction que c'est toujours à l'entreprise de proposer, en permanence, une nouvelle vision des choses pour ses clients.

Quelques mois après les attentats du 11 septembre 2001, que nous pensions à l'époque être déjà un point de basculement du monde, nous avons décidé de changer de stratégie et de modèle.

Dans un marché devenant bipolaire, entre une industrie touristique *low cost* qui a imposé des prix toujours plus bas, et un secteur de l'hospitalité de luxe, lancé dans une surenchère de services, nous avons fait le choix d'une troisième voie. Inventer un luxe convivial, multiculturel et familial. Un positionnement qui a fait de nouveau du Club Med une référence mondiale.

Le choix de cette « montée en gamme » n'a pas forcément été compris tout de suite par tous nos clients, nos salariés ou même nos actionnaires. Il a été long et difficile à mettre en œuvre et a demandé de lourds investissements. Mais nous avons fini par convaincre de sa pertinence aussi bien économique qu'humaine, et il est devenu la voie que la plupart des acteurs touristiques cherchent à suivre désormais.

Bien sûr, nous avons fait des études client, analysé notre positionnement concurrentiel, multiplié les recommandations stratégiques. Mais toutes ces données n'ont servi qu'à valider notre conviction, nos intuitions, à fixer les objectifs et à identifier les meilleurs process à mettre en œuvre pour y arriver.

De la connaissance à la considération

Aujourd'hui, de la même façon, nous sommes entrés dans une nouvelle ère, celle de la reconnaissance et de la considération du client que je conçois comme un véritable projet d'entreprise. Et le digital accélère cette évolution.

Une nouvelle époque marquée par un dialogue permanent avec le client, qui passe avant tout par l'écoute, partout où le client s'exprime : sur les réseaux sociaux bien sûr, sur les plateformes conversationnelles mais aussi et surtout dans la vraie vie, dans tous les points de contacts physiques.

Ce dialogue permanent et la compréhension du client qu'il nourrit sont les seuls garants d'une adaptabilité nécessaire. Car pour survivre, les entreprises devront, plus que jamais, rester en mode agile. Toujours prêtes à réagir, à s'adapter.

La crise sanitaire est venue rappeler de façon dramatique l'importance de la solidarité entre les générations. Bien avant son début, nous savions que les *millennials* allaient modifier notre vision du client.

Ces jeunes ont grandi avec l'informatique à une époque où le digital ne s'appelait pas encore *numérique*, et le développement durable, *RSE*. Ils pensent que tout peut être accéléré, connecté, ubérisé, disrupté. Qu'il s'agisse de leur choix de carrière, de leurs courses en ligne ou de leurs vacances.

Voulant maximiser leur expérience de l'instant présent, ils consomment et voyagent leur smartphone greffé à leurs mains plutôt qu'à leurs oreilles.

Connectés en permanence aux réseaux sociaux, ils veulent tout, tout de suite. Ils boudent de plus en plus la publicité mais raffolent des avis des *influenceurs* et/ou de leurs pairs, véritable bouche à oreille électronique, dont les réseaux sociaux forment une caisse de résonance. Née à l'ère des comparatifs, la génération Y consulte en moyenne 10,2 sources avant de procéder à la réservation d'un hébergement, par exemple.

Loin d'être individualistes, les nouvelles familles *millennials* veulent désormais voyager entre amis mais aussi en famille. Toute la famille, les trois générations (3G) : enfants, parents, grands-parents, voire cousins. Cette tendance au voyage multigénérationnel porte un nom : le *togethering.* C'est l'occasion de partager un moment privilégié et de faciliter les échanges intergénérationnels.

Autre tendance forte et émergente, *l'expérientiel.*

L'époque de la consommation passive a vécu. Les clients, et plus particulièrement les jeunes, ne veulent plus acheter un produit ou « faire » un pays. Ils veulent le vivre émotionnellement. Pour cela, il faut concevoir des expériences mémorables partagées en famille et entre amis qui valorisent les produits et les services qui procurent des émotions esthétiques, sportives, gustatives, humaines, sociales.

Il s'agit d'inviter les clients à s'impliquer dans des activités personnelles qui résonnent avec leur quête de sens. L'acte de consommation doit être conçu comme une courbe émotionnelle, de la recherche à l'achat d'un produit ou service.

Les entreprises doivent désormais prendre en compte le client en tant qu'individu au sein de son écosystème, avec ses valeurs, ses désirs et ses croyances propres.

Le client veut prendre le pouvoir. Décider. Là encore, l'explosion du digital agit comme facteur d'accélération en lui en donnant les moyens.

Les entreprises doivent l'associer jusqu'au plus haut niveau. De là est né le principe de coconstruction avec les collaborateurs, mais aussi les partenaires et les clients, car de très nombreuses innovations peuvent naître de la discussion, de l'observation des pratiques et des conseils des clients.

Le partage comme pierre angulaire de la considération client

La considération client a un corollaire : le partage du savoir et de l'expérience avec les collaborateurs, dans ce que l'on appelle la symétrie des attentions. Au Club Med, nos équipes G. O et G. E nous apportent leur incroyable énergie et leur talent. Nous offrons une formation et une expérience de vie unique. De la même façon, nous œuvrons à un partage de compétences avec nos prestataires qui œuvrent avec nous au quotidien.

Le client accepte de partager ses idées, ses envies mais aussi ses données quand il a conscience qu'elles sont utilisées à bon escient, pour nous aider à nous améliorer et lui apporter un meilleur service. Ce n'est pas nouveau pour nous : depuis sa création en 1950, le Club Med interroge ses clients *via* des questionnaires de satisfaction qui se sont perfectionnés à mesure qu'ils se sont digitalisés.

De la même façon, le client partage volontiers ses émotions. Car le partage de moments de bonheur, notamment sur les réseaux sociaux, fait partie intégrante de l'expérience client, notamment pour les familles *millennials* qui représentent aujourd'hui 40 % des consommateurs dans le monde.

Le partage est aussi interculturel.

La présence du Club Med en Chine, au Brésil ou au Canada offre, par exemple, un incroyable panorama et une mine précieuse d'informations pour enrichir notre connaissance des attentes de clientèles très différentes mais dont les envies convergent.

Attention toutefois : le partage doit toujours se faire dans le respect des parties prenantes et non dans l'abandon de nos valeurs dans une stratégie de digitalisation non maîtrisée.

Au sein des instances dirigeantes du groupe Fosun et de sa division tourisme, j'ai la chance de pouvoir bénéficier d'une vision précieuse sur les innovations technologiques, les avancées en matière de digital en Chine, et leurs impacts sur les évolutions des comportements, des attentes des clients de ce qui constitue désormais le premier marché touristique mondial.

Il y a quelques années par exemple, c'est grâce à la vision du président de Fosun, Guo Guangchang, que nous avons pu anticiper l'émergence des *marketplaces* ou l'incroyable potentiel du digital mobile et son impact sur les marchés et les comportements.

La technologie doit toujours rester un moyen au service des clients et des équipes. C'est pour cela qu'au Club Med, nous l'appelons « Happy Digital ». Cela consiste à positionner le digital comme un facilitateur, un amplificateur de l'expérience vécue par le client.

Le digital est un formidable outil pour supprimer les irritants. Pour sublimer l'expérience du début jusqu'à la fin. À aucun moment, il ne doit déshumaniser la relation ou être une fin en soi.

Le digital et la crise sanitaire ont remis le client au cœur des débats. Le travail, les vacances et les relations humaines post-Covid seront sûrement différents de ce que nous avons connu.

Mais les valeurs de convivialité, de liberté, de bonheur partagé seront plus que jamais d'actualité.

À nous, entreprises, de les accorder désormais avec la sécurité et la santé.

Voir : Marchand ; Transformation digitale.

Concurrence et marché

par Christian de Boissieu,
professeur émérite à l'université de Paris I (Panthéon-Sorbonne),
vice-président du Cercle des économistes,
ancien président du Conseil d'analyse économique

Marché, économie de marché

Un marché est d'abord un mode de coordination des plans individuels, plus précisément une procédure décentralisée d'ajustement entre les offres et les demandes du bien ou service accessible sur ce marché. En quoi décentralisée ? Sauf quelques cas bien spécifiés, il n'existe pas de grand manitou, de commissaire-priseur (sauf chez Walras) pour tenir le livre des offres et demandes, et faire rapidement converger, par la loi de l'offre et de la demande, le prix vers son niveau d'équilibre égalisant l'offre totale et la demande totale. En pratique, sur le marché, de moins en moins lieu de rencontre, de plus en plus plateforme virtuelle grâce aux nouvelles technologies, l'ajustement entre l'offre et la demande se fait par « tâtonnement » (là, on retrouve Walras), et des transactions définitives peuvent intervenir à des prix différents du prix d'équilibre. On sait bien que certains marchés sont susceptibles de se clore souvent en déséquilibre : le chômage involontaire correspond à un excès d'offre de travail par rapport à la demande de travail des entreprises aux taux de salaires courants, le rationnement du crédit par les banques signifie un excès de demande de crédit vis-à-vis de l'offre de crédit des mêmes banques aux taux d'intérêt courants...

C'est l'absence des marchés et donc de leur fonction de coordination qui faisait dire à certains économistes (von Mises en particulier) que la planification impérative inhérente à l'économie socialiste était vouée à l'échec.

Dans l'analyse éclairante de Ronald Coase, l'entreprise est aussi un mode de coordination des plans, qui pour partie complète pour partie se substitue à la coordination par le marché : en internalisant en elle-même des échanges, des contrats... l'entreprise réduit des coûts de transaction inhérents au passage par le marché.

Le marché est aussi un mode d'allocation des ressources dans l'économie. Les prix et les quantités échangés déterminent en effet les productions et les consommations effectives, les revenus directs de chacun (directs, donc avant toute mesure de redistribution par le jeu des impôts, des subventions...) : les salaires, les coûts et les profits, la rente foncière, les revenus du capital, etc.

Depuis plus de cent cinquante ans, des économistes ont voulu montrer que l'équilibre général, configuration dans laquelle tous les marchés sont à l'équilibre, est, sous des hypothèses certes restrictives (concurrence pure et parfaite...), un optimum économique. Il y a là une formalisation du paradigme de la « main invisible » d'Adam Smith. Si l'on intègre, entre autres arguments, la réalité et la complexité du monde, la présence des externalités et des biens collectifs, les exigences du temps long, la correspondance entre équilibre et optimum n'est plus assurée. L'économie sociale de marché, chère aux fondateurs en Allemagne de l'ordolibéralisme, illustre la nécessité d'interventions de l'État pour assurer le fonctionnement du marché en tenant compte des préférences collectives.

L'État et les lacunes du marché

Le marché remplit de façon efficiente les fonctions de coordination des plans et d'allocation des ressources, mais il ne peut pas tout. L'État est là pour pallier les lacunes du marché. Cela concerne d'abord la production de biens ou services collectifs : la défense et la sécurité, l'éducation, la santé, la justice... Le financement de tels biens collectifs, pour lesquels chaque citoyen essaie d'en profiter sans en payer spontanément l'accès (comportement de « *free rider* », autrement dit de resquilleur), passe par les budgets publics, nationaux et locaux. Une deuxième lacune du marché concerne la prise en compte des externalités, c'est-à-dire d'interdépendances entre les opérateurs économiques qui ne donnent pas lieu spontanément au règlement d'un prix. Il peut s'agir d'une externalité positive : par exemple, des entreprises installées dans un bassin d'emploi et qui « profitent » de la disponibilité dans ce bassin de salariés bien formés grâce à la présence d'universités, d'écoles et autres centres de formation de qualité. L'externalité peut être négative : c'est l'exemple d'une entreprise qui pollue son environnement par des émissions de CO_2. En règle générale, les externalités négatives sont « internalisées » par des taxes pesant sur les émetteurs de telles externalités (même exemple : le principe pollueur-payeur), les externalités positives par des subventions publiques en faveur de leurs émetteurs.

Les marchés, par exemple les marchés financiers, ont la réputation d'être myopes, obsédés par le court-termisme.

Une réputation parfois injuste, mais qui trouve sa racine dans le caractère incomplet de la panoplie des marchés à terme. On peut acheter ou vendre à terme, sur des marchés organisés ou bien de gré à gré, le blé, des instruments financiers, le dollar, le pétrole... pour se protéger de l'incertitude du futur ou même chercher à en profiter (spéculation). Mais il n'existe pas de contrats à terme accessibles pour tous les biens et services ni pour les horizons lointains. L'État ne peut pas en tenir lieu. Mais, à condition qu'il soit un peu stratège, il peut en se projetant à long terme contribuer à réduire l'incertitude. Pierre Massé ne justifiait-il pas à l'époque la planification indicative à la française par le fait que ce plan se voulait « l'anti-hasard » ? La planification étatique est morte, pour de bonnes raisons. La question de la prise en compte du long terme demeure !

Une autre justification de l'intervention de l'État concerne la politique de la concurrence. Spontanément, avec la présence d'économies d'échelle, la concurrence pousse à la concentration. Il s'agit alors, par le droit de la concurrence, de distinguer les parts et les pouvoirs de marché acceptables de ceux qui ne le sont pas. Un cas particulier concerne les monopoles « naturels », des secteurs dans lesquels les économies d'échelle jouent sans limites poussant à la création de monopoles susceptibles de justifier une intervention de l'État dont la forme extrême peut être une nationalisation de la firme concernée.

Au-delà de la concurrence pure et parfaite : pouvoir de marché et détermination des prix

Dans le modèle de concurrence pure et parfaite, point de départ de la micro-économie, il existe un nombre infini d'entreprises et chacune doit prendre le prix comme une donnée. C'est le schéma du « preneur de prix » (« *price taker* »).

On s'est vite rendu compte qu'une telle simplification ne résistait pas face à l'évolution du capitalisme et de ses structures industrielles. Constitution de grandes firmes, multinationales ou non, à côté de TPE et PME qui, dans un pays comme la France, font une part conséquente de l'activité et de l'emploi. La réalité du pouvoir de marché, de la fréquence des firmes contrôlant leurs prix de vente (« *price maker* »), tout cela a été mis en scène dès les années 1930 avec l'analyse de la concurrence imparfaite et de la concurrence monopolistique, l'une et l'autre alimentées par la capacité de différenciation des productions et représentant des configurations intermédiaires entre la concurrence et le monopole.

Puis, par un effet de balancier dont l'histoire a le secret, nous sommes revenus au monde des « *price takers* », y compris pour les grandes entreprises, *via* deux axes complémentaires. La première voie relève du bon sens : l'important sur un marché n'est pas vraiment de savoir si y règne la concurrence pure et parfaite, mais de mesurer le degré de contestabilité, c'est-à-dire de concurrence effective sur ce marché. Un marché parfaitement contestable est un marché où il n'existe pas de barrières à l'entrée et où la sortie du marché se fait à coût faible ou nul. Ainsi, un monopole, s'il est contestable, doit se comporter du point de vue de sa production et de ses prix de vente comme s'il était concurrencé par des entrants potentiels susceptibles de devenir effectifs. Les marchés de l'audit avec les « *big four* », du rating avec les trois grandes agences mondiales de notation, sont, eux, en pratique des oligopoles peu contestables. Autre exemple d'oligopole, les GAFA sont-ils contestables ? Avec l'arrivée déjà effective des concurrents chinois, j'espère aussi bientôt européens, ils devraient l'être de plus en plus...

Une autre voie du retour du comportement de « *price taker* » est née de la mondialisation. Autrefois, on distinguait dans l'appareil productif les secteurs exposés à la concurrence internationale auxquels le prix mondial s'impose, et les secteurs abrités plus à même de fixer leurs prix. La mondialisation, à peine réduite par les effets du Covid-19, concerne presque tous les secteurs de l'économie, y compris une grande part des services. Elle a pour conséquence que même les plus grandes firmes deviennent des « *price takers* », car obligées de s'aligner sur les prix mondiaux.

La politique de la concurrence : le choix entre protection des consommateurs et compétitivité des entreprises est-il inéluctable ?

Catalysé par l'explosion du numérique, l'essor des marchés bifaces, sur lesquels des plateformes servent d'intermédiaires entre des acheteurs (première face) et des vendeurs (seconde face), pose de nouveaux défis au droit et à la politique de la concurrence. L'analyse approfondie de ces marchés bifaces et des nouvelles questions à traiter est présentée par Jean Tirole dans son ouvrage *Économie du bien commun*, paru en 2016.

Mais, par-delà ces thèmes nouveaux, les politiques de la concurrence demeurent confrontées à des défis à la fois traditionnels et compliqués. La politique de la concurrence, partagée dans l'UE entre l'échelon européen et le niveau national, vise à assurer l'effectivité de la concurrence sur tous les marchés, en condamnant, les ententes (dont les cartels), les abus de position dominante, etc. Ce faisant, elle a souvent à arbitrer entre deux objectifs présentés un peu vite comme contradictoires : 1/ freiner, voire s'opposer à la création de méga-firmes au nom de la protection des consommateurs qui pourraient être pénalisés par des augmentations intempestives de prix ; 2/ permettre la constitution de grandes firmes compétitives au niveau mondial.

La politique européenne de la concurrence menée par la Commission européenne s'est depuis vingt ans opposée à de nombreux projets de fusion, domestiques ou transnationaux, par référence à la protection des consommateurs. Je pense ainsi au rejet de la fusion Legrand/Schneider, au refus du rapprochement d'Euronext et de la Bourse de Francfort, plus récemment au rejet de la fusion Alstom/Siemens... Il est temps que l'Europe abandonne ce mélange de dogmatisme et de naïveté, dans un monde où nos concurrents américains, chinois, japonais... ont depuis longtemps mis en œuvre du pragmatisme et du réalisme. Contrairement à ce qui est souvent dit, il est possible de faire évoluer la politique européenne de la concurrence sans modifier les traités européens – ce qui est toujours politiquement complexe. Il suffit de modifier l'interprétation des articles concernés.

On ne voit pas très bien pourquoi opposer systématiquement les deux objectifs précédents : la constitution de grandes firmes en Europe, au nom de la concrétisation d'économies d'échelle et de la compétitivité européenne, peut être mise au service des consommateurs lorsque les gains de productivité sont, pour partie, utilisés à des baisses de prix.

Voir : Bien commun ; Client ; Europe ; Marchand.

Confiance

par Xavier Fontanet,
ancien président d'Essilor,
professeur à HEC

Les trois dimensions de la confiance

La confiance est un sujet central, beaucoup se sont attachés à en caractériser les mécanismes profonds. Il y a trois dimensions à la confiance : la confiance en soi, la confiance en l'autre et la confiance dans l'avenir fait consensus.

La confiance en soi est ce qui fait que les gens sont bien dans leur peau. C'est un subtil équilibre entre l'excès de confiance qui devient vite de l'arrogance et le manque de confiance qui peut mener à l'autodestruction. Les gens arrogants sont invivables, se coupent de leurs collègues et sont perdus pour le groupe. Quand les gens n'ont plus confiance en eux ils sont incapables d'initiative, eux aussi sont perdus si on n'arrive pas à les sortir de leur anxiété. La confiance en soi est donc un équilibre subtil entre ces deux extrêmes.

La deuxième dimension, c'est la confiance dans l'autre. Cela fait du bien de ressentir la confiance de l'autre, en termes familiers, ça donne la pêche ! De même, donner sa confiance procure la joie de faire grandir un proche. Un groupe où règne une confiance réciproque prend une dimension nouvelle, il devient une équipe plus forte que la somme des personnalités qui la composent et le temps ne fait que la renforcer.

Mais ces deux dimensions ne suffisent pas, il y en a une troisième : la confiance dans l'avenir qu'on peut aussi décrire comme la confiance dans la stratégie. Napoléon avait très bien vu cette caractéristique de la confiance. Il utilisait son génie de stratège pour asseoir son autorité et galvaniser ses troupes. Sa technique consistait, la veille des batailles, à aller sur le terrain lui-même, physiquement, afin d'expliquer la stratégie du lendemain aux troupes, sous les tentes, à la lumière des feux de camp. À la fin de l'exercice, les grognards lui disaient : « Empereur, tu nous as pris pour des gens responsables, demain, quand tu nous le demanderas, nous serons tous là ! » Clausewitz, le génial théoricien militaire prussien, concurrent de Napoléon sur le plan conceptuel, avait l'honnêteté de reconnaître que les grognards étaient meilleurs sur le terrain parce qu'ils s'appropriaient les mouvements stratégiques. Même en nombre inférieur, ils battaient les Prussiens qui, eux, ne faisaient qu'exécuter, sous la contrainte, les ordres de leurs chefs. Napoléon avait su créer ce facteur de nature immatérielle qui, dans l'action, faisait toute la différence.

Ce supplément n'est pas facile à obtenir avec nos compatriotes qui sont, si on les compare aux autres peuples, très difficiles à gérer. Bertrand Collomb, l'ancien président de Lafarge, une entreprise très mondialisée, disait que le Français désobéit quand la stratégie n'est pas claire pour montrer qu'il est plus malin que son chef. À l'inverse quand on leur a bien expliqué les choses et qu'ils les ont faites leurs, les Français sont redoutables dans l'exécution. C'est une règle générale : les gens ne sont pas des pions que l'on dispose à sa guise sur un échiquier et que l'on mène à la baguette, mais des personnes intelligentes et autonomes qu'il faut savoir motiver en leur donnant des perspectives crédibles.

La difficulté pour qui dirige est d'avoir la bonne stratégie, c'est-à-dire être dans le vrai ! Là réside peut-être la plus lourde responsabilité du chef d'entreprise qui est en dernier ressort le promoteur et le garant de la confiance.

Au départ, développer la confiance des personnes en elles-mêmes

Pour construire une équipe ou une entreprise (c'est la même histoire), il faut commencer par la base : développer la confiance en soi de chacun des membres de l'équipe. Pour cela il suffit de donner des responsabilités, car c'est en prenant des responsabilités que l'on construit sa personnalité et développe la confiance qu'on doit avoir en soi.

Quand la mission est accomplie il est indispensable de la récompenser parce que si on ne le fait pas on est à peu près sûr de démotiver toutes les équipes. C'est exactement ce qui se passe dans une classe où le professeur aplanit les notes en disant aux bons élèves « Je ne vais pas te donner le 18 que tu mérites, mais 11 parce que je ne veux pas stigmatiser les derniers », et aux derniers : « Vous méritez 3 mais je vous donne 10 pour vous sauver la face. » Le coup d'après, plus personne ne va se fatiguer, les meilleurs parce qu'il n'y aura pas de récompense, les moins bons car de toute façon ils auront une note suffisante. La façon la plus sûre de détruire une équipe, c'est assurément de ne pas récompenser la performance.

Il faut savoir récompenser, mais il est tout aussi important de bien traiter les cas d'échec qui font partie de la vie. Une entreprise où il n'y a pas d'échec est une entreprise qui n'innove pas et qui, un jour, par la force des choses, sombrera. Faire en sorte que l'échec ne soit pas un problème et devienne une opportunité suppose d'analyser les erreurs avec le collaborateur qui les a faites pour qu'il apprenne de cette mauvaise expérience et ne la reproduise plus dans le futur.

Quand on réussit à enclencher le système qui récompense le succès et transforme les échecs en occasions de se perfectionner, se crée un cercle vertueux qui génère les initiatives parce qu'on gagne à tous les coups ! Soit ça marche et on est récompensé, soit ça ne marche pas et on apprend.

Bien caler les objectifs

Les choses ne sont bien sûr pas si simples. Pour que l'échec soit pédagogique encore faut-il que la barre ait été bien placée. Si elle était trop haute le collaborateur n'a pas failli, c'est le chef qui était trop exigeant. Si la barre était trop basse, il n'y a pas eu réellement performance.

Dans les deux cas, on aura perdu une belle occasion de faire progresser quelqu'un en le privant d'une opportunité d'exercer sa responsabilité. Le calage de ce qu'on entend par succès est clé dans le processus de perfectionnement des collaborateurs et de l'entreprise.

Une idée à éviter est celle de la faute « collective » selon laquelle tout le monde est « coresponsable » autrement dit que personne n'est responsable. On peut choisir de fonctionner comme cela, mais, alors, il faut dire adieu au progrès.

Donner une responsabilité ou la recevoir sont des actes fondateurs, ils supposent aussi que l'organisation soit correctement conçue !

Organisations et confiance

Les organisations qui promeuvent la confiance sont celles qui donnent le maximum de responsabilités au maximum de collaborateurs ; ce qui veut dire : organigramme plat !

Si l'organigramme n'est pas assez plat (pour donner des idées, avec cinq reports par personne contre douze, on crée un encadrement trois fois plus élevé et 40 % d'échelons en plus), l'effet immédiat est de produire de la bureaucratie.

Cette dernière est l'ennemi de la responsabilité car elle lui substitue des normes. On explique souvent qu'il est meilleur de donner la décision à une personne qui a « la vue d'ensemble », mais c'est en général donner le pouvoir à des gens éloignés du terrain qui commandent par procédures interposées. Au passage on aura déresponsabilisé toutes les équipes !

Ces organisations du type armée mexicaine, comme on les désigne dans le langage managérial, sont l'un des plus grands obstacles à l'établissement de la confiance et au développement des personnalités. Les organisations motivantes ont des organigrammes plats.

Travail en équipe et actionnariat salarié

L'entreprise est composée d'individus aux talents différents. Comme disait Pierre Dac, dans une bonne équipe de rugby il y a ceux qui jouent du piano et ceux qui les déménagent. Chaque équipier est différent et doit être jugé à la lumière de sa performance sur le terrain qui lui a été confié. Mais chacun sait qu'une bonne équipe, c'est plus que la somme des individualités, aussi fortes soient-elles ; la dimension de plus, c'est le « savoir jouer ensemble ». Les débats qu'on observe dans le foot montrent que ce n'est pas toujours évident et que des équipes constituées par juxtapositions de vedettes, même brillantissimes, peuvent prendre des raclées. Comment donc susciter et récompenser le jeu collectif ?

Une façon simple de le faire est d'installer l'actionnariat salarié dans l'entreprise. Il permet, en leur facilitant l'accès au capital, d'associer naturellement les collaborateurs, aux décisions et au résultat global de l'entreprise.

La récompense est alors double, sous forme de bonus en ce qui concerne la performance individuelle, sous forme d'augmentation du prix de l'action pour la performance collective. Une preuve tangible de l'efficacité de la formule ? Plusieurs études viennent de montrer que les entreprises disposant d'un actionnariat salarié significatif ont une performance meilleure que les autres. On a là un bel outil permettant de renforcer le sentiment d'appartenance à l'entreprise et la capacité de jouer en équipe.

L'écosystème de la confiance

Pour bien saisir ce que veut dire l'écosystème de la confiance, il suffit d'avoir vécu une relation de long terme avec un client. L'acte fondateur de l'entreprise (donc de l'économie) est un acte de confiance réciproque entre un acheteur et un vendeur. L'acheteur fait le pari que l'argent qu'il a donné au vendeur lui permet d'acquérir un produit ou un service qui satisfera l'intégralité de ses attentes. Le vendeur quant à lui, prend le risque de la solvabilité de son client. Dans une économie prospère la grande majorité des transactions se passe bien et les gens sont encouragés à les développer. La confiance est facteur de croissance.

Les entreprises qui fonctionnent sur les valeurs de confiance arrivent à les diffuser chez leurs clients, leurs fournisseurs, leurs banquiers et leurs actionnaires qui d'ailleurs ne demandent que cela ! C'est en effet infiniment plus facile, plus agréable et en définitive plus efficace de travailler dans une bonne ambiance. La confiance est communicative, elle est un avantage concurrentiel redoutable et explique pourquoi certaines entreprises sont durablement prospères et en croissance.

Il ne faut pas se tromper, créer et faire durer la confiance n'est pas un long fleuve tranquille.

Les mauvais génies de la nature humaine rôdent autour d'elle, il faut la défendre quotidiennement et c'est le travail de tous, en particulier des dirigeants.

Les risques viennent de personnalités brillantes, charmeuses, mais qui créent des clans sur le principe du « Je te protège, mais tu m'obéis ». Ce système de management a du succès auprès de personnalités faibles. Il s'ensuit le développement de clans qui minent le principe même de la confiance. Les directions générales doivent impérativement s'attaquer à ces comportements, si nécessaire violemment, parce qu'ils mettent l'entreprise en danger.

À lire, impérativement :
Du miracle en économie

Ce qui est valable pour une entreprise petite et grande est aussi valable au niveau d'un pays ; c'est Alain Peyrefitte qui a le mieux formulé les raisons pour lesquelles le mécanisme de confiance était à la base du développement. Il a démontré que ce qui comptait n'était pas le capital, le travail ou même un avantage comparatif comme une matière première recherchée ou une localisation stratégique, mais le troisième facteur intangible auquel il a donné le nom d'« Ethos compétitif ». Le meilleur livre de management est peut-être son dernier ouvrage, *Du miracle en économie*, que doivent impérativement lire tous ceux que le sujet de confiance intéresse.

Voir : Actionnaire ; Autonomie ; Bâtir ; Diriger.

Conquérir

par Alain Mérieux,
président de l'Institut Mérieux

Ma vie professionnelle a été tout entière dédiée à la lutte contre les maladies infectieuses. Cela a été l'aventure de la médecine préventive et des vaccins, puis celle du diagnostic biologique sans lequel la médecine est aveugle. Notre groupe familial a ensuite étendu son expertise à l'immunothérapie et à la sécurité microbiologique des aliments, de l'eau et de l'environnement. L'engagement qui a été le mien, tout comme celui des différentes générations de ma famille, porte en lui l'esprit de conquête, au service de la santé publique mondiale, sans frontières entre les médecines humaines et vétérinaires et sans frontières géographiques. Dans cette lutte permanente contre les virus et bactéries, nos entreprises familiales se sont toujours inscrites dans une vision nécessairement planétaire et à long terme.

Nous devons en effet lutter contre des pathogènes redoutablement intelligents, qui sans cesse mutent et s'adaptent, qui ne connaissent pas de barrières d'espèces et qui, à la faveur de l'évolution de nos modes de vie, se disséminent aux quatre coins du monde à une vitesse extrême. La crise sanitaire du Covid-19, mais également avant elle celle de la grippe espagnole au début du XXe siècle et celle de Hong Kong dans les années 1970 et plus récemment le SRAS, mettent en évidence l'impact considérable des zoonoses, ces maladies d'origine animale qui représentent aujourd'hui 60 % des maladies infectieuses. Une évolution dont l'homme est le grand responsable : explosion démographique, déforestation, destruction de la faune et la flore, urbanisation incontrôlée, réchauffement climatique, migrations et mondialisation des échanges sont autant de facteurs d'aggravation.

S'il est un domaine dans lequel les entreprises doivent rester mobilisées et se battre en permanence, c'est certainement celui des maladies infectieuses. Qui aurait pu prédire fin 2019 qu'un virus apparu en Asie se répandrait à une vitesse foudroyante, déclenchant une pandémie sans précédent, mettant le monde à genoux ?

En cela, si la biologie exige l'esprit de conquête, elle nous enseigne également l'humilité. L'homme doit apprendre à reconnaître qu'il ne peut tout contrôler…

Lorsque j'ai terminé mon internat de pharmacie en 1963 dans un service de maladies infectieuses, la tuberculose, nous disait-on, était en cours d'éradication… Près de soixante ans plus tard, cette pathologie est l'une des premières causes de mortalité dans le monde, faisant des ravages en Europe de l'Est, en Inde et en Chine. Ce constat doit nous rendre humbles.

De la même manière, alors que nous pensions le problème des maladies infectieuses réglé par les antibiotiques et que les industriels de la pharmacie désarmaient bon nombre de programmes de recherche, des bactéries résistantes aux traitements se sont développées. Si nous ne faisons rien pour lutter contre cette menace majeure pour la santé publique mondiale, avec un usage raisonné des antibiotiques et une recherche innovante, ces résistances bactériennes feront dans dix ans plus de victimes que les cancers.

Il y a toujours eu des maladies infectieuses et il est certain que nous aurons à affronter d'autres épidémies. Nous allons devoir le faire dans un environnement dont la complexité va croissant et où nous devons impérativement raisonner de façon globale et décloisonnée.

Les enjeux de santé publique doivent s'appréhender dans une approche multidisciplinaire alliant santé humaine, animale et environnementale dans un esprit de coopération dépassant les frontières.

On ne peut imaginer une santé publique mondiale à deux vitesses, entre des pays industrialisés concentrant la science et la technologie et des pays à ressources limitées où la misère favorise l'émergence des maladies. En renforçant la santé publique de ces pays où émergent d'importants foyers infectieux, on se protège également nous-mêmes. Avec ses sociétés bio-industrielles, notre Institut est présent dans plus de 40 pays et là où les approches commerciales classiques ne sont pas possibles, nous intervenons par le biais de nos fondations. Nous avons ainsi établi un réseau de laboratoires sentinelles des maladies infectieuses en Asie, au Moyen-Orient, en Afrique, en Haïti, à Madagascar, en Amérique latine...

Dans le domaine de la santé comme ailleurs, l'esprit de conquête avec ce qu'il comporte d'ambition est vital pour l'entreprise. Si on ne progresse pas, très vite on recule et alors l'entreprise disparaît. Il faut se battre pour gagner et pas seulement pour participer. Il faut avoir la niaque qui fait la différence, balaie les hésitations et emporte l'adhésion. La conquête doit porter sur de nouveaux territoires, des sciences et technologies de rupture, dans une ambition d'innovation permanente. Et cette ambition, l'entreprise doit la porter très haut, en donnant un cap, une vision et surtout la faire partager par les femmes et les hommes qui la composent.

Tout au long de ma vie d'industriel de la biologie, j'ai écrit ma feuille de route en répondant à deux questions simples : *Gnothi seauton* – le Connais-toi toi-même grec – et *Quo vadis* ? – le Où vas-tu ? latin. Il faut bien se connaître pour ne pas se tromper et s'entourer de gens différents de nous. Une équipe qui gagne repose sur des personnes de natures, d'appartenances politiques, de religions différentes qui acceptent d'être challengées. J'aime à dire que dans une équipe on a besoin autant de saltimbanques que de métreurs ! Qu'importent les singularités pour autant qu'on partage une vision collective. Et c'est là que la réponse à *Quo vadis ?* est déterminante. Sénèque disait qu'il n'est de bons vents que pour celui qui sait où est le port. Cela a toujours été vrai mais aujourd'hui plus encore qu'hier car les nouvelles générations ne suivent plus le chef parce qu'il est chef, mais parce qu'il incarne une vision.

Savoir s'entourer est essentiel et j'ai eu cette chance dans ma vie. La conquête n'est pas tant une question de moyens que de femmes et d'hommes. Avec une équipe dirigeante, soudée, impliquée et convaincue, les ressources suivent. Le succès d'une organisation repose d'abord sur une vision et sur les chefs qui doivent la partager et mener l'offensive pour la faire gagner, en passant devant quand cela va mal. Je crois en la force de l'exemplarité. Cela a été l'un des enseignements très forts de mon passage à l'armée dans les parachutistes.

La conquête est indissociable de la prise de risque, d'un certain courage, mais toujours dans le cadre d'une vision partagée. Les situations de crise où le risque est majeur sont des occasions de se dépasser pour gagner des batailles. Souvent, elles sont de puissants révélateurs humains, des accélérateurs de progrès et d'innovation.

En 1974, alors qu'une épidémie de méningite menaçait de ravager le Brésil, les équipes de l'Institut Mérieux ont réussi en trois mois, à la demande des autorités brésiliennes et sans même que nous ayons un contrat signé, à construire un laboratoire de production en France à Marcy-l'Étoile et à produire 100 millions de doses de vaccins. Un pont aérien a alors été mis en place et les vaccins livrés ont permis d'immuniser l'ensemble de la population brésilienne en moins de cinq mois, stoppant l'épidémie. Dans un contexte normal, avec les process habituels, la bureaucratie et la tentation du risque zéro, cela aurait été impossible.

Aujourd'hui en pleine crise Covid, je suis frappé par la mobilisation remarquable d'entreprises qui ont réussi à développer des vaccins de nouvelle génération en à peine un an, là où il fallait parfois jusqu'à huit ans pour le faire dans une situation « normale ». De même, nos équipes de bioMérieux ont réussi à développer des tests de diagnostic en quelques semaines, alors que d'habitude plusieurs mois sont nécessaires. Le monde hospitalier a également su s'adapter à une situation totalement nouvelle avec un professionnalisme et un dévouement exceptionnels. Finalement lorsque l'on sonne le tocsin pour une mobilisation générale, nous savons répondre présents avec une grande efficacité et c'est pour moi une source de fierté et d'optimisme.

Dans la conquête, il y a des prises de risques, inévitablement des difficultés et donc quelquefois des échecs. Dans ces situations difficiles, et j'en ai connu, il faut tenir le cap dans la vision fixée, apprendre de ses erreurs, pour toujours se relever et servir nos missions de santé publique.

C'est d'ailleurs la devise que je me suis donnée : Tenir, Maintenir et Servir.

Je suis convaincu de l'importance d'avoir des racines profondes pour précisément tenir et surtout aller de l'avant. Dans un monde balayé par tous les vents, on a besoin aujourd'hui plus que jamais de racines profondes, d'un port d'attache solide, de convictions fortes et moins de certitudes.

Notre Institut a été créé il y aura bientôt cent vingt-cinq ans en suivant les enseignements de Louis Pasteur. Toutes les générations de notre famille ont porté des valeurs faites de santé publique, d'indépendance, d'ouverture au monde, d'innovation et d'audace dans une vision de long terme. En cela, la tradition n'est pas l'ennemie mais le support de l'audace. Cette vision de long terme est incompatible avec la financiarisation de l'économie où pendant trop longtemps, les décisions se sont prises en fonction d'intérêts financiers court-termistes qui ont mené bon nombre d'entreprises dans le mur. Mais je crois que les mentalités changent, peut-être sous la pression des nouvelles générations en quête de davantage de sens, et cela me rend confiant.

Je suis profondément attaché à nos racines françaises et territoriales à partir desquelles nous avons porté l'aventure dans le monde entier. Nous avons été pionniers dans certains pays comme la Chine bien avant qu'elle ne soit une puissance mondiale reconnue. Et dans tous ces pays, nous ne sommes pas venus dans un esprit conquérant, mais pour agir, sans arrogance aucune, avec les acteurs de santé locaux, pour faire avancer la santé publique de leur pays.

Nous vivons des moments particulièrement difficiles, où nos repères traditionnels sont pulvérisés, où l'incertitude est reine. La tentation du repli sur soi est grande. Je pense qu'il faut que la peur quitte nos rangs car on ne gagne pas en ayant peur. Il ne faut pas attendre de gens tristes et cloisonnés derrière leurs volets qu'ils soient innovants et créatifs. Il faut ouvrir les portes, sortir et garder l'allegria.

L'allegria ne m'a pas jamais quitté. C'est elle qui me permet de garder l'ambition et l'envie de me battre !

Voir : Coronavirus ; Diriger ; Enracinement (... ou des racines et des ailes) ; Territoires.

Coronavirus

par Michaël Fribourg,
président-directeur général de Chargeurs

Quand les économistes cherchent à décrire un événement ni prémédité ni probabilisé, ils parlent de « choc ». Le krach financier de 1929, la Grande Récession des années 1930, la crise pétrolière de 1973, l'explosion de la bulle financière en 2008, resteront pour longtemps encore des objets d'études pour des générations d'experts. Face à l'inattendu, les historiens préfèrent parler de « crise », les politiques d'« impondérable », leurs critiques d'« imprévision », et les philosophes de « choc civilisationnel ». L'épidémie de coronavirus surgie en Chine fin 2019, et qui s'est répandue mondialement quelques mois plus tard, concentrera sans doute tout cela à la fois. Tout événement a son vocabulaire et celui-ci n'y échappe pas : contamination, gestes barrières, contrôles aux frontières, confinement, télétravail, couvre-feu, distanciation sociale, pénurie, masques, gel hydroalcoolique, pont aérien, tests, vaccins, chômage partiel, étatisme, « quoi qu'il en coûte », bureaucratie, dépense publique – sans compter –, déconfinement... reconfinement – et si ! –, déconfinement – encore –, récession... rebond... peut-être même... qui sait... révolution.

Résumons la situation en disant que lorsqu'une civilisation est soudainement contrainte de réviser son vocabulaire, c'est qu'elle ne va pas bien. Pire encore, lorsqu'elle peine à mettre les bons mots sur une réalité subie ou choisie, c'est qu'elle n'assume plus ce qu'elle est. Cette crise commence comme une énigme. Voire plusieurs. Comment une civilisation si confiante dans la science qu'elle se pense immortelle en vient-elle à négliger un virus, à le minimiser avant que, prise de panique, elle ne se pétrifie dans un confinement mondial jamais expérimenté ? Comment une économie dont la mondialisation était jugée irréversible réussit-elle cette prouesse d'échouer dans toutes les subtilités scientifiques, productives, logistiques qui avaient pourtant présidé à son incroyable expansion ? Enfin, comment des populations réputées toujours plus jalouses de leurs droits et libertés démocratiques en viennent-elles à tolérer l'incertitude bureaucratique, la faiblesse démocratique, la « servitude volontaire » ? La première leçon de cette crise est historique : n'en déplaise aux simplificateurs, rien dans une civilisation n'est acquis, rien n'est irréversible, ni progrès, ni déclin, ni succès, ni chaos.

La sortie de toute crise repose toujours dans une œuvre collective. Rarement l'œuvre de tous. Jamais l'œuvre d'un seul. Toujours l'œuvre de quelques-unes, quelques-uns, pionniers, déterminés, audacieux, méthodiques, ambitieux, engagés. Non pas des héros de la Grande Histoire, sacrifiés, résistants, combattants. Ceux dont nous entendons parler sont des héros de la vie quotidienne, des héros anonymes, reconnus ou pas, applaudis ou pas, gratifiés ou pas, mais qui savent ce qu'ils ont fait pour sauver des vies, pour faire leur devoir, pour aider leurs concitoyens, pour sauver leur organisation, pour faire ce à quoi ils attachaient du prix. Pour accomplir leurs valeurs, personnelles, professionnelles.

Les valeurs, c'est ce qui reste quand tout semble avoir été oublié. En célébrant ses 150 ans en 2022, Chargeurs aura traversé deux guerres mondiales, des dizaines de guerres régionales, plusieurs récessions économiques, des avant-guerres, des après-guerres, des crises politiques, des crises diplomatiques. Elle les a traversées par et avec ses valeurs intangibles, intemporelles, conçues pour durer et se réinventer en permanence : l'audace, la passion, la fiabilité, l'innovation. Elles cimentent les 100 nationalités qui travaillent à nos côtés dans plus de 90 pays. Elles expliquent comment, sous l'impulsion du Groupe Familial Fribourg, Chargeurs est devenu en quelques années numéro un mondial dans plusieurs activités de niche qui sont restés profitables en pleine récession. Nos valeurs expliquent, enfin, comment, au cœur du coronavirus, l'une des crises les plus imprévues du capitalisme contemporain, nous sommes devenus à travers notre branche Lainière Santé™ l'une des références mondiales des équipements sanitaires.

Première leçon managériale : comprendre la différence entre être prêt et être préparé

En matière de crise intense, rien de ce qui se prévoit n'advient. Le coronavirus est de ces événements intenses que même les plus savants n'anticipaient pas. Et pour cause, s'ils l'avaient anticipé parfaitement, ils l'auraient évité.

Grâce à notre implantation mondiale, nos collaborateurs ont très vite pris la mesure de la gravité de la situation sanitaire. Mais surtout, nous avons pris la mesure que cette crise allait matérialiser la réalisation de risques souverains, avec des décisions publiques inédites qui allaient pour longtemps encadrer la vie quotidienne des individus, partout dans le monde. Très tôt également, nous avons pris la mesure de l'invraisemblable pénurie d'équipements sanitaires de qualité qui commençaient à se faire jour partout dans le monde. Mobilisant nos compétences internes, nos investissements industriels des années précédentes, nos laboratoires de recherche textile partout dans le monde, nous avons alors décidé de répondre, à notre tour, à cette pénurie en convertissant nos lignes industrielles et nos plateformes logistiques à la production de gels hydroalcooliques, de masques, de blouses, d'équipements indispensables aux professionnels de santé et grand public. Au total, nos équipes auront produit en moins d'un an plus d'un demi-milliard d'équipements sanitaires, l'équivalent d'une centaine d'Airbus A321 Néo. Imaginez.

Être préparé, c'est être capable, en quelques heures seulement, de modifier pour les besoins de la cause les organigrammes, les circuits de décision, les chaînes d'approvisionnement, de contrôle qualité, d'acheminement, de distribution... C'est changer, en quelques heures, la mission de chacun pour une ambition plus forte que les organigrammes préexistants, les fiches de poste et les modes de coordination habituels. Tout cela dans un monde de frontières, y compris commerciales, fermées, de fret aérien à l'arrêt et d'usines amont ou aval ouvertes de façon intermittente. Être préparé, c'est savoir sur qui l'on peut compter, révéler des talents plus discrets, éprouver des talents affirmés. C'est donner toute sa valeur à ce qui apparaît au bilan économique d'une entreprise, ses actifs corporels et incorporels, et ce qui est au cœur de son bilan social, ses actifs humains.

Bien des groupes d'exception ont su réinventer leurs organisations face à cette crise inédite, du service client à la direction générale en passant par les services logistiques, supports ou industriels. Ils n'étaient pas prêts, eux non plus, car tout ce qui s'est produit n'était pas prévu tant la réalité dépasse toujours l'imagination. Mais ils étaient préparés, comme des pilotes réadaptant leurs décisions en plein vol, comme des joueurs d'échecs ajustant leur tactique à chaque mouvement d'une pièce d'un échiquier particulièrement complexe. Certaines entreprises ont invoqué leur « résilience » – quand elles avaient réussi à limiter leurs pertes –, d'autres leur « performance » – quand leur modèle était assez fort pour traverser la tempête. Là encore, les plus solides n'étaient pas nécessairement ceux qui étaient attendus. Et souvent, au-devant, un manager bâtisseur ou un dirigeant entrepreneur avec des équipes dévouées, engagées et créatives, partageant les mêmes valeurs, les mêmes obsessions, les mêmes réflexes, ce que l'on appelle une « culture d'entreprise ».

Deuxième leçon managériale : comment rendre possible l'impossible ?

Les Romains s'écriaient : « *Transivit* » (« Il traversa »). Au cœur de la tempête, les cœurs s'animent et se décrochent. Les plus arrimés regardent vers le ciel et continuent de vouloir décrocher les étoiles. L'espoir est le seul plaisir que le chaos fait naître. Rien n'est plus important, face à l'imprévu, que d'offrir un but, une mission, un horizon aux membres de la collectivité dont on est responsable. L'autorité s'enracine dans la capacité des dirigeants, à tous niveaux, à offrir un but collectif.

Mais le but n'est pas tout. La mise en œuvre est le plus critique. Elle est la « science pratique du détail ». En temps de crise, il faut partir du principe que rien n'est plus un détail. Tout a son importance, et cette tempête du coronavirus n'y a pas fait exception, car plus rien ne demeure de ce qui est en temps normal ordinaire, habituel ou fréquent. Il faut passer en pilotage « manuel » sur des fonctions critiques, les approvisionnements en matières premières, leur acheminement, la planification productive, la production, l'innovation critique, la finance, la logistique... La moitié de la digitalisation des processus industriels critiques mérite alors d'être remise sous contrôle approfondi. Et soudain, tout le monde redécouvre que la plus grande intelligence artificielle du monde ne remplacera pas, cette fois-ci tout du moins, la puissance intellectuelle et coordinatrice de l'homme.

Troisième leçon managériale : organiser le « retour à la normale »

Toute sortie de crise a également son vocabulaire – ses vétérans, ses accommodés, ses réfractaires –, ses compagnonnages, ses paradoxes. Et en premier lieu, quand une crise se termine-t-elle ? Cinq ans après la Seconde Guerre mondiale, la France continuait de vivre avec des tickets de rationnement et, trente plus tard, le prix du pain était encore... administré. Une vraie crise ne disparaît pas, elle se fond dans l'épaisseur du temps, des souvenirs de chacun. Tous, nous nous rappellerons où nous étions, et avec qui, lorsque le premier confinement lié au coronavirus fut imposé dans notre pays. Le passé ne passe pas. Il s'hérite. Encore faut-il savoir hériter son temps, hériter son héritage.

Le plus grand défi à l'heure où nous écrivons ces lignes n'est pas tant de gérer la crise, c'est d'inventer la suite. Rien ne revient jamais à la normale. Tout s'est transformé, les êtres, les organisations, les métiers, les industries, les États. Tout ne sera pas différent, loin de là. Mais ce qui est intéressant, ce sont toutes ces choses qui, subtilement, subrepticement auront évolué sans le dire. Aucune entreprise n'y échappera. Les plus habiles d'entre elles auront conquis de nouveaux mondes, avalé leurs concurrents, recruté les meilleurs talents, abandonné leurs mauvais réflexes, conquis de nouveaux clients. En un mot, elles auront accéléré quand les autres s'introspectaient.

Les périodes de perturbations extrêmes sont une occasion inédite de redéfinir les grandes luttes qui parcourent le capitalisme. Non pas celle des gros contre les plus petits. Mais celle des plus rapides contre tous les autres.

Ultime leçon managériale : pourquoi il faut oublier les leçons managériales

Alors quelle leçon conclusive tirer de cette crise ? Qu'aucune leçon managériale ne vaut. Les grands mantras managériaux ne se sont jamais autant effondrés. Et tant mieux, les épisodes collectifs intenses présentent au moins le mérite de discréditer les évidences. Les écoles de management ont un bel avenir devant elles pour… se réinventer.

La sociologie des organisations, la psychologie sociale n'y suffiront pas pour décortiquer ce qui aura marché ou dysfonctionné dans bien des entreprises. Ce que le coronavirus fait redécouvrir, c'est le secret du succès de toute entreprise, personnelle, humaine, collective : l'individu engagé, guidé par le progrès individuel et collectif. Ce secret s'appelle la persévérance dans l'action.

Voir : Conquérir ; Culture d'entreprise ; Diriger.

Courage

« Il n'est point de bonheur sans liberté ni de liberté sans courage. » Périclès

« Le courage est la plus grande des qualités humaines car elle garantit toutes les autres. » Aristote

« Il n'y a point de bonheur sans courage ni de vertu sans combat. » Jean-Jacques Rousseau

« Chaque fois que vous voyez une entreprise qui réussit, dites-vous que c'est parce qu'un jour quelqu'un a pris une décision courageuse. » Peter Drucker

Voir : Créer ; Disruption ; Oser ; Risquer : le risque dans tous ses états.

Créer

par Céline Lazorthes,
Co-CEO – Resilience care

Définition : « Fonder, établir quelque chose, être à l'origine de son existence. »

Il suffit d'ouvrir *Le Larousse* pour constater à quel point le verbe est puissant : créer le monde ; créer un nouveau mot ; créer une association ; créer des emplois ; créer le bonheur…

Tant de possibilités infinies deviennent réelles par l'acte de créer.

Créer, c'est imaginer. Créer, c'est concevoir le futur. Créer, c'est entreprendre.

Créer, c'est se surprendre et se mettre en risque pour trouver les ressources nécessaires au fond de soi. Puiser dans son imaginaire et sa transpiration le moyen de construire ce qui deviendra un produit, une œuvre ou peut-être une entreprise demain. En bref, créer, c'est se mettre en branle et imaginer le monde.

Créer, c'est aussi envoyer tout valser. Prendre une autre ligne de départ et se mettre à nu afin d'embrasser sa destinée.

L'artiste crée, inlassablement. Quand il est contraint par les moyens, le temps, et parfois même la maladie, il crée d'autant plus fort et plus intensément.

Mais être artiste est-il un passage obligatoire pour créer ?

De fait, ne sommes-nous pas tous, *a minima*, les créateurs de notre destin ?

J'ai créé deux sociétés. Chaque fois durant des crises.

Leetchi.com est né pendant la crise financière de 2008-2009.

Resilience est née en ce début 2021, en pleine crise sanitaire.

Pour certains, il s'agira sûrement d'une folie ou au moins la preuve d'une grande naïveté. C'est vrai, pourtant à mes yeux, c'est aussi la sagesse qui invite à créer quand il n'y a plus d'autre route à emprunter...

J'ai été diplômée en juin 2008. Ce que l'on peut dire, c'est que l'atmosphère était morose. Les recruteurs étaient peu nombreux à venir nous chercher au pied du campus de l'école. Il nous avait pourtant été promis que ce serait la ruée vers l'or, et que nous serions convoités comme des petits pains frais qu'on dévore et qui ne se partagent pas ! La réalité était tout autre.

Les quelques rabatteurs de grands groupes qui se donnaient la peine de venir à notre rencontre avaient la mine grise, et malgré un discours bien rodé, pas plus d'intérêt pour nous autres jeunes candidats que pour leur propre job.

Fallait-il enfiler un blazer trop grand et prendre le chemin de la Défense, pour devenir adulte et ainsi entrer sur le marché du travail ?

Je fus hermétique à l'idée. Ne voyez rien de désobligeant à mon propos, il s'agit simplement de qui je suis... ou plutôt de qui je ne suis pas ! Mon inné et mon acquis sont à l'opposé des qualités et qualifications qu'il faut pour se plier à l'exercice d'un job intense, rigoureux et souvent mécanique.

Très jeune, j'ai appris à courber l'échine. Lorsque j'étais enfant, ma mère possédait un magasin de vêtements d'une marque grand public, très prisée à l'époque. Ainsi j'avais pour mission de vérifier que chaque client.e qui avait acheté un pull n'en avait pas mis un second par inadvertance dans son sac à main.

Je me souviens aussi que le 24 décembre inclus nous ne quittions pas la boutique avant 19 h 59. C'était Noël, il y avait des cadeaux de dernière minute à faire, et nous ne rations pas l'opportunité d'un.e client.e supplémentaire !

À l'âge de 14 ans, j'ai été sacrée baby-sitter de mes petits voisins âgés de 2, 4 et 6 ans. Il fallait les faire dîner, les changer et coucher toute la petite troupe. Tout cela semblait une évidence à l'époque !

En grandissant j'ai enchaîné les emplois d'été et à la sortie des cours : baby-sitter, agent administratif à la mairie, graphiste, ou encore développeuse...

Ainsi mon diplôme en poche, dans le contexte de la crise des *subprimes* et forte d'une certaine confiance en moi acquise par des années de petits boulots, je n'ai considéré d'autre option que celle de l'entrepreneuriat au moment où mes camarades de promo, eux, faisaient leur gamme dans de grands cabinets de conseil.

Je dois bien avouer que l'expérience de création d'entreprise ne fut pas un long fleuve tranquille. Il est aisé d'imaginer qu'une jeune femme de 25 ans qui ambitionne de créer une banque qui plus est dans une telle période, reçut un accueil quelque peu... surpris !

Pourtant mon idée était simple. Il s'agissait seulement de rendre digitale la petite enveloppe qu'on fait circuler de main en main lors d'un pot de départ en entreprise ou durant un mariage ou un week-end entre copains, afin de récolter l'obole.

Les possibilités d'utilisation de cette cagnotte étaient cela dit infinies.

Car c'est aussi cela la magie de la création d'entreprise. D'une première niche identifiée, il suffit de se laisser porter par la créativité de ses clients pour découvrir des besoins multiples qui sont autant de nouveaux marchés à conquérir.

Il me fallut des mois pour passer de l'esquisse dessinée sur mes cahiers d'étudiante au site Internet « version alpha » capable de recevoir les cagnottes et deniers de ceux qui voulaient bien me les confier !

Parce qu'il est vrai que si créer est une chose, faire vivre et rendre viable un projet d'entreprise, en est une autre...

Les années ont défilé à la vitesse de l'éclair. Je me souviens qu'un ami m'a dit : « Chaque année de création d'entreprise équivaut à sept ans d'expérience professionnelle. » Par chance, mon aventure chez Leetchi se termina sur une réussite. Mais je ne cache pas que cela aurait tout aussi bien pu être l'inverse !

Les aléas, difficultés et aventures vécus par un fondateur d'entreprise sont tels que franchement j'ai souvent le sentiment que la probabilité d'une issue positive équivaut à faire sauter la banque au casino.

Je dois aussi reconnaître qu'il fut tentant de surfer une vie entière sur la chance du débutant que m'avait offerte la création de Leetchi.com. Et que j'ai même sérieusement considéré l'idée durant deux ans, après en avoir quitté la direction opérationnelle en 2019. Les ressorts de la création en moi n'étaient absolument pas cassés mais le terreau nécessaire à celle-ci était épuisé.

« Le succès, c'est d'aller d'échec en échec sans perdre son enthousiasme », Winston Churchill

Parce que oui, créer demande une énergie et une gouaille infinies. Les échecs sont terriblement plus nombreux que tout le reste sur le chemin du créateur alors par quelle folie faut-il passer pour retenter sa chance, quand on l'a déjà saisie une fois ?

Créer prend aussi parfois des chemins dérobés. C'est ainsi qu'est née Resilience, ma deuxième aventure entrepreneuriale.

J'avais pourtant juré avec la plus grande des sincérités qu'on ne m'y reprendrait plus. À propos de cette déclaration, la quasi-intégralité de mon entourage m'a d'ailleurs ri au nez. J'en ai été à deux doigts de conclure que mes proches ne me connaissaient finalement peut-être pas si bien que cela… Que j'étais tout à fait capable d'une vie un peu moins dans le feu de l'action et que c'est même ce qui m'attendait et était bon pour moi.

La vie en a décidé autrement.

Je suis née dans une famille de médecins universitaires. Trois générations ! Ça laisse des marques... Enfant, mon grand-père m'emmenait dans les sous-sols de la faculté de médecine pour me montrer toutes sortes d'appendices et vestiges de corps humains conservés dans du formol. Je me souviens d'avoir passé un long moment à regarder des fœtus siamois enlacés... Nous étions dans ces souterrains, comme nous étions chez lui. Et pour cause ! Il fut l'architecte de ce premier centre hospitalier universitaire, le CHU de Rangueil à Toulouse.

Il m'est resté de mon histoire familiale un attachement et l'envie de s'investir pour maintenir le meilleur système de santé, le système français, inébranlable.

L'idée, ancrée profondément dans le crâne que la santé doit être accessible à tous, et ce dans les meilleures conditions.

La crise sanitaire et sa première vague sont arrivées en France en mars 2020. Voir le colosse qu'est l'hôpital en souffrance m'a particulièrement touchée. Par chance, j'ai fait partie des fondateurs du collectif #ProtegeTonSoignant.

Durant quatre mois, douze heures par jour, nous avons sans relâche collecté de l'argent auprès de particuliers, fondations et entreprises afin d'acheter du matériel médical et de protection, livré au fil de l'eau aux établissements qui nous en faisaient la demande... 140 bénévoles ont permis d'aider 400 hôpitaux, cliniques, groupes de libéraux, en offrant masques, pousse-seringues, échographes et ce grâce aux dons d'entreprises, fondations et particuliers. 7,4 millions d'euros collectés. Ici est l'occasion de les remercier encore de leur générosité.

L'expérience de #ProtegeTonSoignant m'a donné beaucoup plus que je ne lui ai donné. C'est ce qui est formidable avec les expériences associatives. On en ressort tellement enrichi...

Car oui, ainsi j'ai pu comprendre que mes compétences d'entrepreneur de la tech pouvaient être mises au service des médecins et de la santé. Et qu'il n'y a rien de plus extraordinaire que d'être au service de ceux qui nous sauvent la vie !

J'ai aussi appris que si seul on va vite, à deux on va plus loin... Nous étions sept entrepreneurs à avoir initié #ProtegeTonSoignant, et bien que cela paraisse difficile à croire, nous avons réussi à prendre toutes les décisions à sept... Ce fut l'occasion de prendre beaucoup de plaisir à travailler notamment au côté de Jonathan Benhamou, entrepreneur et aujourd'hui mon co-fondateur et co-CEO dans l'aventure Resilience...

Resilience est née de la rencontre de professionnels de l'oncologie et patients atteints de cancer.

« La possession du meilleur état de santé qu'il est capable d'atteindre constitue l'un des droits fondamentaux de tout être humain, quelles que soient sa race, sa religion, ses opinions politiques, sa condition économique ou sociale », comme il est écrit dans Constitution de l'Organisation mondiale de la santé, New York, 1946.

Soixante-dix ans après la création de l'Organisation mondiale pour la santé, l'accès à la médecine reste aléatoire, inéquitable et discriminant. Si ce constat est vrai pour toutes les maladies, cette inégalité est particulièrement tangible pour les malades du cancer, deuxième cause de mortalité dans le monde.

De cette urgence est née Resilience.

S'il est certain que créer ne mène pas toujours à la réussite, il me semble que la joie se situe autant dans le processus de création, le voyage vécu et partagé à plusieurs, que dans l'issue elle-même...

Si créer peut prendre bien des formes, et être l'aboutissement de nombreux processus, créer est avant tout un art de vivre.

Une façon de faire de demain un monde plus juste et plus libre aussi.

Voir : Disruption ; Innover ; Oser.

Créer et diriger dans le domaine musical

par Laurence Equilbey,
cheffe d'orchestre,
fondatrice d'accentus et d'Insula orchestra

Créer et diriger sont deux termes qui, communs avec les entrepreneurs, m'accompagnent depuis le début de mon parcours et, dans le domaine artistique qui est le mien, je suis aussi une cheffe d'entreprise.

Créer une structure artistique : quelques secrets pour les entrepreneurs

Devenir entrepreneur n'est pas une question d'âge, mais c'est souvent jeune que ceux qui ont l'esprit d'entreprise créent leur première structure. Tel fut mon cas.

C'est très tôt à Vienne durant mes études musicales que j'ai eu la révélation du chemin à prendre. En rentrant à Paris, je savais que je voulais diriger. J'avais chanté sous la direction de grands chefs comme Abbado ou Harnoncourt. J'avais également découvert les grands ouvrages *a cappella* de Strauss ou de Schönberg. Tout ce répertoire me galvanisait. C'est ainsi que le chœur de chambre accentus est né, et plus tard Insula orchestra, orchestre jouant sur instruments d'époque, et résident de La Seine Musicale, le magnifique équipement de l'île Seguin voulu par le département des Hauts-de-Seine.

Dès cette époque, j'ai créé le département supérieur pour jeunes chanteurs au conservatoire régional de Paris, et initié plusieurs de ces satellites : le réseau de chœurs professionnels européens Tenso, le diapason électronique « e-tuner », les deux centres de ressources et de recherches (Le Cen pour l'art choral, Insula documenta pour le milieu des orchestres historiquement informés), et lancerai prochainement une nouvelle plateforme numérique enrichie, Drako.

En regardant cette constellation autour du projet artistique central, Insula et accentus, j'ai constaté qu'une forme plus vaste émergeait.

Je me représente souvent cette forme au travers d'une figurine.

Imaginez un personnage jeune, sorte de héros manga. Plutôt androgyne, un foulard flottant sur le front. Figure à la fois romantique et contemporaine.

Le modèle porte un pantalon avec des coutures horizontales comme certains jeans ou pantalons de jardinage.

La jambe gauche incarne l'artistique : la musique, ses périodes, ses styles. Elle suit une feuille de route précise, avec quelques chemins de traverse.

Trois parties dans cette jambe : au niveau du sol, à l'appui du pied, le répertoire symphonique. Pour le chœur, ce serait le répertoire *a cappella*.

Au milieu, l'opéra et les concerts scéniques ouvrant de nouvelles voies artistiques.

En haut l'oratorio, c'est-à-dire l'orchestre, le chœur et les solistes.

Pour la jambe droite, le projet éducatif.

Trois parties également : en bas, le socle, l'essentiel : l'inclusion (les primo-arrivants, les quartiers prioritaires, plus largement la jeunesse) et les nouvelles formes artistiques et pédagogiques (les nouvelles écritures, le numérique, la bande dessinée, le 360°, le gaming…).

Au milieu la transmission, le travail avec les étudiants, avec les amateurs.

En haut, ce qu'on appelle l'éducation artistique et culturelle, envers les enfants, les publics empêchés, les personnes âgées, les détenus…

Voilà nos deux jambes. On marche avec. C'est le projet central.

Prenons ensuite les bras. Deux gros bracelets. L'un est le symbole d'une école, l'autre celui d'un centre de ressources. Les bras enseignent, cherchent et partagent.

Le pantalon est tenu par une ceinture, cloutée de mots : les valeurs. Celles de l'exigence, de l'ouverture, de l'innovation. Des valeurs à partager, qui guident fermement le projet.

Pour finir, un écusson sur l'épaule droite : le triangle de la constellation du dragon, Drako, la plateforme numérique enrichie. À gauche, rien de défini pour le moment : une place pour un musée ? un lieu d'expo ?

Au cou, un fin collier avec le petit croissant des futurs souhaitables. Fragile, ne pas casser.

Sur le front flotte un bandana en forme de corps céleste : le libre imaginaire, l'inventivité, la prospective.

Sur le bandana quelques étoiles : une fondation, un programme européen, des partenaires, des bons amis.

Je vais faire sculpter ce petit personnage, environ 30 centimètres, assez modelable tout de même – ferme mais souple. L'apporter à mes rendez-vous pour décrire plus facilement le projet. Mais surtout pour l'expliquer aux équipes qui le mettent en œuvre. En parlant avec eux, j'ai perçu combien la force d'un projet tenait beaucoup de sa compréhension et de l'adhésion de ceux qui le servaient.

J'ai appris au long de ces années de construction quelques secrets de réussite – et d'échec – des projets. L'un d'eux tient au nom de ce que vous créez. J'ai souvent vérifié un principe : lorsque le nom du projet imaginé possède assez de puissance évocatrice et de force souterraine, en général vous arrivez à créer les conditions de sa création. L'inspiration que vous communiquez à des futurs partenaires est fondamentale pour la suite. Lorsque j'ai un projet en tête (il faut qu'il soit déjà bien défini !), j'évoque son nom autour de moi. Si le nom est le bon, en principe il va assez vite créer la synergie nécessaire à sa réalisation.

Un autre secret selon moi : les noms des structures que vous créez doivent être cohérents afin que vos partenaires vous suivent dans le projet global. L'univers doit être en résonance. Par exemple, je travaille beaucoup à partir du latin, des runes et de leurs symboles. accentus, Insula orchestra, Cen, Draco (Drako)... et leur foyer matriciel Erda.

Ne pas s'empêcher des exceptions à la règle : j'ai actuellement en projet de créer un ensemble musical pour favoriser l'insertion professionnelle. Pour des raisons précises, je l'ai baptisé Winter III. On verra si ça marche.

Un dernier truc dans cette magie. Si vous tenez un projet vraiment très important, faites-le entrer par la petite porte, assez humblement. Je dirais comme un stent dans votre cœur. Il rentre très finement dans votre artère, puis il prend sa place naturelle. C'est ce que j'ai fait pour le département pour jeunes chanteurs du CRR de Paris il y a plusieurs années. Aujourd'hui, il comprend 50 étudiants, 30 professeurs, 12 disciplines enseignées et est devenu une référence européenne.

Pour résumer, lorsque des étudiants me consultent pour monter leur ensemble, je leur conseille de construire d'abord « le pantalon, avec ses deux jambes et sa ceinture ».

Cette forme de représentation imagée me semble pouvoir inspirer un créateur d'entreprise.

Diriger un orchestre

De nombreuses similitudes rapprochent également le chef d'orchestre du manager en entreprise. Dans les deux cas, la créativité, la maîtrise et l'inspiration sont les moteurs essentiels de la performance.

Dans mon domaine, le choix de l'œuvre est crucial. Celle-ci peut représenter un challenge artistique et technique qu'il convient de mesurer. Quel que soit l'ensemble que vous dirigez, il est essentiel que les musiciens ou les chanteurs aient la sensation de pouvoir tutoyer l'excellence lors de leur interprétation. La performance à réaliser peut être motivante, mais elle doit aussi être atteignable. C'est cette sensation de transcendance heureuse qu'il faut cultiver. Et monter chaque fois plus haut.

Dans le milieu de l'entreprise, on pourrait dire : relever les défis, mesurer son risque, réussir, continuer à avancer.

L'acte de diriger est la combinaison d'une maîtrise et d'une forme d'instinct et d'inspiration. Pour diriger, il faut beaucoup étudier en amont, car cette maîtrise est indispensable. Il faut aussi incarner la matière artistique. Vous véhiculez physiquement une inspiration, vous êtes porté par votre sujet, plus qu'un autre. Avec sincérité.

Jouvet disait que « tout est suspect, sauf le corps ». Il faut donner de soi, c'est indéniable.

On doit aussi, comme dans une entreprise, pouvoir motiver le groupe autour d'un projet. Avec les musiciens de l'orchestre ou les chanteurs du chœur, je commence toujours par un filage complet de l'œuvre de sorte qu'ils puissent appréhender ensemble sa grande forme, qu'ils en aient la vision et qu'ils l'envisagent comme quelque chose de maîtrisable. « Vous voyez, l'œuvre est là, sans même avoir été fabriquée. » Voilà ce que j'essaie de leur faire sentir. Sentir le jaillissement naturel de l'œuvre, « celle qui surgit de soi-même et apparaît ainsi », selon Heidegger.

La confiance des artistes vient après cet épisode matriciel. Elle permet alors une grande liberté par rapport à l'œuvre elle-même. Dans un second temps, je travaille les problématiques techniques et artistiques plus précisément. Cette façon de faire est très pratiquée dans des pays européens comme l'Allemagne ou l'Autriche. L'approche en France est souvent plus linéaire et progressive. Selon moi, cette technique de la « grande forme » permet une hauteur de vue bien supérieure de la part des musiciens. Comprendre les enjeux d'une œuvre, c'est essentiel. Dans notre jeu comparatif avec le monde de l'entreprise, si on montre la « *big picture* » d'un projet aux salariés, ils en comprennent les enjeux et prennent confiance en leurs capacités.

En répétition, le chef d'orchestre doit inspirer l'ensemble du groupe tout en écoutant ce qu'expriment les artistes qu'il dirige. Le chef peut inspirer, animer les phrases, évoquer quelques métaphores ou situations théâtrales (les musiciens aiment beaucoup cela). Cependant, je pense qu'il faut le faire avec parcimonie, car il ne faudrait pas affaiblir l'imaginaire propre des musiciens. La somme des sensibilités est beaucoup plus riche que la seule vision du chef. Le chef d'orchestre comme le chef d'entreprise doit concilier une position de meneur d'hommes et de femmes, tout en faisant une synthèse de l'expressivité des artistes qui l'entourent. Les chefs très dirigistes me semblent finalement obtenir souvent des couleurs d'orchestre assez grises. Comme disait Sénèque, plutôt que de guider, mieux vaut être suivi.

Un autre point important. Sur le podium, vous êtes bien placé pour entendre le moment où certains doivent être « leaders » et d'autres « compagnons de route ». Un soliste doit pouvoir s'effacer devant une phrase d'un pupitre de violoncelle, si cette phrase est structurante pour l'œuvre. Ainsi la performance devient-elle collective. Dans la musique cela arrive souvent. Chacun évalue son rôle. Cette « balance » peut changer très vite, en quelques mesures, pour servir l'œuvre. Savoir s'effacer, et puis prendre la main, au bon moment. Le chef est là pour guider l'effectivité du rôle de chacun à un instant précis.

Il y a aussi la question, cruciale, de l'homogénéité du son. Chacun doit écouter sans cesse tout en jouant, afin d'entrer dans la vibration sonore de l'autre. On ne peut jouer sans écouter. Le chef dirige et écoute, écoute... C'est sans doute une autre clé commune avec l'entreprise.

L'orchestre, comme une entreprise, est composé d'une diversité de personnalités. Certaines sont plus solaires que d'autres, et aiment se dégager. Il faut à mon sens repérer les artistes qui veulent prendre la lumière et la leur donner. Ainsi, quand ils sont à d'autres moments davantage dans le rang, ils ne devraient pas ressentir de frustration. Lorsque je recrute un nouveau musicien ou chanteur de cette nature, il endosse très vite un rôle important, dès son premier concert. Le mettre en avant est aussi une façon de lui montrer qu'il est pleinement accueilli, pour son talent et ses capacités.

Et la musique dans tout ça ?

Récemment, des chercheurs de l'université de Columbia ont confirmé un lien entre musique et sentiment de force ou de confiance en soi inébranlable. Ils ont montré que la musique, qualifiée de puissante, était active chez les auditeurs. Elle produisait trois aspects importants dans la construction du pouvoir : la pensée abstraite, une forme psychologique de puissance et de contrôle et la volonté d'agir en tête.

Il est également établi scientifiquement que, si vous faites de la musique même tardivement, votre attention, votre concentration, votre planification se développeront mieux. Vous avez dans le cerveau une réserve cognitive et sensible que la musique vient nourrir, si vous en faites ou si vous l'écoutez. Davantage d'aires cérébrales sont affectées au traitement de la musique qu'à celui du langage. L'homme est véritablement une espèce musicale.

Pour terminer, sachez que la musique diffuse de la dopamine dans le cerveau, dans le circuit de la récompense, qui est la zone du plaisir, celle du chocolat... Pour vous auditeur, la musique développe votre attention et votre capacité à l'initiative parce qu'elle vous fait plaisir.

Chers entrepreneurs, soutenez la musique, ceux qui la font, et surtout écoutez-la ou jouez-la, il n'est jamais trop tard !

Voir : Art et entreprise ; Confiance ; Créer ; Diriger ; Esprit d'entreprise.

Croissance

par Nicolas de Tavernost,
président du directoire de M6

C'est en 1986 que j'ai rejoint l'équipe resserrée qui, un an plus tard, lancerait M6. Voilà donc trente-cinq ans que dure mon histoire d'amour avec celle qui n'était alors que la « petite chaîne qui monte » et qui depuis lors s'est invitée dans la cour des grands.

De cette spectaculaire croissance, je vais vous livrer les ressorts et recettes.

De toutes les leçons que je tire de cette fabuleuse histoire, la plus fondamentale est que, pour être durable, la croissance ne doit pas se faire à n'importe quel prix. Elle doit être adaptée à l'environnement de l'entreprise, à ses contraintes et à ses opportunités. C'est un peu comme la fable du lièvre et de la tortue : « Rien ne sert de courir, il faut partir à point. »

Dans l'écosystème des médias, la France a connu une version revisitée de cette fable. En 1987, l'État a en effet autorisé la création de deux nouvelles chaînes de télévision gratuites, venant s'ajouter aux trois chaînes en clair déjà existantes et à Canal+ qui venait d'être lancée. Ces nouvelles chaînes ont suivi deux stratégies résolument différentes. D'un côté, « la 5 » de Silvio Berlusconi et Robert Hersant qui a investi des sommes considérables pour acquérir les meilleures émissions du marché et s'attacher les services d'animateurs stars. De l'autre côté, le projet M6, où nous avons fait le dos rond pendant plusieurs années en développant principalement des programmes en interne et en concentrant nos investissements sur les infrastructures, pour que la chaîne soit distribuée auprès du plus grand nombre.

Résultat des courses : la 5 a fait faillite au bout de... cinq ans, tandis que M6 est devenu un opérateur majeur des médias en France, qui regroupe 13 chaînes de télévision et 3 radios nationales, dont RTL, réalisant en 2019 un chiffre d'affaires de près de 1,5 milliard d'euros pour une marge opérationnelle proche de 20 %.

Chaque marché a évidemment ses propres caractéristiques, et ce qui est vrai pour l'un ne l'est pas forcément pour l'autre. On a vu récemment l'exemple des livreurs à domicile : une demi-douzaine de sociétés se sont lancées simultanément au milieu des années 2010, et ce sont celles qui ont accaparé des parts de marché le plus rapidement qui ont pu absorber les autres dans un marché devenu oligopolistique (principe du « *winner takes all* »).

D'expérience je puis affirmer que, dans tous les cas, une analyse du marché et des forces en présence s'impose afin de développer sa stratégie, qui passe à mes yeux par les étapes suivantes :

— Les fondamentaux : définir son créneau, son public et sa distribution ; être avant-gardiste.

— Le moteur : entretenir une relation de confiance avec ses investisseurs.

— Le pivot : avoir le sens du timing.

— L'indispensable : constituer une équipe autour d'un projet commun.

Les fondamentaux : définir son créneau, son public et sa distribution ; être avant-gardiste

Il n'est pas nécessaire d'avoir une « idée de génie » pour lancer une entreprise. Le monde regorge de succès basés sur des idées très simples. Souvent, il suffit même d'adapter localement une idée provenant d'un autre pays. C'est par exemple en m'intéressant au marché de la télévision espagnole que j'ai pu découvrir la série à partir de laquelle nous avons adapté « Scènes de ménages » pour M6, la fiction quotidienne la plus regardée en France depuis plus de dix ans !

Quelle que soit l'origine de l'idée, il faut établir en premier lieu une stratégie marketing, en définissant à qui on souhaite adresser son produit, par quels intermédiaires, et avec quels investissements. En veillant à toujours proposer une innovation réelle au profit du consommateur. Même lorsqu'on adapte une idée, il faut savoir être avant-gardiste : en anticipant des changements de société ou d'usage notamment.

Dans le cas précis de M6, la création d'une nouvelle chaîne de télévision n'était pas une innovation en soi. Mais nous avons choisi un positionnement à contre-courant, qui a été à l'origine de son succès. À l'époque en effet, les foyers français ne disposaient souvent que d'un seul poste de télévision, et c'étaient les doyens de la famille qui avaient la main sur la télécommande. En anticipant le déploiement de plusieurs postes de télévision par foyer, nous avons choisi de nous singulariser par rapport à nos compétiteurs en nous adressant principalement aux jeunes, tout en investissant dans la technologie pour accroître la diffusion de la chaîne partout en France. Cette stratégie centrée sur le produit et sa distribution a porté ses fruits et nous a permis d'accroître nos parts de marché année après année.

Le moteur : entretenir une relation de confiance avec ses investisseurs

Que ce soit à la création de l'entreprise ou pour son développement, la croissance « consomme » des capitaux. Il faut donc faire adhérer durablement les investisseurs et les créanciers au projet. Je ne pourrai jamais oublier qu'à ses débuts, entre 1987 et 1992, M6 perdait 1 million de francs... par jour ! Le financement de cette perte était néanmoins et heureusement couvert, à la fois par des investisseurs (les actionnaires) et les banques.

Pour obtenir et garder la confiance de ceux-ci, j'ai constamment remarqué qu'il y avait deux règles auxquelles ne pas déroger. La première : le projet doit être explicité simplement et le business plan transparent. On dit souvent qu'entre un business plan et son exécution, il peut y avoir un facteur π, mais ce n'est pas le plus important : la vraie signification, c'est la dynamique dans laquelle s'exécute le projet, et la mesure de l'amélioration progressive.

La seconde règle, c'est pour moi la transparence : un actionnaire bien informé est déjà à moitié convaincu. Je me suis ainsi astreint pendant les cinq années de perte à établir un reporting hebdomadaire d'activité à destination des principaux actionnaires : cela les a rassurés et m'a aussi permis d'être clair dans nos objectifs et leur exécution.

Autre observation relative aux investisseurs : lorsqu'une entreprise atteint une taille critique, on peut être tenté par une entrée en Bourse pour lever de nouveaux capitaux et poursuivre son développement. La Bourse est-elle un facteur positif ? À mes yeux, à côté de quelques inconvénients, notamment procéduraux, la Bourse est un choix avant tout d'exigence : elle nous oblige à être rigoureux, explicites, transparents. Elle mesure assez correctement la confiance dans le projet et vous challenge sur les objectifs. Le seul bémol, c'est qu'elle « achète » le futur, parfois de façon exagérée, tout en exigeant dans le même temps des résultats à court terme – les fameux « quarters ». C'est donc un moyen exigeant mais il faut aussi savoir s'en détacher, car la capitalisation boursière ne doit pas constituer le principal indicateur de son activité : la valorisation d'une entreprise n'en est que la conséquence.

Le pivot : avoir le sens du timing

Lorsqu'on a réussi à établir une activité économique viable autour de son produit, on envisage souvent une nouvelle phase dans le développement de son entreprise.

Deux voies alors se présentent. D'une part, la *croissance organique* qui se caractérise par le développement en interne de nouveaux produits ou services, qu'il s'agisse du cœur de métier ou bien de diversification. D'autre part, la croissance externe qui poursuit la même finalité mais ses modalités diffèrent : elle se fera par l'acquisition d'une entreprise ou d'un savoir-faire. Dans les deux cas, l'objectif poursuivi est le même : proposer un produit complémentaire en mettant à profit les investissements et les infrastructures déjà réalisés.

Ce qui importe le plus pour réussir, c'est le timing. Comme au début, il convient d'analyser finement le marché, mais aussi ses propres moyens – notamment financiers. Plus tard dans la vie de l'entreprise, la même question du timing pourra aussi se poser pour le désinvestissement de certaines activités, avant que leur marché ne décline et dont la vente permettra de financer d'autres développements.

Nous avons eu plusieurs exemples dans le passé avec M6 : la création de TPS avec TF1 puis sa cession à Canal+ ; le développement de M6 Mobile by Orange pendant dix ans puis l'anticipation à temps de son arrêt ; ou encore plus récemment l'acquisition et la revente de « Mon Album Photo ». Même s'il n'est pas le plus significatif en termes de chiffres, ce dernier exemple illustre bien l'importance des questions de timing.

En 2010, nous avons ainsi acheté cette petite entreprise qui opérait sur le marché alors balbutiant de l'impression de photos sur Internet. Notre analyse était qu'au sein de ce marché *B to C* encore très dispersé, seuls performeraient les acteurs qui pourraient bénéficier de campagnes publicitaires massives. Nous avons ainsi assuré sur nos chaînes de télévision la forte promotion du service, qui est rapidement passé d'un chiffre d'affaires de 4 à 40 millions d'euros par an.

Quelques années plus tard, le marché était déjà devenu mature et le potentiel de développement supplémentaire nous semblait assez marginal. Nous avons donc cherché sur le marché un repreneur satisfaisant, et cédé la société en 2018. Le produit de la vente – plusieurs dizaines de millions d'euros – a permis à M6 de financer une autre acquisition, en l'occurrence celle des radios RTL, RTL2 et Fun Radio.

L'indispensable : constituer une équipe autour d'un projet commun

Les bonnes idées ne suffisent pas, il faut aussi des personnes pour les développer. L'état d'esprit et l'équilibre entre les personnalités ou les compétences sont probablement les deux aspects les plus importants pour un entrepreneur-manager.

La détention du capital et l'esprit entrepreneurial ne sont d'ailleurs pas forcément corrélés. On peut être un entrepreneur dans une société qui n'est pas à soi, ce qui est d'ailleurs mon cas chez M6. Et il faut impérativement s'entourer, parmi ses collaborateurs, d'entrepreneurs. C'est-à-dire de personnes qui savent travailler en autonomie tout en respectant la chaîne de commande, qui ont le goût du risque, qui sont curieux, et qui auront à cœur de développer les activités et les revenus de l'entreprise.

Mais il ne suffit pas, telle est aussi ma conviction, de constituer une équipe : il faut également intégrer et fédérer ses membres. Cela passe par l'adhésion à un projet commun ambitieux, et souvent des valeurs communes, tout du moins dans le travail. M6 par exemple s'est toujours distinguée par la sobriété et l'efficacité, notamment dans ses investissements. Aujourd'hui cela fait partie, d'une certaine façon, de l'ADN de ses collaborateurs, et nous revendiquons cela comme un des ingrédients majeurs de notre réussite économique.

Enfin, si les bons résultats de l'entreprise ne peuvent que renforcer la fierté d'appartenance des équipes, les moments plus délicats – notamment au début de l'aventure – peuvent eux aussi être de formidables moments de cohésion, tissant des liens ineffaçables entre les individus. Mais cela ne peut intervenir que si le management est à la hauteur des enjeux pour tirer tout le monde dans la même direction. Pour ma part, j'ai toujours veillé chez M6 à cultiver à la fois l'exigence – pour stimuler les membres de l'équipe – et la proximité – pour renforcer l'adhésion au groupe et au projet.

*

En résumé, la croissance est ce que tout investisseur recherche dans une entreprise. Néanmoins un investisseur avisé saura ne pas rechercher la croissance immédiate et à tout prix, au risque de voir l'entreprise emprunter une voie sans issue. Il saura au contraire donner la place nécessaire au manager pour constituer la meilleure équipe possible, susceptible de réaliser les espérances communes dans le produit puis, à terme, de prendre ensemble les bons virages stratégiques.

Telles sont les leçons que j'ai pu tirer de mon histoire avec M6 qui ont selon moi valeur universelle, une histoire que je vis intensément et passionnément.

Voir : Actionnaire ; Capital humain.

Culture d'entreprise

« Que tout change pour que rien ne change. »

par Jean-Paul Agon,
président de L'Oréal

La culture, âme et cœur de l'entreprise

En sociologie, comme en éthologie, la culture caractérise « ce qui est commun à un groupe d'individus et qui le soude ». Toute collectivité, toute organisation, tout corps social, possède une culture, ce dénominateur commun qui fonde son identité.

Il en va de même pour l'entreprise dont la culture est vraiment l'âme et le cœur. Elle désigne un socle de valeurs partagées et la philosophie qui en découle ; un corpus commun de croyances, de références, mais aussi une vision du métier, une manière d'appréhender les choses, de travailler, d'être ensemble, de résoudre des problèmes, de se comporter, de se comprendre, de s'identifier, et même de parler, au travers d'un lexique parfois compris des seuls initiés. Deux organisations peuvent exercer le même métier, mais chacune a sa propre « culture » qui la distingue. C'est cet ensemble de traits « de caractère », d'éléments rationnels ou non qui la rende unique. Elle est comme une carte génétique qui traverse les générations et les géographies.

Le capital immatériel le plus précieux de l'entreprise…

Je crois profondément au rôle déterminant de la culture dans le succès d'une entreprise. Elle est le capital immatériel le plus précieux de l'entreprise, le garant de sa pérennité.

La métaphore de l'anthropologue Marc Lebailly me paraît particulièrement juste pour caractériser le rôle déterminant de la culture d'entreprise. Il l'assimile à la quille d'un grand voilier : « On la voit si peu qu'on pourrait en oublier l'existence ; c'est pourtant elle qui donne toute sa stabilité au bateau, qui permet à l'équipage de tenir son cap, c'est elle qui facilite la remontée au vent, même par gros temps. »

Le monde actuel, mouvant, complexe, incertain, renforce le besoin de sens, de projet commun, de boussole. Et la culture offre un chemin, des repères, des balises, un sentiment vital d'appartenance ; elle ancre les actions de chacun dans un projet global, leur donne sens et cohérence.

Les entreprises à forte culture peuvent d'autant mieux compter sur l'engagement des collaborateurs que ceux-ci intériorisent les valeurs de l'entreprise, ce qui facilite le management. Les salariés sont animés par l'envie de contribuer à un projet commun. La culture leur permet d'être acteurs d'une aventure commune, ce qui est source d'épanouissement. Et l'épanouissement au travail est vital, en particulier pour les nouvelles générations. L'intérêt qu'ils portent à la dimension culturelle montre combien celle-ci a acquis une place déterminante dans la réussite et l'attractivité de l'entreprise.

La culture est donc un facteur essentiel de performance pérenne car elle favorise la cohésion, l'engagement, la motivation, l'enracinement et le sentiment appartenance. Elle crée ce lien « charnel » de cœur à l'entreprise, au-delà de la rationalité, qui est essentiel à son succès.

Évidemment, la culture est indispensable mais pas suffisante. L'engagement des collaborateurs procède d'une multitude d'autres éléments, comme la qualité des parcours de carrière qui donne sa chance à chacun, la reconnaissance, la politique sociale ou encore la capacité d'une entreprise à partager la création de richesse avec ses salariés, à travers les dispositifs d'intéressement ou d'actionnariat salarié, qui associent chacun à la bonne marche de l'entreprise.

Pour être pérenne, elle doit être partagée et vécue, jamais « plaquée »…

Reste que pour prospérer et constituer un véritable avantage compétitif durable, certaines conditions s'imposent.

Réalité empirique, la culture ne se décrète ni ne s'impose. Elle existe par défaut, sans que quiconque l'ait « mise en place » ; elle se vit, se diffuse, se transmet et infuse l'ensemble de l'organisation. Imperceptible pour ceux qui ne l'ont pas expérimentée, elle est la chose la plus partagée et la moins formalisée.

Ainsi, chez L'Oréal où la tradition orale et les relations interpersonnelles prédominent, la culture n'y est pas moins profondément enracinée. Des aphorismes datant du fondateur Eugène Schueller et de son successeur François Dalle traduisent « l'esprit L'Oréal » et perpétuent des « façons de faire » dans l'entreprise. Parmi ces maximes, « Saisir ce qui commence » rappelle que chaque collaborateur de l'entreprise est en alerte, véritable vigie à l'affût de toute tendance naissante et phénomènes émergents. Un autre aphorisme fait l'apologie d'un certain désordre – « organiser le désordre » – entendu comme un encouragement à promouvoir un certain désordre afin de faire échapper les individus à leur tendance naturelle au conservatisme. Parmi la foison de maximes, on trouve le devoir d'audace et le droit à l'erreur, la saine inquiétude qui incite à ne jamais s'assoupir sur un succès, et de garder la posture d'un « challenger ».

Comme la culture d'un pays, l'ancrage historique est essentiel et la culture de l'entreprise a besoin de mythe de héros, de symboles qui constituent le cœur de son identité. La culture de L'Oréal par exemple, est indissociable de l'épopée d'Eugène Schueller. Cette épopée constitue le socle de la culture du groupe et le point de départ de ce que nous vivons encore aujourd'hui comme une « aventure ». L'image et la personnalité hors normes de cet inventeur génial, chimiste de formation, créant dans sa cuisine la première « coloration inoffensive pour cheveux » en 1909, font partie d'un patrimoine commun, des fiertés collectives et introduisent dès l'origine l'esprit entrepreneurial comme valeur cardinale.

La culture d'entreprise est aujourd'hui au cœur de grands enjeux. Et trois grandes questions se posent.

Premièrement, la culture peut-elle évoluer, et s'adapter avec le temps ?

Comme une roche résulte de l'accumulation de strates sédimentaires, la culture d'une entreprise se nourrit d'apports successifs. L'histoire de l'entreprise est un ciment qui se densifie au fur et à mesure « des histoires » vécues par l'entreprise. La culture s'installe ainsi au fil du temps et se construit comme un processus d'apprentissage : les réponses apportées par l'entreprise aux situations rencontrées deviennent des références communes. La grande histoire s'invite aussi dans la « petite » histoire pour en imprégner la culture.

C'est une construction empirique qui s'inscrit nécessairement dans un temps long, et qui traverse les générations.

Plus que jamais, dans un monde de changements rapides et radicaux, la culture tire sa force de cette capacité à se moduler sans cesse. La longévité d'une culture et sa propension à créer de la valeur de manière pérenne résident ainsi dans sa capacité à évoluer sans renier ses fondamentaux.

Si la culture était un animal, on dirait qu'elle mue : « Tout change, pour que rien ne change... » Elle est une matière organique vivante, elle ne doit pas se figer mais doit pouvoir se moduler dans le temps et se transformer au fur et à mesure qu'elle croise d'autres cultures et qu'elle s'en nourrit.

Je crois profondément qu'une culture qui joue pleinement son rôle est une dialectique permanente entre, d'une part, une fidélité à des invariants et de l'autre, une propension à bousculer le *statu quo* constamment. Nous avons tous en tête chez L'Oréal l'idée que « les bonnes habitudes sont celles que l'on change », une maxime qui a traversé le temps et qui fait du changement un invariant de notre culture.

Mais pour cela, la culture doit accepter d'être contestée et de se transformer quand elle ne fait plus l'unanimité. Ce fut le cas chez L'Oréal en 2016. Nous avons mené une véritable « révolution culturelle » pour ajuster certains aspects de notre culture aux aspirations nouvelles en matière de rapport au travail et de pratiques managériales. Pour maintenir l'attractivité du Groupe auprès de jeunes générations plus rétives que leurs aînées à la valorisation de la réussite individuelle, nous avons progressivement intégré de nouveaux modes de travail favorisant la coopération, la collaboration et valorisant la performance collective plus que la réussite individuelle.

Pour une culture métissée

Deuxièmement, que devient la culture, « l'esprit Maison » dans le monde globalisé que nous connaissons ? La mondialisation condamne-t-elle la culture d'entreprise, la dilue-t-elle ?

Je voudrais citer un exemple qui est arrivé il y a plusieurs années chez L'Oréal. Nous avions alors une forte culture de confrontation des idées, héritée de François Dalle, et une salle dédiée, appelée « salle de confrontation ». L'idée était d'échanger, de confronter des points de vue, des projets. Une méthode de travail issue d'une culture latine, qui ne correspondait pas vraiment à la culture plus « retenue » des pays asiatiques où nous étions en train de nous développer. Cet exercice de « confrontation » ne signifiait pas grand-chose non plus pour les jeunes générations. Nous avons donc fait évoluer cet aspect de notre culture qui devenait clivant et nous avons aussi symboliquement supprimé la fameuse « salle de confrontation ».

Cet exemple montre que la mondialisation ne condamne pas la culture. Mais pour que celle-ci continue d'être un catalyseur, l'universel et le local doivent s'influencer et s'enrichir mutuellement. Métisser sa culture représente un impératif absolu. C'est ce métissage qui a permis de créer une « *supra*-communauté » de « Loréaliens », à travers le monde, unis, au-delà de toute frontière, par un projet commun, des valeurs, des principes éthiques et des façons d'être et de faire : chez L'Oréal, Chilien ou Chinois, on est d'abord Loréalien.

Pour une culture ouverte et inclusive

Troisièmement, que faire pour qu'une culture d'entreprise ne se retourne pas contre l'entreprise ?

S'ouvrir aux apports extérieurs sans renier ses fondamentaux est un autre enjeu vital. Car le risque qu'une culture se retourne contre l'entreprise est réel. Des fusions d'entreprises achoppent encore aujourd'hui en raison du « choc des cultures ».

La culture d'entreprise doit donc permettre d'intégrer des personnes ou des entreprises.

Si elle ne se conjugue pas avec la diversité, une culture peut amener à recruter des clones, au motif qu'ils sont « culturo-compatibles » et conduire à une consanguinité de pensée préjudiciable à la créativité et à l'innovation. Tout l'enjeu est de parvenir à tisser un lien fort, un socle solide où chacun se reconnaît, tout en évitant à tout prix de créer une culture excluante, sectaire ou tribale. Une culture qui arrime ; une culture qui porte en elle des valeurs d'ouverture et de diversité.

Dans un monde de plus en plus clivé, l'entreprise, par sa culture, est un creuset d'intégration unissant des personnes très différentes autour d'un projet, de valeurs, de réalisations communes et d'une identité basée sur l'ouverture et la différence comme gouvernail.

Voir : Bâtir ; Capital humain ; Diversité ; Inclure.

D

Destruction créatrice

par Philippe Aghion,
économiste,
professeur au Collège de France

La destruction créatrice, notion introduite par Joseph Schumpeter[1], est le processus par lequel de nouvelles innovations se produisent continuellement et rendent les technologies existantes obsolètes, de nouvelles entreprises viennent constamment concurrencer les entreprises en place, et de nouveaux emplois et activités sont créés et viennent sans cesse remplacer des emplois et activités existants.

La destruction créatrice crée alors un dilemme ou une contradiction au cœur même du processus de croissance : d'un côté, il faut des rentes pour récompenser l'innovation et donc inciter à l'innovation ; d'un autre côté, ces rentes peuvent être utilisées par les innovateurs d'hier pour empêcher de nouvelles innovations.

---

1. Voir J. A. Shumpeter, *Capitalism, Socialism and Democracy*, Harper and Brothers, 1942. Édition récente : J. A. Shumpeter, *Capitalisme, Socialisme et Démocratie*, trad. française de G. Fain, Payot, coll. « Bibliothèque historique », 1990.

De fait, tout en vantant les mérites de la destruction créatrice comme force motrice de la croissance, Joseph Schumpeter se montrait pessimiste sur l'avenir du capitalisme : en particulier, il anticipait l'élimination des petites et moyennes entreprises par les gros conglomérats, avec comme conséquence inéluctable la disparition de l'entrepreneur et le triomphe de la bureaucratie et des intérêts acquis. Selon lui le capitalisme était condamné précisément parce qu'il n'existait pas de moyen d'empêcher les entreprises établies de faire barrage aux nouvelles innovations.

Aghion, Antonin, et Bunel (2020)[1] montrent au contraire qu'il est possible de surmonter cette contradiction, autrement dit de réguler le capitalisme, ou, pour reprendre le titre de l'ouvrage de Raghuram Rajan et Luigi Zingales (2003)[2], de « protéger le capitalisme contre les capitalistes ».

Il faut pour cela l'intervention de l'État qui peut édicter et faire appliquer des lois pour garantir la concurrence et l'entrée de nouveaux innovateurs. Mais il faut également l'intervention de la société civile – médias, corps intermédiaires, associations – pour dénoncer la corruption, c'est-à-dire la possibilité pour les grandes entreprises de faire pression sur les pouvoirs publics pour empêcher l'entrée de nouvelles entreprises innovantes. Au total, le triangle « entreprises-État-société civile » est indispensable au bon fonctionnement d'une économie innovante, dont la destruction créatrice est la force motrice.

La destruction créatrice n'est pas seulement un concept, c'est une réalité, quelque chose de palpable et de mesurable. Elle peut tout d'abord s'appréhender à travers l'arrivée de nouveaux produits ou de nouvelles technologies, mesurés

1. *Le Pouvoir de la destruction créatrice*, Odile Jacob.

2. R. G. Rajan , L. Zingales, *Saving Capitalism from the Capitalists : Unleashing the Power of Financial Markets to Create Wealth and Spread Opportunity*, Princeton University Press, 2004.

par le nombre de brevets déposés chaque année dans un pays ou une région.

Une autre façon de mesurer la destruction créatrice, c'est d'étudier de plus près le cycle de vie des nouvelles entreprises : leur entrée, leur croissance et enfin leur éviction du marché.

Enfin, on peut mesurer la destruction créatrice par la moyenne entre le taux de création et le taux de destruction d'entreprises. De fait, c'est la mesure la plus couramment utilisée dans la littérature sur la dynamique des entreprises et des emplois[1].

On peut montrer que la croissance annuelle moyenne du PIB par habitant sur cette période est plus grande dans les régions ou pays ou États américains où la destruction créatrice annuelle moyenne est plus élevée, quelle que soit la façon dont on la mesure. La destruction créatrice est donc bien source de croissance.

Y a-t-il trop ou pas assez de destruction créatrice ?

D'un côté, un entrepreneur qui cherche innover ne prend pas pleinement en compte sa contribution au savoir et au progrès technologique de la société dans son ensemble, en particulier il ne prend pas en compte le fait que d'autres innovateurs dans le futur s'appuieront sur « ses épaules de géant ». Il en résulte que l'entrepreneur individuel va tendre à sous-investir dans l'innovation par rapport à ce qui serait « socialement optimal ». C'est *l'effet d'externalité technologique.*

D'un autre côté, l'entrepreneur innovant ne prend pas en compte l'aspect « destructif » de son innovation,

1. Le lecteur peut se référer aux articles pionniers de Steve Davis, John Haltiwanger et leurs coauteurs sur la création et destruction des entreprises et des emplois. Par exemple : S. J. Davis, J. Haltiwanger, « Measuring Gross Worker and Job Flows », in J. Haltiwanger, M. E. Manser et R. Topel (éd.) *Labor Statistics Measurement Issues*, University of Chicago Press, 1998, p. 77.

autrement dit le fait que son innovation va détruire les rentes des entreprises en place – les innovateurs d'hier – que cette innovation rend obsolètes. La non prise en compte de cet *effet d'éviction* (en anglais, « *business-stealing effect* ») et plus généralement la non prise en compte des effets négatifs de la destruction créatrice sur la société dans son ensemble, vont conduire l'entrepreneur à surinvestir dans l'innovation.

Pour pallier l'effet d'externalité et empêcher le sous-investissement dans l'innovation, l'État dispose d'une panoplie d'instruments : politique active d'éducation, soutien à la recherche fondamentale – université, agences de recherche –, subventions aux investissements de recherche et développement à travers le crédit impôt recherche, et politique industrielle pour favoriser le passage de la recherche fondamentale aux applications. Ainsi l'État américain a joué un rôle de premier plan pour que la découverte de l'ARN messager débouche rapidement sur une production de vaccins en masse, notamment à travers la BARDA (Biological Advanced Research Developement Agency). En matière d'écosystème et de politique publique pour favoriser l'innovation les États-Unis sont très en avance sur l'Europe. Par exemple le budget de la BARDA sur les produits « anti-Covid » est de 12 milliards d'euros contre seulement 4 milliards pour la Banque européenne d'investissement et la Commission européenne prises ensemble.

Pour s'attaquer aux effets négatifs de la destruction créatrice, il faut mettre en place un système de protection adéquat. En particulier la destruction créatrice détruit continuellement des emplois existants en même temps qu'elle en crée de nouveaux, obligeant ainsi les individus à se remettre continuellement en cause, à vivre dans l'idée que rien n'est jamais acquis une fois pour toutes, et qu'il faut sans cesse remettre en question ses trajectoires professionnelles.

En matière de protection contre les effets disruptifs de la destruction créatrice, l'Europe est en avance sur les États-Unis. Aux États-Unis l'accélération de la destruction créatrice au cours de dernières décennies s'est traduite par un risque accru de déclassement accompagné d'une baisse de revenus. L'anxiété qui a résulté de la perception de ce risque s'est traduite par une consommation accrue de médicaments contre l'angoisse, d'opioïdes, et d'alcool. D'augmentation observée de la mortalité, très bien documentée par Case et Deaton (2017)[1].

Il en va tout autrement au Danemark. Une étude intéressante d'Alexandra Roulet[2] sur les effets des suppressions d'emploi sur la santé au Danemark montre que lorsqu'un pays se dote de bons filets de sécurité pour protéger l'individu contre le risque lié à une perte d'emploi, alors le licenciement n'a pas d'effet négatif sur sa santé.

Une différence marquante entre la Danemark et les États-Unis, c'est que le Danemark s'est doté depuis 1993 d'un système dit de flexisécurité pour réguler son marché du travail. Ce système repose sur deux piliers. D'une part, un marché du travail flexible, avec un code du travail succinct et des procédures de licenciement facilitées pour les entreprises. D'autre part, un volet sécurité qui se décline de deux manières : *via* une allocation-chômage égale à 90 % du salaire – jusqu'à un certain niveau – pendant un maximum de trois ans, et *via* un investissement massif du gouvernement dans la formation professionnelle pour permettre aux travailleurs d'acquérir de nouvelles

1. A. Case et A. Deaton (2017) : « Mortality and Morbidity in the 21st Century », *Brookings Papers on Economic Activity*, printemps 2017.

2. A. Roulet, « The Causal Effect of Job Loss on Health : the Danish Miracle », *in* « Essays in Labor Economics », thèse de doctorat en économie, université de Harvard, 2017.

qualifications et de réintégrer rapidement le marché du travail.

L'avenir du capitalisme mondial reposera largement sur son aptitude à concilier écosystème d'innovation, prenant appui notamment sur les succès américains, et protection des individus contre les risques de stress et de précarisation que la destruction créatrice génère spontanément, en prenant appui notamment sur le modèle danois.

Voir : Créer ; Disruption ; Innover ; Schumpeter, Joseph.

Développement durable

par Catherine MacGregor,
directrice générale d'Engie

Aucun secteur économique n'est plus confronté à l'enjeu du développement durable que les métiers de l'énergie pour lesquels j'ai toujours travaillé. Ils sont les moteurs de la révolution industrielle depuis trois siècles et aujourd'hui de la révolution digitale. Ils doivent engager leur transformation pour contribuer à celle de la société.

J'ai la chance de diriger un groupe, Engie, qui est depuis de nombreuses années un pionnier du développement durable. Engie est à la fois un acteur de premier plan, comme énergéticien d'envergure internationale, bien placé pour devenir un leader international des renouvelables. Et un militant de la transition énergétique. Notre groupe l'a inscrit dans sa raison d'être, au terme d'un travail mené avec l'ensemble des 170 000 collaborateurs : « Agir pour accélérer la transition vers une économie neutre en carbone, par des solutions plus sobres en énergie et plus respectueuse de l'environnement. »

L'enjeu de la décarbonation est donc très haut dans mon agenda personnel et professionnel. Je voudrais livrer ici quelques convictions.

Première conviction : le développement durable n'est pas une option pour l'entreprise

Ce n'est pas la première fois dans l'histoire du capitalisme que les communautés humaines doivent corriger des excès et des déséquilibres. « La question économique » comme disent les économistes du XIXe siècle et du début du XXe siècle, est celle du système économique qui permet de faire sortir l'immense majorité de l'humanité de l'état de survie dans lequel elle se trouve, de satisfaire les besoins essentiels et de permettre à chacun de s'extraire des contingences les plus fortes de l'existence humaine. Cette tâche est loin d'être aboutie et ne le sera jamais. En Europe, elle est passée par le développement des protections collectives et de l'État providence en matière d'éducation, de santé, de retraite, de soutien aux revenus et d'élévation des droits sociaux.

« La question du développement durable », pour paraphraser les économistes, est différente de la question économique du passé. Avec le réchauffement climatique d'origine humaine, il n'est plus possible d'ignorer le besoin impérieux d'un développement durable. On ne peut pas corriger – ou marginalement – les atteintes à la nature. On doit les éviter. Il convient donc de produire différemment pour être plus économes en ressources naturelles et moins producteurs de déchets, à commencer par les gaz à effet de serre. Ce sont des outils neufs qu'il faut solliciter.

« Développement durable » n'est pas la juxtaposition de deux termes que tout opposerait, consumérisme d'un côté, espoir de préservation de l'environnement de l'autre. Il exige qu'on qualifie cette croissance, qu'on en choisisse collectivement et harmonieusement la nature pour mieux en contrôler les effets sur les êtres et la planète. Le développement durable est d'abord une aspiration – épargner la planète –, la question de sa réalisation demeure.

« Développement durable » apparaît comme la rencontre obligée d'un impératif moral, politique et économique et des contraintes physico-chimiques de la planète. Cette expression courante est récente. Elle est due au rapport, “Notre avenir à tous”, en 1987 de la Commission des Nations unies pour l'environnement et le développement, présidée par l'ancienne Première ministre norvégienne Gro Harlem Brundtland. Une réponse à l'angoisse surgie dans les années 1970, notamment dans le rapport « Les limites à la croissance » du Club de Rome.

Le travail a été poursuivi par les Nations unies avec les Objectifs du millénaire pour le développement (2000) puis avec les Objectifs de développement durable (2015). Aujourd'hui, nombre d'entreprises s'emparent de ces objectifs pour mesurer leur propre contribution au développement durable. Les entreprises ont pris conscience que leur capacité à créer de la performance et leur capacité à durer, objectifs existentiels pour elles, passent nécessairement par la voie du développement durable, au sens défini depuis 1987. Pour un décideur, les indicateurs de développement durable densifient et complètent la compréhension financière de ses activités et la rendent plus proche du réel.

Deuxième conviction : l'entreprise est le fer de lance de la révolution du développement durable

Ce grand mouvement de la transition vers un développement plus durable connaît une exceptionnelle accélération depuis quelques années.

Nous avons dans notre secteur un bouillonnement en faveur des énergies alternatives et renouvelables qui relevaient de l'utopie quand j'ai démarré ma carrière. Leurs perspectives de développement dépassent toutes les projections. Ce bouillonnement est une formidable opportunité pour la France et pour un groupe comme le nôtre. Il démontre une idée forte à contre-courant de certaines tendances politiques : fermer les frontières est incompatible avec le monde d'aujourd'hui et son développement durable.

Si je reviens brièvement à Engie, nous avons la chance d'être complètement alignés entre notre *business model* et les défis du siècle. Nous vivons et c'est une chance que je mesure, un alignement entre les savoir-faire et les métiers de notre entreprise, sa raison d'être et les enjeux de la société. Et c'est l'engagement de nos équipes, un formidable concentré d'intelligences, de compétences et de savoir-faire mobilisés au service de cette cause qui lui donne sa force.

Il y a quelques années deux camps opposés nous auraient dit de concert : « L'entreprise a pour seule finalité la maximisation du profit. » D'un côté, on affirmait que l'introduction d'autres critères que le profit condamnait à des solutions sous-optimales. De l'autre côté, on vouait l'entreprise aux gémonies car incapable de s'insérer dans un modèle où l'accumulation de richesses doit s'interrompre pour sauver la planète. Tous se retrouvaient pour laisser à la seule initiative collective la charge de corriger les défauts du système de production économique.

Or, il y a plus de vingt ans, quand, jeune ingénieure, j'ai choisi de travailler en entreprise, c'est parce qu'elle m'apparaissait comme l'endroit incroyable où le génie humain transformait la nature pour le progrès de l'humanité. Je n'ai pas été déçue par les aventures humaines que j'ai partagées et conduites. Aujourd'hui, plus que jamais, l'entreprise est le lieu d'impulsion et de concrétisation de ce développement durable que le monde appelle. Si la diplomatie a inventé le concept de développement durable, c'est l'entreprise qui sera le lieu premier de sa réalisation.

L'entreprise inventera et mettra sur le marché les produits et les services conformes aux principes du développement durable ; le consommateur s'en emparera donnant ainsi les moyens d'une généralisation des solutions respectueuses des êtres et de la planète. Prenons juste un exemple de cette capacité d'adaptation aux défis humains : si le développement durable prend davantage de place dans les habitudes de consommation à travers le bio, les circuits courts, la saisonnalité, les aliments végétariens, c'est parce que des entrepreneurs innovent et remettent en cause les positions d'entreprises plus installées, qui elles-mêmes réagissent et s'adaptent en retour.

Il n'y a pas incompatibilité entre le profit et l'engagement d'un grand groupe pour un monde plus durable, comme on l'entend parfois. Je dirais même : au contraire ! Ce sont les performances de l'entreprise qui assurent sa pérennité, sa durabilité et donc sa contribution à la durabilité de la société. La bonne gestion assure la durabilité de l'entreprise et son impact. Comme l'a noté une fine observatrice : « La création de valeur est, dans le monde de l'entreprise, la meilleure arme pour défendre des valeurs[1]. »

---

1. Bertille Bayart, *Le Figaro*, 17 mars 2021.

Troisième conviction : le développement durable ne réussira que dans un dialogue fécond entre l'entreprise et la société

La transition énergétique, élément clé du développement durable, c'est le bouleversement des systèmes établis. Nous en vivons l'accélération avec la bonne nouvelle du retour des États-Unis dans la COP21 et les Accords de Paris, et la prise de conscience chinoise de l'urgence climatique.

Pour réussir ce passage vers un développement plus durable, impulsé par les autorités publiques, le monde peut et pourra compter sur les entreprises. Elles sont le lieu du déploiement de l'innovation technologique, financière, commerciale. Et elles sont poussées désormais à cette transformation par les grands investisseurs internationaux. Ceux-ci accélèrent ce mouvement en appliquant les critères « ESG », parfois de manière impitoyable, pour choisir les entreprises dans lesquelles ils investissent.

Mais les grands groupes internationaux, parfois plus puissants que certains États, devront être en phase avec la société et pour cela mener un dialogue constant avec ce qu'on appelle ses parties prenantes.

Ce sont d'abord nos collaborateurs, citoyens et consommateurs exigeants, qui ne laissent pas à la porte du bureau leurs inquiétudes et leurs aspirations. À commencer par les jeunes générations : elles veulent laisser le monde dans un état meilleur que celui qu'elles ont reçu.

Ce sont les pouvoirs publics qui jouent un rôle clé : régulateur, impulseur de grands projets, garants des systèmes éducatifs... Les entreprises ne peuvent ignorer les sociétés dans lesquelles elles vivent : il ne leur suffit pas d'offrir des emplois et de payer des impôts avec les profits réalisés. Elles peuvent soutenir des initiatives éducatives, sociétales, sanitaires – comme on l'a mesuré dans la pandémie. Ce sont bien des investissements durables pour l'avenir des sociétés dans lesquelles elles opèrent.

Et nous devons avoir un dialogue régulier, entretenu et fécond avec les Organisations non gouvernementales dont beaucoup sont engagées dans ce combat pour une société plus durable. Qu'il me soit permis ici de plaider pour que certaines d'entre elles considèrent mieux le rôle de l'entreprise, que d'autres cessent de le diaboliser et reconnaissent sa contribution au bien commun. En somme que les ONG soient un peu plus… amoureuses des entreprises sans lesquelles il n'y a pas de véritable création économique.

Voir : Citoyenneté ; Énergie ; Industrie ; Planète (Une) ; Sens, raison d'être et leadership.

Dialoguer

par Jean-Claude Mailly,
entrepreneur,
ancien secrétaire général de F.O.

Un esprit binaire ou manichéen peut considérer que l'ancien responsable syndicaliste que je suis n'aime pas l'entreprise qu'il considérerait plutôt comme un ennemi. Ce n'est pas mon cas : entreprendre, c'est créer, innover, prendre des risques, ce qu'est aussi finalement la vie de la naissance à la mort. On peut aussi aimer l'entreprise sans pour autant apprécier le comportement de toutes les entreprises. D'ailleurs, tantôt aimée, tantôt critiquée et parfois vilipendée pour des raisons idéologiques ou de comportement, l'entreprise demeure globalement appréciée et particulièrement par celles et ceux qui y travaillent.

Mais, précédant l'Amour, il y a un maître mot – qui en est la condition –, celui de Respect.

Jacques Lacan le disait : « Je ne veux pas que l'on m'admire, je veux que l'on me respecte. »

Un respect, sans lequel il ne saurait y avoir d'amour durable ni de dialogue social vertueux et fructueux.

Plus que jamais, j'en suis de plus en plus convaincu, le dialogue en entreprise est une nécessité, en complément du niveau national de négociation.

Depuis près de trente-cinq ans, dans le cadre d'une internationalisation croissante, d'une compétitivité coût accélérée, du recul du rôle des pouvoirs publics nationaux dans le domaine économique, l'entreprise a été de plus en plus livrée à elle-même dans un univers mouvant et a hérité de nouvelles attentes.

Dans un tel contexte, rassembler ses forces internes, les consolider et les développer, constitue une des clés du succès. Une équipe qui gagne sait créer les conditions d'une solidarité effective et efficace.

Pour y parvenir, l'entreprise doit travailler concrètement avec toutes ses parties prenantes : actionnaires, fournisseurs, clients et collectivités, et surtout avec ses salariés, d'où l'importance du dialogue social. Mon expérience précédente de syndicaliste et mes activités actuelles d'entrepreneur m'en convainquent.

Le dialogue social, une formule générique

Celle-ci recouvre trois modalités différentes :

La consultation au cours de laquelle on demande un avis que l'on est libre de suivre.

La concertation dont l'objet est de tenir compte des demandes formulées par les interlocuteurs.

La négociation dont l'objectif est, au travers de la signature d'un accord, de s'engager réciproquement.

Dans les trois cas, le succès de la démarche repose sur une relation de confiance et de respect – j'y reviens – qui ne s'improvise pas, se construit et se prouve progressivement et peut se détruire très rapidement.

En France, la culture du dialogue n'est pas « naturelle » et l'histoire politique et syndicale a conduit à une conception du rapport de force ayant plus favorisé la culture du conflit des deux côtés de la table.

La CGT politisée historiquement avec la tutelle du Parti communiste a, de ce point de vue, trop influé et perverti le syndicalisme, au moins au niveau national.

De ce point de vue, la France est dans une situation atypique où l'indépendance syndicale dans une version stricte confine parfois à la pratique du camp retranché. Ce n'est pas le cas dans nombre de pays européens où le syndicalisme, tel que j'ai pu le constater, a plus de facilité à tisser des liens et à prendre des responsabilités favorisant la culture du dialogue et de la négociation.

Un dialogue social plus vertueux exige aujourd'hui tout en respectant les rôles, responsabilités et libertés de chacun, d'aller vers une logique de coconstruction dont l'objectif prioritaire est l'accord, le conflit n'intervenant qu'en cas de blocage. C'est donc un vrai état d'esprit à mettre en place et à cultiver de manière permanente. Nombre d'entreprises fonctionnent déjà ainsi mais ce modèle est loin d'être généralisé, notamment dans les PME/PMI où les syndicats ne sont pas toujours justement reconnus et sont trop perçus comme un frein aux évolutions.

Négocier est tout un art, celui du DARD : déminer, anticiper, résoudre et développer

Tout l'enjeu du dialogue est de savoir déminer un problème avant qu'il n'éclate, anticiper sur les événements envisagés ou attendus, résoudre les difficultés quand elles se posent et développer l'entreprise au-delà du court terme avec une perspective permanente et partagée du moyen et long terme.

J'ai constaté en la matière que la réussite suppose notamment d'associer la fonction de ressources humaines aux comités de direction, sans être obligé, par exemple, de mettre en place une direction de la transversalité pour gommer les travaux en silo marqués par une incommunicabilité et une perte d'efficacité.

Au passage, il en est de même, voire parfois pire, dans la sphère publique !

Quand l'État perd du pouvoir, il a tendance à compenser par un interventionnisme tatillon et sclérosant sans évaluation pertinente.

L'épisode de la crise sanitaire nous livre des exemples particulièrement éclairants. Une entreprise comme Airbus parvient par la coconstruction à traverser les difficultés en négociant. Dans l'Administration la verticalité du pouvoir, l'absence d'une culture de la négociation, la logique budgétaire des réformes, le fonctionnement en silo ont engendré une difficulté du ministère de la Santé à affronter la crise.

De mon point de vue, il faut retenir de tout cela qu'un bon accord à tous les niveaux, du national à l'entreprise, est préférable à une loi ou un décret. Trop souvent en effet la loi intervient pour combler les insuffisances ou l'inexistence de la négociation.

Le dialogue social sera d'autant plus fructueux qu'il s'installera aussi sur la stratégie de l'entreprise.

Savoir d'où l'on vient, gérer le présent et projeter l'avenir sont étroitement liés. Comme dans la conduite d'un véhicule, on regarde au loin pour anticiper les obstacles avec un coup d'œil de temps à autre dans le rétroviseur. Cela suppose de s'organiser en conséquence et de savoir mettre sur la table nombre de sujets qui ont parfois tendance à être mis sous le tapis au nom d'une conception exiguë de la confidentialité ou du conflit potentiel de délit d'initié.

Quand une entreprise va au-delà de ses obligations légales en matière de comité économique et social, par exemple en prévoyant un nombre plus important de mandatés pour couvrir les besoins et en créant une instance mensuelle de réunion pour se concerter sur tous les dossiers présents et à venir – ce que fait la société Inditex en France –, cela rentre dans la logique d'une coconstruction à même de définir un projet, du sens, des étapes vers un cap partagé. Ce qui permet aussi d'envisager plus sereinement les adaptations nécessaires en termes de métiers, de formation qualifiante, d'organisation du travail (exemple du télétravail) et de ne pas dégrader la gestion prévisionnelle en matière d'emploi en procédure de réduction d'effectifs. Savoir où l'on va permet d'adapter plus facilement l'itinéraire pour arriver au but.

Sur le plan social, ce partage de stratégie ne doit pas se limiter à la présence de représentants des salariés au conseil d'administration ou de surveillance, il doit impliquer les syndicats représentatifs dans l'entreprise. Trop souvent la présence d'administrateurs représentant les salariés est ressentie comme une contrainte, non comme une opportunité. En ce domaine comme dans d'autres, ce qui se conçoit bien s'énonce clairement.

Un dialogue vertueux suppose aussi la capacité de faire preuve d'audace.

Oser s'émanciper en sortant parfois des sentiers battus, toujours dans une logique partagée de coconstruction, est aussi un vecteur possible de rassemblement et de développement.

Deux exemples parmi d'autres permettent d'éclairer une telle démarche.

Faire de l'actionnariat salarié un outil de coconstruction et de consolidation de l'entreprise suppose de le développer au-delà des quelques pour-cent habituels et de travailler dans une transparence confiante. Outil de sécurisation du capital, l'actionnariat salarié ne doit pas se résumer à une tirelire potentielle mais constituer un vecteur d'influence dans les assemblées générales. C'est par exemple le cas dans le Groupe Bouygues. Dans la même logique, il est important que tous les gestionnaires de fonds, tels ceux pour la gestion du plan d'épargne pour que les retraités soient effectivement et régulièrement challengés par les représentants des salariés tant sur les placements que sur les frais de gestion.

Un autre exemple peut éclairer cette démarche, celui de la gestion du fait religieux dans l'entreprise, qui appelle sérénité et détermination. L'entreprise ne doit pas être un lieu de débats ou d'interventions religieuses ou politiques, seules les questions économiques, sociales et environnementales doivent y être traitées. À partir de là, le règlement intérieur doit être précis, y compris sur les interdictions et sanctions correspondantes. Et, à l'instar d'une entreprise comme PAPREC, toute embauche doit s'accompagner de l'acceptation d'une charte de la laïcité et de la diversité avec un devoir de neutralité pour tous les collaborateurs. L'entreprise, acteur économique, social et environnemental, se doit d'être productrice et réalisatrice et pour ce faire, anticiper et oser aussi dans les domaines sociaux et sociétaux.

Dialoguer au-delà de l'entreprise

Dialoguer, concerter, négocier et s'engager s'avérera de plus en plus comme des conditions nécessaires d'une compétitivité responsable et prometteuse. Au-delà des débats sur la raison d'être ou l'entreprise à mission, l'entreprise et les entrepreneurs devront conjuguer la cohabitation des objectifs et des parties prenantes. Ainsi, de moins en moins l'investissement socialement responsable se résumera à un outil marketing. De plus en plus les investisseurs exigeront de mesurer l'impact concret et réel de leurs engagements, ce qui suppose notamment clarté des objectifs, sanctions éventuelles et indépendance des audits.

Si aujourd'hui les critères environnementaux sont sollicités plus fréquemment car plus mesurables ou quantifiables, ce n'est pas encore suffisamment le cas pour les critères sociaux.

Mesurer qualitativement et quantitativement les relations et le climat social dans l'entreprise ainsi que les conditions de fonctionnement économique et social de la chaîne de valeurs sera de plus en plus une condition de développement et de pérennité de l'entreprise. À terme celles qui ne le feront pas péricliteront. Aujourd'hui ces mesures sont essentiellement mesurées de manière théorique et superficielle par des indices d'origine anglo-saxonne. Or le modèle anglo-saxon ne correspond ni au modèle français ni au modèle européen.

D'où l'urgence de mettre en place un indice correspondant à notre culture. Il ne faut pas qu'en matière sociale nous, l'Europe, retombions dans les travers des normes comptables qui sont inspirées d'une culture qui n'est pas la nôtre. Des indices dans le domaine social se mettent en place dans le domaine de la performance responsable de l'entreprise. Il convient de les développer pour contribuer à élargir les références européennes. Aujourd'hui ces questions constituent l'essentiel de mes activités.

Dans cette logique, il est primordial que les interlocuteurs sociaux fassent le pari de l'intelligence collective. Ne pas tout attendre de l'État, y compris par facilité, oser innover et être à contre-courant de l'époque et de l'histoire, s'engager résolument et sans naïveté dans un schéma de coconstruction, en balayant les résistances d'une époque révolue est une nécessité. Les faits sont têtus et trancheront.

C'est de ce dialogue respectueux de l'autre que peut naître un amour durable.

Aimer c'est aussi être aimé, les preuves d'amour réciproques sont essentielles. L'entreprise, entité économique et juridique, est aussi une aventure humaine. On aime ceux que l'on respecte et ceux qui nous respectent, c'est ainsi que le collectif entreprise s'épanouit au profit de toutes et tous. L'entreprise mérite d'être aimée pour ce qu'elle crée, elle se doit d'être aimée pour ce qu'elle fait. À chacun de prendre ses responsabilités. Le dialogue social, au sens large, est un des éléments déterminants. S'il fonctionne bien dans l'entreprise, il irradie en dehors de ses murs. Et tout le monde est gagnant. Pour être aimée, l'entreprise doit le mériter. Il n'y a pas d'*a priori*, il n'y a que des preuves tangibles d'amour.

Voir : Europe ; Les femmes et les jeunes, avenir de l'entreprise ; Transformation sociale ; Travail (... et emploi).

Diriger

par Gilles Pélisson,
président-directeur général du Groupe TF1

Le terme « diriger » peut faire l'objet de critiques, quand il est mal compris et réduit au seul exercice du pouvoir. Or, l'art de diriger c'est bien plus que cela. C'est avant tout donner la direction, fixer un cap. C'est un savant cocktail qui requiert non seulement des connaissances, de l'expérience, mais surtout le fait de connaître et d'aimer les hommes.

Il y a, en fait, quatre registres et postures qui permettent au leader de diriger. Selon les situations, tour à tour, il lui faudra savoir :

— élever dans la verticalité, prendre de la hauteur, donner du sens dans un rôle d'inspiration ;

— impulser dans un rôle de leader, entraîner, et donner le rythme ;

— accompagner dans un rôle de soutien, d'écoute, et fédérer autour de soi ;

— sécuriser dans un rôle de gardien du temple, partager des valeurs et incarner l'exemplarité

Mais revenons à la première d'entre elles.

Inspirer et donner du sens

> « Donner à un homme un pourquoi et il supportera n'importe quel comment. »
>
> Johann Wolfgang von Goethe

La première posture implique de prendre du recul par rapport aux affaires quotidiennes de l'entreprise, s'inspirer et inspirer. Prendre de la hauteur aide à mieux cerner les situations, l'horizon se dégage instantanément : les dangers et les opportunités se révèlent en un coup d'œil. On ne dirige bien qu'en faisant cet exercice, et surtout en invitant ses équipes à le faire avec soi. Cela peut se faire au quotidien, au détour d'une conversation, d'un échange. Mais aussi et surtout à travers des grands moments de vérité.

Au début des années 1990, nous étions à la tête de la chaîne d'hôtels Novotel avec Philippe Brizon. La grande préoccupation des directeurs d'hôtel était alors la course à l'équipement, pensant qu'il fallait toujours ajouter de nouveaux services pour séduire les clients. Lors d'une convention réunissant les 400 directeurs Europe, nous fîmes venir Hugues Minguet, moine dominicain du monastère de Ganagobie, pour nous parler de la règle de l'accueil selon saint Benoît. Cette règle est édictée en trois principes : accueillir l'homme, c'est l'accueillir tout entier, c'est-à-dire son corps, son cœur, et son âme. Il nous décrit ainsi comment chaque visiteur, quel que soit son statut ou sa condition, se voyait laver les pieds en signe d'humilité et de bienvenue. On lui donnait aussi la possibilité (hors des repas pris en silence) de parler et d'échanger avec les moines. Enfin, s'il souhaitait se cultiver et enrichir son âme, on lui ouvrait la bibliothèque. Marqués par ces propos si justes et porteurs de sens sur l'accueil, nos discussions budgétaires prirent une autre tournure. Ce témoignage nous permit de poser un nouveau regard sur l'implication de chaque Directeur et de son équipe dans l'accueil des clients, et sur l'orientation, positive et pérenne, à donner à nos investissements.

Plus récemment, chez TF1, alors que l'on parle désormais « d'entreprises à mission », nous avons décidé de donner une nouvelle raison d'être au Groupe : « inspirer positivement la société ». Pour moi, diriger signifie guider, montrer le chemin, tout en donnant du sens aux actions que l'on entreprend. C'est répondre à la question « Pourquoi ? » et plus seulement « Comment ? ». Alors que nous vivons dans un monde de fake news, de violence, de menaces environnementales, économiques ou sanitaires très anxiogènes, cette nouvelle mission nous oblige et par là, redonne à nos métiers tout leur sens. À travers nos JT, nos reportages, nos divertissements, nos fictions, ancrés dans le quotidien des Français, nous cherchons à faire valoir des exemples de réussites, de courage, à mettre en avant des parcours extraordinaires de gens ordinaires... et des célébrations de moments heureux de la vie. Aujourd'hui, des réflexions nouvelles sont apparues et des idées sont nées au sein de l'entreprise, pour tendre le plus possible vers l'exigence de cette ambition.

Impulser, libérer les énergies, guider et prendre des risques

« Success is not final, failure is not fatal, it is the courage to continue that counts.
To improve is to change, to be perfect is to change often. »

Winston Churchill

J'ai fait mienne cette formule et philosophie qui dit que, pour bien diriger, il faut « avoir la tête dans les étoiles et les pieds sur terre ».

Cette deuxième posture suppose de valoriser les énergies positives, et de lutter contre tout ce qui crée de l'inertie : la routine, les habitudes ou la peur. Au dirigeant, la responsabilité d'impulser, mettre en mouvement, tout en réussissant à embarquer les équipes. C'est en se lançant des défis collectifs que l'on sort de nos zones de confort, et que l'on trouve ensemble des solutions nouvelles.

Voici deux exemples de prises de risques majeures, dans des situations de retournement. La mise en œuvre de ces projets ayant été structurante et porteuse d'avenir pour l'entreprise, mais aussi révélatrice de la force du collectif.

En 1995-1996, se préparait à Disneyland Paris, la célébration du cinquième anniversaire du Parc, au parcours économique déjà bien compliqué ! L'année 1997 voyait également le lancement du dessin animé de Disney *Le Bossu de Notre-Dame*, adaptation du roman de Victor Hugo, qui méritait ainsi une attention très particulière à Marne-la-Vallée.

Alors que je venais d'être nommé directeur général, sous la présidence de Philippe Bourguignon, Jean-Luc Choplin, directeur artistique, eut la formidable idée de magnifier la tradition médiévale du Carnaval des fous, présente dans le film, en une parade à thème dans le Parc. L'ensemble des personnages Disney, de Mickey et Minnie, à tous les personnages du film, étant ainsi en costumes médiévaux avec des chapeaux à clochettes, dit « bonnets de fou ».

Mais pour être emblématique, nous avions souhaité que le château, au centre du Parc, inspiré d'Azay-le-Rideau et du château de Louis II de Bavière, puisse refléter cette célébration en le coiffant de chapeaux à clochettes sur chacune de ses tourelles.

Faire accepter un projet aussi audacieux et aussi fou à la Walt Disney Company ne fut pas une mince affaire. Après plusieurs réunions à Los Angeles avec son président Michael Eisner, nous avons réussi à les convaincre. Le projet engendra une extraordinaire dynamique de reconquête, de reconstruction de l'image du Parc, et de confiance renouvelée pour les équipes. Les travaux supplémentaires et les difficultés liées à un tel chantier furent parfaitement maîtrisés, les équipes redoublant de motivation. Au final, la photo du château transformé fit le tour du monde, et la célébration de ce cinquième anniversaire fut couronnée d'un succès record.

En 2006, je venais de prendre la direction générale d'Accor. Le Groupe était à l'époque confronté à un problème de positionnement dans le luxe, ayant bâti historiquement sa réputation sur des marques « économiques et milieu de gamme » comme Ibis, Novotel, Mercure. La marque Sofitel, positionnée sur le luxe, quant à elle, était reconnue à l'étranger mais très galvaudée en France, vu la grande disparité entre les établissements. Après une étude prometteuse sur le secteur du luxe, nous lancions avec l'équipe de direction une réflexion approfondie sur la future répartition des 120 hôtels Sofitel dans le monde, sachant que beaucoup ne pourraient prétendre à un positionnement « 5 étoiles ». De nouvelles marques furent identifiées – crées ou réactivées – pour regrouper les établissements : les petits hôtels boutiques sous la marque

« MGallery », les hôtels de plus de 350 chambres sous la marque « Pullman Hotels ».

L'enjeu était de permettre aux clients de mieux se reconnaître dans des marques plus ciblées, sans pour autant démotiver l'ensemble des directeurs et leurs équipes qui voyaient Sofitel comme le Graal à atteindre.

Le projet « Pullman », mené par deux patrons britannique et australien, aboutit à une nouvelle proposition internationale, créant des services innovants pour les hôtels de grande capacité !

Le lancement de la marque rassembla la quarantaine de directeurs, en visioconférence internationale entre notamment Paris et Bangkok, implantation du premier Pullman.

En parallèle, le projet des 60 Sofitel restant en 5 étoiles, porteurs du service « à la française », fut lancé à Xi'an, symbole du développement du luxe en Chine.

Finalement, la refonte du positionnement de ces établissements haut de gamme insuffla un nouvel élan positif au sein de l'entreprise : fierté d'appartenance retrouvée autour des projets de chaque marque, services repensés pour les clients, et motivation renforcée pour les collaborateurs grâce aux missions nouvelles.

Accompagner dans un rôle de soutien, d'écoute, et fédérer autour de soi

> « Le plus beau métier d'homme, c'est d'unir les hommes. »
>
> Antoine de Saint-Exupéry

Cette troisième posture est certainement la plus difficile à adopter, car elle demande beaucoup d'humilité, et impose de redéfinir son rapport à l'autre. Je crois qu'un bon dirigeant est celui qui reste à l'écoute des parties prenantes : collaborateurs, clients, partenaires, actionnaires. Garder l'esprit ouvert, questionner ses propres certitudes, accepter les critiques et soutenir les idées audacieuses. Le pouvoir d'un dirigeant, c'est aussi celui de dire « oui ».

En 2002, à la tête de Bouygues Telecom, challenger du marché, nous étions toujours à la recherche de nouvelles idées pour créer des relations durables avec nos clients, dans un marché du mobile en pleine expansion.

Les différents opérateurs rivalisaient par des lancements (trop) fréquents de nouvelles offres, créant beaucoup de confusion pour la majorité des clients.

Sous l'impulsion de Martin Bouygues, toujours très soucieux de la qualité du service au client dans les différents métiers du Groupe, avec l'équipe de direction, nous décidâmes de prendre une voie différente des leaders, en intégrant davantage les avis que nos clients faisaient remonter *via* nos centres d'appels. Première source d'insatisfaction évoquée : leur méfiance vis-à-vis d'offres trop complexes, avec des prix attractifs mais des conditions obscures, notamment « les petites lignes cachées dans les contrats ». Il fut alors décidé de repenser le métier de conseiller clientèle, vers plus d'expertise et de proximité, en les associant à la conception de nouvelles offres, et de le revaloriser en créant des qualifications professionnelles ; leur contribution étant traditionnellement mal considérée. Aujourd'hui encore, Bouygues Telecom fait la course en tête concernant la relation client.

Tout dirigeant est naturellement conduit dans son quotidien à côtoyer un cercle proche, membres de son équipe de direction, qu'il a choisi et avec lesquels il interagit en pleine confiance. Je me suis attaché, au fil de mes différents postes, à conserver une pratique de management du groupe Accor : le petit déjeuner collaborateurs. Chez TF1, une fois par mois, je rencontre une dizaine de collaborateurs de tous niveaux, anciens et récemment recrutés, opérationnels et fonctions support, autour d'un petit déjeuner. Des moments privilégiés qui permettent de s'assurer que les préoccupations du Comité de direction sont bien en phase avec celles des collaborateurs, et qui génèrent des échanges de grande qualité ; la confidentialité garantissant la transparence de nos discussions, et aucun sujet n'étant tabou. En réflexion avec l'équipe de direction sur les manières de travailler plus en transverse, en mode projet, j'avais noté que de jeunes recrues s'étonnaient des plateaux de travail « dignes de ministères des années 1980 », obstrués de placards, de dossiers empilés, et empêchant toute communication spontanée. L'opportunité fut donc saisie de redessiner nos locaux avec des spécialistes du coworking, en impliquant chaque équipe et l'équipe des ressources humaines : initier le changement ne suffit pas, il faut accompagner ce changement. Chaque équipe put ainsi reconfigurer en fonction des besoins futurs, des espaces à partager, y compris des zones de détente, et des espaces individuels à protéger, nous rapprochant ainsi de l'univers des start-up.

En parallèle, le fait que les managers renoncent à des bureaux fermés pour des postes flexibles fut à l'origine de vraies évolutions dans les relations hiérarchiques et la façon de travailler en équipe. Ainsi, lorsque le télétravail fut introduit, voire devint nécessaire en mars 2020, cette souplesse et adaptabilité nouvelles furent bénéfiques pour préserver le lien, la confiance et l'ambiance de travail, à distance.

La capacité des managers à montrer à leurs collaborateurs leur bienveillance et le souci de les écouter dans ces moments d'adaptation si difficiles pour beaucoup, était légitimée grâce à ces nouvelles façons de travailler.

Sécuriser, nommer les lignes jaunes dans un rôle de gardien du temple, promulguer des valeurs et incarner l'exemplarité

« L'art d'être tantôt très audacieux et tantôt très prudent est l'art de réussir. »

Napoléon Bonaparte

Cette quatrième posture est portée plutôt vers la préservation de l'entreprise, de ses valeurs, dans un monde où désormais, chaque acte qu'il soit interne ou externe, peut être interprété, détourné et devra pouvoir être justifié.

Il y a ici une responsabilité du dirigeant qui implique du courage, une grande transparence, et la capacité à fixer « des règles du jeu » connues de tous. Au-delà, c'est surtout créer les conditions pour chaque collaborateur, lui permettant de poser des questions à son management lorsqu'il est dans le doute.

Chez Accor, présent dès les années 2000, dans plus de 90 pays, les notions d'éthique et de comportement dans les affaires, dans des zones aussi différentes que l'Afrique, l'Asie, le Moyen-Orient, les États-Unis ou l'Europe, firent l'objet de grands débats. Il fallait aider les dirigeants locaux à mieux connaître les règles de plus en plus strictes, mises en place par les organes de gouvernance occidentaux, sans offenser certaines coutumes locales.

Les séminaires « Management et éthique » mis en place au sein du Groupe Bouygues, ont permis aux dirigeants de porter des problématiques de terrain, au regard des nouvelles législations telles que Sapin II, le RGPD, facilitant ainsi le dialogue avec l'ensemble des collaborateurs.

Quant aux exigences nouvelles de précaution et sécurité, liées à l'accroissement des menaces de cyber sécurité, elles nécessitent un effort de formation, de rigueur et de prudence pour l'ensemble des collaborateurs, certains peu sensibilisés à ces sujets, devant appréhender ces nouveaux enjeux.

La clé ici, comme souvent dans ces questions managériales, étant l'exemplarité du management, allant de la non-acceptation de certains cadeaux, à affirmer des règles de conduite, beaucoup plus strictes que par le passé : le caractère indispensable du respect de la diversité, sous toutes ces formes, par exemple, a amplifié la responsabilité des dirigeants, les obligeant à veiller aux signaux faibles émis par certain.e.s, à prendre position, sanctionner les comportements déplacés.

De même, la cohérence entre l'affichage de valeurs sociétales, environnementales, et leur traduction concrète dans la réalité des métiers n'est plus une option. Autrement dit, inscrire les discours dans des actes authentiques, tangibles, est un enjeu majeur pour ceux qui dirigent ; car tout écart devient intolérable. C'est une dimension qui ne cesse de se développer, et à laquelle naturellement les plus jeunes générations sont extrêmement sensibilisées.

C'est dans cette exigence renouvelée envers l'entreprise, et celui qui la dirige que le terme « diriger » revêt à la fois sa complexité, mais aussi son humanité.

L'art de diriger est ainsi multifacette, et donne toute sa richesse à l'aventure humaine du dirigeant et de ses équipes.

« Être humain : c'est aimer les hommes.
Être sage : c'est les connaître. »

Lao Tseu

Voir : Capital humain ; Client ; Confiance ; Éthique ; Oser ; Sens, raison d'être et leadership.

Disruption

par Xavier Niel,
fondateur d'Iliad

Qu'est-ce que la disruption ?

Le terme est barbare mais clair. Pas très académique, mais ce mot court, claque et porte en lui son concept. Il ne s'agit pas de faire la révolution, mais de faire évoluer vite, brutalement, un état stable.

En physique nucléaire, c'est une instabilité soudaine, en électricité, c'est l'ouverture brusque d'un circuit électrique. En économie et dans le monde de l'entreprise, la disruption désigne le bouleversement avec une stratégie inédite d'un marché sur lequel les positions sont établies.

Jean-Marie Dru a déposé la marque.

L'emploi de ce terme dans notre univers économique est récent car la disruption est très largement rendue possible par le numérique qui ne s'est installé dans les foyers que récemment. Avant le numérique ce n'était pas facile de changer radicalement et rapidement l'approche d'un business.

Aujourd'hui la disruption est une réalité incontournable sur beaucoup de marchés et bon nombre d'entreprises installées sur leur rente depuis des décennies peuvent se trouver affaiblies d'un coup par l'arrivée d'un concurrent qui aborde les choses par une voie différente.

C'est une très bonne nouvelle pour le consommateur, mais aussi, contrairement aux idées reçues, pour le tissu économique lui-même.

La disruption a son économiste, son gourou, Clayton Christensen, décédé en 2020 et qui enseignait à Harvard. Christensen était d'ailleurs consulté par beaucoup de grands patrons américains qui s'inquiétaient de savoir comment la menace de la disruption pouvait mettre en danger leur entreprise et comment s'y préparer.

Et c'est vrai que la description de la disruption par Christensen peut faire peur aux entreprises assises sur une rente : en substance, « la disruption, c'est l'accès massif et simple à des produits et services auparavant peu accessibles et coûteux ».

Comment survient la disruption ?

Pour être honnête concernant ma propre expérience, j'ai appris en marchant, pas en me disant un jour « je vais disrupter » ce marché en suivant une recette.

Si on résume un peu sommairement, la disruption arrive en général sur un marché quand les acteurs installés sont en position forte, sur une activité proche de la maturité et qu'ils jouissent d'une forme de rente.

Ces acteurs se préoccupent moins des besoins réels de leurs clients ; ou plus précisément ils se détournent des besoins d'une partie d'entre eux. Ils pensent d'abord à proposer des produits qui maximisent la qualité et la rentabilité à destination de la clientèle la plus aisée. Faute d'offreur d'un produit qui réponde précisément à leurs besoins, les autres consommateurs n'ont d'autre choix que d'adopter des offres qui intègrent plus que ce dont ils ont besoin.

C'est généralement le segment d'entrée de gamme qui n'est pas (ou pas complètement) servi par les acteurs en place. Ces derniers avancent soit une exigence de qualité de la part du consommateur, soit une impossibilité économique de faire autrement, soit tout simplement une absence de demande pour ne pas (ou pas complètement) servir l'entrée de gamme. La réalité c'est que les acteurs installés ne sont pas incités à servir le segment du marché susceptible de dégrader leur marge. Ils ne veulent pas d'un effet de cannibalisation sur les consommateurs existants qui paient cher et dégagent des marges importantes.

Cette focalisation sur le « haut de gamme » est accompagnée par une politique de marque forte destinée à valoriser le produit ou le service dont on peut interroger l'utilité. Plutôt que de produire moins cher, les opérateurs installés investissent des montants considérables dans le marketing et la publicité pour tenter de faire d'un service grand public un produit de luxe.

Les acteurs en place vont également utiliser tous les leviers possibles pour rendre difficile voire impossible l'accès au marché. Monopolisation des ressources quand il s'agit d'utiliser le domaine public ou d'obtenir une autorisation d'exploitation, exclusivités de distribution, captation de brevets, création de concurrents maintenus sous contrôle et souvent aussi multiplication des contentieux...

La protection de la rente devient la priorité, avant la satisfaction du client.

Tout est fait pour asseoir l'idée que les besoins sont servis efficacement, que l'investissement est à son plus haut et qu'il n'est pas possible de faire autrement. Tout autre modèle serait un danger pour l'emploi, la sécurité, l'économie...

Quand la disruption survient

Quand l'exploitation de la rente est vraiment poussée trop loin et qu'il devient clair qu'un besoin est ignoré et qu'un *business model* existe, le marché potentiel devient motivant pour le « disrupteur ».

Quand il est trop évident que le marché ne répond pas complètement aux besoins des consommateurs, les pouvoirs publics ne peuvent plus ignorer le dysfonctionnement et peuvent favoriser la disruption en dessinant un cadre législatif ou réglementaire favorable.

La disruption peut intervenir de plusieurs manières.

Le plus souvent, l'entrée sur le marché d'un acteur différenciant se fait par le bas du marché, là où la rente est perçue comme insuffisante par les *incumbents* (les acteurs en place). Il s'agit alors pour un nouvel entrant d'offrir ce que les consommateurs attendaient, mais qu'un monopole ou un oligopole se refusait à proposer.

Parfois aussi c'est une évolution telle que le digital qui permet la disruption en abordant le marché par une autre voie, plus simple, plus efficace.

L'époque est plutôt favorable à ces évolutions brutales de marché pour deux raisons ; la première c'est la familiarité des consommateurs avec le digital. Il est devenu bien plus difficile qu'hier de maintenir la complexité des offres, de rendre difficiles les comparaisons quand une simple requête Google produit un comparatif.

Le numérique permet également le marketing viral, tout à fait en adéquation avec l'idée de disruption.

L'évolution des exigences des actionnaires est un autre élément favorable à la disruption ; le coût du capital baisse et l'appétit pour le risque augmente. La rente fait moins rêver que la création de valeur rapide que peut apporter un projet disruptif.

La disruption et le contexte dans lequel elle survient étant décrits, qu'en est-il de la réaction de ceux qui sont attaqués, de ceux dont le modèle et la rente sont contestés ?

L'offre disruptive lancée, la réaction des acteurs installés suit souvent les mêmes réflexes de « défense ».

Les monopoles ou oligopoles commencent par nier la possibilité de la disruption ; il n'y a pas selon eux d'espace, pas de demande pour cette nouvelle offre donc pourquoi s'inquiéter ? Leur modèle est le bon, le nouvel entrant fait fausse route... L'offre nouvelle est décortiquée, les éventuelles faiblesses mises en exergue. Un prix bas sera synonyme de mauvaise qualité, l'offre attractive est caricaturée en « *low cost* ».

Les exemples sont nombreux dans l'histoire économique récente : Tesla, N26, SpaceX, Airbnb, Uber, Netflix... Combien de prophètes de malheur se sont penchés sur le berceau de ces entreprises à leurs débuts ?... Trop compliqué, trop dangereux, pas de demande, pas de besoin, illégal... Et pourtant les produits et services de ces entreprises se sont installés rapidement dans des espaces ignorés des sociétés préexistantes, obligeant les « historiques » à des transformations radicales dans l'urgence.

Face à la réalité des clients qui s'en vont, les incumbents en général commencent par se réfugier dans l'immobilisme, discréditent le nouvel entrant, en appellent aux pouvoirs publics...

Puis, après plusieurs années parfois vient l'adaptation. Et parfois aussi, à force d'immobilisme et d'erreur de jugement c'est la sortie du marché... Ainsi le géant Blockbuster disparaît-il pour avoir sous-estimé Netflix.

Cette théorie de la disruption, nous l'avons vécue en entrant sur le marché du mobile en France en 2012.

Cette aventure mérite quelques lignes car c'est la transposition quasi parfaite dans la réalité d'un marché grand public, à la fois de la théorie et des bienfaits de la disruption.

Free Mobile

Le téléphone mobile fonctionne avec des fréquences qui appartiennent à l'État. C'est un espace physiquement fini, qui est accessible au travers d'autorisations concédées pour quinze ou vingt ans.

En France au début des années 2000, il n'y avait que trois licences accordées par l'État.

Le marché était alors structuré par un oligopole quasi parfait qui ne répondait que très imparfaitement aux attentes des consommateurs :

— des prix parmi les plus élevés au monde ;

— un standard d'abonnement quasi obligatoire qui répondait rarement aux besoins ;

— une complexité des offres rendant difficile toute comparaison ;

— une distribution physique coûteuse.

Présents depuis le début des années 2000 sur le très concurrentiel marché de l'Internet fixe, que nous avions d'ailleurs disrupté quelques années avant que nous regardions avec curiosité et envie le marché du mobile.

Nous savions qu'il n'y avait aucune raison objective de ne pas disrupter le marché. Et pas besoin d'étude de marché pour comprendre que les Français attendaient des offres plus simples, moins chères, plus généreuses et ne liant pas téléphone et service.

À partir de 2007, nous nous sentions assez forts pour devenir opérateur mobile.

Mais il ne suffisait pas de vouloir ; les fréquences pour un quatrième opérateur étaient disponibles depuis un moment, mais l'oligopole ne voulait surtout pas d'un nouvel entrant.

Les trois acteurs installés ont dès lors argumenté auprès des décideurs pour tenter d'assurer le *statu quo*.

L'argumentation portait sur de multiples aspects.

Industriels : « il n'est plus possible d'installer des antennes nouvelles », « il nous faut les fréquences pour assurer le maintien de la qualité ».

Sociaux avec le soutien de syndicats : « l'entrée d'un quatrième opérateur va créer un chômage massif ».

Économiques : « il n'y a pas l'espace pour quatre opérateurs », « on ne pourra plus investir ».

Et l'argument massue, si souvent entendu : « en Chine il n'y a que trois opérateurs, alors pourquoi quatre en France ? ».

Ces arguments ont porté car le scepticisme était assez général ; très rares étaient les analystes financiers, les parlementaires, les décideurs ou les journalistes convaincus des chances ou même de l'intérêt d'attribuer une quatrième licence de téléphonie mobile.

Seules la Commission européenne, l'Autorité de la concurrence et l'Arcep (Autorité de régulation des communications électroniques et des postes) relevaient régulièrement le manque de concurrence sur le marché du mobile français et le préjudice que cela portait à la compétitivité du pays.

Et après des années de tergiversations et revirements, la procédure d'attribution a été lancée par un Premier ministre déterminé et un régulateur constant dans son analyse et conscient des bienfaits de la concurrence.

La quatrième licence de téléphonie mobile a été attribuée à Free Mobile en 2010 et le lancement des offres Free Mobile a eu lieu en janvier 2012.

L'attente était forte.

Le travail pour tenir les délais avait été considérable même si nous avons finalisé les offres le matin même du lancement !

Et le succès a été massif et immédiat.

En quelques semaines des millions d'abonnés ont rejoint Free Mobile.

Face à la complexité des offres du marché, Free Mobile proposait deux offres très simples, sans engagement, avec des documents commerciaux tenant sur une page et une abondance de voix et data.

Le bel ordonnancement qui préexistait sur le marché se trouva d'un coup remis en cause.

Dix ans après : la théorie et la pratique

Le lancement de Free Mobile a parfaitement illustré la théorie de la disruption, qui était contestée par beaucoup concernant le marché du mobile en France, avant que l'évidence ne s'impose.

L'arrivée d'un concurrent choisissant un segment et une approche marketing radicalement différents des acteurs en place a profondément changé la structure du marché.

Free Mobile faisait tout simplement une proposition qui n'existait pas avant.

Très rapidement, le maquis tarifaire avec une multitude d'offres qui ne répondaient pas véritablement aux attentes a laissé la place à plus de transparence pour répliquer au nouvel entrant.

Et bien sûr les prix ont fortement baissé ; l'Insee a mesuré sur les années qui ont suivi les milliards d'euros économisés par les ménages sur le poste télécoms.

Aujourd'hui la vaste majorité des abonnés en France ont souscrit à des offres qui sont sur la structure proposée par le disrupteur en 2012 et qui n'existaient pas avant !

Les bienfaits de la disruption

Sur un marché paralysé par l'immobilisme et la rente, la disruption amène un bénéfice rapide et clair pour le consommateur qui va selon les cas, payer moins cher, trouver un service plus innovant et simple, ou bien encore se libérer d'engagements contraignants.

Mais les bénéfices économiques sont plus larges et structurels.

La disruption et la concurrence stimulent l'investissement et l'innovation ; quand les prix baissent, que les barrières à l'entrée tombent, la différenciation doit se faire autrement. Dans le secteur des télécoms, c'est notamment par l'investissement. Apporter un meilleur débit, une technologie plus performante, une meilleure couverture du territoire. Et faire tout cela plus vite que ses concurrents.

C'est ce qui s'est passé en France ; l'investissement du secteur était stable autour de 6 Mds d'euros par an pendant des années ; avec l'arrivée d'un nouvel opérateur (et aussi pour être honnête de nouvelles technologies) l'investissement est rapidement monté à 10 Mds d'euros par an et se maintient à ce niveau. La 4G a été déployée très vite car c'était le moyen de se distinguer d'un concurrent agressif. Et la dynamique vertueuse reprend aujourd'hui avec la 5G.

Ce qui est vraiment remarquable, c'est que le secteur ne s'est pas effondré. Certes dans les trimestres suivant le lancement de l'offre disruptive, les concurrents sont restés dans un état de sidération, mais quelques années plus tard ils se sont à marche forcée modernisés, affûtés et ont rendu coup pour coup au nouvel entrant qui à son tour a pu se trouver attaqué.

Et cela pousse le challenger à son tour à monter en gamme, enrichir son offre, améliorer sa qualité, sans renier sa promesse initiale.

Aujourd'hui la France est l'un des pays au monde les mieux couverts de réseaux télécoms performants, les Français ont accès à l'Internet le moins cher des pays développés et l'investissement est au plus haut. Et pour être complet, les opérateurs gagnent de l'argent et sont en croissance, le nombre d'abonnements a explosé et l'emploi, avec les métiers de la fibre notamment est très dynamique !

Essai de conclusion

La disruption ne doit pas être une religion ; elle peut déstabiliser des entreprises et leurs salariés, et doit être menée dans un cadre concurrentiel équitable. La collectivité doit aussi accompagner quand c'est nécessaire les transitions rapides d'un point de vue social.

D'ailleurs la disruption, les approches alternatives ne fonctionnent pas toujours, et ne sont pas adaptées à tous les secteurs ni à tous les stades de développement d'un marché.

Mais à coup sûr quand l'ouverture existe, la disruption est la plus enthousiasmante des stratégies d'entreprise.

Trouver le positionnement et le modèle économique, construire la marque en opposition, si possible avec humour, dépasser le consensus généralement négatif quant aux idées nouvelles, embarquer les consommateurs avec vous et amener l'État lui-même à se faire l'apôtre de la disruption, c'est le signe d'un pays qui va bien, qui vit, d'une économie dynamique.

L'ouvrage récemment publié par Philippe Aghion, Céline Antonin et Simon Bunel, *Le Pouvoir de la destruction créatrice*, l'explique ; la disruption et l'innovation sont facteur de croissance.

Il montre aussi l'impact de la disruption sur les inégalités. Certes la destruction créatrice augmente les inégalités au sommet, mais elle est aussi facteur de mobilité sociale. Les entreprises innovantes ont besoin des « *soft skills* » des moins qualifiés.

La disruption pousse l'investissement vers les activités à potentiel quand le manque de concurrence conduit à investir sur des activités déclinantes, au détriment de la modernisation de l'économie.

En d'autres termes la disruption c'est une révolution du capitalisme et de la société. L'entreprise s'éloigne de l'économie de rente pour aller vers une économie de l'innovation, plus ouverte, plus agile, et aussi plus égalitaire.

C'est pour cela qu'à tous les âges, à tous les niveaux de la société, à l'école, dans la famille, en formation, dans les politiques publiques et bien sûr aussi et surtout dans l'entreprise il faut favoriser l'innovation, faire tomber les barrières et ne pas hésiter à remettre en cause les positions établies.

Voir : Concurrence et marché ; Destruction créatrice ; Innover ; Schumpeter, Joseph ; Transformation digitale.

Diversité

par Philippe Wahl,
président du groupe La Poste

La discrimination n'est pas un phénomène marginal : c'est un fait social massif qui façonne le rapport à l'entreprise de très nombreux Français. En 2020, 23 % des actifs ont déclaré, dans le baromètre publié par le Défenseur des droits et l'Organisation internationale du travail, avoir déjà été « victimes de discrimination(s) ou de harcèlement discriminatoire dans l'emploi[1] », que ce soit en raison de leur apparence physique, de leur sexe, de leur état de santé, de leur origine ethnique, de leur âge, de leur orientation sexuelle, etc. Cette brutale et quotidienne transgression de l'égalité des droits, pierre angulaire de notre démocratie, ne doit pas être acceptée.

Pour le chef d'entreprise, la lutte pour la diversité est une école d'humilité. Il ne suffit pas de la décréter pour la réaliser. Les discriminations ne se fondent quasiment jamais sur des procédures explicites mais sur une accumulation de préjugés, de stéréotypes et d'habitudes. Faire la morale ne suffit pas à les combattre. La situation est d'autant plus complexe que, si la censure joue son rôle, l'autocensure existe également. Il ne faut guère s'en étonner. En France, lorsque l'on postule à un entretien d'embauche, on reçoit 50 à 100 % de réponses positives supplémentaires par le simple fait d'avoir une peau de couleur blanche[2]. Quand on s'appelle Mohammed, il faut envoyer jusqu'à quatre fois plus de *curriculum*

1. « 13e baromètre : la perception des discriminations dans l'emploi », Défenseur des droits et Organisation internationale du travail, décembre 2020.

2. L. Quillian, A. Heath, D. Pager, A. H. Midtboen, F. Fleischmann et O. Hexel, « Do Some Countries Discriminate More than Others ? Evidence from 97 Field Experiments of Racial Discrimination in Hiring », in *Sociological Science*, n° 6, pp. 467-496, 2019, cité par S. Carcillo,

vitae que quand on s'appelle Michel[1]. Comment ne pas comprendre que des personnes issues de l'immigration puissent être découragées et renoncent même à postuler à certains emplois auxquels elles pourraient et devraient prétendre ?

S'assurer que son entreprise offre à chacun une chance égale est donc un combat de longue haleine, qui requiert une vigilance réelle comme une attention aux menus détails. L'économiste Dominique Meurs a mené une enquête éclairante pour remonter aux sources de l'inégalité professionnelle entre les femmes et les hommes[2]. Elle souligne que la revendication « à travail égal, salaire égal » a rencontré de réels succès, même si cette seule discrimination continue à représenter une part des écarts salariaux entre les sexes. Il reste surtout une tâche immense à accomplir pour que femmes et hommes puissent exercer un travail égal, tant les plus hautes fonctions sont encore occupées de manière disproportionnée par ces derniers. Il n'y a pas une cause unique à ce « plafond de verre ». Si l'on souhaite véritablement le briser, il faut y consacrer une énergie constante. Nous sommes fiers de ce que nous avons accompli depuis des années dans le groupe La Poste, où nous avons réussi à atteindre une quasi-égalité des salaires et la parité dans l'encadrement. Il a fallu pour cela dédier une enveloppe financière au rééquilibrage des rémunérations mais surtout aborder, en travaillant étroitement avec les organisations syndicales, des sujets aussi variés que la meilleure articulation entre vie professionnelle et vie familiale (pour éviter par exemple

---

S. et M.-A. Valfort, « Lutter contre les discriminations sur le marché du travail », Conseil d'analyse économique, note n° 56, juin 2020.

1. M.-A. Valfort, « Les discriminations religieuses à l'embauche : une réalité », Institut Montaigne, octobre 2015.

2. D. Meurs, *Hommes/femmes : une impossible égalité professionnelle ?*, Éditions Rue d'Ulm, Collection du CEPREMAP, 2014.

que la maternité ne soit un frein à la carrière), la valorisation des parcours individuels inspirants, la formation des managers aux enjeux d'égalité ou la lutte vigoureuse contre le sexisme. Le combat continue, car nous sommes encore loin de la parité au niveau des dirigeants. L'injustice peut d'ailleurs prendre des chemins inattendus. Il est stupéfiant d'observer que le secteur numérique, malgré son hyper-modernité technologique, reproduit souvent les traits les plus archaïques de notre société. L'intelligence artificielle est en train de redéfinir notre futur mais les équipes qui travaillent sur le sujet ont rarement plus de 10 % de femmes parmi leurs effectifs. Cela doit faire partie de nos chantiers prioritaires afin que les biens et services de demain ne soient pas produits exclusivement par et pour des hommes.

Défendre la diversité de son entreprise nécessite donc de s'attarder au-delà des quelques grands indicateurs qu'il est désormais habituel de surveiller. Au groupe La Poste, nous ne nous sommes pas satisfaits d'être d'ores et déjà le premier employeur de travailleurs en situation de handicap, puisque 14 000 postiers sont concernés, et d'atteindre ainsi un taux d'emploi supérieur au quota légal. Ce seuil, ne nous apparaissait que comme une première étape. Le recrutement et le maintien dans l'emploi restent bien sûr des priorités, mais nous nous attachons également à ce que chacun puisse avoir un parcours professionnel à la hauteur, en accordant notamment des droits et des aides spécifiques à nos salariés handicapés. Et nous utilisons même notre capacité d'entraînement sur le reste de l'économie, en orientant nos achats vers les entreprises du secteur adapté et protégé.

S'il reste beaucoup à faire, nous avons des raisons d'être optimistes. À partir des années 2000, la notion de

« diversité », jusque-là surtout développée aux États-Unis, a rapidement irrigué l'ensemble du monde économique et suscité une prise de conscience salutaire dont l'Institut Montaigne a tracé un bilan très instructif[1] : après la démarche pionnière de la « Charte de la diversité » en 2004, portée notamment par Claude Bébéar, Laurence Méhaignerie et Yazid Sabeg, les actions se sont multipliées. La « société civile » s'est organisée, s'appuyant naturellement sur l'État (songeons aux actions menées par le Défenseur des droits, à la création du label « Diversité » en 2008, à la loi Copé-Zimmermann relative à la féminisation des conseils d'administration et de surveillance en 2011, à la création de l'index d'égalité professionnelle entre les femmes et les hommes en 2018.) mais aussi sur nombre d'initiatives privées, comme les forums de recrutement, les programmes de mentorat, les campagnes de sensibilisation, les opérations de *testing* ou l'émulation entre entreprises.

La comparaison avec la prise en compte des questions écologiques nous éclaire sur les nouveaux instruments qui pourraient être mobilisés. Les investisseurs sont de plus en plus sensibles aux efforts faits par les entreprises en matière de lutte contre le réchauffement climatique parce qu'ils comprennent qu'une exposition excessive aux énergies fossiles est une source importante de fragilité. Ils devraient à l'avenir accorder davantage d'attention à la diversité car, comme de nombreuses études en ont apporté la démonstration, c'est également un facteur très important de performance économique. Les consommateurs orientent de plus en plus leurs choix en fonction de critères écologiques – espérons que ce sera aussi le cas

1. « Dix ans de politique de diversité : quel bilan ? », Institut Montaigne, septembre 2014.

demain en fonction de critères sociaux, pour peu que l'on parvienne à leur fournir une information claire et synthétique sur les pratiques des entreprises.

En appréhendant de manière nouvelle la diversité, les entreprises peuvent jouer un rôle plus large encore dans la revivification de l'idée républicaine. Celle-ci suppose l'égalité des droits, et donc le travail inlassable contre les discriminations et les préjugés que nous avons évoqués. Mais elle implique aussi la participation de toutes et tous à l'élaboration et à la mise en œuvre d'un projet commun. Or, là aussi, la tâche est ardue dans un pays confronté à ce qui a été récemment décrit par Jérôme Fourquet comme « un processus d'“archipélisation” croissante du corps social » où « de multiples lignes de faille – éducative, géographique, sociale, générationnelle, idéologique et ethnoculturelle – s'entrecroisent, engendrant autant d'îles et d'îlots plus ou moins étendus[1] ».

Dans cette France « en archipel », les entreprises constituent l'un des derniers lieux de brassage social. Il faut à ce titre les défendre, quitte à résister à un certain air du temps. L'entrepreneuriat individuel répond à un besoin indiscutable mais a aussi suscité une mythologie excessive, car en faisant disparaître le collectif de travail, il risque d'atrophier les liens sociaux. Les modes de l'hyper-spécialisation et de la sous-traitance ont, quant à elles, multiplié le nombre d'entreprises essentiellement composées de « cols blancs » et d'entreprises essentiellement composées de « cols bleus ». Cette séparation professionnelle renforce la fracture sociale et culturelle que l'on observe dans les pays

1. J. Fourquet, *L'Archipel français : naissance d'une nation multiple et divisée*, Éditions du Seuil, 2019.

développés entre gagnants et perdants de la mondialisation, qui suscite la déconnexion des élites et le risque de désespoir des salariés.

Les entreprises sont des carrefours précieux où des citoyens aux origines et aux horizons très différents peuvent apprendre à se connaître et à œuvrer ensemble. Elles n'ont rien de mammouths condamnés à disparaître. Je trouve à ce modèle de brassage bien des mérites. La coexistence de différents profils facilite le fonctionnement de l'ascenseur social, à l'instar de La Poste où les facteurs et chargés de clientèle peuvent devenir développeurs Web, managers avant de poursuivre leur parcours dans le groupe, si bien que plus de 60 d'entre eux siègent désormais à notre comité du management. Quant aux cultures d'entreprise, parfois brocardées, elles participent pleinement de cette édification d'un monde commun. Si nous mettons un point d'honneur à appeler « postiers » tous ceux qui travaillent pour La Poste, qu'ils soient ou non facteurs, qu'ils travaillent à La Poste ou dans une de ses filiales, ce n'est pas une coquetterie. Cela signifie que, d'où que nous venions et qui que nous soyons, une solidarité profonde nous lie puisque nous sommes au service d'une même œuvre collective. À modeste échelle, n'y a-t-il pas là quelque chose qui participe de l'esprit de la République ?

Voir : Culture d'entreprise ; Les femmes et les jeunes, avenir de l'entreprise ; Inclure ; Joyeux.

Divertir

par Arnaud de Puyfontaine,
président du directoire de Vivendi

« Un roi sans divertissement est un homme plein de misères »... II y a près de quatre cents ans déjà, Pascal rappelait les liens du divertissement et de la condition humaine. De fait, pourrait-on être pleinement humain sans se divertir ? Que serait notre vie sans livres, sans musique, sans jeux ? Sans partager nos émotions dans un théâtre ou dans une salle de cinéma ?

Le besoin de se divertir a toujours existé et a toujours été au cœur de la vie sociale. Né à l'occasion de célébrations, qu'elles soient religieuses ou profanes, le divertissement trouve sa raison d'être dans le rassemblement festif. Depuis l'Antiquité grecque et ses théâtres pleinement intégrés à la Cité ; depuis le Moyen Âge et ses troubadours rassemblant les spectateurs autour d'histoires et de chansons, il contribue à faire société.

Les tragédies de Sophocle ont traversé les âges. En parallèle, de nouvelles formes de divertissement sont apparues. Mais toujours, le lien social, le partage, la connexion ont été rendus possibles. Et ce même dans le cas de divertissements en apparence plus solitaires : qui n'a pas, à peine un livre refermé et follement aimé, souhaité immédiatement le partager avec ses proches ? Et que dire de ces communautés de joueurs, jeunes ou moins jeunes, échangeant des heures durant sur leur passion ?

D'autres langues que la nôtre le disent bien : en anglais, *entertainment* vient de l'ancien français *entretenir*, « tenir ensemble ». Même chose en allemand : *Unterhaltung* signifie « divertissement », mais aussi « conversation, dialogue ». Divertir, c'est permettre l'échange. C'est d'abord et surtout un acte de cohésion sociale.

*

Et si nous ne pouvons pas nous passer de divertissement, à titre collectif comme individuel, c'est parce qu'il s'agit d'un besoin absolument essentiel. Selon une étude réalisée à l'échelle mondiale par le groupe Havas, 83 % des personnes interrogées considèrent le divertissement comme un besoin vital, tout aussi important que les soins de santé. Loin de l'image de superficialité que certains lui accolent.

Contrairement à nos voisins européens, la langue française semble ici avoir fait un contresens : divertir, d'après l'étymologie, voudrait dire détourner quelqu'un de quelque chose. Comme si le divertissement était une errance, une distraction nous éloignant de l'essentiel. Au contraire, nous en avons toutes et tous fait l'expérience : nous construisons notre identité, nos goûts, nos valeurs par le biais de nos divertissements.

Pour moi, c'est *Amicalement vôtre* qui a joué ce rôle : aurais-je autant aimé les séries, les cultures britannique et américaine… les bolides, si je n'avais découvert, enfant, cette série qui en une saison seulement a su devenir culte ? Aurais-je autant eu envie de trouver, dans ma vie personnelle et professionnelle, mon binôme, mon complément ?

Chacun a, gravés en soi, ces films et ces livres qui l'ont fait rire, pleurer, voyager, apprendre.

Chacun sait ce qu'il doit aux œuvres culturelles qui l'ont marqué.

Se divertir n'est pas s'éloigner de soi. C'est s'élever pour devenir qui on est. Ce que Nietzsche, persuadé que la vie serait une erreur sans la musique, a formulé ainsi : « A-t-on remarqué à quel point la musique rend l'esprit libre ? Donne des ailes aux pensées ? Que, plus on devient musicien, plus on devient philosophe ? »

Et c'est à dessein que je parle d'œuvres culturelles. Comment pourrait-on dissocier divertissement et culture ? Je refuse d'admettre qu'il y aurait d'un côté un divertissement populaire et de l'autre une culture élitiste. Démocratiser le divertissement culturel est mon engagement de tous les instants.

Mes trente ans de carrière dans le secteur des médias, de la communication et du divertissement n'ont fait que renforcer une conviction profonde : l'égalité des chances passe aussi par un accès équitable à l'information, au divertissement, à la culture.

Les femmes et les hommes de Vivendi ont ainsi une obsession quotidienne : libérer la création en révélant tous les talents, en valorisant toutes les idées, toutes les cultures et en les partageant avec le plus grand nombre.

Cela veut dire, pour Canal+, soutenir le cinéma, et notamment les premiers films, et œuvrer pour la préservation et la transmission du patrimoine cinématographique français et européen.

Cela veut dire, pour Universal Music Group, faire émerger des talents dans chacun des pays où le groupe est présent pour ensuite les faire connaître dans le monde entier et ainsi favoriser le partage et le rayonnement des cultures.

Cela veut dire, pour Editis, donner envie de lire au plus grand nombre, depuis le plus jeune âge, et favoriser l'accès à l'éducation.

Et pour nos médias d'information, stimuler le débat et faire entendre les différentes voix de la nation.

*

L'industrie du divertissement a ainsi une place et un rôle tout particuliers dans la vie de chacun.

Une place, parce que nos entreprises accompagnent les Français dans leur quotidien : des enfants s'extasiant devant des dessins animés aux adultes retrouvant des amis lors d'un concert, nous sommes toutes et tous exposés au divertissement sous toutes ses formes.

Une place aussi, parce que nos industries culturelles et créatives contribuent à l'économie : elles représentent plus de 4 % du PIB dans l'Union européenne. Et en 2019, elles employaient plus de 7 millions de personnes en Europe, soit près de 4 % de la population active !

Sans oublier tout le soutien du secteur public pour protéger et faire rayonner notre culture française.

Et un rôle, pour toutes les raisons déjà évoquées, et tant d'autres encore.

Divertir, c'est apporter de la joie, du plaisir, du bonheur. L'OCDE a clairement souligné l'impact du contenu culturel sur le bien-être et la santé psychiques. La crise sanitaire, économique et sociale que nous traversons démontre plus que jamais combien nous avons besoin d'énergie positive, de joie, d'émotion et de partage.

Divertir, c'est informer, s'ouvrir au monde.

Divertir, c'est transmettre, sensibiliser, protéger de l'oubli et, par moments, dire l'indicible. Lisez *Si c'est un homme*, regardez *Bowling for Columbine*... : tous les divertissements ne sont pas joyeux ; mais tous sont indispensables à notre esprit, à notre cœur.

On voit là toute la responsabilité des entreprises du divertissement. À travers les contenus que nous produisons ou diffusons, nous nous devons d'être exemplaires et de contribuer à façonner un monde plus inclusif, plus ouvert, plus éthique.

Qu'y a-t-il de plus passionnant, pour des entrepreneurs, que de savoir qu'on contribue, par notre travail, aux petits bonheurs du quotidien mais aussi à la transmission et au dialogue des cultures ?

C'est cette motivation qui m'a poussé il y a sept ans à rejoindre Vivendi pour y mener, avec Vincent et Yannick Bolloré, et grâce au soutien indéfectible du groupe Bolloré, premier actionnaire de Vivendi, un projet industriel ambitieux de construction d'un leader mondial des médias, des contenus et de la communication, à l'impact positif sur la vie des gens.

*

Même si mon grand-père maternel était journaliste et écrivain, je n'étais pas d'abord prédestiné à l'univers des médias et du divertissement. C'est une carrière dans la finance qui était *a priori* pour moi toute tracée.

J'y ai pourtant trouvé tout ce dont je pouvais rêver. Comme on parle de l'amour de sa vie, je pense pouvoir parler du métier de ma vie. Celui qui correspond le mieux à ma personnalité.

Le secteur des industries culturelles et créatives a ceci de magique qu'on peut y associer la fantaisie de la créativité et la rigueur du business. Saltimbanques et businessmen : voilà la particularité des femmes et des hommes qui travaillent dans notre industrie.

D'un côté, l'intangible, l'immatériel de la création. De l'autre, la science de la distribution, la gestion des marques et des artistes…

« Industrie créative » : le nom à lui seul renferme tout un monde, et dit la double facette qui anime notre quotidien. Le labeur et l'amusement, le concret et l'abstrait : nous sommes des jongleurs permanents.

Créative, cette industrie l'est aussi pour sa capacité de réinvention perpétuelle. Alors que le paysage dans lequel nous opérons s'est profondément transformé, sous l'effet de la digitalisation notamment, il a fallu réinventer les façons de produire et de diffuser les contenus pour suivre et anticiper les changements de consommation.

Hier, les chaînes de télévision décidaient quand et où les gens regarderaient leurs films et leurs émissions. Aujourd'hui, les consommateurs font leur propre programmation et peuvent consommer du contenu à tout moment et en tout lieu, avec leurs smartphones au bout des doigts.

L'industrie musicale a quant à elle connu une incroyable révolution avec les plateformes de streaming. Des dizaines de milliers de nouveaux titres y sont chaque jour mis à disposition.

Si le divertissement a toujours existé, les façons de le concevoir et de le diffuser n'ont plus rien à voir aujourd'hui par rapport à hier.

Pas étonnant que les jeunes générations soient attirées par nos métiers, pour être à l'avant-garde de l'innovation. Essayer. Se renouveler.

Travailler dans le divertissement, c'est finalement une invitation à s'amuser en travaillant, à travailler en s'amusant. Tout le monde n'a pas cette chance !

Le divertissement est une philosophie de vie, voire une philosophie d'entreprise. « *Work hard, play hard !* », dirait-on en anglais.

Après tout, le travail peut être un jeu, exercé avec tout le sérieux et le sens des responsabilités qu'il requiert.

La vie elle-même – et l'entreprise – n'est-elle pas un spectacle ?

Je m'estime chanceux de pouvoir vivre cette aventure passionnante avec tous mes partenaires de jeu, et je sais que j'y trouverai longtemps encore tout le plaisir qui aujourd'hui m'anime.

Voir : Art et entreprise.

Dynastie

par Tristan Gaston-Breton, historien

« Dynastie : succession de souverains d'une même famille... », écrivait le *Littré* dans son édition de 1863.

Propos révélateur : pour les auteurs du célèbre dictionnaire, une dynastie ne pouvait être qu'une « suite de rois », à la rigueur une succession « d'hommes illustres dans une même famille » (édition de 1878), mais à la condition qu'ils aient marqué leur époque d'une empreinte forte et, si possible, désintéressée. La France, ainsi, avait ses dynasties de savants, comme les Jussieu qui, précisait le dictionnaire, avaient « si doucement régné sur les plantes ». En plein XIXe siècle et alors que le pays connaissait une vigoureuse croissance économique, elle semblait en revanche curieusement dépourvue de dynasties industrielles…

Les dynasties, qu'elles soient « d'affaires » ou « industrielles », sont assurément les grandes oubliées de l'histoire de France. Il est vrai qu'elles eurent longtemps mauvaise réputation. À l'aube de la révolution industrielle, les aristocrates et même les bourgeois – qui avaient longtemps rêvé de s'agréger à la noblesse – considéraient d'un mauvais œil les « entrepreneurs en industrie », ces « aventuriers » uniquement préoccupés de profit dont les activités sapaient l'ordre social. Puis vint, au XXe siècle, le mythe des « 200 familles ». Les dynasties d'affaires, au premier rang desquelles les 200 actionnaires privés de la Banque de France, étaient accusées de tenir entre leurs mains l'économie française et la vie politique de la Nation. Nombreux furent les Français à accorder un certain crédit à ce mythe. L'idée que les familles qui dirigeaient des entreprises depuis parfois plusieurs décennies aient pu avoir une quelconque utilité était en revanche totalement passée sous silence…

Il faut pourtant le dire : les dynasties industrielles ont aussi sûrement « fait la France » que les rois décrits jadis par Georges Bordonove dans une célèbre série d'ouvrages. De manière plus discrète certes, sans pompes ni fracas, mais de manière bien réelle. Elles ont en effet joué un rôle majeur dans le développement économique du pays, l'ouvrant sur le monde extérieur, créant de nouveaux marchés, introduisant des techniques nouvelles, multipliant les innovations dans le domaine social et contribuant au « décollage » de régions entières.

Une idée communément admise veut que l'histoire des dynasties industrielles se décline en trois temps : la première génération créait une entreprise que la deuxième développait et que la troisième ruinait... S'il est vrai que les historiens s'accordent aujourd'hui à appeler « dynastie » une famille contrôlant une entreprise depuis plus de trois générations, cette « loi », qui permettait à certains de stigmatiser l'archaïsme des entreprises familiales, est elle aussi un mythe. Le propre d'une dynastie d'affaires est de durer dans le temps. Beaucoup y sont parvenues. En 1913 ainsi, 60 % des dirigeants des plus grandes entreprises alsaciennes étaient des hommes de la quatrième ou la cinquième génération. Proportions exceptionnelles certes – à la même époque ailleurs en France, 15 à 20 % des entreprises seulement atteignaient le stade de la troisième génération – mais significatives. Aujourd'hui encore, on reste frappé devant l'étonnante longévité de certaines dynasties : les Mellerio en sont à la quatorzième génération, les Peugeot à la huitième, les Schlumberger-Seydoux à la huitième également, les Rothschild à la septième et les Michelin à la cinquième... Loin d'être une survivance de l'histoire, les dynasties industrielles sont toujours solidement ancrées dans le paysage industriel français !

Mais d'abord d'où viennent-elles ? Il nous faut, pour répondre à cette question, mettre le cap sur les « marges » du pays, ces régions situées à la périphérie de l'Hexagone. Non qu'il n'y ait pas eu ailleurs en France de belles lignées entrepreneuriales. Le Havre, Rouen, Marseille ou bien encore Bordeaux eurent leurs dynasties. Mais c'est bien aux frontières du pays, en particulier dans le Nord et dans l'Est, que naissent, entre le XVIIIe siècle et les premières décennies du XIXe siècle, les plus marquantes et les plus importantes d'entre elles. Comment s'en étonner ? De par leur position, ces régions étaient en relation avec le monde extérieur d'où provenaient idées et techniques nouvelles. L'innovation y circulait en permanence, rendant possibles d'audacieuses aventures entrepreneuriales. Voici, pour commencer, le nord de la France : depuis toujours, la région était en contact avec la Grande-Bretagne, berceau de la révolution industrielle au XVIIIe siècle. Les dynasties industrielles y fleurissent à partir du début du XIXe siècle : c'est en s'inspirant de l'Angleterre, où il se rend à plusieurs reprises, que Louis Motte, ainsi, ouvre en 1843 sa grande filature, donnant le coup d'envoi à une dynastie qui allait perdurer jusqu'en plein XXe siècle. Amédée I Prouvost fait de même dans le peignage un peu plus tard. Voici à présent la Lorraine. Elle a longtemps regardé vers l'est et n'est devenue française que très tardivement – 1766. Hasard ? C'est dans cette province pas encore française et très éloignée du pouvoir central que Jean-Martin Wendel achète, en 1704, la forge d'Hayange, amorçant ainsi la grande saga des Wendel qui se poursuit aujourd'hui.

Plus loin vers l'est, en contact avec le monde germanique, voici maintenant l'Alsace. Elle présente une particularité forte : l'existence d'importantes communautés protestantes et juives. Elles partagent un certain nombre de points communs : environnées de populations souvent hostiles, elles ont appris à se gérer elles-mêmes et disposent de leurs propres réseaux, en particulier financiers. Avec leurs coreligionnaires situés de l'autre côté de la frontière, elles ont tissé de solides relations. Les solidarités familiales y sont en outre très fortes : la soumission de l'individu au groupe et le mariage entre cousins pour éviter la dispersion du patrimoine y sont la règle. Le niveau culturel y est élevé : le judaïsme comme le protestantisme favorisent en effet les études et la science. L'accès à l'écrit et à la lecture y est traditionnellement plus ouvert que dans le catholicisme qui, pendant des siècles, a interdit aux simples fidèles de lire la Bible. Mieux éduqués, les juifs et les protestants sont ainsi plus sensibles à l'innovation. Enfin, les deux confessions partagent un même système de valeurs : loin de les rejeter, elles accordent l'une et l'autre une grande place à la création de richesse...

Fortes de ces atouts, les communautés juives et protestantes d'Alsace jouèrent un rôle majeur dans l'histoire industrielle de la France. Faute de pouvoir faire carrière dans l'armée ou la magistrature, c'est en effet vers l'entreprise qu'elles se tournèrent. De très nombreuses dynasties industrielles virent ainsi le jour en leur sein. C'est de la communauté juive d'Alsace que sont par exemple issus Théophile Bader, le fondateur en 1894 des Galeries Lafayette dont les descendants président encore aux destinées du grand magasin, ou Léopold Louis-Dreyfus, dont le groupe de transport maritime qu'il créa en 1893 est toujours aux mains de la famille. Et ce sont des protestants alsaciens qui donnèrent naissance à quelques-unes des plus grandes dynasties industrielles françaises, qu'il s'agisse des Schlumberger, des Koechlin, des Dollfus ou des Dietrich. Originaires de Franche-Comté, une autre région-frontière, les Peugeot appartiennent eux aussi à la religion réformée... Si le facteur religieux n'explique pas tout, il ne peut être négligé.

Les dynasties industrielles plongent ainsi leurs racines généralement loin de Paris, dans des milieux éduqués, ouverts sur le monde et sensibles à l'innovation. Au départ de l'aventure, il y a bien sûr un fondateur, simple entrepreneur animé de sa seule énergie. Tournant le dos à la rente, cette obsession de la bourgeoisie française, il a mobilisé l'épargne accumulée depuis des lustres par sa famille dans la terre, le commerce ou l'artisanat – les Louis-Dreyfus sont des fermiers, les Bader des marchands de bestiaux, les Schlumberger des tanneurs... – et pris tous les risques. Son objectif est certes de passer le cap des premières années. Mais il est, plus encore, de durer. Établir une dynastie est en effet l'ambition de tout entrepreneur. Elle n'est pas pour autant une fin en soi : créer une dynastie n'est en effet ni un gage de succès ni la promesse d'une rente assurée. Elle est, au contraire, l'affirmation d'un risque perpétuel, transféré de génération en génération. Ce que le fondateur attend de ses successeurs, c'est qu'ils aillent plus loin que lui en élargissant sans cesse les horizons de l'entreprise. Si elle veut défier le temps, une dynastie est condamnée à avancer...

Pour durer, une dynastie doit réunir au moins trois conditions. La première tient à la formation des héritiers. Elle joue, depuis le début, un rôle essentiel. L'usage au sein des lignées entrepreneuriales voulait – et veut encore, dans de nombreux cas – que ceux qui avaient vocation à succéder au fondateur reçoivent une double formation : l'une « sur le tas », marquée par des apprentissages successifs au sein de l'entreprise et de nombreux voyages à l'étranger, l'autre, tournée vers les finances et la technique et dispensée par des établissements de haut niveau, comme l'École des mines, fondée en 1783. Les héritiers apprenaient ainsi peu à peu les spécificités de l'entreprise, de ses métiers et de ses marchés. Ce besoin de formations adaptées aux besoins spécifiques de l'entreprise et à ceux qui avaient vocation à les diriger explique que les milieux d'affaires se soient très tôt investis dans la création d'instituts techniques et d'écoles de commerce et d'ingénieurs. Qui le sait ? L'ESCP naquit en 1819 de la volonté de la bourgeoisie marchande et banquière d'instaurer une formation aux affaires ; tout comme l'École centrale, créée en 1829 par l'homme d'affaires Alphonse Lavallée pour former « les médecins des usines », HEC, qui vit le jour en 1881 à l'initiative des milieux d'affaires parisiens, l'École de physique et de chimie de Lille (1892) ou bien encore l'École de chimie de Lyon (1883). Ces établissements, qui ont perduré jusqu'à nos jours et dont la réputation n'est plus à faire, n'ont pas seulement permis de former des générations d'entrepreneurs : ils ont également fourni à la France des formations d'excellence dans les domaines technique et commercial.

Pour durer, les dynasties industrielles doivent également s'adapter en permanence à l'évolution de leurs marchés. Ce n'est qu'en innovant qu'elles peuvent s'inscrire dans la durée. Voyez les Peugeot ! Leur histoire n'est qu'une longue suite d'adaptations réussies. Ils furent tour à tour meuniers, métallurgistes, fabricants d'outils puis de cycles avant, enfin, de prendre virage de l'automobile (1896). De même, les Koechlin, les Prouvost ou les Schlumberger surent sortir en partie de leurs activités d'origine (le textile) pour diversifier leurs activités : respectivement dans la chimie, la presse et la prospection électrique puis le cinéma (branche Seydoux). Les Wendel, de leur côté, surent surmonter la crise de la sidérurgie dans les années 1970 en réinventant totalement leur modèle : les maîtres de forges devinrent investisseurs. Quant aux dynasties qui restèrent fidèles à leurs métiers d'origine, elles ne passèrent le cap des trois générations – et perdurèrent parfois jusqu'à nos jours – qu'en modifiant leurs lignes de produits, c'est-à-dire en jouant la carte de l'innovation. Spécialiste du pneumatique depuis sa création en 1889, Michelin connut ainsi un second souffle avec le pneu radial, commercialisé en 1949. Cette innovation majeure permit au groupe de devenir le leader mondial du secteur.

Une troisième chose joue un rôle clé dans la longévité des dynasties : la capacité à maintenir la discipline au sein du groupe familial et à éviter la dispersion du patrimoine – c'est sur ces règles que s'est par exemple bâtie l'étonnante longévité des Rothschild. Faute d'y être parvenus, les Lesieur, après trois générations passées à bâtir le leader européen de l'huile à l'alimentaire, durent se résoudre à ouvrir le capital de leur entreprise aux banques. À l'inverse, afin de réussir le passage de la troisième à la quatrième génération, les Daher, à la tête d'un groupe de services industriels depuis 1898, imposèrent un véritable pacte de famille pour maintenir la cohérence des héritiers. Désigner le « bon héritier » et nommer le bon dirigeant est tout aussi essentiel, quitte à le choisir en dehors de la famille. C'est ce que firent, avec succès, les Peugeot dans les années 1970 et 1980 avec Jean-Paul Parayre puis Jacques Calvet…

La formation des héritiers, l'innovation, la faculté d'adaptation, le maintien d'une stricte discipline familiale… telles sont les principales clés de la pérennité des dynasties d'affaires. Loin d'être immobiles, elles ne cessent de se remettre en question. Elles ne sont pas non plus un monde fermé. Animées d'une authentique dynamique, elles se renouvellent en permanence. Aux lignées entrepreneuriales d'hier, dont beaucoup ont disparu, s'en sont ajoutées de nouvelles. Les dynasties d'aujourd'hui s'appellent Dassault, Bouygues, Bich, Bolloré, Pinault, Arnault ou bien encore Mérieux… Elles ont commencé à émerger dans les années 1950. Toutes ont su se diversifier ou remettre totalement en cause leur modèle tout en jouant la carte de l'innovation : Les Pinault commencèrent dans le bois avant de prendre le virage de la distribution puis du luxe ; les Bolloré passèrent du papier à la logistique et à la communication et les Arnault du BTP au textile puis au luxe… À partir du BTP, les Bouygues bâtirent de leur côté un empire dans la communication tandis que les Dassault se diversifiaient dans la presse et l'industrie du logiciel et que les Bich déclinaient de multiples manières le concept du « jetable ». Seuls les Mérieux sont restés fidèles à leur vocation d'origine – la médecine. Mais ils ont bâti autour d'elle toute une série d'entreprises et d'instituts de recherche.

N'en déplaise à certains : les dynasties industrielles ont bel et bien joué un rôle majeur dans l'histoire française. Elles ont accompagné pendant plus d'un siècle la diversification de l'économie dans le nord de la France et assuré en grande partie la prospérité de l'Alsace. Dans ces deux régions, elles auraient représenté, au début du XXe siècle, plus de 60 % du PIB et de l'emploi salarié. Ce sont les grandes familles industrielles également – les Wendel, bien sûr, mais aussi les Huart, les Labbé ou les Gouvy – qui convertirent la Lorraine, dont l'industrie était fondée depuis des lustres sur le charbon, à l'usage de la houille. Leur rôle social fut également considérable : partout où elles étaient installées, les entreprises dynastiques et les familles qui les dirigeaient fondèrent des écoles, des hôpitaux, des clubs sportifs, des églises, et même des villes entières… Il est d'usage aujourd'hui de qualifier de « paternalisme » ces pratiques dont l'objectif principal n'était pas, comme on le dit trop souvent, de surveiller mais de fidéliser une main-d'œuvre très mobile. Elles n'en contribuèrent pas moins à l'amélioration de la vie quotidienne des populations ouvrières. Mieux ! En plein XIXe siècle, la plupart de ces entreprises offraient déjà à leurs salariés des systèmes d'assurance maladie et une retraite digne de ce nom. Créée en 1944, la Sécurité sociale allait directement s'en inspirer. Les dynasties d'aujourd'hui ne sont pas en reste : elles portent haut les couleurs de la France et contribuent de manière significative à la création de richesses. Il était plus que temps de leur rendre hommage !

Voir : Éponyme ; Père et fils ; Transmettre.

E

École, université et entreprise

par Gilles Pécout,
historien, professeur à l'ENS (Ulm),
ancien recteur chancelier de l'Académie de Paris
et de la région académique d'Île-de-France,
ambassadeur de France en Autriche

Entre l'école, les universités et les entreprises, la garantie de tranquille indifférence ou l'attestation de franche hostilité ont longtemps fait office de certificat d'hygiène et de bonne conduite.

Pourtant, le monde scolaire et l'entreprise se connaissent. En France leur rencontre n'est pas un chapitre récent de nos politiques visant à obtenir plus de cohésion sociale, à lutter contre le chômage et à renforcer la compétitivité de notre pays. Il faut l'accepter sans regarder tout ce qui renvoie aux politiques publiques avec défiance, pour les enseignants, ou avec dédain pour les entrepreneurs. C'est en partant de ce constat qu'historien et ancien recteur, soucieux du rôle d'intégration de l'école comme du rayonnement international de mon pays, je souhaite que l'on puisse assumer la difficile mais vitale relation entre l'école, l'université et l'entreprise. La hisser bien au-dessus des axiologies trompeuses qui se félicitent d'opposer l'école et l'université aux entreprises et *vice versa*, au nom de la liberté de principe des uns et de l'efficacité d'action des autres.

Il ne manque à cette histoire des stéréotypes ni ses caricatures vénérables ni ses vers formulaires, autour d'un système spécieux de valeurs opposant la « vraie vie » de l'entreprise à l'atonie « artificielle » de l'école et, en réponse, le désintéressement des pédagogues et des savants à la « cupidité » des entrepreneurs capitalistes. Et si l'on a besoin de glorieuses autorités tutélaires... Jules Ferry en personne. *Dixit* le 4 août 1879 à la Sorbonne – jour anniversaire de l'abolition des privilèges – aux lauréats du Concours général :

« Dans une société démocratique, surtout, il est de la plus haute importance de ne pas livrer les études aux entreprises de l'industrialisme, aux caprices des intérêts à courte vue, aux courants impétueux et contradictoires d'un monde affairé, positif, tout aux soucis de l'heure présente. »

À la vérité, l'offensive de Ferry est aussi là pour faire accepter aux maîtres réunis autour de lui une réforme des programmes, allant dans un sens plus « moderne » et une diminution des heures d'enseignement du latin ! Il n'empêche, il reste de la déclaration du célèbre républicain modéré, ministre de l'Instruction publique que le temps des études n'est pas celui des affaires ; puis, *a minima*, qu'il faut se méfier des entreprises. Le monde des entreprises a bien rendu la monnaie de la pièce. Quand les lieux de savoir ne sont pas stigmatisés comme des alambics dangereux pour la société, l'école de la IIIe République servirait à « éduquer » plus qu'à « instruire » de bons ouvriers ; tandis que le patron, souvent « fils de ses œuvres », aurait jusqu'à la fin du XIXe siècle peu de liens avec le monde des savoirs universitaires.

Plus d'un siècle plus tard, la valse des stéréotypes a trouvé un nouveau rythme. L'école et le monde universitaire sont vilipendés autour de quatre arguments : la faiblesse de la culture scientifique, la dévalorisation de l'enseignement professionnel et de l'apprentissage, le « savoir scolaire » comme antinomique du « savoir être » après l'avoir été du « savoir-faire » et un « conformisme scolaire et universitaire » ennemi de l'innovation. Il y a sans doute un fond de réalité. Mais tout cela fonctionne surtout comme un système rhétorique un peu vide, souvent fruit d'un vrai conformisme, lui, né de la transplantation de ce que l'on imagine être le modèle des Business Schools américaines. Et en face, le répertoire hostile à l'entreprise est aussi caricatural. On se rappellera ainsi les réactions tonitruantes contre la déclaration d'un président de la République qui clôturait en 2013 un colloque du Conseil économique, social et environnemental en lançant que « l'esprit d'entreprise était nécessaire... non contradictoire avec la solidarité [...] et que l'école devait le stimuler ». D'autres exemples rappelleraient que telle action pédagogique en partenariat avec une entreprise, que tel acte de mécénat sont critiqués et parfois souillés avant même de produire leurs fruits à l'école ou à l'université.

Je ne méconnais pas ce passif, mais je préfère m'arrêter sur la rencontre décisive des années 1980 entre l'école et l'entreprise. Elle est d'abord institutionnelle. Du côté de l'Éducation nationale, de la recherche et des universités, en 1985, une loi instaure le bac professionnel et une autre permet la création d'universités de technologie. Un texte de 1987 renouvelle l'apprentissage en « scolarisant les apprentis » tout en mobilisant davantage les entreprises. Alors que les stages en entreprise ont pris place dans les scolarités lycéennes spécialisées avant de se généraliser comme courts stages de découverte au collège, on songe à la fin des années 1990 au bénéfice d'une licence professionnelle.

Si la formation en entreprise est peu à peu légitimée, c'est que les entrepreneurs eux aussi ont voulu s'ébranler. La secousse est notamment due à Yvon Gattaz et à sa feuille mensuelle publiée dès 1974 : *Les Quatre Vérités*. Non content d'imposer au lexique le néologisme d'« entreprenant », cet entrepreneur, fils d'instituteurs et ingénieur centralien, dit haut et fort, avant même d'arriver à la tête du CNPF, qu'il faut plus d'ingénieurs docteurs en France, que les jeunes doivent se rapprocher des entreprises, notamment des moyennes et que pour cela, l'école, à condition d'être respectée, doit jouer un rôle premier. En témoigne la création en 1986 de l'Association Jeunesse et Entreprises (AJE) qui revendique toujours le soutien des deux ministères de l'Éducation nationale et de l'Enseignement supérieur.

Depuis, l'enseignement scolaire et universitaire et les entreprises ont renforcé leur relation en distinguant ce qui relève du métier de ce qui renvoie au rôle social de l'entreprise.

Du premier registre dépend l'arsenal pour faire mieux connaître l'entreprise à l'école : stages, forums, rencontres, « Semaines école-entreprise », « ingénieurs pour l'école-IPE ». De l'information on passe au partenariat : théorique, pour établir des référentiels communs de diplômes, plus pratique quand les entreprises deviennent des acteurs de projets pédagogiques concrets, comme les campus des métiers et de la formation et particulièrement leur nouvelle génération de « campus d'excellence ».

À titre d'exemple, tout le tissu des PME et des grandes entreprises concernées par le secteur se retrouve au sein du Campus des métiers d'art et du design élaboré par l'académie de Paris en 2019 avec la manufacture des Gobelins et porté par les Écoles d'art, les lycées professionnels et instituts d'enseignement supérieur qui se consacrent, pour 6 000 élèves et étudiants allant du CAP au doctorat, à la promotion d'une filière d'excellence où les débouchés ne manquent pas.

C'est en partant d'une logique sensiblement différente que l'on est passé à la volonté de diffuser « l'esprit d'entreprise ». En France, le syntagme fait peur, même si l'Unesco rappelle qu'il « faut encourager l'esprit d'entreprise... pour faire baisser la vulnérabilité des jeunes ». S'il est vrai que l'expression fait aussi l'objet de lectures hâtives, présentant comme originaux des concepts déjà enseignés autour de la liberté de pensée et d'expression, elle prend tout son sens quand elle complète les registres classiques de formation et les renouvelle sans prétendre tout inventer. Enseigner l'esprit d'entreprise, c'est inventorier un répertoire d'action et de pensée quitte à le soumettre à l'esprit critique, en ayant toujours à l'esprit la belle définition du médiéviste Jean Favier : « l'entrepreneur est l'homme des horizons ». C'est en même temps enseigner des méthodes et stratégies qui rendent réalisables des projets. Dans les études supérieures, c'est le sens le plus concret qui l'a emporté. Au cycle pionnier « HEC Entrepreneurs » imaginé en 1976 ont succédé les étapes suivantes : la spécialisation de cet enseignement par les facultés de gestion et les écoles de commerce, puis la généralisation des Maisons de l'entrepreneuriat après 2000, avant d'aboutir depuis une décennie au développement parfois sans filet de tout un « entrepreneuriat étudiant ».

Mais on a aussi compris des deux côtés que l'entreprise devait être présente en dehors du cœur de métier traditionnel. D'abord pour contribuer à la reconquête sociale et scolaire : travail contre le décrochage et tutorat dans des zones scolaires déprimées. Les entrepreneurs comptent parmi les acteurs des « Cités éducatives » : 126 territoires urbains listés en janvier 2021 comme aires d'intervention autour de projets dont l'ambition est de traiter en même temps question scolaire, question citoyenne et question sociale à travers l'insertion professionnelle. Ce sont enfin les fondations d'entreprise qui interviennent : lutte contre l'illettrisme et les inégalités, contre la grande pauvreté, économie sociale, éducation aux valeurs citoyennes, combat pour l'égalité entre les filles et les garçons, mobilisation pour la biodiversité et la transition énergétique, promotion démocratique de la création et de l'éducation artistique et culturelle. On a pris coutume dans les rectorats de travailler avec les fondations d'entreprises publiques comme SNCF, EDF, Banque de France, mais aussi de grands groupes privés engagés dans la vie éducative de la nation : de la fondation d'entreprise Hermès à celle de Total, en passant par Saint-Gobain Initiatives, SFR, Bettencourt-Schueller et L'Oréal, fondations déterminantes dans la recherche scientifique, en lien avec les universités, le CNRS et l'Unesco.

La relation du monde des savoirs et des apprentissages avec l'entreprise est vitale dans une approche du bien commun. Le dire n'est pas simplement incantatoire, mais programmatique. Cela signifie qu'il y a un certain nombre de lignes à franchir et d'autres qui ne le sont pas.

La première concerne le rapport au temps : l'entreprise doit être intégrée au temps long de l'éducation. C'est-à-dire qu'elle doit être accueillie dans le temps pédagogique qui va de l'école des petits à l'université des grands. En retour, l'entreprise doit savoir distinguer entre le temps de la recherche et celui de son utilisation, en concevant que le moment étincelant de la découverte est difficile à programmer, même si l'on est loin de la figure schumpeterienne de l'inventeur isolé et rebelle. Le temps de la formation, c'est aussi être capable d'articuler formation initiale et formation continue, connaissances et compétences, comme cela se fait mieux en Allemagne et en Autriche et comme le propose chez nous le CNAM considérant que l'enseignement supérieur et l'entreprise peuvent aussi « porter des projets de territoire ».

Les contenus donnent vie à cette formation : spécialisés, techniques et managériaux, ils sont au cœur d'un transfert entre facultés, IUT, écoles et entreprises. Plaidons en outre pour une meilleure insertion de l'entreprise dans le bloc des humanités, passant ainsi par une plus grande place donnée à l'histoire économique et sociale. Le monde des entrepreneurs, quant à lui, ne doit-il pas prendre conscience que l'université, les humanités et les sciences sociales fournissent aussi des outils pour se penser dans la société et se situer plus librement dans l'évolution de l'humanité ?

La question de la liberté et de la gratuité de la recherche concentre toutes les polémiques. Il est pourtant clair que la recherche publique a besoin de l'argent des entrepreneurs privés et que cet argent n'entrave pas l'indépendance intellectuelle collective, celle de laboratoires, ou individuelle, comme en témoignent les thèses CIFRE/conventions industrielles de formation par la recherche. Mais le respect des uns et des autres s'éduque, se cultive et s'énonce. Dire que l'argent privé entre dans l'université et rappeler de façon générale que l'on a des comptes à rendre à l'autorité publique, pour commencer, ne signifie cependant pas que l'université est administrée selon la même rationalité gestionnaire que l'entreprise qui la finance. Et, du reste, les entrepreneurs, mécènes et financeurs qui l'ont compris n'en demandent pas autant.

Or, ce que la société réclame à son école c'est qu'elle donne à sa jeunesse les moyens de s'épanouir dans la diversité professionnelle. L'ultime rôle que doit jouer l'université c'est de mettre le diplômé en contact avec le monde du travail. Certes, le diplôme est déjà autosuffisant dans un certain nombre de carrières de la fonction publique. Il reste que l'université a besoin de s'adresser aux entreprises qui, elles, ont besoin de l'université. La création à Bologne en 1994 d'une base de données *Alma Laurea* de tous les diplômés universitaires d'Italie – avec bientôt plus de 3 millions de CV – a été considérée comme un instrument précieux par les entreprises et un vecteur reconnu de démocratisation de l'accès aux professions.

Les universités et les entreprises ont intérêt à franchir ensemble ce pas au niveau européen, dans le cadre des « universités européennes » promues après le discours présidentiel de la Sorbonne du 26 septembre 2017. Le traité de Rome prévoyait dès 1957 « une politique commune de la formation professionnelle », le processus de Bologne a lancé en 1999 les premiers vrais diplômes européens, avant que la stratégie de Lisbonne ne définisse durant la décennie suivante ce que devait être une « société de la connaissance », étroitement liée à l'esprit d'entreprise, dans un cadre bureaucratique communautaire « plus flexible ».

Un peu d'Union européenne pour raviver la flamme amoureuse, si capricieuse, entre les entreprises, l'école et l'université. N'est-ce pas risqué ? Je ne crois pas. L'avenir de cette idylle est bien de se déployer à l'échelle européenne, de profiter des bonnes pratiques de nos voisins, comme eux de celles encouragées par nos politiques publiques. À l'heure où la place de nos jeunes dans l'après-Covid doit être notre principale préoccupation, les entreprises, avec les lieux d'enseignement, de formation et de recherche savent qu'elles ont un rôle primordial à jouer dans la double et salutaire opération de pérégrination des expériences et des savoirs, d'une part, et de redéfinition et relocalisation de notre chaîne de valeurs, de l'autre.

Seul le collège des gens de savoir et des entrepreneurs est à même de définir ce dont nous avons besoin en temps de crise sanitaire et de maîtriser les lieux et les formes de production. De mener l'opération salvatrice essentielle au bien commun.

Voir : Apprentissage ; Emploi ; Europe ; Mécénat.

Emploi

par Christophe Catoir,
président monde d'Adecco

L'emploi... Je suis tombé « dedans » quand j'étais « petit », comme dirait l'un de nos personnages de BD les plus célèbres en France !

Encore étudiant... et par le plus grand des hasards, je suis entré voilà plus de vingt-cinq ans au sein de l'entreprise Ecco, devenue Adecco, alors leader de « l'intérim » en France... et n'en suis jamais sorti.

Sans le savoir alors, j'allais exercer durant toutes ces années un métier qui s'apparente plus à une « vocation » qu'à une simple profession.

Un métier dont la mission peut apparaître comme une évidence quand on sait la place de l'emploi dans la vie de chacun, mais aussi l'importance de ces emplois pour nos entreprises. « Permettre à chacun de devenir acteur de sa vie » est une mission, un *credo* qui en dit long sur l'aspect vocationnel qui guide mon entreprise. Et c'est cette mission qui fait que chaque jour je me lève, au même titre que nombre de collaborateurs travaillant dans cette filière professionnelle, avec l'énergie de pouvoir apporter aux autres de quoi se réaliser ou simplement de quoi vivre, de quoi grandir personnellement ou simplement de quoi alimenter notre besoin d'appartenance à un collectif...

Cette énergie ne m'a jamais quitté et elle a justifié de militer, de prendre la parole pour que cet emploi, au service de nos entreprises, ne concerne pas qu'une minorité d'entre nous. Et je dois dire qu'il y a encore beaucoup à faire.

Mais avant de revenir sur ce sujet, il y a une autre facette personnelle qui me lie à l'emploi, autant que l'emploi est relié à l'entreprise au sens large.

En effet, quand l'opportunité vous est donnée de « servir » les entreprises de nos territoires, à la recherche des motivations et des compétences dont elles ont besoin, eh bien, vous avez ce privilège de rentrer dans leur intimité.

Ou plus exactement dans l'intimité des emplois, des métiers devrais-je dire qui les caractérisent.

Combien de fois, durant ces années, il m'a été donné de m'émerveiller, comme le « gamin » que j'avais pu être aux premiers jours de mon stage dans cette entreprise ?

Il n'y a qu'à entrer dans l'antre de nos plus beaux fleurons, industriels ou serviciels, dans la construction ou les technologies pour le comprendre.

Là, au sein de ces entreprises, au plus profond des territoires, vous retrouvez la beauté du geste, du geste juste, répété à l'envi, qui fait la qualité de votre travail, de votre œuvre diront même certains.

J'ai le souvenir de cette première rencontre, dans les contrées champenoises, avec les métiers de l'industrie du verre. Le flaconnage reste un élément central de ce magnifique produit que nous envie la terre entière, en l'occurrence le champagne. Voir ces ouvriers s'appliquer chaque jour à pratiquer les mêmes gestes, graissant les moules avec une rythmique héritée de leurs aînés, avec le sentiment fort de participer à une vraie confrérie, est un vrai privilège.

Voir des manœuvres officier sur la ligne du TGV Est, voilà presque vingt ans, expliquer que leur vie est consacrée à la réalisation de « grands » chantiers qui leur survivront, ces ouvrages d'art que l'on utilise quotidiennement sans toujours comprendre comment ils ont changé nos vies, est quelque chose de « beau ».

Entrer dans les services hospitaliers, à la recherche de ces personnes qui se mettront ensuite au service de leurs patients, prend une lumière également toute particulière au vu du contexte récemment traversé.

Permettez-moi de vous le dire, mais ces emplois sont une facette de nos vies qui leur donne un sens particulier, une saveur aussi qui nous est propre, tant chacun est à la recherche d'une quête qui lui est particulière et ne peut être assimilée à celle de son voisin. Et une nouvelle fois, je pense avoir eu le privilège de découvrir très précocement ma propre quête.

Ce dernier point m'apparaît essentiel quand on parle d'emploi et d'entreprise. En effet, ce lien unique que chacun crée avec son entreprise, et qui se matérialise par un emploi, appelle une approche très personnelle des individus et des emplois.

Et c'est probablement l'un des chantiers les plus importants qu'il nous reste à construire, en France mais aussi ailleurs.

Et ce chantier, c'est celui de l'orientation professionnelle, qui relie les entreprises aux individus.

En effet, une vision mécanique de l'emploi, dénuée de considération pour la vocation, pour le lien émotionnel que l'on noue aussi avec son emploi et son entreprise par voie de conséquence, reviendrait à oublier une facette centrale, celle de la réalisation de soi. Soyons réalistes en même temps. Parfois, la réalité appelle à trouver un emploi avant toute autre chose, juste pour satisfaire un besoin primaire, celui de pouvoir vivre décemment. Mais au-delà de cela, pour celles et ceux qui ont renforcé leur bagage, leur employabilité, la quête « de plus » apparaît légitime. Elle est la base même de la motivation et de l'engagement, si chers à nos entreprises, et à la performance.

Nos entreprises ont là une responsabilité majeure, qui peut bouleverser la relation de nos collaboratrices et collaborateurs à leur entreprise. Trop souvent, l'emploi est réduit à une bataille des clones, où une vision systématique des individus, dotés de labels tels leurs diplômes et expériences en l'occurrence, l'emporte sur une vision plus humaniste, où le projet, l'ambition et la réalisation seraient la clé. Cela commence dès les premières classes, où la sélection se fait, non pas en fonction de préférences et de potentiels, mais en fonction de résultats sur des matières parfois assez éloignées de nos emplois. Cela serait bien sûr une révolution « idéologique », où l'entreprise redeviendrait un des enjeux, certes pas le seul, mais un des enjeux tout de même, de l'éducation initiale.

Il faut y voir pour nos entreprises un souci de former nos managers et dirigeants à la détection de ces vocations ou simplement motivations à exercer une activité plutôt qu'une autre. Nous en sommes très loin encore et c'est probablement un enjeu dont il faut se saisir au plus vite, surtout si, comme moi, vous avez la conviction que le capital humain peut, ou doit être, le premier facteur de différenciation concurrentiel. Indirectement, le débat sur l'entreprise à mission participe à cette émancipation d'un modèle qui se voulait plus mécanique, plus efficient. Il y participe par le fait qu'il reconnaît à la valeur ajoutée « humaine », probablement en résonance avec l'entrée des technologies dans nos entreprises, une valeur plus « émotionnelle » indispensable à la performance collective par l'engagement qu'elle génère.

C'est une véritable révolution des emplois qui se joue en réalité, qui pose des challenges de premier ordre pour nos entreprises, mais aussi pour leurs parties prenantes !

En tout premier lieu, pour l'éducation initiale qui doit passer d'une culture de la transmission des savoirs à une culture de l'employabilité. C'est une révolution en soi, pour une institution dont la doctrine n'a pas toujours été portée par l'entreprise et sa mission première, à savoir créer de la valeur pour ses parties prenantes. Le mouvement est en cours, mais il est trop lent. J'ai pu le constater au travers d'initiatives pourtant propices à cette évolution des mentalités.

« Entreprendre pour apprendre », association à vocation « pédagogique », propose à des élèves de nos collèges de créer des mini-entreprises, chaque élève occupant un poste clé tel que DG, DRH, DAF... Nombre de cadres d'entreprise interviennent à leurs côtés en qualité de tuteurs. Une fois par an, sont ainsi élus les meilleurs projets et les élèves se voient ainsi récompensés. Quelle émotion de voir des enfants si jeunes s'engager en équipe pour « accomplir » quelque chose sous la tutelle de personnes plus senior ! Et pourtant, cette initiative nationale rencontre un obstacle de taille : deux tiers des rectorats refusent l'ouverture de leurs écoles à ces initiatives pourtant concrètes et génératrices d'expériences... Le motif souvent invoqué étant que l'école est celle des savoirs... et non de l'employabilité. Cela montre le chemin qu'il reste encore à parcourir.

En second lieu, la relation de nos gouvernants à l'entreprise doit continuer d'évoluer. Cela passe par la construction d'une éducation initiale tournée plus qu'avant vers l'employabilité mais cela passe aussi par la fluidité d'un marché du travail qui doit mettre en relation plus qu'avant les compétences attendues des entreprises avec les compétences ou les potentiels de chacun de ses citoyens. Il peut s'agir « d'encouragements à » comme s'en prévalent les pays les plus libéraux ou d'une politique de l'emploi plus interventionniste mais qui se doit d'être guidée par un impératif d'efficacité et de résultat, toujours à l'écoute autant des entreprises que des citoyens.

Je veux souligner l'impératif pour nos « femmes et hommes d'entreprise » de s'engager dans « la cité ». En effet, la mixité des parcours et l'expérience de l'entreprise sont des facteurs clés qui doivent pouvoir contribuer, plus qu'avant, à une meilleure compréhension des besoins de nos sociétés et à une action sur l'emploi qui corresponde réellement à ces besoins. Les nombreuses initiatives sur la formation sans réelle relation avec les compétences attendues par nos entreprises en sont une démonstration cruelle. Un vrai gâchis quand on sait les montants investis « à fonds perdu » voilà quelques années encore…

Dans la même idée, les individus ont aussi une partition à jouer. Plus qu'avant ils vont devoir se prendre en main. L'entreprise et l'emploi sont des réalités de plus en plus mouvantes, au gré de transformations de plus en plus rapides. À ce titre, chaque individu va devoir adopter une démarche beaucoup plus proactive vis-à-vis de « SON » emploi. Subir l'évolution des emplois, c'est prendre le risque de rester au bord de la route, ou pire, de subir son emploi avec une absence d'intérêt et de sens conduisant à une véritable perte de motivation.

Enfin, c'est bien l'entreprise elle-même qui va devoir faire évoluer son disque dur. Et cela appelle plusieurs révolutions en même temps.

Celle de la détection des potentiels au-delà des CV.

Celle aussi de rechercher une performance plus équilibrée, prenant en compte toutes ses parties prenantes : salariés, actionnaires, citoyens… Ce constat exige de l'entreprise qu'elle ne se contente plus de ses seules performances économiques mais qu'elle recherche une véritable performance sociale et souvent écologique en écho avec sa performance économique. L'emploi de qualité, et son corollaire d'attractivité, est à ce prix-là. Les entreprises ont commencé à bien le comprendre, et là aussi, la crise récente a été salutaire pour agir et non plus seulement « appeler de ses vœux ». Je suis résolument optimiste sur la portée, mais aussi sur la sincérité de ce mouvement. En 2008, lors de la précédente crise grave traversée par notre société, les entreprises ont appliqué des « thérapies » massivement financières et négligé trop souvent les enjeux humains et sociétaux, comme si elles devaient être étanches à ces enjeux qui pourtant les concernent de très près. Cette fois, la gestion de crise a été beaucoup plus respectueuse d'un équilibre entre une protection légitime des équilibres financiers de nos entreprises et une prise en charge des individus, plus responsable et plus soucieuse des impacts positifs attendus sur la société civile.

La responsabilité des entreprises ne s'arrête pas là. La qualité des emplois qu'elles proposent, au service de leur performance, devra prendre en compte, plus qu'avant, un souci d'employabilité pour le long terme. Et fait nouveau, employabilité au sein de l'entreprise... et en dehors de l'entreprise. C'est un contrat nouveau qu'aura l'entreprise avec ses collaborateurs. Influencée par les transformations accélérées qu'elle aura à vivre, la relation à ses salariés ne peut plus reposer sur un emploi à vie. Par contre, l'investissement sur l'employabilité à long terme devient un facteur d'attractivité et de motivation central. Les investissements consentis par les entreprises pour devenir de vraies écoles au travers de l'opportunité qui leur est offerte de créer leurs CFA, pour elles-mêmes mais aussi pour leur environnement, en sont une belle illustration. De même que ces plateformes, dites de transitions collectives, qui leur confèrent une responsabilité qui va au-delà de leurs propres portes !

On le voit clairement, emplois et entreprises sont intimement liés... et ce sans surprise.

L'enjeu des compétences, de l'employabilité, des rôles respectifs des parties prenantes, au premier rang desquelles l'entreprise, prend ici toute sa signification et indique clairement que les mouvements en cours sont appelés à durer et à s'amplifier. C'est tout le sens pour nos entreprises que de bien accompagner la transformation sensible de sa première ressource, celle qui bien souvent constitue son premier avantage concurrentiel, à savoir sa ressource humaine !

C'est une belle promesse que de repositionner le capital humain à sa juste place, à savoir la première quand il s'agit de parler de valeur, pas seulement de valeur économique mais aussi de valeur sociale et sociétale. C'est cette promesse, qui justifie mon engagement personnel depuis vingt-cinq ans sur le champ de l'emploi, et qui guide un engagement qui n'est pas près de s'arrêter !

Voir : Apprentissage ; Capital humain ; École, université et entreprise ; Travail demain.

Énergie

par Jean-Bernard Lévy,
président-directeur général d'EDF

L'énergie se trouve partout où l'intelligence humaine a su la découvrir, la domestiquer, et l'utiliser, que ce soit par l'ingéniosité des savants et des inventeurs, ou par le dynamisme des entrepreneurs. La civilisation grecque a dompté l'énergie du soleil, utilisée voici bientôt trois mille ans pour allumer de premières torches olympiques ou pour faire la guerre en recourant au miroir ardent d'Archimède. Les marchands de Venise ont avantageusement canalisé l'énergie du vent plusieurs siècles durant, et ont ainsi régné sur le commerce maritime, en combinant leurs sens entrepreneurial et diplomatique. Bien sûr, l'énergie de l'eau qui s'engouffre dans les roues à aube permet aux moulins d'abattre la pénible tâche de dizaines ou de centaines de travailleurs, cette eau turbinée qui encore aujourd'hui reste vitale pour l'irrigation et pour la production d'électricité. L'énergie se puise également dans la force animale, la chaleur des sols, la gravitation, la thermodynamique, et ainsi de suite.

Logiquement, l'entreprise s'est créée autour de la faculté à mobiliser toutes ces énergies. Faire voguer les caravelles, fondre les métaux, moudre le grain requeraient toujours davantage de moyens humains et financiers. L'entreprise sait fédérer tout cela. L'énergie a besoin d'organisation, les organisations ont besoin d'énergie : l'énergie occupe bien entendu une place centrale dans nos vies et dans le fonctionnement de nos entreprises. De l'électricité en toute petite quantité pour les usages les plus courants, ou en immense quantité pour faire fonctionner de gigantesques procédés industriels, ou alimenter les besoins de l'économie numérique et de ses *data centers*.

Promoteurs ou spectateurs de multiples révolutions énergétiques, nous n'assistons pas seulement à la bascule d'un monde de grands actifs industriels vers un monde numérique largement immatériel ; car nous sommes en train d'intégrer ces deux mondes, de manière à créer les solutions de demain pour sauver la planète, et là réside tout notre défi : savoir travailler simultanément sur des défis techniques et industriels lourds et sur des développements express en symbiose avec un monde de start-up et d'innovation. Et en même temps... Pas un entrepreneur ne veut d'une énergie chère altérant sa compétitivité, voire menaçant sa pérennité, pas un entrepreneur ne veut polluer, gaspiller, concourir au réchauffement climatique. L'entreprise responsable est au cœur de la sobriété énergétique et de la transition entre énergies.

Heureusement, le progrès humain n'est pas près de trouver ses limites. Le génie de Thomas Edison, d'André-Marie Ampère, de Marie Curie, de Lucien Gaulard, et de ces dizaines de savants que Raoul Dufy a regroupés dans son chef-d'œuvre monumental, a enfanté la Fée électricité. Quasi invisible dans nos quotidiens personnels et professionnels, l'électricité se rappelle quelquefois à nous par ses absences, lorsqu'elle nous manque à l'occasion d'une panne, ou d'un voyage dans des lieux exotiques ou dans des zones peu développées. Avec l'assurance, l'accès à l'électricité est le premier contrat souscrit lorsque nous emménageons. De même pour l'entrepreneur qui installe sa boutique dans son local commercial, ses machines dans son atelier, ou ses ordinateurs dans son bureau.

Presque invisible et pourtant si indispensable, l'électricité représente aussi la plus réaliste des réponses à la décarbonation de nos comportements, de nos productions, de nos déplacements : véritable défi de civilisation posé à l'humanité pour lutter contre le réchauffement climatique et ses effets dévastateurs.

Mais l'énergie n'a pas qu'un sens unique, à savoir la traduction déterministe des lois de la physique. J'aime à voir l'énergie de l'entrepreneuriat également, cette énergie du collectif indispensable pour faire des choses qu'aucun individu ne fait ou ne fait aussi bien tout seul. Une entreprise mobilise des efforts rassemblés pour atteindre un but commun, une mission transcendantale.

Pensons aux temps de crises, de catastrophes. Nous les subissons, elles nous touchent jusque dans nos chairs. Ces dernières années, je me suis rendu à Saint-Martin et Saint-Barthélemy après l'ouragan Irma, et plus récemment dans les Alpes-Maritimes après la tempête Alex. Ces cataclysmes nous rappellent à l'humilité face aux éléments. Après le temps de la sidération, puis le temps de l'urgence et du sauvetage, vient le moment de la reconstruction. Je me souviens avec émotion de tous ces salariés, parfois retraités lors des tempêtes de l'hiver 1999 en France, déblayant, réparant, qui remettant un ouvrage à flot, qui redressant un pylône, qui réalimentant un hameau. Professionnalisme et dévouement individuel, énergie et solidarité.

Pas forcément besoin de crise pour mettre à l'honneur les engagements collectifs au service d'une nation, et j'adresse ici un salut reconnaissant aux entreprises de services publics essentielles au lien social et attachées à l'égalité de traitement et au respect des femmes et des hommes. En tant que dirigeants ou entrepreneurs, nous devons savoir mobiliser cette formidable énergie humaine, tirer le meilleur des talents. Et quoi de mieux que de fédérer autour d'un but commun qui réponde aux grands défis de notre siècle ? Le groupe que je préside a ainsi pour raison d'être de « construire un avenir énergétique neutre en CO_2, conciliant préservation de la planète, bien-être et développement, grâce à l'électricité et à des solutions et services innovants ». Et nous en sommes fiers.

Comme hier avec les caravelles marchandes ou les usines textiles qui ont créé la prospérité de l'ère moderne, l'entreprise de demain n'a de sens que si elle parvient à mobiliser toujours plus d'énergie humaine. Mais l'entreprise n'y parviendra qu'en conciliant cette énergie avec la préservation des ressources rares. Cette farouche énergie de faire bouger les lignes en respectant notre environnement restera notre bien commun à tous, dans toutes nos entreprises.

Voir : Développement durable ; Industrie ; Planète (Une).

Enracinement (... ou des racines et des ailes)

par Elizabeth Ducottet,
présidente-directrice générale de Thuasne

Thuasne : Des racines et des ailes

Notre histoire d'entreprise est enracinée dans le temps – cent soixante-quatorze ans – et dans notre géographie, au plus profond de notre territoire : celui de Saint-Étienne.

Et notre logo, un personnage dynamique dessiné en 1956, montre, avec ses ailes, que nous aidons nos patients à retrouver leur mobilité.

Avec ses ailes, l'entreprise survole désormais trois siècles.

Quelques moments forts de notre ETI sont ici égrenés :

De la visite d'un académicien : un train pour Saint-Étienne

Grise matinée de l'hiver, il pleut sur Paris.

C'est en gare de Lyon que je retrouve notre académicien, chapeau de feutre à larges bords rabattus par l'humidité. Son sourire joyeux vient en contraste.

Erik est un fervent explorateur et amateur des entreprises. Il aime l'industrie.

Erik a décidé, non pas de nous inviter à une rencontre à Paris, mais de venir lui-même nous rencontrer à Saint-Étienne.

Saint-Étienne, au cœur des équipes, au cœur du territoire.

Le trajet de trois heures de train, rapide, vif d'abord, puis ralenti des multiples gares à desservir entre Lyon et Saint-Étienne nous emporte, donne du temps à la conversation.

« Les entreprises ont-elles une âme ? » nous interrogeons-nous dans le sillage de l'ouvrage d'Alain Etchegoyen, ami d'Erik. La réponse est : oui, une personnalité, une individualité, des caractéristiques, des choix inattendus, des lois, un style.

Entre Lyon et Saint-Étienne, nous traversons notre région à mi-chemin entre l'urbain et le rural.

Territoire urbain d'une histoire industrielle puissante, enracinée : Saint-Étienne a été l'une des grandes cités industrielles du XIXe siècle d'Europe, avec Manchester, Wuppertal et Milan, dont l'histoire textile est liée à la présence de l'eau pour laver, du charbon en tant qu'énergie, et du savoir-faire mécanique par la main de l'homme sur la machine : trois clés pour l'industrie.

Territoire rural par la main-d'œuvre qui demeure encore aujourd'hui alentour, et par l'intéressante géographie de l'environnement.

Être basé dans une région qui bénéficie de cette longue et profonde expérience industrielle n'est pas indifférent. De longtemps, ici, a été vécue l'industrie, nous en sommes familiers. Le paysage en a la marque.

Aujourd'hui, il y a ici, en 2020, des savoir-faire d'excellence, une tradition et surtout une foi dans l'industrie moderne inscrits dans l'ADN des habitants.

Mais aujourd'hui aussi, la nouvelle génération ici rêve de digital, d'international, de brevets, d'originalité. Ce rêve global est dans les yeux des jeunes qu'embauche l'entreprise, qu'elle forme et auxquels elle propose souvent d'explorer le vaste monde où nous sommes désormais implantés : de la Californie à l'Allemagne ou au Penjab.

Nos racines nous donnent des ailes.

La production, son organisation, ses lois, la valeur créée de la machine, sont ici un langage familier largement d'actualité : plaisir d'un beau produit, de la belle machine pilotée d'une main experte, plaisir de la perspective ordonnée et rassurante des automates, de leur ronronnement, fierté du logo ailé dessiné ici en 1956.

Installer une machine nouvelle, transformer une usine se révèlent des événements précurseurs d'un avenir fertile pour l'emploi ici.

En fait, Erik est Erik Orsenna, admirable, il aime l'entreprise et il vient à sa rencontre, au bout du train.

Accueilli chaleureusement par les équipes, Erik Orsenna immédiatement étonne et convainc : dans le cercle qui, spontanément, se forme autour de lui, les idées fusent.

Curiosité de l'explorateur, concentration attentive des auditeurs fascinés.

Vivacité joyeuse de la compréhension. Erik aime comprendre. Il aime entendre.

Nous naviguons en petit groupe, d'un atelier à l'autre, d'un site à l'autre.

Nous poussons même nos pas alors jusqu'à l'Atelier Protégé, structure partenaire, là où plusieurs dizaines d'adultes porteurs de handicaps de longue date, réalisent pour le groupe des travaux de finition, des conditionnements ou d'étiquetage des produits. Sérieux et application des adultes qui réalisent ces tâches, fierté visible d'être partie prenante d'un produit qui partira loin et qui soigne. Noblesse de la tâche réalisée.

Joyeuse et respectueuse gravité des échanges de part et d'autre. Erik est là, va au-devant d'eux, avec considération, bienveillance, bonheur, j'oserais dire jubilation.

Nous sommes ici, intimement au cœur de l'industrie, plus, au cœur de l'économie pour un moment sensible d'humanité.

« Pour faire de grandes choses, point n'est besoin d'être au-dessus des hommes. Il suffit d'être avec eux », Montesquieu.

Nos racines sont là. Notre identité aussi. Elles nous donnent chaque jour de l'assurance et du courage pour aller loin, plus loin…

Ainsi, nos ailes – celles de notre logo – peuvent se déployer vers l'est dès 1989.

À l'Est, du nouveau : un avion pour Francfort

Novembre 1989, des frontières viennent de tomber à grand bruit : les frontières qui divisaient l'Europe en deux parts.

L'émotion intense qui accompagne partout la « chute du Mur » se transpose par ricochet jusqu'à notre réflexion stratégique, au Comex du groupe, sur l'avenir de l'entreprise :

Que faire, dans cette nouvelle Allemagne, dès lors que, devenus leaders en France sur notre marché

« domestique » des dispositifs médicaux de compression, nous devons nous tourner vers l'international ?

Être européens oblige (au moins) à être présents en Allemagne.

L'Allemagne est, pour nous, à la fois proche géographiquement et lointaine culturellement, d'une certaine façon même inquiétante : ses habitudes et ses règles en matière de santé sont différentes des nôtres.

Le marché allemand nous paraît inaccessible ; nous n'y avons réalisé que quelques essais infructueux d'implantation par l'intermédiaire d'un distributeur hésitant.

« Comment peut-on être persan ? » se demandait en 1721 Montesquieu.

« Comment peut-on être allemand en 1998 ? » nous demandons-nous au moment même où le signe politique majeur du XXe siècle vient de se produire et que s'est créée une base allemande unie de 80 millions d'habitants.

Quel crédit une entreprise française peut-elle espérer obtenir de clients outre-Rhin, à plus forte raison dans une matière scientifique et technologique, où la rigueur allemande semble l'emporter ?

Donc... ce matin-là de mi-novembre 1989, nous avons pris un avion pour Francfort. Là, en voiture, nous avons quitté le centre de l'Allemagne pour nous diriger... vers l'est.

Notre objectif : rencontrer aujourd'hui une entreprise en Allemagne, sans connaître à cette heure-là beaucoup d'éléments sur son organisation : nous savons seulement qu'elle détient un process industriel intéressant, celui de fabriquer sur mesure des dispositifs médicaux proches des nôtres : technologie innovante dans un métier analogue au nôtre.

Explorateurs un peu sceptiques, nous roulons vivement à bord d'une « allemande » au logo rassurant et visible, nantis d'une fierté un peu enfantine.

Très vite, au fur et à mesure que nous avançons vers l'est pour rejoindre notre but, nous nous rapprochons de l'ancienne frontière d'entre les deux Allemagnes, très à l'est. Un va-et-vient nous surprend :

Les voitures que nous croisons viennent de l'Est, l'ancienne frontière est à moins de 100 kilomètres. La plupart sont d'étonnantes « Trabant », silhouettes carrées, tendres coloris crème, vanille ou pistache, en curieux contraste avec les berlines noires circulant à l'Ouest. Nous les doublons débordantes d'un matériel composite : récipients en plastique, literie, mobilier, électroménager...

Des familles allemandes, hier de l'Est, viennent aujourd'hui s'équiper et accéder soudain à un marché nouveau, celui de l'Ouest ; leur niveau et leur mode de vie viennent de changer.

Des millions vont ainsi franchir, en quelques mois, une étape considérable à la fois de liberté politique, mais aussi d'accès à une consommation moderne, abondante et opulente.

L'Europe s'ouvre et se reconstitue, et nous assistons ébahis aux premiers signes d'une mutation profonde : le centre de gravité de l'Europe se déplace vers l'est.

Il se passe dans cette région de l'Europe une mutation profonde, signe d'une géopolitique, et donc d'une économie nouvelles.

Notre première implantation en Allemagne devrait être à l'intérieur de cet Est nouveau ?

La visite programmée de l'entreprise allemande se déroule favorablement : les technologies découvertes là se révèlent à la hauteur de nos attentes.

Les échanges vont bon train. D'industriel à industriel, nous parlons le même langage, nous nous entendons très bien.

Que faire alors ensemble : un partenariat technologique ? une fabrication sous licence ?

Très vite, nous comprenons du dirigeant allemand qu'il envisage un passage de génération à la suivante, et qu'une nécessaire transmission s'impose à lui alors qu'il atteint l'âge de la retraite.

S'engage vivement alors le projet d'une alliance.

Quelques mois plus tard, nous reprendrons totalement le capital de cette entreprise et implanterons rapidement, en France aussi, la technologie experte découverte à l'Est, là-bas.

Bien plus : nous voici surtout, désormais, dès 1990, « allemands en Allemagne », seule solution culturellement et humainement acceptable pour réussir dans ce pays majeur.

... Et nous vérifions que la stratégie d'une ETI comme la nôtre s'éprouve à la réalité de l'espace géographique et à l'opportunité des événements politiques.

Ensuite, grâce à cette première irruption dans le réel économique allemand, se construiront vivement, dans les années suivantes, plusieurs enracinements fondamentaux de notre groupe à l'Est, dans plusieurs pays voisins.

Réflexion et décision stratégiques ne se font pas seulement « en chambre », sur dossier. Elles s'opèrent sur le terrain, en laissant libre cours aux observations, constatations et intuitions.

> « Il faut avoir une stratégie, mais il faut qu'elle soit souple,
> c'est l'instinct qui nous dit quand il faut changer
> de stratégie.
> Les deux sont importants mais on ne peut pas avoir
> l'un sans l'autre. »
> Paul Desmarais

Autres temps, autres exigences.

À l'Ouest, du nouveau :
sur les ailes du digital !

Janvier 2020 : l'information d'une lointaine et nouvelle affection virale chinoise laisse assez indifférente l'équipe de direction.

L'année démarre bien, les projets sont nombreux.

Cependant, l'année qui arrive sera la plus singulière, la plus inattendue et aussi la plus créative depuis plusieurs décennies.

Dès mars 2020, nous prenons la décision de n'arrêter aucun site, d'instaurer un projet massif digital pour l'ensemble du groupe, afin de ne perturber en rien l'activité et afin de piloter dans le brouillard un bateau qui n'a nulle raison de s'arrêter et, bien sûr, afin de ne laisser aucun client, ni aucun patient au bord de la route.

Nous adaptons, nous formatons, nous digitalisons, nous transformons dans un moment d'intensité exemplaire, qui nous conduit aussi à fabriquer des masques-barrières.

Mais quels projets inscrire à l'horizon de notre cap stratégique clairement défini cependant, voire confirmé au plein milieu de la crise ?

Tournant notre regard légitimement vers l'international, nous confirmons que le marché américain aujourd'hui, premier marché du monde, constitue un objectif à la fois ardu et nécessaire.

Dans une ETI comme la nôtre, les rencontres faites au fil du temps deviennent souvent des fils rouges qui, un jour, se nouent en alliances et les analogies de l'histoire économique vécue çà et là se révèlent des passerelles utiles.

Nous pouvons ainsi, le dernier jour de l'année 2020, signer la conquête tout à l'ouest d'une entreprise, nouvelle base pour notre groupe.

La période traversée en 2020 n'avait conduit ni à l'immobilisme ni au désespoir et, sans délaisser les espaces lointains, nos ailes nous portaient à un nouvel horizon, vers l'ouest, cette fois-ci.

Consolidant notre métier européen du dispositif médical de compression, nous allions conquérir une part du marché aux États-Unis par l'acquisition, le 31 décembre 2020, d'un leader américain de la spécialité.

Les ailes de Thuasne, déployées durant la tourmente 2020, venaient désormais de franchir l'Atlantique.

Ni train, ni voiture, ni avion pour s'y rendre : nous réaliserons totalement cette alliance à l'aide du digital : rencontres, visites, discussions préalables, négociations, et, au bout, signature, toutes les étapes se sont inscrites dans le réel grâce à nos moyens virtuels.

Née au XIXe siècle, l'entreprise se vit aujourd'hui au XXIe, au rythme du digital, nous mettant à l'unisson des trois règles du Théâtre classique :

« Qu'en un lieu
en un jour
un seul fait accompli
tienne jusqu'à la fin
le théâtre rempli. »
Nicolas Boileau dans *L'Art poétique* (1674).

Voir : Conquérir ; Culture d'entreprise ; Joyeux ; Territoires.

Entreprendre autrement

par Charles-Édouard Vincent,
fondateur d'Emmaüs Défi,
fondateur de LuLu dans ma rue

Il y a des gens avec de l'argent et pas de temps, et des gens avec du temps et pas d'argent : et si on les mettait en relation ?

J'ai fondé LuLu dans ma rue en 2016. L'ambition de cette entreprise est de créer, dans chacune de nos villes, une conciergerie de quartier qui mette en relation les habitants avec des « LuLus » pour de petits services de proximité ou un coup de main : bricolage, ménage, aide au déménagement, livraison, dépannage informatique, jardinage, garde d'animaux... Avec son appli et son réseau de kiosques physiques, LuLu dans ma rue regroupe aujourd'hui plus de 1 000 LuLus à Paris et se prépare à ouvrir dans de nouvelles villes. C'est une entreprise solidaire, dont le projet fondamental est de permettre à toute personne exclue ou en grande difficulté de pouvoir travailler en rendant ces services de proximité et, ainsi, de retrouver une place juste et digne dans notre société.

Au début de mon parcours, alors que je poursuivais mes études à Polytechnique et aux Ponts et Chaussées, je m'imaginais travailler dans le secteur bancaire ou pétrolier. C'est un peu par hasard, en terminant mes études à l'université de Stanford, dans la Silicon Valley, que je me suis lancé dans l'aventure numérique : Netscape, le premier navigateur Internet, prenait son envol et m'a recruté pour accompagner son lancement en Europe. Les tout débuts de la « révolution Internet », une période aussi passionnante que trépidante, ont ainsi constitué ma première expérience professionnelle.

En même temps, au fond de moi, j'ai toujours été révolté par le fait que, dans notre société, des gens dorment encore dans la rue. Cela m'a toujours profondément meurtri de voir une telle misère côtoyer tant de richesses, dans la plus grande indifférence. Il y avait un décalage entre mon quotidien professionnel, certes excitant, et mes valeurs profondes. En moi, cette voix qui me disait : « Ne vas-tu pas passer à côté de ta vie en restant dans le business, sans agir pour la cause qui t'anime ? » devenait de plus en plus insistante. À un moment donné, l'indignation ne suffisait plus, il fallait passer à l'action et mettre mon énergie au service de cette cause qui m'appelait.

J'ai commencé comme bénévole au Samu social, puis Martin Hirsch m'a mis en contact avec Emmaüs où j'ai décidé de partir travailler. J'étais alors commercial dans une grande entreprise high-tech. J'appréhendais l'annonce de mon départ, je craignais de passer pour un « sentimental ». Au contraire, ma décision a créé une onde de choc dans l'entreprise : tout le monde est venu me soutenir et m'a dit son aspiration à faire la même chose. Mon patron de l'époque est d'ailleurs devenu bénévole à mes côtés puis président d'Emmaüs Défi ! Il y a, dans les entreprises classiques, des réserves d'humanité qui ne trouvent pas forcément l'occasion de s'exprimer...

Chez Emmaüs, je me suis senti complètement à ma place mais j'étais aussi dans une forme d'inconscience complète, état d'esprit nécessaire pour emprunter un chemin hors des sentiers battus. Jeune papa, je divisais mon salaire par quatre, amenant notre foyer à passer par des moments très tendus financièrement... Je ne remercierai jamais assez mon épouse pour son soutien sans faille ! Aujourd'hui, tout va bien, mais il m'arrive d'être parfois rattrapé par le doute, car mon parcours personnel n'est jamais complètement sécurisé. Dans ces moments, je regarde dans le rétroviseur et le sentiment d'avoir fait le bon choix m'apporte un peu de réconfort.

Un engagement sensible et personnel

Entreprendre autrement, dans un projet à portée sociale, c'est savoir faire sa juste place à la sensibilité. J'essaie ainsi de mettre en résonance ma propre sensibilité avec la cause que je défends.

En 2007, avec Martin Hirsch, j'ai lancé Emmaüs Défi, qui offre un emploi à des personnes vivant dans la rue tout en leur cherchant un logement stable. Nous avons démarré avec les moyens du bord : deux camionnettes données par Gaz de France, un ancien garage Renault désaffecté que nous avons transformé en bric-à-brac, et nous voilà prêts pour accueillir Xavier et Gaël, deux SDF du canal Saint-Martin, les deux premiers salariés d'Emmaüs Défi. Nous parons au plus urgent avec peu de moyens, c'était une aventure folle... Pour éclairer le garage, nous branchons 40 rallonges sur une seule prise électrique ! Un jour, le directeur du Travail qui accompagnait le préfet, venu nous rendre visite, me dit très gentiment : « Ne dites jamais que je suis venu ici, sinon, je dois vous obliger à fermer ! » Emmaüs Défi compte aujourd'hui 200 salariés dont 150 anciens SDF... et est conforme aux normes incendie !

Avec Emmaüs, j'ai pu exprimer pleinement mon esprit entrepreneurial au service des gens à la rue. En 2010, je lançais Emmaüs Connect pour réduire la fracture numérique des familles pauvres ; en 2011, je démarrais la Banque solidaire de l'équipement pour équiper l'appartement de familles qui avaient été longtemps hébergées à l'hôtel. En 2012, j'initiais le programme Convergence afin d'améliorer la prise en charge globale des grands exclus.

Cependant, à ce moment-là, j'avais pour ces projets une vision très orientée vers le résultat et la performance, avec des indicateurs et des objectifs chiffrés qui rendaient l'âme des projets parfois peu palpable. À force de tableaux de bord et de recherche d'efficacité, mon discours devenait automatique et répétitif, comme si, avec mes équipes, nous étions devenus des « machines à faire de l'insertion ». Je me sentais comme « sec » ; j'éprouvais le besoin profond de me reconnecter avec le sens de mon action, de me nourrir du « pourquoi je me bats », pour m'en imprégner plus fortement et pouvoir insuffler l'âme du projet aux équipes.

À cette période, j'ai commencé à prendre chaque semaine une demi-journée d'isolement, pour moi, dans un lieu calme. Pour créer un espace de vide qui m'invite à revenir sur la finalité de mon action et à me recentrer. C'est aussi un moment de retour sur ce qui a pu m'interpeller ou me faire souffrir, sur les choses qui ne m'inspirent plus ou, au contraire, pour m'imprégner de la parole de personnes qui m'inspirent, comme l'abbé Pierre dont je retiens l'enseignement principal : la vraie solidarité n'est pas d'aider une personne, c'est de permettre à cette personne d'aider quelqu'un qui souffre davantage ; ce n'est pas qu'elle reçoive, c'est de permettre qu'elle puisse donner.

Enfin, cette demi-journée hebdomadaire est une manière de faire place à la gratuité de la réflexion et à ce qui peut émerger de là. Cette notion de gratuité est d'ailleurs au cœur de l'activité de service chez LuLu dans ma rue : rendre service à l'autre, c'est bien plus qu'une prestation avec une facture, c'est aussi une rencontre. L'aboutissement de LuLu c'est que, dans chaque service rendu, au-delà du professionnalisme, chaque LuLu mette une petite part de lui-même !

Manager autrement

Le mode de management, la manière de travailler au sein de mon équipe représentent un autre aspect très important.

Chez LuLu, nous faisons le pari de la bonne humeur : au quotidien, nous essayons de faire tomber l'armure pour créer un environnement professionnel différent. La gentillesse, l'écoute, la fragilité ont toute leur place dans nos relations professionnelles. Aujourd'hui, dans le monde de l'entreprise, ces valeurs sont vues comme des valeurs « Bisounours », des valeurs de « faibles ». La loi du plus fort prévaut avec l'idée que, pour s'en sortir, il faudrait être dur, rouler pour soi et manger les autres avant de se faire manger... Cette approche crée beaucoup de souffrance, alors pourquoi ne pas essayer de créer un environnement différent ? Que peut-on perdre à faire ce pari de la bienveillance ?

En tant que manager, j'essaie de porter des valeurs qui vont dans ce sens, avec humilité et détermination. Nous avons bien sûr des valeurs assez classiques comme le fait de travailler dur ou d'accorder une grande place à l'esprit d'équipe, mais ce pari de dire qu'on travaillera mieux si tout le monde apporte un peu de sourire, d'attention à l'autre et d'humour est, je pense, encore atypique. Cela crée une ambiance de travail tout à fait remarquable et énergisante, caractérisée par la joie et l'ouverture. Au sein de l'équipe, ce principe est posé et relayé par les salariés qui se le sont vraiment approprié.

Au-delà d'un état d'esprit, cela passe concrètement par différentes actions et par de petits gestes : recevoir personnellement chacun des nouveaux salariés que je recrute ; rappeler régulièrement que nous avons le pouvoir de rendre positif chaque moment vécu dans l'entreprise ; accorder à chacun un droit à l'erreur avec sincérité ; essayer de parler de ses difficultés voire de ses fragilités dans certains projets... Cela n'exclut pas de sanctionner les comportements inappropriés, voire de licencier un salarié en cas de manquements graves.

Ce pari de la bienveillance n'est pas sans difficulté ; il faut être conscient des écueils qu'il peut induire : une certaine hypocrisie dans la bienveillance, le consensus mou, l'évitement des sujets difficiles... Il est aussi très fragile : il suffit que plusieurs d'entre nous doutent et cessent, pendant un moment, de jouer le jeu avec sincérité pour que cet équilibre soit mis en péril...

On tâtonne donc mais, même si ce choix reste un équilibre précaire, on y croit, car nous sommes encouragés par des résultats tangibles. En effet, les valeurs de bienveillance ont un vrai retour sur investissement d'un point de vue managérial : par rapport au temps travaillé, la productivité est très forte ! Cela est lié au fait qu'il n'y a pas de déperdition d'énergie dans les équipes : nous évoluons dans un environnement de confiance, sur un mode très collaboratif, avec beaucoup d'écoute, dans la recherche de solutions et dans un grand respect de chacun.

Il faut souligner que la pandémie de Covid, avec toutes les problématiques qu'elle nous impose, rend cet aspect encore plus précieux : dans cette tempête, nous nous sentons fragiles mais aussi forts et soudés, en parvenant à garder un fonctionnement souple. Permettre à la fragilité de s'exprimer induit du collectif et une dynamique d'entraide, puisqu'en se montrant fragile, on fait passer à l'autre l'idée qu'on a besoin de lui pour fonctionner.

Travailler dans le domaine de l'insertion m'a permis de grandir tout en restant humble par rapport à mon action. Au départ, je voulais « sauver des gens », mais j'ai vite compris que c'était un peu plus complexe que ça !

Je me souviens, dans les débuts d'Emmaüs Défi, d'avoir accueilli un jeune, Loutfi, vivant dans la rue, dépressif et seul ; il était détruit par l'alcool. Après des mois de travail, je me souviens de son parcours d'insertion, de reconstruction personnelle : il était travailleur, intelligent, enjoué, charmant... Sa première vente chez Emmaüs Défi avait été un des plus beaux jours de sa vie. Je me rappelle son visage à son retour de vacances, en cet été 2008 : il était beau et rayonnant. Je me souviens de cette joie profonde que j'éprouvais en me remémorant ses premiers jours chez Emmaüs Défi. Puis, quelques semaines après, il a disparu. Des mois plus tard, quelqu'un m'a dit l'avoir vu en guenilles dans un recoin de l'aéroport de Roissy. Après l'inquiétude, c'était la gifle ! Quelle remise en cause : comme si ma « *success story* » se brisait d'un seul coup !

C'est finalement un ami psychiatre qui m'a aidé en m'expliquant que les personnes impliquées dans ces parcours ascendants peuvent parfois prendre la fuite car elles craignent de retomber, d'échouer à nouveau, de manière encore plus difficile. Ça fait mal d'apprendre ! Et j'ai retenu que sauver les autres ne dépend pas de nous ; ce sont les personnes concernées qui peuvent elles-mêmes s'en sortir. Tout ce que nous pouvons faire, c'est tenter d'aplanir les obstacles sur leur chemin. Notre rôle, c'est de leur offrir un lieu d'espoir, un lieu où l'on croit en elles, une main tendue, un lieu pour accueillir à nouveau Loutfi, pour un nouveau départ, avec la même énergie et le même enthousiasme.

La démarche de réinsertion m'a aussi appris à mieux considérer l'autre pour ce qu'il est, car elle suppose de s'appuyer sur les qualités et les talents de chaque personne. Personne ne sait rien faire, personne n'a aucun talent. L'ambition de LuLu dans ma rue est de dévoiler les talents de chacun pour les mettre au service des autres, et nous trouvons des pépites tous les jours ! En agissant dans ce sens, je participe à la construction de la société que je rêve de voir émerger demain : une société où chacun aura sa place, y compris les plus fragiles, et où toutes ces personnes isolées, laissées sur le bord de la route, seront le lien qui redonne vie à nos villes.

La part de rêve

Entreprendre autrement, c'est avoir foi dans son rêve profond et lui permettre de s'exprimer en le confrontant au réel, en acceptant la difficulté de ce pour quoi on se bat : pour moi, il s'agit de mettre l'efficacité économique au service de l'impact social et d'une société plus humaine. Quand on croit en son rêve profond, on s'aperçoit que cela suscite l'envie et l'inspiration chez beaucoup de gens, et l'on est porté à son tour par l'énergie de centaines de personnes qui ont envie d'y croire avec vous : amis, bénévoles, fonctionnaires, avocats, investisseurs, acteurs politiques, partenaires...

Passer du rêve à la réalité est un chemin exigeant et difficile, qui traverse des périodes de remise en question et de doute. Mais quand je doute, je pense à tous ceux qui croient en mon rêve avec moi ; je me rends compte que cela me dépasse un peu et ça m'aide à avancer... C'est extraordinaire !

Voir : Inclure ; Joyeux.

Entreprendre en banlieue, c'est entreprendre le monde

par Yacine Djaziri,
entrepreneur et président du réseau d'entrepreneurs des quartiers La Nouvelle PME

« Là où il y a une volonté, il y a un chemin. »

Les difficultés en France pour entreprendre sont multiples et sans doute plus importantes si on est originaire des quartiers populaires. Par le seul déterminisme de votre adresse postale, vous cumulez le plus souvent l'absence de moyens, de réseaux, d'expertises et de savoirs. Fort de ce sévère constat, vous devez nécessairement compenser cela par une volonté hors normes, que je nomme pour ma part « la grinta » de réussir vos projets ; cela vous oblige à trouver des solutions différentes et souvent audacieuses mais aussi d'avoir soif d'apprendre, de comprendre, afin de compenser ces « handicaps ». Avec comme prérequis de croire en soi sinon on ne fait rien.

Cette « grinta », combinée à l'absence de peur de perdre l'argent que vous n'avez pas, vous ouvre de très larges horizons souvent insoupçonnés si vous osez déplacer vos propres frontières. Je suis convaincu à l'instar de Mark Twain (qui affirmait qu'ils ne savaient pas que c'était impossible c'est pour cela qu'ils l'ont fait) que personne ne connaît la limite de ce qu'il peut accomplir.

Déterminismes et plus si affinités

Milieu des années 1980, collège Évariste-Galois au cœur des Pablo Picasso, quartier populaire de 22 000 habitants à Nanterre.

J'ai 14 ans, je suis en classe de 3e avec sur la table une rédaction à rédiger au sujet des plus classiques : « Imaginez-vous dans dix ans ». Ma copie, rendue deux semaines plus tard, a obtenu une excellente note mais surtout elle a fait le tour de la salle des profs en provoquant l'hilarité de cette vénérable enceinte ! Pour quelle raison ? Simplement parce qu'elle me projetait à 24 ans, visiblement de façon surprenante dans le contexte, à la tête d'une chaîne de magasins de sport avec à mes côtés une superbe amazone, heureux propriétaire d'une grande et belle maison et accessoirement d'une écurie de voitures de luxe...

Visiblement à l'époque, le nombre d'entrepreneurs issus desdits « quartiers difficiles » était très modeste et par conséquent les modèles de réussite de ce formidable levier d'élévation sociale quasi-epsilon. Ce qui de nos jours fort heureusement n'est plus vrai, et pour cause le taux de création d'entreprises dans ces territoires périphériques est quasiment identique sur 1 000 habitants à celui dans les autres zones de l'Hexagone. C'est essentiel, convaincu que pour élargir le champ des possibles et détourner l'ascenseur social rien ne vaut de bons modèles inspirants.

À ce titre, si je n'avais pas su selon la légende familiale que mon grand-père parti adolescent pieds nus sous la neige de Kabylie, vers la capitale avait bien plus tard créé un grand garage mécanique et un atelier en carrosserie. Mais aussi acheté plusieurs lots de terrains sur Alger au début des années 1960 après avoir trimé de nombreuses années avec deux emplois (peintre carrossier chez Renault le jour et gardien de nuit au port d'Alger), mon parcours d'entrepreneur n'aurait sans doute jamais vu le jour. Cette *success-story* familiale a contribué de façon incommensurable à élargir mon horizon et à saisir intimement la force de croire en soi et à ses rêves par le travail et l'ambition ! Bases essentielles pour toute personne qui souhaite entreprendre.

La quête du savoir :
« Le hasard favorise les esprits préparés. »

Louis Pasteur

Se poser, lire, apprendre, découvrir, analyser, simplement se cultiver sont considérés trop souvent comme de véritables luxes lorsqu'on est issu de familles modestes. Le temps est à la fois fuyant et astreignant lorsque l'horizon se limite avant tout à satisfaire ses besoins vitaux. L'essentiel reste inexorablement de se nourrir, se loger et assumer le minimum de confort à sa famille. En somme gagner âprement sa vie ! En conséquence, prendre des heures à lire en pleine journée pour savoir et comprendre ne paraît pas intuitivement productif ! Convaincu par un insidieux conditionnement, que c'est bon uniquement pour les feignants ! Et pourtant c'est bien évidemment tout le contraire, le pouvoir des mots et de la connaissance sont si précieux pour s'affranchir de ses déterminismes et permettre de belles et parfois d'opportunes rencontres.

1998 : quel était l'événement majeur de cette année en France ?

La Coupe du monde de football chez nous ? Oui sans aucun doute mais pas pour moi, le passionné de football ! J'ai quasiment dû occulter ce fantastique moment de communion nationale ! C'était à titre personnel surtout l'année de la création de ma première entreprise à l'âge de 28 ans dans le BTP après cinq ans de salariat en tant que coordinateur jeunesse au sein de ma ville avec seulement 13 000 francs d'économies soit près de 2 000 euros : avec au programme journalier (radio ?)actif : 6 h 30 du matin, courses pour alimentation chantiers et travaux sur sites + rendez-vous clientèle jusqu'à 18 heures ensuite ne connaissant pas au départ grand-chose au bâtiment (avec pour seule expérience l'application du papier peint de ma chambre et encore pas très bien réalisé), foncer au cours du soir du remarquable CNAM (Centre national des arts et métiers) et de l'ICH (Institut de la construction et de l'habitation) avec des formations de gestion et d'ingénieur bâtiment, afin de maîtriser son métier. Quel que soit le métier choisi, la maîtrise de ce dernier est un facteur essentiel à la réussite. C'est bien vos compétences et votre maîtrise métier qui apporteront votre différenciation dans un secteur par essence concurrentiel.

Avec en complément pour mon bon plaisir des cours du soir de droit immobilier afin de maîtriser pleinement mon projet pas totalement assumé à l'époque de promoteur immobilier. J'ai pu construire grâce à ces seuls cours de droit immobilier 120 mètres carrés supplémentaires sur deux opérations à 5 000 euros du mètre carré soit près de 600 000 euros alors que mon voisin de l'époque et les services fonciers de la ville m'avaient affirmé mordicus au départ que c'était impossible ! Sans compter l'exploit de faire annuler au tribunal administratif une DUP (déclaration d'utilité publique) et ainsi faire condamner à ce titre la préfecture des Hauts-de-Seine pour poursuite abusive. Il paraît que nul n'est censé ignorer la loi…

Ce qui est fantastique dans ce beau pays qu'est la France, c'est qu'avec de la volonté et du travail, doté d'un peu de jugeote, vous pouvez vous former sérieusement et maîtriser n'importe quel métier, à n'importe quel âge ! J'ai depuis ma très modeste expérience de papier peint de ma chambre construit grâce à mes diverses formations deux immeubles en centre-ville de Nanterre et Saint-Denis et les acquéreurs après plus de dix ans me sont toujours reconnaissants. J'ai aussi depuis travaillé régulièrement avec des grands groupes dans l'hôtellerie et la restauration ou encore dans les transports.

Tout le monde ne peut être entrepreneur et pour cause le pire des patrons c'est soi-même mais pour peu que l'on soit ambitieux, travailleur, multitâches, et que l'on supporte de (trop ?) nombreux sacrifices, c'est possible. Mais c'est à la portée de chacun et chacune si vous êtes profondément convaincu de vos projets et vous vous donnez véritablement les moyens de réussir.

L'argent n'est pas un problème !

Cela peut paraître paradoxal mais le manque d'argent ne doit jamais être un frein à l'ambition d'entreprendre ! Pour rappel j'ai démarré avec 2 000 euros d'économies et j'ai réussi à porter des projets de constructions et de travaux de plusieurs millions d'euros. Cette absence de « grisbi » vous contraint seulement à être plus astucieux afin de trouver des chemins de traverses, dans le cadre de la loi cela va de soi !

Je ne me suis pas ou très peu payé durant les premières années et réinvestissais systématiquement tout mon modeste capital dans mon entreprise afin de grossir toujours plus, je faisais à l'instar de Monsieur Jourdain, du développement stratégique cher à Xavier Fontanet sans le savoir. Et ce malgré les contraintes inhérentes à l'entrepreneuriat que sont le stress du manque de trésorerie, des charges telles que les cotisations sociales et autres impôts et taxes toujours trop lourds à régler, des erreurs de recrutement, etc. Payer ses charges s'avère souvent perçu comme un crève-cœur au regard de sa modeste trésorerie et de ses projets d'expansion. Pourtant, il faut toujours le faire avec fierté et responsabilité de citoyen engagé pour une société solidaire. Même si à mon sens il serait plus pertinent de moins taxer l'emploi afin de le favoriser et taxer plus sérieusement certaines fortunes très en réussite qui pourraient contribuer ainsi un peu plus à la solidarité nationale...

Fort heureusement, j'avais durant toutes ces années de vaches maigres, le soutien logistique personnel (blanchisserie, repas et jus d'orange pressé matinal assurés par la maman) et surtout le soutien moral sans faille de ma famille. Ces soutiens sont des forces précieuses voire vitales à toute réussite entrepreneuriale. Avec comme petite maxime personnelle pour me remotiver dans les moments de doutes : « Si c'était facile tout le monde serait patron ! »

Engagements personnels lourds mais payants : j'ai pu constituer un patrimoine immobilier conséquent qui depuis quinze ans m'assujettit avec un certain orgueil à l'ISF et me permet à défaut d'ascenseur de me catapulter en passant par de multiples échafaudages dans d'autres strates sociales. J'ai compris très tôt, fort de l'exemple de mon aïeul mais aussi de mes lectures glanées à la bibliothèque municipale, notamment de revues spécialisées sur l'entreprise, que l'on ne pouvait s'enrichir sérieusement en restant salarié. J'avais pour ambition folle de ne plus être obligé de travailler après 40 ans.

L'objectif était sans doute un peu candide, j'en conviens aujourd'hui mais il a longtemps été un moteur. Connaître son moteur décuple les forces synergiques. J'avais saisi intuitivement que la véritable réussite financière n'était pas de travailler pour l'argent mais que l'argent travaille pour soi !

Au bout de quelques années de labeur, j'ai un patrimoine respectable, j'ai construit au cœur du centre-ville de ma commune ma propre maison et aussi juste à côté celle de la maman et dans ma lancée aussi celle de ma sœur. Et pour le clin d'œil, j'ai pu suivre sur place durant trois semaines avec toute ma petite famille la Coupe du monde de football 2014 au Brazil !

Impact social ou comment (re)donner le sourire à la vie

> « Un sourire coûte moins cher que l'électricité, mais donne autant de lumière. »
>
> Abbé Pierre

Être riche financièrement sans impact humain et social au sein de notre société, bonjour tristesse !

Étant depuis tout jeune, de par mon éducation, ambitieux socialement mais aussi humainement, je ne concevais pas de réussir seul en cherchant uniquement le gain financier. C'est pourquoi, j'ai tout naturellement intégré dans mon parcours entrepreneurial l'action d'insertion des publics en difficulté. Les fragiles, les sans formation, les anciens (pas toujours anciens) drogués, alcoolos, délinquants, sortis de prison, les sans-papiers etc.

Ceux que j'appelle les cassés de la vie. Ceci représente factuellement en chiffres, en près de vingt ans d'entrepreneuriat social, une centaine de personnes avec 80 % de retour à l'emploi et une quinzaine de sans-papiers régularisés. Avec des aides de l'État qui ne représentaient au grand maximum que 2 % de mon chiffre d'affaires ! Dois-je préciser que la plupart de mes clients n'ont jamais su cette ambition d'insertion ? Ce qui est légitime à mon sens car pour n'importe quelle prestation de service chacun aspire à un prix, un délai et à une qualité, le reste est considéré comme accessoire...

Ma réussite est aussi pour ne pas dire surtout celle-là ! Ce n'était pas toujours facile d'entreprendre dans ce cadre loin s'en faut, cela a sans doute ralenti à certains moments délicats ma progression entrepreneuriale.

Mais le plaisir de rencontrer dans ma ville notamment le dimanche matin au marché d'anciens jeunes galériens vous saluer respectueusement avec un sourire apaisé et parfois avec fierté vous présenter leur famille, cela vaut à mon sens tous les comptes offshores du monde !

Discrimination dans l'entreprise, la belle affaire…

La discrimination est la traduction à mon sens de la peur de l'autre. Cet autre que l'on ne connaît pas, que l'on n'arrive pas à définir, à saisir. Elle peut être raciale mais aussi sociale ou de genre. Travailler avec quelqu'un ; embaucher ; commercer c'est prendre un risque. Et comme tout un chacun personne n'aime prendre de risque ni sortir de sa zone de confort, sans y être contraint. Il est beaucoup plus rassurant d'embaucher ou de travailler avec quelqu'un qui a fait le même cursus scolaire et qui surtout a les mêmes codes sociaux. On peut difficilement empêcher un imbécile de se confondre dans sa bêtise et ses peurs. Par contre tout être humain agissant par intérêt, c'est à la personne perçue différente et qui démarche, de démontrer son savoir-faire professionnel, sa compétence, sa plus-value et par conséquent de rassurer son interlocuteur et le convaincre de collaborer ! En cas d'échec toujours possible face à la bêtise crasse, c'est au final à mon sens une bonne chose. En effet, il faut aller de l'avant et trouver d'autres terres de conquêtes, de nouveaux marchés et s'épargner ainsi la peine de collaborer avec un imbécile visiblement pas heureux.

En trente ans de carrière, je n'ai jamais à ma connaissance subi directement de discrimination. À l'exception peut-être du jour où je m'apprêtais à signer une caution personnelle dans le bureau de la directrice de ma banque afin d'obtenir un découvert conséquent suite à l'obtention d'un important marché de rénovation d'une grande salle de sport à Paris.

Cette dernière m'invite à préciser sur son formulaire mon patrimoine immobilier, ce que j'ai fait naturellement. Ce qui était beaucoup moins naturel, c'est le bond qu'elle a réalisé littéralement au-dessus de son beau fauteuil de directrice devant mon conseiller en poussant dans un cri totalement inadapté : « Quoi ! Vous ? Vous avez tout cela, ce n'est pas possible ! » Avec en sous-titre sur les traits de son visage : « Ce n'est pas possible et moi du haut de ma fonction je n'aurai jamais accès à cela. » Ma réponse fut cinglante et provoqua un sourire gêné de son collaborateur présent : « Madame, je ne saisis pas qui est ce "vous" ! Pouvez-vous préciser ? Pour ma part cela fait près de dix ans que je me lève à l'aube et travaille sans relâche jusqu'au soir et je n'ai jamais rien volé ! », cette dernière, toute penaude, passa vite à autre chose et conclut le rendez-vous encore plus vite. Le conseiller bancaire présent avec qui j'avais toujours eu d'excellents rapports me raccompagna à la porte, confus, et s'excusa platement de l'incident.

La lutte en France contre la distinction pernicieuse, consciente et souvent inconsciente, entre le « vous » et le « nous » est un combat nécessaire contre toutes les discriminations, afin, enfin, de « Faire société », expression chère à mon ami sociologue Jacques Donzelot.

La reconnaissance et l'estime déplacent les montagnes

Pas de décollage sans ego. En effet, il est fortement recommandé d'avoir une bonne estime de soi et d'être convaincu de son projet afin de convaincre son monde ! Les rencontres font les hommes et les femmes qui transcendent les projets de vie et les projets d'entreprise.

Au printemps 2010, dans la grande salle prestigieuse de la CCI de Paris, mes ouvriers sont fous de joie ! Nous venons de remporter en finale face à Coca-Cola le prix des Espoirs du management ! Le jury composé d'une centaine de personnes a apprécié cette composition délicate de véritable *business clients* et d'impact social de mon entreprise auprès des salariés. Pour l'occasion, M. Xavier Fontanet, PDG d'Essilor, fleuron de l'industrie française, me remet le trophée et j'enchaîne un petit discours improvisé à la tribune sur les valeurs portées par mon entreprise. Suite à cela nous passons aux petits-fours et Monsieur Fontanet vient me féliciter pour la qualité de mon laïus en me disant : « Je vous ai bien écouté et vous irez loin, cher monsieur » et moi, lui répondant du tac au tac et peut-être par défiance d'un monde à l'autre : « Mais moi, monsieur, je croyais que j'étais déjà arrivé ! »

Sa réponse m'a démontré si c'était nécessaire toute l'intelligence du personnage qui au lieu de se vexer m'a répondu : « Vous avez de la repartie cela me plaît et j'aimerais beaucoup vous revoir. » Ce que nous avons fait malgré son emploi du temps de folie de PDG faisant plusieurs fois le tour du monde à la tête d'un mastodonte du CAC 40. L'intérêt principal de cette belle rencontre à mon sens réside, dans la volonté de deux hommes aux cultures et aux parcours totalement différents, de vouloir se comprendre et de faire de ces différences une force.

Un des plus beaux fruits produits par nos échanges avec Daniel Hierso, président d'outre-mer Network, est la création des JDS (les Jeudis de la stratégie) qui ont initié à la stratégie sous les bons auspices de HEC en cinq ans près de 2 000 entrepreneurs des quartiers mais aussi d'outre-mer et d'Afrique.

De cette belle rencontre d'un homme d'exception qui parle avec la même simplicité à un ministre ou un entrepreneur BAC – 5, j'aime retenir notamment deux choses : avec son entreprise il faut toujours viser l'excellence en cherchant à être numéro un (de sa rue, de son quartier, de sa ville, de sa région, etc.), et surtout que l'on est jamais arrivé à destination et qu'il faut par conséquent réévaluer à chaque étape visée, ses projets, ses ambitions mais aussi ses rêves toujours en cherchant à évoluer.

Au regard de mon humble expérience évoquée à travers ces quelques lignes, je suis convaincu que nul n'est contraint de subir son assignation sociale et/ou territoriale !

Il dépend de chacun et chacune si il ou elle l'estime nécessaire de changer son monde et par ricochet le monde !

Voir : Ascenseur social ; Créer ; Inclure.

Entreprendre en couple

par Mathilde Thomas,
fondatrice de Caudalie

Créer une entreprise en couple, c'est une aventure très forte, qui comme le mariage, nous unit pour le meilleur et pour le pire. Quand ça fonctionne, c'est le secret du bonheur ! Mais quand les affaires vont mal, c'est souvent à double tranchant. Bien plus qu'une simple aventure amoureuse, c'est l'aventure de toute une vie, avec encore plus de hauts et de bas qu'un couple ordinaire. Mais c'est aussi une grande complicité et beaucoup de fierté partagée quand on voit le chemin parcouru à deux. C'est ce qui nous permet de grandir, aussi bien en tant qu'entrepreneurs qu'en tant que couple. Dès que nous nous sommes rencontrés, l'histoire était écrite ou presque...

La rencontre

Je suis née à Grenoble dans une famille très soudée, au moral d'acier et aux valeurs très fortes, notamment celle du travail bien fait. L'esprit entrepreneurial en couple coule dans les veines de ma famille depuis toujours, mes parents en sont le parfait exemple. Hyperactifs et anciens champions de ski, ils se sont rencontrés en Équipe de France, et ont enchaîné les aventures professionnelles à deux : d'abord Genty-Cathiard, une entreprise alimentaire familiale, puis Go Sport, et enfin les vignes du Château Smith Haut Lafitte, là où toute l'aventure Caudalie a commencé. Lorsque nous nous sommes rencontrés avec Bertrand, nous avions 19 ans et étions tous les deux en prépa HEC. Je rêvais d'un avenir dans l'industrie du parfum ou de la cosmétique, Bertrand, lui, avait très envie de créer son entreprise. Au départ, on cherchait un projet à reprendre, mais la plupart du temps on nous présentait des entreprises moribondes. Rien de très concluant, ou en tout cas, rien qui correspondait réellement à nos envies communes. Plusieurs choses ont fait que nous avons continué à chercher : nos parents d'abord, qui ont été de véritables mentors pour Bertrand et moi et qui nous encourageaient grandement à travailler ensemble, notre amour l'un pour l'autre et surtout notre complémentarité. Puis il y a eu cette rencontre qui a été décisive… Pendant la saison des vendanges en 1993, nous avons fait la connaissance du professeur Vercauteren. Spécialiste des polyphénols, il nous explique que la vigne et le raisin offrent des pouvoirs exceptionnels pour la peau, notamment les pépins de raisin qui sont les plus puissants antioxydants du monde végétal. En voyant que l'on s'en séparait à la fin de chaque récolte, le professeur Vercauteren s'est écrié : « Mais savez-vous que vous jetez des trésors ? » Cette phrase, ça a été comme un déclic, et depuis ce jour, on ne s'est plus quittés.

Sauter le pas à deux

Aux prémices de Caudalie, l'avantage d'être en couple était considérable : on partageait nos échecs, nos victoires, on relativisait les tracas que l'on rencontrait et on arrivait à voir au-delà des obstacles… même lorsqu'on était séparés ! L'idée de créer une cosmétique issue de la vigne a très vite germé dans nos esprits. Chacun de notre côté, dans nos écoles de commerce respectives, on a commencé à se pencher sur des business plans… avec plus ou moins de succès ! Bertrand avait notamment présenté le projet à l'initiative de Caudalie en examen de fin d'études et a fait un véritable flop. Aucun des professeurs n'y croyait, mais ça n'a pas suffi à nous décourager. En 1994, nous avons déposé notre SARL et en 1995, les premiers produits de beauté Caudalie étaient lancés. Bertrand faisait du porte-à-porte auprès des pharmaciens pour trouver de futurs revendeurs, quant à moi je faisais le tour des rédactions et j'assurais les animations. Malgré toutes ces incertitudes et des débuts assez laborieux, il y avait très peu de tensions entre nous. On s'est toujours fait confiance, et on a toujours écouté l'autre. On se relevait plus forts de nos déceptions, et on se rapprochait davantage quand on franchissait un cap. Il n'a jamais été question que l'un de nous devienne salarié pour minimiser les risques, car on avait constamment besoin l'un de l'autre pour avancer, même si on avait parfois quelques appréhensions. Plus qu'un projet de couple, c'était un projet de vie. On ne s'est pas associés simplement parce qu'on formait un couple solide, mais surtout parce que nos profils se complétaient et parce que nous étions parfaitement complémentaires, et ce depuis les bancs de la prépa. L'un était bon dans certains domaines et arrivait à combler aisément les difficultés de l'autre. On connaissait par cœur nos faiblesses et nos forces, un élément essentiel quand il faut se soutenir mutuellement. Nous n'avons jamais manqué de vigueur ni de motivation : on aimait le travail consciencieux, celui qui nécessite efforts et persévérance ; sans doute un héritage de notre éducation. À nos yeux, tout était possible, il fallait seulement se lancer.

Avant même d'être mariés, nous étions déjà engagés dans l'aventure de toute une vie. On peut même dire que Caudalie nous a unis pour la vie ! On avait la chance d'être jeunes, enthousiastes... et sans doute un peu naïfs ! Heureusement peut-être, car si à l'époque on avait su la quantité de travail que cela représentait de développer un réseau de distribution aussi gigantesque, je ne sais pas si on aurait tenté l'expérience aussi rapidement. Pour certains couples, prendre des risques à deux peut être effrayant, pour nous c'était naturel. On savait depuis le début qu'on allait passer notre vie ensemble, c'était une évidence.

Caudalie, c'est finalement notre premier enfant, et je ne me suis jamais imaginé une seule seconde mener cette aventure sans Bertrand : être seule aux manettes de l'entreprise me paraît tout simplement impossible.

Les premiers à avoir cru en Caudalie, c'est la pharmacie des Grands Hommes à Bordeaux : ils étaient touchés par l'histoire des pépins de raisin et par le fait de voir un couple derrière le projet. D'autres étaient plus sceptiques, alors pour ne pas perdre en crédibilité, il a fallu très rapidement délimiter nos territoires. Finalement, ça s'est fait assez naturellement. Bertrand était sur l'aspect commercial, moi sur les produits et l'image de marque. Nous n'avons jamais marché sur les plates-bandes de l'autre, rester maître dans son domaine est la clé pour éviter les conflits. L'un des exemples les plus parlants de cette règle est sans doute quand nous avons lancé l'Eau de Beauté : sa formule est inspirée de l'élixir de jeunesse de la reine de Hongrie, c'est un produit que j'adore car il est à la fois multifonctions et ultra-sensoriel... Bertrand avait du mal à croire au succès de ce produit hybride, il trouvait son odeur bizarre et ne comprenait pas son utilité ! Mais il m'a fait confiance, et l'Eau de Beauté a rapidement connu le succès escompté : aujourd'hui c'est l'un de nos produits cultes, et ses mérites sont vantés aux quatre coins du monde par de nombreuses personnalités.

Peu de temps après notre lancement, le rythme de travail s'intensifiait de plus en plus. Il fallait se rendre à l'évidence : on n'arrivait plus à tout gérer face à l'ampleur et la diversité des projets, il était donc essentiel de recruter. Étoffer ses équipes quand on commence une aventure à deux, ça peut effrayer au premier abord, puisque ça suppose de laisser entrer des personnes au sein du couple. En réalité, pour nous, ça a été un véritable soulagement ! À nouveau, on a fonctionné comme on l'a toujours fait : foncer sans trop se poser de questions, s'écouter et faire confiance à son instinct. En seulement deux ans, une trentaine de personnes ont alors rejoint l'aventure Caudalie. La journée, on endossait nos rôles de chefs d'entreprise chacun de notre côté en essayant tant bien que mal de ne jamais laisser transparaître nos différends auprès de nos collaborateurs. En réalité, c'est plutôt le soir, quand on est de retour à la maison qu'il est difficile de délimiter la vie professionnelle et la vie personnelle.

L'équilibre vie personnelle/vie professionnelle

Pendant très longtemps, on n'arrivait pas à décrocher, et il ne se passait pas un jour sans que l'on ramène nos histoires de boulot à la maison. Je suis sans aucun doute la plus mauvaise élève des deux, j'ai encore souvent du mal à mettre mon cerveau en pause et à m'octroyer du temps. On a beaucoup parlé de Caudalie à la maison quand nos enfants étaient petits, aujourd'hui ils nous le reprochent souvent – et la plus jeune de nos filles ne veut d'ailleurs plus en entendre parler ! Je me souviens notamment de la fois où il y avait un problème de finition sur le capot du baume à lèvres de la marque... On en parlait tellement que même les enfants ont fini par stresser et s'inquiétaient de ne pas nous voir résoudre cette affaire. À ce moment-là je me suis dit qu'on allait peut-être un peu loin, et qu'il fallait trouver un équilibre entre notre vie pro et notre vie perso dès lors que l'on quitte le bureau. Dans ces moments, il est d'ailleurs plus facile de se remettre en question quand on est deux : il n'y a pas de sujet tabou, encore moins quand il s'agit de trouver une solution pour préserver l'équilibre familial. Avec les années, des règles se sont donc naturellement installées. Désormais dès qu'on passe le pas de la porte, on se dit que les soucis restés au boulot peuvent attendre le lendemain. On essaie aussi de ne pas prendre de décision qui serait susceptible de fâcher l'autre. On respecte les rôles de chacun. Bertrand ne m'écoutera pas si je commence à lui parler de chiffres, et je ne l'écouterai pas s'il me donne son avis sur une fragrance ou sur une texture. Si les tâches ont été réparties en fonction de nos compétences, il ne faut pas aller contre ce qui a été instauré, sous peine de créer des frustrations en plus de créer des conflits.

Partage des valeurs communes

Créer une marque efficace et naturelle a toujours été notre priorité. Nous avons créé Caudalie avec la volonté de bousculer le marché de la beauté, car je crois en une cosmétique efficace, clean et raisonnée. Cette conscience écologique fait partie de nos valeurs, tout autant que l'exigence et l'excellence. Avec Bertrand, nous avons toujours été très *outdoor*, nous avons la nature ancrée en nous depuis notre enfance et nous sommes des passionnés de sports extérieurs (ski, randonnée, vélo, surf). Même pour notre voyage de noces en 1996, nous avions choisi de faire du trekking entre trois pays différents ! Face à cette biodiversité qui nous a toujours entourés, nous avons compris très tôt qu'il était indispensable de participer à sa préservation, en faisant de Caudalie la plus efficace des marques *clean* et naturelles, mais aussi la plus écoresponsable des marques de beauté. Dès 2006, nous avons supprimé tous les ingrédients superflus de nos formules (les perturbateurs endocriniens, les ingrédients d'origine animale, les dérivés de la pétrochimie, les agents irritants) et depuis 2012, nous sommes membres du 1 % pour la Planète, où nous reversons 1 % de notre chiffre d'affaires mondial à des associations qui luttent pour la protection de l'environnement. Passer d'une marque de pharmacie à une marque internationale distribuée dans des parfumeries avec un engagement environnemental et un besoin d'aller vers le zéro déchet d'ici à 2022, c'est quelque chose qui aurait été plus difficile à réaliser si nous n'avions pas été tous les deux sensibles aux mêmes causes. Ce sont des valeurs que nous partageons aussi avec nos enfants, qui influencent énormément notre façon de travailler. Ils sont en partie responsables de la révolution Caudalie, car en tant que générations futures, ils nous challengent sans cesse et sont très impliqués lorsqu'il s'agit de notre écoresponsabilité, notre philanthropie environnementale ou encore nos modes de production.

Pour autant, je ne sais pas si l'entreprise « couple » finira par devenir une entreprise familiale, fraternelle. Si les enfants expriment l'envie de reprendre les rênes, alors la question ne se posera pas. Mais avec Bertrand, on sait aussi que ce jour peut ne jamais arriver. Le plus important est que nos enfants soient épanouis, peu importe le chemin qu'ils choisiront de prendre. Si ce n'est pas celui de Caudalie, alors un jour nous saurons qu'il est peut-être temps de donner les clés de la maison.

Voir : Créer ; Développement durable ; Innover ; Planète (Une) ; Réussir… ensemble.

Entrepreneur… au cœur de l'école libérale française

par Mathieu Laine,
président d'Altermind,
professeur affilié à Sciences Po,
président de l'Institut Coppet

L'entrepreneur, une figure majeure du patrimoine libéral français

Les Français ignorent souvent que leur pays a abrité parmi les plus grands penseurs de la liberté. Ce patrimoine, qu'il nous faut réhabiliter et protéger, comme d'autres se saisissent des vieilles pierres, accorde une place première à la figure de l'entrepreneur.

De manière contre-intuitive, l'école libérale française s'y réfère bien davantage que les Anglais ou les Écossais, Ricardo et Smith en tête. Jean-Baptiste Say, qui était à la fois un entrepreneur et un auteur incontournable, avait lui-même soulevé ce paradoxe : « Les Anglais n'ont point de mot pour rendre celui d'entrepreneur d'industrie ; ce qui les a peut-être empêchés de distinguer, dans les opérations industrielles, le service que rend le capital du service que rend, par sa capacité et son talent, celui qui emploie le capital ; d'où résulte de l'obscurité dans les démonstrations où ils cherchent à remonter à la source des profits[1]. »

Chez les Français, l'entrepreneur est incontournable. De Cantillon[2] à Turgot et, bien sûr, Say, sans oublier

1. Jean-Baptiste Say, *Traité d'économie politique,* 5e édition, 1826 ; *Œuvres complètes*, Economica, tome 1, volume I, p. 116.

2. Richard Cantillon est certes né en Irlande mais il a été naturalisé Français et écrivait en français. Il est un auteur éminent de l'école française d'économie.

Courcelle-Seneuil, qui leur emboîtera plus tard le pas, nos plus grands esprits ont fait de lui la pierre angulaire du monde économique. Tous ont chanté son goût du risque, son sens de l'innovation, sa soif vertueuse de réussir et son apport à la société tout entière, faisant ainsi rimer France avec confiance et Français avec progrès.

Cantillon retient avant tout son rapport au risque dans un contexte d'incertitude. Son *Essai sur la nature du commerce en général*, publié en 1755 mais écrit au début des années 1730, lui est tout entier dédié. Dans cet ouvrage qui fera date, Cantillon en fait même une clé de lecture de la société, qu'il sépare en deux, entre ceux qui prennent des risques et ceux qui n'en prennent pas. « Tous les habitants d'un État peuvent se diviser en deux classes, à savoir en entrepreneurs, et en gens à gages ; les entrepreneurs sont comme à gages incertains, et tous les autres à gages certains pour le temps qu'ils en jouissent, bien que leurs fonctions et leur rang soient très disproportionnés. Le général qui a une paie, le courtisan qui a une pension et le domestique qui a des gages tombent sous cette dernière espèce. Tous les autres sont entrepreneurs, soit qu'ils s'établissent avec un fond pour conduire leur entreprise, soit qu'ils soient entrepreneurs de leur propre travail sans aucun fonds, et ils peuvent être considérés comme vivant à l'incertain ; les gueux mêmes et les voleurs sont des entrepreneurs de cette classe[1]. »

L'origine de cette incertitude, Cantillon la découvre dans la confrontation perpétuellement changeante de l'offre et de la demande, dont il a expliqué précédemment

1. Richard Cantillon, *Essai sur la nature du commerce en général*, INED, 1997, p. 31.

qu'elle permettait d'établir les justes prix. Tandis que les prix varient, les profits, qui ne sont autres que la différence entre le prix de vente et le coût de revient, varient également. Ainsi, ne pouvant prévoir la demande de manière parfaite, chaque entrepreneur se retrouve dans une position délicate, incertaine, puisqu'il est celui qui ne se rémunère qu'à la fin, après avoir payé tout le monde, ce que beaucoup de commentateurs contemporains oublient aujourd'hui : « Ces entrepreneurs ne peuvent jamais savoir la quantité de la consommation dans leur ville, ni même combien de temps leurs chalands achèteront d'eux, vu que leurs rivaux tâcheront par toutes sortes de voies de s'en attirer les pratiques : tout cela cause tant d'incertitude parmi tous ces entrepreneurs, qu'on en voit qui font journellement banqueroute. Le manufacturier qui a acheté la laine du marchand ou du fermier en droiture, ne peut pas savoir le profit qu'il tirera de son entreprise, en vendant ses draps et étoffes au marchand drapier. Si celui-ci n'a pas un débit raisonnable, il ne se chargera pas des draps et étoffes du manufacturier, encore moins si ces étoffes cessent d'être à la mode. Le drapier est un entrepreneur qui achète des draps et des étoffes du manufacturier à un prix certain, pour les revendre à un prix incertain, parce qu'il ne peut pas prévoir la quantité de la consommation ; il est vrai qu'il peut fixer un prix et s'obstiner à ne pas vendre à moins qu'il ne l'obtienne, mais si ses pratiques le quittent pour acheter à meilleur marché de quelque autre, il se consumera en frais en attendant de vendre au prix qu'il se propose, et cela le ruinera autant ou plus que s'il vendait sans profit[1]. »

De tous les penseurs libéraux classiques, Cantillon est sans doute celui qui a le mieux défini l'entrepreneur.

1. *Ibid.*, p. 29-30.

Turgot le voyait davantage comme cet homme industrieux ne disposant pas de capitaux pour lancer son affaire et en obtenant de quelqu'un d'autre. Quant à Jean-Baptiste Say, il le considérait, lui, comme une sorte de planificateur privé. La notion, il est vrai, tâtonnait. Nous n'en étions qu'à ses prémices.

Mais c'est bien Jean-Baptiste Say qui plaça l'entrepreneur au premier plan en en faisant l'acteur pivot de l'économie de marché : « Je vous ferai remarquer que l'entrepreneur d'industrie est l'agent principal de la production. Les autres opérations sont bien indispensables pour la création des produits ; mais c'est l'entrepreneur qui les met en œuvre, qui leur donne une impulsion utile, qui en tire des valeurs. C'est lui qui juge des besoins et surtout des moyens de les satisfaire, et qui compare le but avec ces moyens ; aussi, sa principale qualité est-elle le jugement[1]. »

On trouve aussi dans ses écrits des conseils aux entrepreneurs dont certains nous font encore réfléchir aujourd'hui. Aux manufacturiers français qu'on accusait régulièrement de dilapider une partie de leurs fonds dans des bâtiments trop fastueux, il prévenait : « L'excès de solidité est un luxe aussi nuisible que tout autre. Les établissements manufacturiers ne sont pas destinés à durer très longtemps. Les circonstances qui ont décidé leur formation changent au bout d'une certaine période ; les goûts des consommateurs varient ; d'autres produits analogues remplacent ceux que l'on fabriquait d'abord avec avantage ; une guerre ou bien des lois mal conçues, rendent mauvaises des combinaisons qui

1. Jean-Baptiste Say, *Cours complet d'économie politique pratique*, 1828 ; *Œuvres complètes*, Economica, tome II, vol. I, p. 101.

étaient bonnes dans l'origine[1]. » Pour Say, les bâtiments industriels et commerciaux doivent dès lors être légers et économiques : « Quant aux embellissements dans les édifices qu'on élève à l'industrie, ils sont encore moins justifiables. Lorsque je vois un beau portail à une manufacture, je tremble pour les entrepreneurs ; s'il y a des colonnes, ils sont perdus[2]. » Nous n'en étions pas encore à ce que l'on appelle désormais l'optimisation des frais généraux ni, surtout, aux réflexions contemporaines sur l'avenir des bureaux à l'heure du « *future of work* », mais l'intuition était déjà là.

Quelques décennies plus tard, c'est Jean-Gustave Courcelle-Seneuil qui s'intéressera à notre sujet. Dans *Liberté et socialisme*, il suggère une manière de se conduire avec ses salariés, qu'il est essentiel de lire sans biais anachronique : « L'entrepreneur cherchera à obtenir des ouvriers qu'il emploie le plus de travail possible. Pour y parvenir, il tâchera de trouver et de leur offrir les conditions qui peuvent le plus intéresser leur volonté. Il s'efforcera de les attacher à son atelier, en leur y procurant de l'air, de la lumière, de l'aisance sous tous les rapports : il les traitera affectueusement et récompensera avec soin tout travail extraordinaire, de façon à faire sentir sa volonté d'être équitable[3]. » Déjà les libéraux, injustement caricaturés de nos jours, se préoccupaient des conditions de travail et des meilleures incitations à créer pour que chacun, l'entrepreneur comme ceux qu'il a recrutés, puisse donner le meilleur dans un cadre humain, protecteur et valorisant l'effort. Déjà, le paternalisme puis l'intéressement se faisaient jour.

1. *Ibid.*, tome II, volume I, p. 296.
2. Ibid., p. 298.
3. J.-G. Courcelle-Seneuil, *Liberté et socialisme*, 1868, p. 264-266.

Souvent regardé avec envie, l'entrepreneur est, de tout temps, un véritable héros de son époque. Nos prophètes oubliés l'avaient parfaitement compris.

Entrepreneurs, unissons-nous pour le bien commun

par Thierry de Montbrial,
fondateur et président de l'Ifri,
membre de l'Institut

Enfant, quand on me demandait ce que je voulais faire plus tard, je répondais : « Artichecte. » J'avoue avoir mis un peu de temps à rectifier : architecte. Je n'avais certes pas encore lu l'*Eupalinos* de Paul Valéry, mais sans doute avais-je une vague intuition de ce qui fait la grandeur de cette belle profession : l'architecte est un entrepreneur ; il accomplit des œuvres fonctionnelles, et en cela il veut « changer le monde » ; il est réaliste, il travaille avec la nature qu'il doit maîtriser tout en la respectant ; il est donc un scientifique ; il est tout cela mais aussi et peut-être surtout un artiste. Dans l'architecture, il y a cette synthèse du réel et du rêve, de l'utile et de la beauté, de la vie les pieds sur terre et la tête dans le ciel, et c'était cela, je crois, qui fascinait tant Valéry, qui n'était pas un homme d'action. Le temps a passé, et mon attirance pour les architectes s'est étendue aux entrepreneurs dans le sens le plus large. Ce que j'aime chez l'entrepreneur, c'est une démarche comparable à celle de l'artiste. On part d'une vision, de ce qui n'existe pas ou plutôt de ce qui n'existe qu'en puissance, et on met toutes ses forces en jeu, toute son énergie, souvent pendant de longues années, pour transformer la vision en réalité, à travers de multiples épreuves surmontées.

Ayant eu la chance dans ma vie de rencontrer et de travailler avec de vrais entrepreneurs, il me plaît de reconnaître qu'ils sont rarement (je ne dis pas jamais) des hommes d'argent. La figure de l'entrepreneur ne se confond pas avec celle du commerçant. Certes, le succès dans ce métier (mais s'agit-il vraiment d'un métier ?) va généralement de pair avec la réussite matérielle. Mais les capteurs de cette réussite matérielle sont plus souvent ailleurs. Pour un vrai entrepreneur, l'argent est un moyen et non pas une fin. Il trouve le sens de sa vie dans l'accomplissement d'une œuvre. On retrouve là le rapport avec l'art. Une belle entreprise est comparable à un objet d'art. Et de même que l'art est une sorte de bien public pour la satisfaction des besoins humains les plus élevés, l'entreprise doit servir davantage que les intérêts de ses possesseurs. Il y a, dans toute entreprise, une dimension de bien commun. Cela a toujours été vrai, mais l'est encore plus au XXIe siècle, alors que l'interdépendance au niveau mondial est devenue une réalité irréversible en raison des révolutions démographiques et technologiques.

En d'autres termes, dans le monde d'aujourd'hui et de demain la multiplication de ce que les économistes appellent les effets externes fait que toutes les entreprises, grandes ou petites, sont porteuses d'une partie d'un intérêt général au-delà des frontières. Non pas que les entreprises n'aient pas de nationalité. Je crois au contraire que l'idée d'entreprise mondiale, à la mode au début de ce siècle, est une utopie. Mais, quelle que soit son identité nationale ou plutôt sa participation à une identité nationale, toute entreprise exerçant ses activités à l'échelle internationale est responsable d'une fraction de ce qu'on peut appeler le bien commun de l'humanité. Cela va très au-delà du concept familier de

« responsabilité sociale de l'entreprise » (RSE). Le capitalisme ne peut survivre qu'en s'adaptant constamment, comme l'observait Joseph Schumpeter, et de nos jours son adaptation implique une prise en compte croissante des effets globaux de l'activité des entreprises. L'œuvre d'un entrepreneur est incomplète si sa conception du beau, du bien et du vrai reste étroitement conçue. L'œuvre doit rayonner au loin.

Tout entrepreneur est donc un créateur. L'accomplissement de son rêve suppose une palette de qualités rarement réunies chez une seule personne. On trouve toujours des personnes ayant telle ou telle qualité. Ce qui est rare, ce n'est pas tant la fleur que le bouquet. Certains des plus grands entrepreneurs de notre nouveau monde sont à la fois des génies dans l'ordre de la technologie et des leaders qui ont su rassembler autour d'eux les nombreuses compétences nécessaires à leur fin, et à les entraîner derrière eux. Qu'ils semblent parfois un peu « fous » ne doit pas surprendre. Tous les artistes le sont. Tous les créateurs le sont. Au moment où ce dictionnaire paraît, celui qui surprend le plus le monde est sans doute Elon Musk, l'homme de Tesla et de SpaceX. Une question fascinante est celle des terreaux susceptibles de favoriser l'éclosion de ce genre de génie. Elon Musk est d'origine sud-africaine, mais c'est aux États-Unis qu'il a bâti son empire. Tout ce qui est à l'origine du monde nouveau est américain. Mais pourquoi ? Peut-on simplifier la réponse en la réduisant à des généralités comme la combinaison de la démocratie et de l'économie de marché, avec leurs institutions identifiées au modèle occidental ? Comment expliquer l'émergence et les succès foudroyants d'un pays comme la Chine, étranger à la culture occidentale, pour qui les valeurs individuelles sont secondes par rapport aux valeurs collectives, et dont la montée est stimulée par le désir d'une sorte de revanche contre l'Occident ? Sans entrer dans une réflexion fine à ce sujet, on peut dire que dans la culture chinoise et plus généralement dans les cultures asiatiques, l'harmonie réside dans la recherche d'un équilibre entre les valeurs individuelles et les valeurs collectives, celles-ci ne résultant certainement pas automatiquement du principe : un homme, une voix. Telle est l'essence du débat en cours sur les mérites comparés des « démocraties libérales » et des « démocraties illibérales ». Je note incidemment que cette terminologie n'est pas des plus heureuses. Néanmoins le problème sous-jacent est réel car, malgré les immenses succès du capitalisme américain, le monde occidental dans son ensemble vacille devant la Chine. Il est frappé par une sorte d'inefficacité, c'est-à-dire d'incapacité de satisfaire les demandes les plus profondes de ses populations. Or, on n'a jamais vu que légitimité et efficacité puissent diverger indéfiniment. On retrouve par là la question de la contribution des entreprises au bien commun. Le capitalisme futur devra placer au centre de ses valeurs la coconstruction du bien commun, en collaboration avec les différents acteurs des sociétés civiles, et bien sûr avec les États mais aussi les structures émergentes de la gouvernance mondiale, tout en reconnaissant la primauté des unités politiques. Car aussi importante que soit l'économie dans la politique, c'est toujours la politique qui a le dernier mot. La complexité des aspirations humaines ne se réduit jamais à l'économie pure.

Le but de l'entreprise n'est pas exclusivement économique. J'admire aussi les entrepreneurs institutionnels, qui construisent des organisations dont la finalité est la participation à l'édification du bien commun en complément de la sphère économique. Bill Gates ne restera pas seulement comme le fondateur de Microsoft, mais aussi et peut-être pour certains surtout comme le créateur d'une fondation qui contribue davantage au bien commun que beaucoup d'États. Les entrepreneurs, on en trouve dans le monde de la culture, dans celui du sport, dans celui de l'action humanitaire, mais aussi dans celui des *think tanks*. Ce dernier s'est considérablement développé depuis la fin de la Seconde Guerre mondiale, d'abord aux États-Unis. Il s'est progressivement répandu dans le reste du monde. Je n'hésite pas à donner ici la définition (un peu sèche !) du *think tank*, que j'ai mise au point à travers ma propre expérience à l'Ifri : j'appelle *think tank* toute organisation ouverte construite autour d'un socle permanent de chercheurs, se donnant pour mission d'élaborer, sur des bases objectives, des idées relatives à la conduite de politiques et de stratégies privées ou publiques s'inscrivant dans une perspective d'intérêt général[1].

Je vois un fil commun, qui relie les entrepreneurs institutionnels. Ils ne sont pas propriétaires des institutions qu'ils ont créées sous la forme d'associations, de fondations ou autre. Ils prennent des risques, mais leur rétribution est moins dans l'ordre pécuniaire que dans celui d'une reconnaissance sociale au nom de l'intérêt général. Paradoxalement, cela peut rester vrai, mais pas toujours, même quand ils se mettent au service de conceptions marquées par l'idéologie. Car les idéologies, comme les biens et les services, sont en compétition. En tout cas, un théâtre, un Opéra, un musée ou encore un *think tank* participent au bien commun. En d'autres termes, tous contribuent à la structuration d'une société civile, sans laquelle à mon sens la viabilité de la démocratie n'est pas possible.

La mondialisation est un processus irréversible parce que le progrès technologique l'est. À court et moyen termes, sa viabilité repose sur la capacité d'une

1. Voir Thierry de Montbrial « Le métier de l'Ifri » dans Dominique David (dir.), *Une histoire du monde. 40 ans de relations internationales*, Paris, Dunod, 2019.

gouvernance à maintenir une certaine harmonie entre des États et des sociétés fort hétérogènes. Sur le plan idéologique, il n'y a pas que les États-Unis, la Russie ou la Chine qui doivent coopérer alors même qu'en dehors des intérêts matériels ils entretiennent souvent des dialogues de sourds. Seule une gouvernance appropriée peut empêcher la dégénérescence dans le chaos ou dans la guerre. Mais la gouvernance est un exercice d'équilibrisme qui n'a aucune chance de se maintenir indéfiniment tout seul. Pour cela, il faudra que se développe une véritable société civile mondiale, qui sera l'œuvre commune des entrepreneurs de toute nature : les entrepreneurs classiques, c'est-à-dire les bâtisseurs de l'économie, et ceux que je qualifiais d'entrepreneurs institutionnels. Seule une société civile mondiale vigoureuse pourra peser face à la société des États. Au lendemain de la Première Guerre mondiale, des hommes et des femmes de bonne volonté, souvent naïvement convaincus que le droit international serait une panacée, ont mis leurs espoirs de paix dans l'édification d'une « Société des nations ». L'ambition était belle, mais irréaliste. Il n'y a eu qu'une société des États, et encore mal organisée. Après la Seconde Guerre mondiale, l'Organisation des nations unies, malgré son nom encore plus irréaliste, a marqué quelques améliorations. Il reste maintenant à revenir au point de départ et à bâtir une vraie Société des nations, à l'image des efforts de ceux pour qui l'Union européenne doit devenir ce qu'elle voulait être à l'origine, c'est-à-dire une communauté. Une telle Société des nations méritera alors le nom actuellement galvaudé de « communauté internationale ».

Mon dernier mot s'adressera à tous les héros de ce dictionnaire : entrepreneurs de tous les pays, unissez-vous !

Voir : Bien commun ; Esprit d'entreprise ; Sens, raison d'être et leadership.

Éponyme

par Christophe Bonduelle,
président du Groupe Bonduelle

Quand on hérite du travail de cinq générations avant soi (l'origine de l'entreprise remonte à 1853 !), le sentiment de « propriété » n'existe que très peu.

On ne saurait en effet reprocher à un créateur de changer radicalement de trajectoire stratégique, ou même le cas échéant de céder son entreprise : il n'a en effet de comptes à rendre à personne. Tant qu'il respecte le cadre légal il a tous les droits et n'a que peu de devoirs.

Il n'en va pas de même pour ses successeurs qui n'ont aucune légitimité *a priori*. Certes la propriété juridique ne saurait leur être contestée, mais le respect pour le travail effectué par les générations précédentes, pour la culture d'entreprise, pour la trajectoire stratégique insufflée... finit souvent par l'emporter.

L'héritage devient ainsi au gré des générations qui se succèdent une « patate de plus en plus chaude » qu'on n'a de cesse de transmettre à la génération suivante ! Au gré des générations on veut en effet de plus en plus faire mentir l'adage selon lequel « la première génération crée, la seconde développe, la troisième et les suivantes croquent ».

Le risque de la tétanisation

C'est d'abord avec une fratrie, puis avec une « cousinade », de plus en plus éloignée tant en *affectio familiae* qu'en *affectio societatis*, que les héritiers partageront la propriété de l'entreprise. Nombreux sont d'ailleurs ceux qui préféreront racheter les parts de leurs frères et sœurs, ou de leurs cousins plutôt que de s'encombrer de leur présence au tour de table !

Ces actionnaires n'accorderont de légitimité aux nouveaux dirigeants qu'à l'aune des ruptures stratégiques qu'ils auront réussies. S'inscrire dans la continuité en respectant une voie toute tracée ne suffira assurément pas pour asseoir cette légitimité ! Les nouveaux dirigeants devront donc tout à la fois respecter « l'âme » de l'entreprise, au risque sinon d'être critiqués par leurs associés, mais aussi imprimer leur marque, « tuer » le père comme on dit souvent : difficile équilibre !

On sait bien que le principal écueil pour la continuité familiale d'une entreprise se situe dans les phases de transmission. Pourtant les successions d'une génération à une autre sont autant d'opportunités pour une « ré-génération » salutaire ; le mot est bien choisi !

Le problème est que, le plus souvent, la propension au risque est inversement proportionnelle aux enjeux financiers. La peur de tout faire perdre à l'ensemble de la famille peut étouffer l'audace et tétaniser. Pourtant entretenir un existant n'est pas entreprendre !

Entreprendre, c'est par essence prendre des risques ! Les nouveaux venus oseront-ils modifier la trajectoire stratégique de l'entreprise ? Leurs co-actionnaires et les collaborateurs historiques les laisseront-ils faire ?

Oser et réussir les ruptures : un gage de légitimité pour les héritiers…

J'observe que dans notre histoire, chaque génération a osé le changement. Comment imaginer exercer le même métier avec la même organisation sur une aussi longue période ? Avec le recul de notre histoire comment analyser le passage de l'alcool des tout débuts au sucre, du sucre au malt, puis, enfin à la levure et aux extraits de levure pour les Lesaffre, et aux légumes pour les Bonduelle ?

À l'évidence, des virements de bord radicaux ont été négociés au bon moment ! L'ascension à partir d'une entreprise forcément locale à ses débuts jusqu'à un Groupe multimétiers et largement internationalisé aujourd'hui a supposé enchaîner des lacets successifs, évidents quand on les regarde rétrospectivement du sommet, et pourtant tellement délicats à négocier pendant la montée !

Parmi les changements radicaux imprimés par les générations montantes, on peut citer :

— la sortie des frontières du Nord jusqu'à la lointaine Seine-et-Marne (!) et la diversification dans le malt, le sucre et la levure par la deuxième génération ;

— l'exode des Bonduelle de la troisième génération depuis la métropole lilloise jusqu'aux terres flandriennes pour y développer la ferme familiale ;

— le lancement d'un premier atelier de conserve de produits de la ferme et l'abandon du *core-business* de distillerie par la quatrième génération ;

— le lancement du surgelé et de l'export, la diversification dans le maïs doux par la cinquième génération ;

— la sortie de l'Union européenne et la diversification en légumes frais réfrigérés par la sixième génération ;

— l'élargissement au vaste univers des « végétaux » par la septième génération.

On mesure bien au regard de ces virages successifs combien chaque génération a su s'adapter en permanence en abandonnant certaines activités et en abordant des secteurs nouveaux ; ces virages ont néanmoins supposé l'assentiment d'ascendants inquiets et d'associés « sleeping partners » sceptiques ! On mesure surtout donc que la confiance qu'ils ont respectivement accordée aux nouveaux dirigeants a été un gage de réussite et d'entretien de la fibre entrepreneuriale héritée des ancêtres !

Le fil rouge (ou vert ?) de la première transformation agroalimentaire a toujours été respecté dans cette longue histoire. Distillerie, malt, sucre, levure, légumes sont des activités différentes, mais dotées rétrospectivement d'une constante évidente : la transformation d'une matière première agricole brute et donc systématiquement :

— un poids déterminant de la ressource agricole ;

— une relation directe et contractuelle avec les agriculteurs ;

— une saisonnalité marquée des activités.

Si donc le choix du métier de départ a sans doute été plus intuitif et opportuniste que réfléchi, plus dicté par des origines familiale et géographique que par le génie créatif, plus induit par les compétences des fondateurs que par une réflexion stratégique guidée par le BCG, il a en tout état de cause naturellement influé sur toute l'histoire qui en a découlé. Les ruptures stratégiques citées précédemment se sont à l'évidence inscrites dans des limites probablement inconscientes et néanmoins très structurantes.

L'agro-alimentaire, sous des dehors qui pourraient laisser croire à une catégorie d'activité homogène, cache en effet des disparités abyssales ; quels liens peut-on sérieusement établir entre la première et la deuxième transformation agro-industrielle, à part bien sûr de pourvoir toutes deux aux alimentations humaine et animale ?

Les uns seront saisonniers quand les autres produiront en flux tirés par la demande. Les uns travailleront une matière périssable quand les autres approvisionneront des matières consommables en flux tendus *via* des achats « spots » ou des appels d'offres. Les uns subiront des aléas climatiques influant la production agricole quand les autres s'adapteront plus à ceux influant la consommation. Les uns seront même souvent fournisseurs des autres...

De fait dans notre histoire le fil rouge de la première transformation a été systématiquement suivi tout au long de notre histoire. Cette continuité n'a pas forcément été choisie de façon consciente et délibérée, mais elle n'est sûrement pas non plus le fruit du hasard. Le cantonnement de fait à des métiers de première transformation leur a en effet probablement forgé des compétences spécifiques et a donc contribué à la réussite des virages stratégiques qui sont restés dans ce cadre.

... et l'identité de la famille et de l'entreprise

Le respect du domaine de compétence est en soi un facteur de succès. Mais le respect de l'identité profonde de l'entreprise en est un autre, non seulement pour réussir les virages stratégiques, mais aussi pour maintenir l'*affectio societatis* des actionnaires, et donc leur stabilité, gage de continuité.

Enracinée (au sens propre comme figuré) dans le nord de la France, et donc inévitablement influencée par cette ambiance propre au carrefour de cultures que représente la Flandre, véritable plaque tournante entre protestantisme et catholicisme, entre capitalisme rhénan, pragmatisme anglo-saxon et génie créatif latin, entre création de valeur financière assumée et humanisme revendiqué, la famille s'est façonné un système de Valeurs complexe.

Cette complexité s'est par ailleurs accrue avec un mixage propre à des débuts très citadins au XIXe siècle, et une suite très rurale au XXe. Si, en effet, l'association des débuts avec les Lesaffre était centrée sur Marcq en Baroeul, et donc au milieu des grandes dynasties textiles et des cercles de réflexion et d'influence de la métropole lilloise, la scission entre les deux familles a entraîné les Bonduelle vers des contrées très agricoles et éloignées des bruits de la ville.

Cette curieuse hybridation entre terriens et citadins s'est avérée extrêmement fertile : c'est en effet tout un système spécifique de valeurs qui en a émergé et qui a inévitablement influé sur l'identité et la culture de l'entreprise :

— intégrité (c'est-à-dire respect de la parole donnée et une fin qui ne saurait justifier les moyens) ;

— ouverture (c'est-à-dire curiosité et tolérance à l'égard d'autres goûts et cultures) ;

— équité (au sens de l'égalité des chances et de l'intéressement aux performances) ;

— simplicité (propre au monde agricole ; ce qu'on peut aussi appeler le « bon sens paysan ») ;

— confiance (parce que sans droit à l'erreur il n'y a plus d'initiative créatrice de valeur) ;

— souci de l'homme (qui n'est pas un moyen ou un poste de charge mais un objectif) ;

— excellence (c'est-à-dire le goût du travail bien fait).

Il va de soi que le succès n'aurait pas été le même si les comportements, ou si les ruptures stratégiques mises en œuvre avaient mis à mal ce système de valeurs. Ces valeurs ont en effet dessiné un comportement managérial adapté à ces types de métiers, et donc attiré un profil d'hommes et de femmes leur correspondant.

Bonduelle : une entreprise familiale et éponyme

Une entreprise familiale

L'entreprise a donc traversé les siècles en restant dans le giron de la même famille ; j'espère qu'elle y restera encore longtemps, non pas tant pour s'inscrire dans une chasse aux records que par conviction profonde de l'efficacité de ce modèle d'entreprise ; les entreprises familiales, après avoir un temps été considérées presque « ringardes », se révèlent à l'analyse plus performantes et surtout plus résilientes que les autres.

À l'arrivée dans notre cas de la septième génération, on peut naturellement se questionner sur la force des liens de sang ; des cousins « issus d'issus de germains » pourraient en effet se marier entre eux sans risque génétique !

Mais la génétique biologique compte moins à ce stade que la génétique culturelle... Pour peu qu'on s'en soit donné la peine, on n'évoquera plus une famille à proprement parler mais une communauté familiale soudée par un projet d'entreprise et des valeurs partagées. Une entreprise sans projet et sans identité forte est en effet forcément exposée à la spéculation d'un actionnariat purement financier, et donc à une instabilité stratégique certaine avec un horizon passant du long terme au court terme.

Dans une entreprise familiale on pourra (et on devra !) se livrer régulièrement à des exercices de vision à long terme ; c'est ce que nous avons fait encore dernièrement (2012) en menant une démarche simultanée de coconstruction d'une vision à quinze ans dans la famille et dans l'entreprise. Le projet, pour continuer à aligner et donc à souder les membres de la famille, doit être porteur de sens pour eux, qu'ils travaillent dans l'entreprise ou non : le métier pratiqué, l'ambition poursuivie, les politiques mises en œuvre doivent en effet répondre aux aspirations de la communauté familiale.

C'est ainsi par exemple que, très tôt, nous nous sommes investis dans le développement durable, devenu ensuite « responsabilité sociétale », jusqu'à, plus récemment, viser une labellisation « B. Corp ». De la même façon nous avons signé le « Global Compact » de l'Onu dès le début des années 2000 (bien avant les lois Sapin pour lutter contre la corruption), créé la Fondation Louis-Bonduelle dans le domaine de la nutrition, ou encore investi dans un projet humanitaire au Cameroun. Il est certain que ce genre d'action alimente la fierté d'appartenance et donc la fidélité et l'engagement tant dans la famille que dans l'entreprise.

Ces différents investissements ont été décidés par conviction précoce que les entreprises qui survivront à long terme sont celles qui auront su produire du sens pour leurs collaborateurs, bien au-delà des conquêtes de business. Pour pouvoir se le permettre, encore faut-il néanmoins jouir d'un horizon de temps suffisant ; c'est ainsi par exemple que nous avons créé une catégorie d'investissements à part, spécialement orientés vers les impacts sociaux et/ou sociétaux positifs. Les temps de retour de ces investissements sont en effet plus diffus et plus longs que la moyenne, mais à long terme ils donneront une avance certaine y compris sur le plan de la compétitivité. Seules les entreprises familiales qui ne sont pas animées par le profit à court terme peuvent se payer ce luxe… qui n'en est d'ailleurs pas un au regard du réchauffement climatique !

Tant dans la famille, attachée à la terre, que dans l'entreprise, inévitablement exposée au dérèglement climatique, nous n'avons assurément pas à nous forcer pour adopter de telles politiques ! De part et d'autre nous avons en effet trop conscience que nos actifs les plus précieux sont la terre, l'eau et la qualité de l'air !

Une entreprise éponyme

En engageant son nom une famille en rajoute à l'évidence à son sentiment de responsabilité. Preuve en est d'ailleurs que le choix d'ériger le nom de la famille en marque à son dépôt en 1947 a entraîné des discussions enflammées entre mon grand-père et mon grand-oncle. L'un aurait en effet imposé le choix du nom de famille quand l'autre ne voulait pas voir apparaître son nom dans les poubelles des consommateurs !

Voir son nom de famille sur les étiquettes en ajoute à l'évidence à la responsabilité, peut-être encore plus en alimentaire ! Mais ce choix entraîne également des contraintes dans le comportement individuel des membres de la famille, qu'ils travaillent ou non dans l'entreprise. Les journalistes sont en effet friands des personnes « en vue » : or la notoriété d'une marque crée la notoriété du nom de famille, et expose donc celle-ci. Il va de soi que des unes de journaux sur des comportements déplacés dans la société civile peuvent rejaillir négativement sur l'image de marque, et donc mettre à mal les investissements marketing : un actionnaire Bonduelle faisant l'objet de condamnations pénales ou fiscales n'est assurément pas le meilleur ambassadeur de la marque éponyme !

De la même façon un actionnaire familial qui critiquerait la qualité des produits ou les décisions de l'entreprise (fermetures d'usines, plans sociaux...) verrait à l'évidence ses propos amplifiés par rapport à ceux d'un quidam ! Autre exemple : des positions politiques prises en public seront par essence clivantes, et refréneront donc les ardeurs du consommateur-électeur envers la marque...

Cette perméabilité entre le comportement des membres de la famille et l'image de la marque est d'ailleurs à double sens : le comportement de l'entreprise peut en effet rejaillir à l'inverse sur l'image de la famille. Un scandale social ou environnemental concernant une entreprise éponyme ne serait en effet pas forcément facile à vivre à la sortie des églises... ou, pire, dans les cours de récréation !

Une famille entrepreneuriale peut se sentir dépassée par l'importance des enjeux économiques et sociaux qu'elle a entre les mains, ou les subir plus encore en cas d'éponymie, n'empêche : elle doit avoir conscience de l'impact positif ou négatif d'un actionnariat incarné sur les parties prenantes, dont au passage les collaborateurs de l'entreprise. Nous avons notamment pu mesurer ce supplément d'âme positif vécu par les cadres quand de jeunes familiaux ont eu l'occasion de leur exprimer leur attachement envers l'entreprise. C'est incontestablement un moteur de motivation et d'engagement pour eux, et donc un facteur de succès évident.

Fierté et responsabilité sont donc de puissants leviers dans une entreprise familiale éponyme, tant pour les collaborateurs que pour les membres de la famille… mais cette éponymie entraîne également des contraintes évidentes parfois mal vécues par certains !

Voir : Culture d'entreprise ; Développement durable ; Dynastie ; Enracinement (… ou des racines et des ailes) ; Oser ; Territoires ; Transmettre.

Erreur (droit à l'), échouer, rebondir

« Je ne perds jamais. Soit je gagne, soit j'apprends », Nelson Mandela.

« Il y a quelque chose de pire dans la vie que de ne pas avoir réussi, c'est de ne pas avoir osé » Théodore Roosevelt.

Voir : Autodidacte ; Bâtir ; Capital humain ; Confiance ; Conquérir ; Culture d'entreprise ; Innover ; Oser ; Risquer : le risque dans tous ses états ; Schumpeter, Joseph.

Esprit d'entreprise

par Christophe Barbier,
journaliste,
homme de théâtre,
écrivain

L'esprit d'entreprise n'est pas une entreprise spirituelle. Et pourtant, il ne saurait manquer d'âme, celui qui veut « créer son entreprise ». Le voici en position de démiurge, et si Dieu a fait le monde en sept jours, il en faut souvent beaucoup plus pour triompher des gymkhanas administratifs et des labyrinthes juridiques afin de créer sa société. L'esprit d'entreprise, sans cesse, se confronte au plus concret, il est la clé d'une boîte à outils pragmatique. Il ne s'agit pas ici d'un concept, encore moins d'une théorie, mais d'un principe qui, tel celui d'Archimède, détermine la relation au réel : l'esprit d'entreprise est fondamentalement efficient, opérationnel. C'est d'ailleurs ce qui le hisse au rang des meilleures philosophies, celles qui permettent d'appréhender le réel, d'en modifier la perception, et donc le devenir.

*

L'esprit d'entreprise est d'abord un amour du risque. Mais puisque « qui aime bien châtie bien », ce risque est concassé, fracassé, mis en équation et déjoué de jour en jour. L'entrepreneur aime le risque comme l'alpiniste aime la montagne : pour mieux la comprendre, la défier et la vaincre. En vérité, l'esprit d'entreprise est l'amour du risque calculé, c'est-à-dire de cet échec annoncé comme inévitable et que déjouent l'intelligence, l'intuition et le travail. Le risque calculé devient alors au risque ce que le diamant est au morceau de charbon.

L'esprit d'entreprise est ensuite un esprit d'équipe. Celui qui veut réussir seul cherche l'exploit, pas l'entreprise. L'entrepreneur veut être entouré, il est soucieux du choix de ses collaborateurs, il cherche avec minutie l'alliage de la confiance et de la compétence. Le vrai entrepreneur prend soin de recruter les meilleurs, c'est-à-dire de meilleurs que lui.

L'esprit d'entreprise, enfin, c'est le goût de l'innovation, et même l'obsession de l'innovation. L'innovation n'est pas seulement une invention, elle est une trouvaille qui est capable de passer au stade industriel, qui révolutionne la production après avoir chamboulé la conception. « Innover », soit dit autrement *in novere*, « renouveler à l'intérieur ».

L'innovation brise la routine, elle casse les habitudes et, dans un secteur qui tourne rond, mais qui souvent tourne en rond, elle permet d'aller de l'avant en créant du désordre. Au XXIe siècle, qui ouvre l'ère post-industrielle, l'innovation change de nature et de nom : elle s'appelle désormais « disruption ». Il s'agit dorénavant de réécrire toute la grammaire du marché, de susciter les nouveaux usages, qui engendreront les nouveaux besoins, qui déclencheront les nouvelles productions. L'entrepreneur innovant modifie les conditions du marché où il évolue ; l'entrepreneur disruptif crée le marché où il va s'épanouir.

C'est l'École de Salamanque, dans le prolongement de saint Thomas d'Aquin, qui peut être considérée comme la mère de l'esprit d'entreprise. En confirmant que la propriété privée est source de bien s'il en est fait usage au service de la communauté, les théologiens espagnols du XVIe siècle rendent moralement possible l'aventure capitaliste. Mais l'esprit d'entreprise existait avant ce *va bene*.

Sans remonter jusqu'à l'*Homo sapiens* entrechoquant des silex pour que sa tribu se réchauffe autour d'un feu, l'Histoire apporte son écot d'anecdotes à la grande saga de l'esprit d'entreprise. En 1665, Louis XIV s'agace. Il en a assez d'acheter aux Vénitiens, pour une fortune, les miroirs où il veut mirer le soleil de son règne.

Pour son nouveau rêve, le château de Versailles, il entend bien être maître de cette production. Ainsi est créée par Colbert la Manufacture royale des Glaces, qui participe grandement à la réalisation de la galerie du même nom. Quelques années plus tard, la Manufacture déménage en Picardie, dans un village où abondent l'eau et surtout le bois et le sable, matières premières indispensables pour réaliser le verre des miroirs. Louis XIV prend son risque, celui de fâcher la République de Venise, maîtresse du commerce et de la Méditerranée. Colbert compose une équipe, en sélectionnant les meilleurs artisans, comme Henri II déjà l'avait fait en 1552, pour fabriquer des « verres vénitiens » à Saint-Germain-en-Laye. L'innovation complète l'aventure, avec des installations modernes et une production industrialisée. Trois cent cinquante-six ans plus tard, l'entreprise est toujours là – même si le temps des grands miroirs est loin...

*

La fiction n'est pas en reste pour montrer à quel point l'esprit d'entreprise anime la France. Jusqu'à l'absurde, parfois. Ainsi, dans *Séance de nuit*, Georges Feydeau met en scène un étrange inventeur entrepreneur :

Gentillac : C'est une affaire qui fera révolution. J'ai trouvé le moyen de supprimer les rails dans les chemins de fer ; tu vois l'immense importance !... Abolition des lignes ferrées et possibilité de voyager sur toutes les routes. C'est merveilleux... (...) Mais les rails existent toujours ; ils ne sont plus sur la voie, mais ils font partie du train.

Fauconnet : Comprends pas bien !

Gentillac : Tu vas comprendre ! Chaque voiture, y compris la locomotive, a ses rails indépendants.

Fauconnet : Où les mets-tu, ces rails indépendants ?

Gentillac : Eh bien ! Sous chaque wagon et sous la machine !

Il faut donc parfois prendre garde à l'entrepreneur qui a trop d'esprit, ou plutôt trop d'imagination... Pourtant, « la fortune sourit aux audacieux » est sans doute le proverbe le plus adapté à l'esprit d'entreprise, pourvu que l'on entende « fortune » au sens de « richesse » autant qu'à celui de « chance ». Si Uber est estimée à 70 milliards de dollars une dizaine d'années à peine après sa création, c'est parce que l'entreprise de véhicules avec chauffeur a fait table rase du passé dans son domaine, illustrant toute la puissance de la disruption, cette création destructrice qui détruit beaucoup pour créer son territoire et ses profits.

Des bornes d'appel aux centrales de réservation, tout est ravagé des usages anciens pour commander un taxi. Grâce aux « applications », réserver et payer n'a plus rien à voir avec ce que l'on devait accomplir juste avant.

Le client a le droit de noter son chauffeur, lequel a recours au GPS pour se diriger et ne peut plus « balader » un passager naïf – de toute façon, le prix est fixé à l'avance. En France, notamment, les sociétés de VTC réussissent là où tous les gouvernements ont échoué : faire plier le lobby des taxis et mettre fin à leur monopole. Soudain, grâce à Uber, la demande renverse son rapport de force avec l'offre. Et dans les rues, on ne voit plus des piétons héler vainement des taxis qui leur filent sous le nez, mais des voitures flambant neuves qui foncent chercher le client qui les a réservées. Certes, au passage, le respect du droit social et des règles de fiscalité est écorné, voire piétiné. Car l'esprit d'entreprise n'est pas une philanthropie, c'est un mode de chasse.

Dans l'univers économique où profit et conquête font partie du jeu, tout comme le génie et l'invention, il ne faut donc pas considérer l'esprit d'entreprise avec un irénisme béat. Toutes considérations morales superflues sont à bannir, car l'esprit d'entreprise n'est ni une caution, ni une contrition. Les commerces les plus cyniques comme les affaires d'intérêt général peuvent être le fruit d'un magnifique esprit d'entreprise. Heureusement, celui-ci déborde de l'économie et féconde des activités humaines désintéressées. Il est même possible d'assurer que l'esprit d'entreprise n'est jamais aussi limpide et précieux que quand il échappe à l'entreprise. Dénué de tout soupçon de profit, débarrassé du « retour sur investissement », il trouve dans le gratuit, voire dans l'inutile, une forme de pureté.

Dans les arts, les exploits sportifs ou l'action caritative, l'esprit d'entreprise se déploie et échappe à toute contestation.

*

Ainsi, la création de la Croix-Rouge par Henry Dunant relève du plus bel esprit d'entreprise. L'homme d'affaires défie les autorités militaires françaises après la bataille de Solférino, puis toute la diplomatie européenne, pour imposer son idée de Comité international de la Croix-Rouge. Il improvise une équipe de soignants au lendemain de Solférino, en s'appuyant sur les villageoises voisines et sur les médecins militaires autrichiens faits prisonniers.

Puis il en crée une autre, décisive, le Comité fondateur, et bâtit une innovation juridique qui s'appellera « Convention de Genève ». L'exemple de Dunant, piètre gestionnaire dans ses affaires privées, évincé du Comité par ses pairs, mais récipiendaire du premier prix Nobel de la paix en 1901, montre que l'esprit d'entreprise implique plus la réussite de l'esprit que celle de l'entreprise...

Il en est de même pour Rembrandt, en délicatesse financière tout au long de sa carrière, et pourtant aussi entrepreneur dans son parcours artistique qu'entreprenant dans sa vie privée. Ne cessant d'acheter des tableaux en provenance de toute l'Europe pour nourrir son inspiration, il met sans cesse en péril son activité, dans le seul but d'améliorer son art.

Il y parvient par des innovations remarquables, comme la technique du clair-obscur ou le recours à la plombonacrite, un pigment qui lui permet de peindre en pleine pâte et d'obtenir l'effet de relief stupéfiant qui assure sa renommée. Il agrège enfin une équipe, ses nombreux élèves remplissant « l'atelier Rembrandt », à tel point qu'on attribue désormais aux disciples des chefs-d'œuvre portés pendant trois cents ans au crédit du maître...

L'esprit d'entreprise, aujourd'hui, c'est le Vendée Globe Challenge qui en parle le mieux. Il faut un homme ou une femme apte à la plus grande solitude, mais capable aussi de rassembler une équipe soudée ; l'audace est indispensable, la témérité est immédiatement châtiée ; l'innovation est obligatoire, mais si elle n'a pas été éprouvée par la réalité, elle court le risque de se fracasser aux premières lames ; il faut aimer la compétition, tout en plaçant les valeurs humaines fondamentales au-dessus de la performance – et le sauvetage des naufragés par leurs concurrents l'illustre à merveille.

L'esprit d'entreprise aujourd'hui, c'est l'ascension de l'Everest qui l'illustre le mieux. Il faut avoir un objectif précis, obsédant, inaliénable ; il est indispensable de savoir prendre les devants pour s'affirmer premier de cordée, et donc analyser et décider ; il faut recruter les compagnons de cordée, savoir les entraîner en gagnant leur confiance ; il faut tracer la route, et savoir quand il faut faire demi-tour ; il faut être conscient qu'une fois le but atteint, rien n'est définitivement accompli, qu'il faudra recommencer et recommencer encore.

Ce que l'entreprise a légué de meilleur à l'humanité, sans conteste, c'est son « esprit ». Il permet à chacun de s'accomplir, même au plus loin du business, et d'offrir aux autres les fruits d'un parcours réussi. Sans l'esprit d'entreprise, l'homme est un être immobile. Et souvent, à défaut d'être un exemplaire cénobite ou un poète inspiré, il est un être inutile...

Quand Christophe Colomb accoste au Portugal en mars 1493, après avoir découvert fortuitement l'Amérique, il exprime une sage pensée : « On ne va jamais aussi loin que lorsqu'on ne sait pas où l'on va. » Sauf qu'il n'est pas allé aussi loin qu'il le pensait, n'ayant pas rejoint les Indes, mais seulement abordé les Caraïbes. Ce n'était pas si mal, il était même plus important pour l'humanité d'avoir découvert un nouveau continent qu'une nouvelle route vers une contrée déjà connue, mais quand il décède en 1506, Colomb est toujours persuadé d'avoir rencontré des Indiens ! L'entrepreneur est parfois plus petit que son entreprise...

Voir : Créer ; Disruption ; Être ; Innover ; Risquer : le risque dans tous ses états.

Éthique

par Dominique de la Garanderie,
avocate,
ancienne bâtonnière de l'Ordre des avocats
au barreau de Paris

Le XXe siècle s'était bien terminé. À l'issue de deux dernières années où le barreau de Paris accueillait la première femme bâtonnier depuis des siècles, j'avais clôturé la Conférence du droit et de l'économie par le constat d'un consensus sur l'importance de l'éthique.

La synthèse a révélé que chacun était convaincu que l'ampleur des questions et des difficultés, dues aux effets de la mondialisation, justifiait de « prendre pour boussole l'éthique ».

Heureuse de terminer ainsi ce mandat, j'étais impatiente de vérifier comment l'éthique allait s'imposer, tout particulièrement au sein des entreprises, dont j'avais eu l'occasion d'apprécier, de longue date, l'importance du rôle social et la progressive mise en place des règles de gouvernance d'entreprise et de responsabilité sociale d'entreprise (RSE).

Ma spécialité de droit social qui m'avait rapprochée de la vie des entreprises, ma participation à l'élaboration du Code Afep-Medef, et ma participation au Haut Comité de la gouvernance, m'y ont aidée en m'apportant une vision globale utile pour apprécier la part et le rôle croissants de l'éthique dans la vie des entreprises.

Vingt ans plus tard, l'éthique s'est imposée et désormais installée dans un cercle vertueux où la pratique de l'éthique suscite le développement de l'éthique.

Le primat de l'éthique dans l'entreprise est généralement impulsé par la volonté d'un dirigeant qui a l'exigence de mettre en cohérence ce qu'il veut être, ce qu'il prétend être et ce qu'il est, dans sa conduite de l'entreprise. Ceci implique la mise en place de comportements éthiques quantifiables grâce à la relation entre le respect de cet engagement et la performance de l'entreprise dans le domaine de l'intérêt général.

Les entreprises sont ainsi passées à l'ère de l'éthique appliquée construite autour d'un vocabulaire partagé : intégrité, loyauté, courage, confidentialité, respect des engagements, rigueur, partage, responsabilité, bienveillance, solidarité, confiance, prévention de conflit d'intérêts qui sont autant de signifiants du rôle fondateur de la confiance portée par l'éthique.

Ces valeurs ont été inscrites dans des codes ou chartes d'éthique, code de déontologie où figurent des dispositifs sur les conflits d'intérêts, la confidentialité, voire le secret, le respect des personnes, les droits et obligations, au titre desquels – selon les champs d'application – sont concernés administrateurs, salariés, fournisseurs, banquiers, clients, consommateurs et sous-traitants.

Le refus de ces valeurs exclut de lui-même la partie qui ne veut pas les partager.

Cette éthique appliquée est porteuse de la moralisation du droit des affaires, de la protection des salariés, du rôle social de l'entreprise et du respect de l'environnement. L'éthique est à la fois intemporelle et contemporaine, universelle et adaptée.

Tout au long de ma carrière, j'ai constaté à quel point les entreprises quelle que soit l'extrême complexité de leur conduite, ont intégré ces exigences.

Quelques exemples me viennent à l'esprit pour l'illustrer.

Celui de cette femme dirigeant une imprimerie qui prit sa retraite après soixante ans d'activité, sans qu'il y ait jamais eu un seul accident du travail dans une activité pourtant si dangereuse car elle avait placé la sécurité et la protection de la santé de ses salariés au cœur de ses préoccupations.

Celui de cette entreprise dans la maroquinerie de luxe, qui parfaitement rentable, refusa d'être cédée au plus offrant, mais à celui qui a donné la garantie du respect des salariés et de tous les dispositifs mis en place dans le domaine qu'il est désormais convenu de dénommer « l'extra-financier ».

Celui de ce responsable d'entreprise qui a décidé il y a plus de trente ans déjà, dans le cadre d'un licenciement collectif auquel il était contraint, dans une démarche alors avant-gardiste, d'accompagner financièrement les salariés dans un large plan de reclassement dans les entreprises de la région.

Me viennent aussi à l'esprit ces initiatives de très petites entreprises, à l'époque primées par une institution financière qui avait créé le prix des « Entrepreneurs de valeurs ».

Telle celle qui transformait des véhicules pour permettre des déplacements à titre individuel d'handicapés qui accédaient ainsi à leur autonomie.

Telle autre qui mettait en place un projet collectif et profondément humain : l'escalade du Kilimandjaro avec un salarié malvoyant entraîné chaque week-end par des collègues pour lui permettre de faire partie de l'aventure.

Ces actions disparates sont révélatrices d'un sens des responsabilités et de solidarité menées pour le bien commun.

Elles reposent sur la volonté du dirigeant qui donne le ton – *Tone at the top* – pour se diffuser dans l'entreprise par capillarité et ont été encouragées par un mouvement plus général qui s'est aussi développé au niveau interprofessionnel et sociétal.

Le code de gouvernement d'entreprise, initié par le Medef et les rapports Viénot, puis Bouton, en sont la démonstration.

J'ai participé aux premiers temps de sa création, au comité d'éthique du Medef et à la rédaction de certaines de ses recommandations. Le Code Afep-Medef a complété ses travaux et mis en place le Haut Comité de la gouvernance dont la mission est de vérifier la bonne application du code par les entreprises et au sein duquel j'ai siégé pendant cinq ans. Les rapports annuels des entreprises donnent à cet égard, des informations précieuses au titre de la *gouvernance*. Si quelques entreprises ont pu avoir du mal à interpréter le texte ou ne l'avoir pas compris, plus exceptionnelles ont été celles qui volontairement n'appliquaient pas ses dispositions et plus rares encore celles qui n'avaient aucune explication acceptable à donner sur leurs manquements

L'application de l'éthique varie d'une branche d'activité à l'autre, voire d'une entreprise à l'autre. Présidant le comité d'éthique du Groupe Le Monde, je constate que le code le concernant contient, à l'évidence, des dispositions qui n'auraient pas leur place dans un code d'éthique dans le domaine industriel. Néanmoins, quelle que soit l'activité de l'entreprise, tous reprennent les fondamentaux de l'éthique.

L'éthique a aussi inspiré de multiples initiatives et des comportements qui reposent sur ses valeurs.

Ainsi, la responsabilité sociale d'entreprise (RSE), les investissements socialement responsables (ISR), les fonds éthiques, le devoir de vigilance, la lutte contre la corruption sont autant de points de repère d'un cercle vertueux de l'éthique dans lequel se retrouve aussi la conduite ESG (Environnement social et gouvernance).

L'extraordinaire évolution de ce mouvement, qui résulte d'une réflexion approfondie et de la volonté des entreprises, prolonge l'activité de celles-ci dans son rôle sociétal. Il s'agit à la fois d'être plus attentif aux rapports individuels tout en créant une communauté d'intérêt pour un bien-être collectif. L'inspiration n'est pas celle d'une mode, mais d'un mouvement profond en pleine évolution.

La confusion que certains ont cru voir entre ces engagements et une opération de communication n'est plus d'actualité et l'évocation de l'éthique dans ce dictionnaire amoureux vient en écho des engagements effectifs des entreprises et des convictions profondes de ceux qui les dirigent.

Jamais ce besoin d'éthique et de son effectivité ne s'est aussi puissamment fait sentir.

La génération du millenium en quête de sens attend de l'entreprise le respect des valeurs fondamentales. Le consommateur vérifie les conditions dans lesquelles sont produits ou fabriqués les biens de sa consommation. Les médias aussi interrogent sur la « culture de l'éthique ».

Pour répondre à ces attentes, le rôle de l'entreprise est central. Ainsi un grand quotidien titrait en février 2021 « Quand les entreprises redéfinissent le bien et le mal » évoquant la transformation de ces entreprises en « acteurs moraux dans la société ».

Cette émergence est le résultat de l'évolution de ces vingt dernières années où l'éthique aura été promue et garante des valeurs partagées de l'entreprise.

Les juridictions, elles-mêmes, ont été dans ce contexte amenées à prendre en considération des règles qui ne sont pas d'origine législative. Une récente décision du tribunal de commerce de Paris a retenu des principes de loyauté, de confidentialité, de conflit d'intérêts, considérés comme non respectés par un administrateur, en se référant notamment au Code Afep-Medef. Par ailleurs, une plainte a été déposée contre une société pour pratique commerciale trompeuse au motif que des engagements éthiques n'ont pas été respectés.

L'officialisation de la réalité et l'efficacité de l'éthique suscitent une réflexion sur la pénalisation. Il est bien évidemment normal que les dispositions qui mettent en cause des droits fondamentaux soient assorties de sanctions pénales.

La justice doit condamner les délinquants, les escrocs, les « patrons voyous ». Considérons-les pour ce qu'ils sont, hors la loi, hors de l'éthique.

En revanche, la pénalisation dans certains domaines au-delà des effets dévastateurs qu'elle peut avoir sur la prise de risque, peut s'avérer être inadaptée. Une erreur, l'existence d'un dommage involontaire ne se répare pas par une condamnation pénale qui, de surcroît, a pour effet, de jeter l'opprobre sur le dirigeant… et souvent au-delà de celui-ci sur la communauté à laquelle il appartient.

Même si le temps médiatique n'est pas celui de la justice, l'information d'un non-lieu ou d'une relaxe d'un dirigeant injustement poursuivi n'effacera jamais la tonitruante annonce de l'ouverture d'une enquête ou d'une mise en examen.

Cela contribue à donner au public une idée erronée de l'entreprise, à accroître les arguments dont se nourrit la défiance et accréditer le sentiment qu'entreprise et éthique sont des termes incompatibles.

Tel n'est pas mon sentiment.
Bien au contraire.
L'avenir de l'entreprise, à mes yeux, ne saurait être qu'éthique.
Tel est le sens de l'histoire.

Le mouvement profond et irréversible auquel nous assistons est inspiré par une conception qui modifie la dimension de l'entreprise et son domaine de responsabilité.

La loi PACTE en est un prolongement. Toute société désormais doit, dans son intérêt social, prendre en considération dans la gestion de son activité, les enjeux sociaux et environnementaux, elle est aussi invitée à réfléchir à sa raison d'être avec la possibilité, si elle le souhaite, de l'inscrire dans ses statuts. Les entreprises à mission ont elles aussi, désormais, un statut.

Les temps ont vraiment changé.

Larry Fink, le directeur général de BlackRock lui-même, devient militant de ces transformations au moment où la réflexion s'oriente vers un capitalisme responsable porté par une vague de fond à l'origine de laquelle se trouve l'éthique.

Le XXIe siècle se construit et pour les entreprises se présente l'opportunité de puiser chaque jour leur vitalité dans l'éthique pour le bien commun.

Voir : Gouvernance (et responsabilité) ; Sens, raison d'être et leadership.

Être

par Erik Orsenna,
entrepreneur,
écrivain,
membre de l'Académie française

Les entreprises sont la vie même.

C'est pour cela que je les aime.

Elles sont, comme la vie, d'abord filles d'une énergie. Elles prennent, comme la vie, des formes et des tailles infiniment diverses. Elles sont aussi vivantes et aussi mortelles. Aussi fragiles et obstinées. Aussi féroces que la vie et en même temps aussi solidaires. Aussi inventives. Aussi tributaires de ce couple indissociable, le hasard et la nécessité.

Mais l'entreprise est une entreprise *humaine,* par là même un voyage de *la conscience* (qu'est-ce que je fais ?) et de *la confiance* (sans elle, je ne rassemblerai pas mes partenaires obligés, actionnaires et collaborateurs, ces *associés* sans lesquels ce *projet* ne demeurera qu'une *idée*, semblable à tant d'autres, mortes à peine nées).

À quoi servez-vous ?

Telle est l'impudente question qu'invariablement je pose à tous les entrepreneurs. Depuis quinze ans que j'ai quitté le secteur dit *public,* j'en ai rencontré des centaines, dans tous les secteurs et responsables de structures géantes ou minuscules.

D'où venez-vous ? Où voulez-vous aller ?

Face à ces interrogations toutes simples, figurez-vous que beaucoup de dirigeants balbutient, rougissent et vous chassent : « Moi, mon petit monsieur, je suis occupé ! Je suis responsable de vingt, ou mille, ou trente mille employés. La philosophie, ce sera pour ma retraite. »

Vous pouvez être certain que l'aventure de ces mauvais dirigeants-là se terminera mal.

Car ils auront été deux fois coupables : pour avoir confondu *l'agitation* et *l'action* ; et pour avoir pris *les moyens pour la fin.*

C'est la raison pour laquelle les *fonds* qui n'ont d'autres buts que d'accumuler de l'argent ne méritent pas la si noble appellation d'*entreprises.* Pas plus que les conglomérats. Ce ne sont que pratiques de coucous, profitant du nid construit par d'autres. Ou, si vous préférez, jeux de Lego pour vieux enfants atteints par le haut mal de la rapacité.

Une entreprise, comme un pays, c'est une histoire.

Une histoire avec un début mais pas de fin.

Une histoire chaque jour bâtie et racontée.

Une histoire avec ses hauts et ses bas.

Une histoire en laquelle toutes *les parties prenantes* peuvent se rassembler. C'est de ce rassemblement que naît l'énergie commune plus qu'indispensable, *sine qua non.*

Il était une fois ?

Une entreprise.

Vous savez comment Christophe Colomb appelait son projet de gagner l'Asie par l'ouest ? Son projet qui allait lui permettre d'agrandir le monde.

L'entreprise ! Oui ! L'entreprise des Indes.

Comment je le sais ?

Sous ce titre j'ai écrit jadis un roman qui raconte cette folie raisonnable.

Europe

par Ramon Fernandez,
directeur général délégué d'Orange

L'Europe doit beaucoup à Jean Monnet, jeune négociant en cognac très tôt confronté aux enjeux des chaînes d'approvisionnement dans un contexte de confrontation mondiale. Lorsqu'il rencontre le président du Conseil Viviani en 1914 au lendemain de la bataille de la Marne, c'est pour le convaincre de mettre en place une logistique de temps de guerre. Plus tard, quand il rédigera en 1951 pour Robert Schumann sa déclaration fondatrice de l'Europe, la même conviction l'animera : « L'Europe ne se fera pas d'un coup ni dans une construction d'ensemble : elle se fera par des réalisations concrètes créant d'abord une solidarité de fait. » Une véritable démarche entrepreneuriale. De ce « saut dans l'inconnu », selon les termes de Schumann, est né un cadre dont dépend l'avenir de nos entreprises, dès l'origine au cœur du projet européen.

L'histoire d'amour entre les entreprises et l'Europe est une histoire d'amour contrariée où alternent déclarations enflammées et déceptions : l'Europe empêcherait l'émergence de champions mondiaux en son sein, n'aurait pas de politique industrielle, serait à la traîne en matière de recherche et d'innovation. Tensions remontant aux origines ? La domination européenne s'était historiquement construite sur des rivalités entre nations, alors que la construction européenne repose à l'inverse sur des transferts de souveraineté. Aujourd'hui, l'UE a su construire des fondations économiques solides dont les entreprises sont les piliers. « Les entreprises ont une Europe d'avance », notait Jacques Delors. Pour elles, l'horizon européen c'est un marché pour se déployer, des institutions et des régulations favorisant la résilience face aux crises, un bouclier pour se projeter dans la mondialisation, et une plateforme pour porter un capitalisme responsable. Avec des réussites incontestables, et des défis à relever.

Un marché pour sortir des frontières

L'Europe s'est construite progressivement à partir de trois communautés concrètes (la CECA, la CEE, la CEEA) qui reposaient sur la mise en commun de compétences nationales avec des transferts de souveraineté assumés par les États. Cette dynamique a culminé à la fin des années 1980, avec le passage à un véritable marché unique mettant en mouvement les quatre libertés fondamentales (libre circulation des biens, des services, des capitaux et des personnes), puis avec le traité de Maastricht et la monnaie unique. L'Union européenne s'est ainsi imposée comme un espace de prospérité. Entre 1995 et 2019, l'UE a maintenu son rang avec une augmentation de son PIB par habitant de 46 %, équivalente à celle des États-Unis et dégage un important excédent commercial. Forte d'un marché intérieur de 450 millions de consommateurs, l'UE à 27 s'impose comme un acteur de premier plan dans les négociations commerciales. Dans ce cadre, des groupes leaders mondiaux ont émergé, Airbus, Arianespace, BNP Paribas, nos constructeurs automobiles...

Mais l'édifice doit être complété pour gagner en puissance, notamment pour garantir le financement de l'économie, soutenir l'innovation, ou éviter que l'Europe ne devienne « une colonie numérique ». En 2012, la naissance de l'Union bancaire a donné lieu à la répétition des débats de 1951 : il s'agissait encore d'accepter des transferts de souveraineté pour confier le contrôle des établissements bancaires à la BCE afin de gagner en sécurité. Un saut comparable à celui effectué soixante ans plus tôt, qui reste à consolider pour parachever une Union incomplète. Beaucoup reste à faire pour assurer un financement optimal des entreprises *via* un marché unifié des capitaux. Par ailleurs, renforcer l'innovation passe par des initiatives telles que JEDI, l'agence européenne dédiée à l'innovation sur le modèle de la DARPA américaine, ou l'édification d'un véritable marché unique des services numériques. Les géants américains (les GAFAM, ou Big Tech) et chinois (les BATX) ont acquis une taille telle que seul un cadre européen peut rétablir un minimum de *level playing field*. Plus largement, la politique industrielle n'est plus une lubie colbertiste, elle a désormais droit de cité en Europe. Le Brexit, si dommageable soit-il, libère la possibilité de construire de grands projets et d'accélérer l'adaptation de la politique de la concurrence pour accompagner l'émergence de champions européens en revoyant certains présupposés idéologiques. Les traités permettent une évolution de la doctrine, elle est amorcée, elle est nécessaire. Plus que jamais l'heure est aux réalisations concrètes : l'Europe de l'énergie, de la défense, de la santé, des transports, du numérique, au service d'un projet collectif.

Des institutions et des régulations qui favorisent la résilience face aux crises

Le Pacte de stabilité et de croissance, la Banque centrale européenne, la Banque européenne d'investissement, autant de leviers dont la capacité d'action et d'adaptation détermine la vie économique. En dépit des critiques, les règles européennes ont permis de s'adapter à des crises d'une grande brutalité. Ainsi, dans les faits, les contraintes liées au respect des limites de déficits et de dette publics préservent des marges de manœuvre nationales considérables. Mais elles sont excessivement complexes et devront être simplifiées et adaptées pour tenir compte des impacts de la pandémie. Le choc de cette dernière est tel qu'il amplifie la transgression de tabous déjà mis à mal par la crise financière de 2008 : mobilisation massive de la BCE, plan de relance européen de 750 Mds euros financé par emprunt qui pose les prémices d'une solidarité entre États-membres. Nouveau paradigme ou simple parenthèse avant le retour aux approches traditionnelles ? il nous revient d'écrire l'avenir. De manière prioritaire, il s'agira de fixer les règles du jeu pour accompagner le remboursement progressif de la dette publique accumulée pendant cette crise sans précédent. Les économistes ont ouvert un débat fondamental sur un nouveau cadre conceptuel pour les politiques budgétaires, les entreprises doivent y contribuer.

Un bouclier et un démultiplicateur de puissance

Dans un contexte international marqué par une polarisation croissante du monde, l'Europe est le bouclier indispensable pour se protéger des grands prédateurs américains et chinois. La victoire de Joe Biden signe peut-être la répudiation de Donald Trump, mais pas du trumpisme. Quant à la Chine, elle assume de manière de plus en plus offensive une vision du monde qui récuse les valeurs fondamentales du monde libre. Les Européens n'ont d'autre choix que de prendre en main leur destin pour assurer leur défense, protéger leurs intérêts commerciaux, affirmer leurs valeurs. L'Europe souveraine ne fera pas tout par elle-même, mais elle doit se donner les moyens d'un plus grand contrôle des événements pour répondre à ses besoins fondamentaux. Le véritable pouvoir s'exerce dans la mise en commun des forces, *via* un partage de souveraineté qui en assure la réalité. L'Europe est aussi pour nos entreprises un démultiplicateur de puissance. Puissance commerciale : c'est la taille de son marché qui fait la force de l'UE face aux États-Unis et à la Chine. C'est en conditionnant l'accès de son marché à certaines normes et valeurs et à une certaine réciprocité que l'UE peut faire pression sur des pays tiers ou sur des entreprises multinationales. Affirmer nos positions sans naïveté, mais sans protectionnisme, c'est tout le sens du durcissement de la position vis-à-vis de la Chine à la fin de la décennie 2010, quand il est devenu patent que les règles du commerce international sur les subventions ne suffisaient plus à assurer une concurrence loyale. Ainsi, en 2019, la Commission reconnaît à la Chine le statut de « rival stratégique » pour mieux protéger les intérêts européens. Puissance monétaire : l'euro, deuxième monnaie de réserve dans le monde, a conquis une place qui protège les entreprises des fluctuations de change. Mais du chemin reste à parcourir pour accélérer son utilisation dans les transactions internationales et s'exonérer ainsi d'une dangereuse dépendance au dollar. Puissance politique et juridique : l'Europe doit protéger nos entreprises de l'emprise de l'extraterritorialité américaine. BNP Paribas, Airbus, Alstom, autant d'entreprises qui en ont fait les frais, au point d'y risquer leur stabilité ou leur intégrité. L'UE doit se penser et s'organiser comme une puissance capable de répliquer face aux éventuelles sanctions.

Une vision du monde : l'Europe à l'origine d'un capitalisme de long terme

Aujourd'hui, le capitalisme se veut responsable. Une nouvelle philosophie de l'entreprise s'impose progressivement, soucieuse de la valeur qu'elle apporte à l'ensemble de ses parties prenantes, à travers sa raison d'être. De toute évidence, l'urgence climatique, le creusement des inégalités ou la montée des populismes rendent nécessaire cette évolution. Le capitalisme responsable doit créer les conditions d'un terrain de jeu élargi aux considérations de long terme. Enjeu pour les entreprises mais aussi pour l'Europe, qui doit porter cette vision dans les instances de normalisation en affirmant ses valeurs. Normes comptables, normes prudentielles, reporting financier et extra-financier doivent ainsi mieux intégrer ces enjeux et mettre en place les incitations qui orientent l'épargne et l'investissement vers la préparation du futur. Il n'est pas interdit d'espérer, là aussi, que le Brexit favorise une évolution des points de vue. Il faudra également porter ce combat dans les instances mondiales de régulation, sauf à créer les conditions d'une compétition par trop inégale et donc vouée à l'échec. Miser sur l'entreprise pour progresser vers ce meilleur équilibre entre l'économique et le social d'une part, le court et le long terme d'autre part, n'a de sens que si les institutions européennes jouent leur rôle et construisent un cadre favorable. Europe et entreprises, des destins liés.

La mondialisation a créé une fracture entre *Les Deux Clans* décrits par David Goodhart : ceux de Partout (les « Anywhere »), qui en saisissent les opportunités, et ceux de Quelque-Part (« les « Somewhere »), qui en sont exclus : « l'intégration européenne était le projet Partout par excellence ». Au moment où le Brexit remet en cause pour la première fois depuis les années 50 la trajectoire linéaire de la construction européenne, la mobilisation est nécessaire. La pandémie peut paradoxalement y contribuer. Les entreprises ont une responsabilité centrale dans la résorption de cette fracture en portant les valeurs du projet européen.

Entreprises, ne vous demandez pas seulement ce que l'Europe peut faire pour vous, mais ce que vous pouvez faire pour l'Europe.

Voir : Capitalisme responsable ; Gouvernance (et responsabilité).

Exploitation

par Olivier Babeau,
essayiste,
président de l'Institut Sapiens,
professeur d'Université

Le mot est redoutable, lourd de haines et de luttes. Depuis deux siècles il résonne comme une dénonciation : celle d'un ordre inique qui serait devenu la structure même de notre société. L'exploitation, c'est le don sans réciprocité, l'échange déséquilibré. Quand le maître accapare le fruit du travail de son esclave, ou lorsque, bénéficiant d'un rapport de force en sa faveur, une personne obtient par la contrainte un avantage de la part d'une autre, telle est la situation d'exploitation.

On le sait peu, mais à travers cette notion, Marx et les libéraux se rejoignent. Les deux approches ont en commun de faire de l'histoire de l'humanité celle de la lutte de classes exploitantes contre des classes exploitées, de dénoncer une classe dominante unie par ses communs intérêts d'exploitation, de voir en l'État l'instrument formé pour reproduire ces relations de domination. Pour Marx, l'exploitation réside tout entière dans le rapport entre un acheteur de force de travail et un vendeur – un employeur et un employé. Parce que, souligne-t-il, les répartitions initiales des capitaux ont sans doute historiquement été le résultat de vols, crimes et pillages divers au profit du plus violent, aucun échange économique ne pourrait jamais être juste, marqué à jamais qu'il est de ce péché originel. Les libéraux ont une approche différente : pour eux, la vraie exploitation ne réside jamais dans l'échange volontaire, qu'il s'agisse de bien ou de service. À partir du moment où l'échange a lieu librement, c'est que les deux parties y ont intérêt : ce mécanisme qui fait que l'échange est gagnant-gagnant est le cœur de la dynamique du marché. Le boulanger donne son pain en échange d'une certaine somme d'argent. Le travailleur donne une certaine quantité de travail en échange d'un salaire convenu avec l'employeur. Le mécanisme profond d'exploitation qui réside au cœur de la société est celui qui oppose classes spoliatrices et classes laborieuses, autrement dit classes non productives et classes productives. L'État n'est que l'outil qui crée les conditions de durabilité de cette exploitation. Rothbard écrit : « L'État organise une prédation légale, ordonnée, systématique sur la propriété des producteurs ; il assure un moyen de subsistance certain, sécurisé et relativement "pacifique" à la caste parasitique de la société. » Cette caste comprend les politiques, les bureaucrates, et plus largement ceux qui auront réussi à intriguer pour recevoir des mains de l'État le produit des rapines légalement réalisées sur le reste de la population. Pour entretenir cet appareil d'exploitation sans provoquer de révoltes, de grands efforts doivent être déployés. C'est le rôle de l'État, lorsqu'il s'approprie à grands frais la culture, l'éducation, et s'assure de sa mainmise sur les médias. Autant de façons de maîtriser la création de symboles pour assurer la tranquille acceptation d'une oppression rendue invisible, ou mieux, incompréhensible, à force de novlangue et de bonneteau des idées.

L'idée d'exploitation, qu'il s'agisse de l'entreprise ou de l'État, ne doit ni être balayée d'un revers de main, ni constituer un horizon indépassable. Il s'agit plutôt d'en faire un levier d'exigence rappelant à tout moment les points d'attention.

S'il reste à sa place, veille au consentement à l'impôt, respecte scrupuleusement les libertés et ne fait pas des citoyens un simple moyen au service de l'expansion bureaucratique, l'État est une organisation saine.

De même, les rapports entre employés et employeurs peuvent déboucher sur une satisfaction mutuelle à certaines conditions : rémunération équitable, conditions de travail agréables, compréhension mutuelle des contraintes, attention donnée à la progression de chacun, etc. Dépasser l'exploitation implique une réciprocité.

Quand une entreprise veille à ce que le travail de ses collaborateurs permette à chacun d'entre eux de se réaliser, de progresser en compétences et de tenir en un mot une place honorable de citoyen parmi les autres ; quand la contribution du salarié, symétriquement, est utile à l'action collective et aide au développement de l'entreprise, alors il s'agit d'une relation équilibrée. Le processus d'ajustement qui permet un tel équilibre doit être permanent. Il doit avoir lieu de la même façon en ce qui concerne le rapport de l'entreprise à son environnement. Certes, on dit bien qu'on « exploite » un gisement de matières premières ou une terre agricole. Mais la question de la réciprocité n'est pas moins importante : quel est l'effet de notre action sur l'équilibre général de l'environnement, ses capacités à se régénérer ?

Finalement, bien loin de constituer la condamnation finale de l'entreprise, le concept d'exploitation en est au contraire sa clé. Il désigne précisément l'état malsain qu'une organisation doit absolument éviter si elle souhaite être pérenne.

F

Les femmes et les jeunes, avenir de l'entreprise

par Muriel Pénicaud,
ancienne ministre du Travail
et dirigeante en entreprise,
ambassadrice de la France auprès de l'OCDE

Quels sont les enjeux majeurs de l'entreprise de demain, au sortir de la pire crise économique que nous ayons vécue depuis plus d'un siècle ?

De mémoire de vivant, nous n'avons jamais connu une telle déflagration macro-économique. La Seconde Guerre mondiale avait eu des conséquences économiques lourdes, la crise financière des *subprimes* également, et pourtant moindres que la crise sanitaire. Dans ces deux cas, l'humanité avait creusé son malheur elle-même, par des conflits nés du vertige de la toute-puissance, de l'humiliation des peuples et des nations, comme de la sur-financiarisation de l'économie. Cette fois-ci, il s'agit d'une crise exogène et imprévisible dans son intensité. En 2020, la Banque mondiale a estimé qu'il s'agissait de la pire contraction de l'économie mondiale depuis cent cinquante ans. Les organisations internationales (OIT, OCDE, FMI, Banque mondiale) alertent toutes sur l'augmentation de l'extrême pauvreté et des inégalités qui frappe au premier chef les femmes et les jeunes.

Le ciel n'en finit pas de nous tomber sur la tête ; les doutes et les incertitudes pèsent lourdement sur la vie sociale, économique, politique et civilisationnelle. Il est illusoire de croire que demain redeviendra comme hier. L'enjeu consiste à refonder l'avenir sur le désir d'entreprendre, de créer et de partager, base de notre contrat de société, de notre vivre ensemble.

L'entreprise est un « organisme vivant », une construction économique, humaine et juridique en perpétuelle évolution. Certaines tendances lourdes de transformation étaient déjà à l'œuvre mais la crise renforce leur pertinence, leur nécessité et leur urgence. Il s'agit d'inventer ce que seront les entreprises de demain. Et cela passera par les femmes et les jeunes.

Tout d'abord, il nous faut trouver les chemins d'une croissance durable dont les trois vecteurs principaux seront le numérique, l'écologie et les services aux personnes. Le plan de relance doit permettre d'accélérer cette mutation.

La transformation numérique concerne toutes les entreprises, de la TPE au grand groupe international, dans tous les secteurs d'activité, que ce soit en matière d'innovation, de production ou de distribution. La crise Covid a accéléré de façon massive et irréversible cette évolution du marché. L'intelligence artificielle va également impacter l'entreprise, notamment par une nouvelle vague d'automatisation y compris dans certaines prestations intellectuelles, et par un déplacement de la valeur ajoutée humaine sur les activités de création, d'innovation, de gestion des données, des services, de la logistique, du pilotage et du contrôle.

Qui sont les mieux à même d'embrasser sans résistance ces évolutions profondes ? Les jeunes, *digital natives* par effet de génération. Coopérer entre générations deviendra indispensable pour innover et concevoir les modèles économiques de demain.

La « transition écologique » implique une mutation du modèle économique. Elle concerne l'énergie, l'agriculture et l'agro-alimentaire, l'industrie notamment automobile et aéronautique, les transports, le bâtiment et les travaux publics, la distribution et la logistique, la gestion de l'eau et des déchets, nos modes de vie et de consommation. Nous devons imaginer un monde où nous produirons, consommerons, nous déplacerons, et vivrons autrement.

Il ne s'agit pas de retourner « *back to the trees* » à une société préindustrielle et fermée avec son cortège de pauvretés et d'injustices, ni de promouvoir une société culpabilisante, punitive et triste, mais d'inventer un futur différent où la croissance sera durable sur le plan écologique et social.

Qui porte cette exigence d'équilibre homme-nature, cette urgence brûlante d'un modèle économique différent intégrant la protection de la planète et de la vie ? Au premier chef les jeunes. Leurs aspirations contribueront à l'innovation technologique et organisationnelle, conditions indispensables pour inventer les solutions de demain.

Le troisième secteur porteur d'emplois est celui des services aux personnes. La crise épidémique a mis en lumière les besoins et les tensions des secteurs de la santé et de l'accompagnement des personnes vulnérables. Le vieillissement de la population est une tendance démographique inéluctable en France, en Europe, en Amérique et en Asie. C'est un peu moins vrai en Afrique pour l'instant. Cela viendra avec le développement économique, socle de l'élévation du niveau de vie et donc de l'espérance de vie. Dépendance et qualité de la fin de vie sont des défis face auxquels nous sommes encore mal armés, trop empêtrés dans une vision d'assistanat dans laquelle nous confondons « protéger » et « enfermer », et où la contribution des retraités et des personnes âgées au bien-être mental et social de tous est peu reconnue.

Qui s'occupe des personnes âgées et vulnérables ? Les femmes, soit professionnellement (80 % des emplois), soit bénévolement (80 % des aidants), soit familialement au quotidien (l'immense majorité). Elles sont majoritaires dans la « première ligne » qu'on a applaudie mais peu entendue. Et qui sont les dirigeants publics et privés dans ces secteurs, qui définissent et décident des services à apporter ? Majoritairement des hommes. Croire qu'on peut inventer des solutions pertinentes sans amener à la table de décision « celles qui savent » parce qu'elles pratiquent est absurde, inefficace et dangereux.

Conséquence de ces trois grandes mutations, des millions d'emplois vont disparaître, au moins autant seront créés, et la majorité seront transformés. L'élévation et la transformation des compétences sont donc déterminantes pour le devenir de chacun comme pour la réussite des entreprises et l'avenir des territoires. J'en ai fait une priorité dans la loi « Pour la liberté de choisir son avenir professionnel » de 2018, qui a permis une réforme profonde du système d'apprentissage afin de développer cette voie d'excellence et de passion des métiers pour les jeunes. La loi a en outre instauré un véritable droit à la formation qui, combiné avec la création de l'application « mon compte formation », permet désormais à trente millions de Français de se former librement. De même, nous avons mis en place le PIC (Plan d'investissement dans les compétences), d'une ampleur sans précédent, qui permet à plus d'un million de jeunes et de demandeurs d'emploi par an de se former pour l'emploi. Enfin, des inégalités ont été réduites en développant fortement les programmes d'insertion par l'activité économique pour les plus vulnérables.

Au sein de l'entreprise, le management va évoluer profondément sous un triple effet : l'organisation du travail, la notion de management, et le dialogue social.

La crise sanitaire a installé durablement la notion de télétravail pour un quart des emplois, qui peuvent se pratiquer sous cette forme. Lorsque j'ai instauré le droit des salariés au télétravail dans les ordonnances Travail de 2017, j'étais loin d'imaginer que ce cadre juridique servirait autant en 2020 en raison de la crise sanitaire. Mais nous savions déjà que les deux tiers des salariés y aspiraient, que cela ne nuisait en rien, voire contribuait à la productivité. Il fallait préparer et encadrer cette évolution inéluctable.

Avec la crise du Covid-19, l'expérience a été massive, soudaine, souvent pratiquée en mode dégradé. Cependant 70 % de ceux qui ont expérimenté le télétravail veulent continuer à télétravailler plusieurs jours par semaine. L'interaction physique reste indispensable au lien social et à la coconstruction, mais elle se nourrit plus de moments de qualité (travail d'équipe, convivialité) que d'une obligation de présence formelle permanente. On ne retravaillera plus comme avant. De nombreux salariés, notamment les jeunes (qui en font une condition à l'embauche), veulent conserver ce mix virtuel-présentiel. Le dialogue social et économique doit l'encadrer. Les organisations syndicales elles aussi ont besoin de plus de jeunes pour contribuer à négocier ces solutions.

Le sujet du télétravail n'est pas seulement organisationnel : il bouscule profondément les modes de management, basés depuis des décennies sur le concept de contrôle présentiel, avec la croyance que celui-ci permettrait de s'assurer de l'engagement et de la qualité de la contribution des salariés. L'évolution vers un management plus centré, inspirant, motivant, participatif et proche du *coaching* était déjà bienvenue, elle est maintenant requise, que l'activité soit en télétravail ou non. De nombreux jeunes quittent un emploi, voire refusent un CDI en raison des défaillances des managers.

Le télétravail a ravivé aussi la question de l'inégalité des sexes, y compris à la maison. Dans de nombreux cas, il s'est traduit par une aggravation de la situation des femmes, chargées bien plus que les hommes d'organiser l'école à la maison et de préparer deux repas par jour pour toute la famille tout en télétravaillant, et subissant pour certaines une augmentation des violences familiales. J'ai instauré, dans la loi « Pour la liberté de choisir sa vie professionnelle », l'obligation de résultats et l'Index d'égalité professionnelle entre les femmes et les hommes. Depuis, des progrès sont manifestes dans les entreprises en matière d'égalité de salaires et de carrières. L'Index permettra d'évaluer et donc de piloter ce progrès d'année en année dans chaque entreprise. Il ne faut rien lâcher car le chemin est raide. C'est une question de justice sociale, mais aussi de performance économique de l'entreprise. Pour réussir pleinement, le futur du travail devra obligatoirement être inventif, flexible, et s'accompagner d'une égalité de partage des tâches domestiques et familiales.

Pour accompagner, encadrer et orienter concrètement toutes ces évolutions du modèle économique, social et managérial, je crois à la nécessité d'un dialogue social renforcé sur le terrain dans les entreprises, comme nos ordonnances Travail de 2017 l'ont permis et encouragé. Le contrat social dans l'entreprise n'est pas un objet figé et seulement juridique, il doit permettre aux forces vives de trouver des solutions qui contribuent à la réussite de l'entreprise, au partage de la valeur, et au bien-être social et humain. Comme le management, ce dialogue social a besoin de se renouveler, et notamment d'intégrer beaucoup plus de jeunes et de femmes dans les instances de négociation, de contractualisation et de décision des deux côtés.

L'entreprise devra recruter des salariés motivés et performants à tous les niveaux de l'organisation. Tant qu'il y aura 9 % d'écart de rémunération entre les femmes et les hommes pour le même travail, et 25 % sur toute la carrière, comment les entreprises pourront-elles oser espérer un engagement plein et entier ? Il est urgent qu'elles prennent au pied de la lettre leurs résultats à l'Index d'égalité pro et qu'elles corrigent le tir. En mars 2021, devant l'ampleur des conséquences de la crise du Covid-19 pour la jeunesse, avec 162 personnalités (chefs d'entreprise, responsables associatifs, artistes, sportifs), j'ai lancé une tribune appelant la société civile à se mobiliser pour et avec la jeunesse. À la suite de cela nous avons lancé différentes actions, qui ont commencé par un grand sondage auprès de la jeunesse réalisé avec l'Ifop. Une immense majorité de jeunes y témoignent de leurs besoins, problèmes, et aspirations, mais disent qu'ils n'attendent quasiment rien des pouvoirs publics ni des entreprises. La difficulté accrue à trouver un emploi ou parfois un simple stage a miné leur confiance. Cela doit tous nous interpeller. Comment bâtir la relève, comment répondre aux défis actuels et à venir de l'entreprise si les jeunes ne font que « prêter » leur force de travail physique ou intellectuelle sans vraiment s'y engager, et ne considèrent pas l'entreprise comme un lieu de réalisation pour eux-mêmes ?

Pour réussir demain, les entreprises ont donc besoin de s'ouvrir aux femmes et aux jeunes, dans toute leur diversité, qualifiés ou expérimentés, urbains ou ruraux, handicapés et « différents », de toutes origines sociales, éducatives, ethniques et géographiques. Et de considérer enfin la diversité comme une chance pour l'excellence et non un fardeau. « Ouvrir les chakras » du recrutement est beaucoup plus une opportunité qu'un risque pour toute entreprise qui veut innover, être connectée à la diversité de ses consommateurs, et miser avant tout sur le talent et l'engagement de ses salariés sans se priver des deux tiers du vivier des ressources humaines.

De nombreux jeunes et salariés aspirent à devenir leur « propre patron » en créant leur micro ou petite entreprise. En dépit des risques et des difficultés, devenir entrepreneur ou indépendant est considéré comme donnant plus de sens au travail. Cette évolution croissante est positive pour la création d'emplois, mais questionne les grandes entreprises sur la perte de sens, d'autonomie et d'espace d'initiative perçue par les nouvelles générations. Les organisations et le management devront changer si les entreprises veulent attirer et conserver les talents les plus audacieux et les plus créatifs.

La gouvernance des entreprises est un sujet structurant pour l'évolution des entreprises. La France peut être fière, dix ans après la loi Copé-Zimmerman, de faire partie des pays au monde les plus avancés pour la part des femmes dans les conseils d'administration et conseils de surveillance des sociétés cotées. Cependant, et contre toute rationalité économique malgré les nombreuses preuves (FMI, Banque mondiale, OCDE, McKinsey…) que la diversité de genre dans les instances de dirigeance conduit à une performance plus élevée et plus durable en stimulant l'innovation et favorisant une meilleure gestion des risques, la part des femmes à la tête des entreprises et dans les comités exécutifs est encore très faible, tant l'entre-soi et la cooptation limitent le champ de vision. Qu'attendons-nous pour bâtir l'entreprise de demain ?

Les entreprises qui réussiront seront celles qui ont compris qu'elles sont le cœur d'un écosystème constitué de dirigeants, salariés, actionnaires, clients, consommateurs, fournisseurs de biens et services, infrastructures (numérique, transports, éducation), élus locaux, territoires et partenaires. Que le seul rapport de force ne permet pas de réussir durablement. Que compétition et coopération sont complémentaires. Que si elles bénéficient de ressources naturelles (énergie, matières premières, territoires) et de ressources humaines et éducatives lorsqu'elles recrutent, elles doivent contribuer à les protéger et les régénérer, à développer le bien commun. Toutes les notions de responsabilité sociale et environnementale, et de raison d'être des entreprises, prennent ici leurs racines et leur cohérence. Un poumon vit en interdépendance avec l'ensemble du corps. Dans un territoire, l'entreprise constitue souvent le poumon économique et social. Cela lui apporte des ressources mais aussi des devoirs. Une entreprise prédatrice et qui ne contribue en rien au développement du capital humain et du capital naturel ne durera pas dans ce qui deviendra un désert social, économique et écologique. Qui mieux que les femmes et les jeunes comprennent cela ?

La quête de sens des jeunes, la quête d'équité et d'équilibre dans la vie des femmes sont une chance face aux défis du futur. Les femmes et les jeunes ne demandent pas de la compassion. Ils veulent et doivent contribuer à la construction opérationnelle de l'entreprise de demain et à sa gouvernance, y apporter leur expérience, leur regard, leur énergie, leurs idées. Les femmes et les jeunes ne sont pas un problème. Ils sont une partie importante de la solution. Chefs d'entreprise, osez leur faire confiance !

Voir : Apprentissage ; Autonomie ; Dialoguer ; Diversité ; Gouvernance (et responsabilité) ; Travail demain.

G

Good… Entrepreneur « for good »

par Bertrand Badré,
ancien directeur général de la Banque mondiale,
fondateur de Blue Like an Orange Sustainable Capital

Entrepreneur for good ? Un truisme ? Une évidence ? Et en même temps il y a bien quelque chose d'étrange à associer ces deux mots. Certains se souviendront que George W. Bush s'était un jour interrogé à haute voix sur ces Français qui n'avaient pas de mots pour « entrepreneur ». En sommes-nous réduits aujourd'hui à nous demander si les Français n'ont pas non plus de mots pour « for good » ? Associer à toute une série d'idées ou de notions « for good » est-il devenu un hommage obligatoire à l'anglais nouvelle *lingua franca* des affaires ? Tech for good ? Cuisine for good ? Et donc pourquoi pas, après tout, « entrepreneur for good » comme un badge scout « for good action » – la fameuse BA passée de mode semble-t-il ?

Mais peut-être pouvons-nous aussi y voir une malice involontaire et une petite provocation de notre langage. Un clin d'œil ? Le jeu des possibles s'élargit alors singulièrement.

S'il y a des entrepreneurs « for good », s'il est utile d'ajouter ces deux mots « for good » c'est peut-être que cela n'est au fond pas une évidence. Il pourrait alors y avoir des « entrepreneurs for bad » voire des entrepreneurs sans étiquette, neutres en quelque sorte. Reconnaissons que cela n'est pas qu'une hypothèse d'école tant, pour beaucoup encore, l'entrepreneur reste objet de suspicion. Il faudrait donc distinguer de manière explicite parmi les entrepreneurs ceux qui sont « for good ». Et leur donner une médaille « gold for good ».

Mais qu'entendons-nous alors vraiment par « for good » ?

Parlons-nous des « bons entrepreneurs » par opposition aux « mauvais entrepreneurs » ? Selon quels critères : taille, profit, secteur, payant ou non leurs impôts, respectant ou non des critères de diversité, petits, gros, souriants, frugaux, austères ? Et nous voyons alors défiler devant nous en fermant les yeux les classements de *Challenges* ou de *Forbes* comme les portraits brossés par Balzac dans *La Comédie humaine* mais aussi ce petit entrepreneur rencontré en vacances et si inspirant...

Parlons-nous alors des « entrepreneurs pour de bon » par opposition aux dilettantes, aux rentiers, aux financiers, aux managers et autres CEO de grands groupes, ou aux hommes d'affaires ? Surgit alors à l'esprit Bernard Palissy devant sa cheminée ou le garage de la Silicon Valley. Dévoué au succès de son idée. Envers et contre tous. Seul et grand – parce que petit –, face à l'adversité.

Ou parlons-nous effectivement d'une petite minorité qui mobiliserait sa capacité à entreprendre et de bons outils, pour faire le bien ? Seule dans un océan obscur et diabolique. Au cœur de la lutte éternelle entre le bien et le mal.

Bien sûr il y a un peu de tout cela et sans doute bien plus. Nous avons tous une image de l'entrepreneur fondée sur des exemples, des lectures ou des films. Et nous savons tous, plus ou moins confusément, qu'il n'y a pas un modèle d'entrepreneur mais une infinité de réalités.

Je suis devenu entrepreneur sur le tard. D'un genre un peu particulier. J'ai fondé avec mes associés une entreprise dont l'objectif est de financer des entrepreneurs. Et de les financer avec l'objectif affiché de financer le développement durable, de faire « officiellement » le bien en quelque sorte.

Pour rester sur un mode « franglais » j'ai décidé à presque 50 ans de « walk the talk ». Pendant des années, je me suis interrogé sur l'entreprise, la finance, le capitalisme, et ses variations infinies sur toutes les latitudes et à différents âges de notre histoire. Dans un de mes livres j'ai questionné en couverture notre capacité à reprendre le contrôle de l'argent pour servir le bien commun. Il était temps de passer à l'acte, de me colleter avec la réalité. De devenir en quelque sorte et « pour de bon » un « bon entrepreneur » visant à « faire le bien ». Il était aussi temps de me rendre compte que nous étions nombreux sur ce créneau. Bien plus que ce que je pensais.

Entreprendre : c'est bien déplacer une montagne. Créer quelque chose là où il n'y a rien. Apporter au sens propre une valeur ajoutée. Vouloir changer le monde puisque après la création de l'entreprise le monde sera différent. Et reconnaissons que ceux qui entreprennent ont non seulement les épaules larges mais aussi un cœur énorme. C'est difficile. Il faut s'accrocher. Lutter contre le scepticisme ou le cynisme. Pas pour détruire ou abîmer mais pour construire. Tout cela aurait dû m'être évident. Et je l'ai vécu et découvert dans ma chair toutes ces années. Il n'y a pas d'entrepreneurs « for good » il y a des entrepreneurs habités, animés. Tout simplement. Et ce qu'ils font est à leurs yeux bel et bon.

Mais les yeux et son cœur ne suffisent pas. Pas plus hier qu'aujourd'hui. Des crises et des scandales sont passés par là. Certains ont abusé. Le système surtout semble avoir dérapé. La crise financière. La crise sanitaire. La crise environnementale et climatique. La crise sociale et les inégalités croissantes. Tout concourt à diffuser la défiance. Et l'entrepreneur, comme tous ceux qui réussissent, doit justifier son utilité. Écoutez-moi : je suis là « for good » !

Si le « for good » peut alors être une étiquette rassurante, un label, il ne doit pas le demeurer. Ce serait triste. Et ce serait faux. Certes, il faut rassurer. Et l'étiquette est peut-être le prix à payer mais il faut que cela demeure temporaire. Entrepreneur et « for good » sont une seule et même réalité. Il ne doit pas y avoir de place pour le doute. Le système dans lequel nous opérons doit restaurer les conditions de température et de pression qui permettent aux entrepreneurs de rayonner et de bouleverser notre monde pour de bon, pour le bon et pour le meilleur. Cette transformation du système est, me semble-t-il, le chantier formidable qui s'ouvre devant nous, celui d'une génération. Une génération d'entrepreneurs bien sûr ! Mais pas seulement.

Or donc qu'en est-il du « système » justement ? Nous vivons depuis un demi-siècle dans un univers qui s'est organisé autour de ce que le grand économiste Milton Friedman avait écrit le 13 septembre 1970 dans un article fameux du *New York Times* en réponse à un débat proposant d'élargir la gouvernance de General Motors à des représentants de l'intérêt public : « The social responsibilty of business is to increase its profits. » L'objet de l'entreprise est d'accroître ses profits. Et uniquement cela. Tout le reste serait « pure unadulterated socialism », du socialisme chimiquement pur. Le profit devient une fin en soi.

La primauté des marchés est en outre reconnue pour évaluer la valeur des choses. C'est le fameux « mark to market ». En particulier après la décision de Richard Nixon le 15 août 1971 de suspendre la convertibilité du dollar en or ouvrant la porte aux changes « flottants ». Le dollar vaut x euros, l'euro y dollars et le marché s'impose à tous.

Le développement de la finance va suivre. General Electric et d'autres ont établi la primauté du capitalisme actionnarial. On a parlé de révolution conservatrice, de modèle néo-libéral, de consensus de Washington... Le tsunami a submergé le monde. Il a même été question de fin de l'histoire. L'économie de marché avait triomphé. Fermez le ban.

Et de fait le modèle a été puissant. L'économie mondiale a été transformée. La pauvreté a régressé dans des proportions inédites. L'innovation s'est imposée comme un « buzzword » mais aussi comme une force reconnue et... valorisée. Au même titre que le garage et sa mythologie. Bernard Tapie avec d'autres devenait un héros. L'entrepreneur était célébré. « Greed is good » répétaient en boucle les thuriféraires de Wall Street. Ou de Donald Trump...

Le modèle a fonctionné jusqu'à ce qu'il touche ses limites avec la crise financière de 2007-2012. Au moment même où le monde prenait conscience de la nécessité de réfléchir à son développement durable. Nous en sommes là. La prochaine étape sera écrite – une fois encore – par les entrepreneurs. Mais dans un système qui aura évolué en profondeur. Les entrepreneurs seront pionniers puis de plus en plus nombreux puis le « for good » tombera de lui-même... ne resteront que les entrepreneurs au cœur d'un système refondé.

Pour évoluer il faut bousculer le modèle friedmanien. Passer à une nouvelle étape. J'aime citer les travaux de

Colin Maier, ancien doyen de la Saïd Business School à Oxford. Il a cette formule merveilleuse : l'objet de l'entreprise est de trouver des solutions profitables aux problèmes de la planète et de ses habitants. Le profit n'est plus une fin en soi mais un moyen en vue d'une fin. Le profit trouve sa légitimité dans son utilité. L'entrepreneur devient par essence « for good » puisqu'il apporte des solutions à de vrais problèmes, qu'il en est remercié et « en profite ».

Il s'agit bien de travailler notre OS – « operating system » – pour permettre aux entrepreneurs de donner toute leur mesure. Cela passe par un travail de fond. Il faut ouvrir le moteur, prendre notre boîte à outils et faire quelques réglages. S'attaquer aux normes comptables, aux modes de rémunération, aux obligations fiduciaires, à la gouvernance des entreprises... À toutes ces normes qui font le quotidien de la vie économique et que nous pouvons orienter vers un modèle plus durable, plus résilient, plus inclusif, un modèle où le « for good » devient non plus l'exception mais l'évidence. Où l'impact positif n'est pas un sous-produit de nos réflexions mais se retrouve au cœur du calcul financier.

Nous avons une feuille de route adoptée en 2015 par toute la planète. Elle est constituée des accords d'Addis-Abeba en juillet sur le financement du développement, des accords de New York en septembre aux Nations unies sur les objectifs du développement durable et des Accords de Paris en décembre sur le climat. Certains pourront crier aux ayatollahs. D'autres à la victoire d'un idéal bureaucratique. Ces accords ne sont pas parfaits. Mais force est de reconnaître qu'ils forment un tout cohérent et qu'ils ont été adoptés par toute la planète. À nous de jouer. De libérer les énergies. Ce sera long et ce n'est pas gagné. Le vieux système a de la ressource. C'est pourtant à ce prix que nous ferons face aux défis climatiques et sociaux. En réenracinant l'entreprise dans les besoins du monde. Il n'y aura pas de grand soir mais un long travail en profondeur auquel il faut nous atteler dès aujourd'hui. Et pour lequel notre vieille Europe a quelques atouts à faire valoir. En particulier en valorisant notre capacité à faire travailler ensemble entrepreneurs privés et publics. En conservant une approche éthique face aux bouleversements de toute nature. En préservant notre culture de la solidarité.

En gardant à l'esprit qu'une bonne valorisation reposera sur des vraies valeurs. Le « for good » est un label fragile. L'ADN de l'entreprise est plus durable. Le gène de l'intégrité est une force avec laquelle il faut compter. Si tu dis ce que tu fais et fais ce que tu dis alors le marché – consommateur, investisseurs, collaborateurs – te reconnaîtra !

Le XXIe siècle sera entrepreneurial ou ne sera pas. Pour de bon. Et for good !

Voir : Capitalisme responsable ; Sens, raison d'être et leadership.

Good… « Tech for Good »

par Stéphane Richard,
président-directeur général d'Orange

La question de la confiance

Tech for Good. Quand j'évoque ces quelques mots, ou plus exactement ce qu'ils impliquent, en dehors de mon univers professionnel ou institutionnel habituel – avec mes enfants et leurs amis, avec d'anciens camarades d'école, avec les commerçants de mon marché dominical –, je ressens bien à quel point cette phrase n'est pas encore une évidence naturelle et universelle.

Sans doute parce que nous avons tous, depuis vingt ans, pris conscience progressivement puis de façon accélérée, qu'une partie de notre modèle, de ce que nous pensions être notre modernité, fruit de la confiance que nous avions faite au progrès de nos pères, n'était pas sans externalités. Des externalités relativement négatives, relativement douloureuses, pour notre planète, pour nous-mêmes et pour tous ceux qui allaient nous suivre. Aussi parce que, parfois, au cours de la dernière décennie, sur la question des données personnelles notamment, nous avons pu avoir le sentiment que le numérique et ses géants ne mettaient pas assez leurs intérêts au service de l'humanité et parfois même, que l'inverse pouvait se produire.

Revendiquer « Tech for Good », brandir cette oriflamme, c'est donc d'abord assumer la complexité anthropologique de ses deux termes. Ils interrogent ce que nous sommes, ce que nous avons fait et ce que nous pouvons faire. Tech for Good, c'est oser reposer la question de confiance à l'innovation, à la technologie, au progrès. À chaque grande étape de l'humanité cette question s'est posée. Elle se pose toujours aujourd'hui avec un des plus grands défis que l'humanité a eu à affronter : le défi du changement climatique. Tech for Good, c'est arriver à faire de cette phrase sublime de pertinence de Diderot, écrite dans ses Mémoires, une maxime de comportement : « Il ne suffit pas de faire le bien, il faut encore le bien faire. » Tech for Good, bien plus qu'un projet politique, c'est une responsabilité séculaire. Mais aussi, et j'en suis absolument convaincu, un formidable espoir.

Face à l'ampleur des obstacles de notre siècle, celui des enjeux environnementaux, sociaux, sociétaux et désormais aussi sanitaires, celui où les nouveaux équilibres peuvent se créer ou au contraire se perdre à jamais, nous savons au fond de nous-mêmes, intimement, intuitivement, que c'est l'innovation, le génie humain et l'engagement commun qui nous permettront d'aboutir. Comme à chaque saut quantique que l'humanité a su produire, de la maîtrise du feu à celle de la fée électricité. Et j'ai l'audace de croire que les réseaux et plus largement le digital, seront au cœur des prouesses que nous parviendrons à accomplir.

L'extraordinaire époque que nous traversons depuis un an et demi le montre bien. Au même titre que l'énergie, le numérique est devenu l'un des piliers de l'humanité. Face à la pandémie Covid-19 et aux restrictions sans précédent de nos vies quotidiennes, les solutions numériques nous ont tous aidés à rester liés aux choses qui comptaient pour nous, celles qui nous ont permis de rester unis, celles qui nous ont gardés debout. Nos emplois. L'éducation de nos enfants. Notre soif de s'informer. Notre besoin de rêver, de se cultiver et d'espérer. Et évidemment, la connexion au sel de notre vie – nos amis, notre famille, notre foyer.

Et si jusqu'alors les réseaux étaient l'épine dorsale de notre existence numérique, ils sont devenus, dans la crise, un petit peu plus que cela… Sur tous les continents. Dans tous les milieux. Parmi toutes les générations. Parce que nos réseaux ont tenu, la société s'est maintenue. Et cela n'est pas rien. Tech for Good. Tech for People.

Le pouvoir du réseau, la responsabilité du réseau

Ce rôle cardinal du réseau, sous-jacent avant la crise et accéléré par la crise, amplifie de façon extraordinaire la responsabilité de l'industrie télécom pour l'après-crise. Réduire les inégalités, faire face à l'urgence climatique, mener les transformations que le monde exige, l'engagement du digital n'a jamais eu plus de sens. Car oui, les technologies numériques sont les vecteurs formidables des solutions de ce monde d'après.

Prenons l'enjeu stratégique des émissions carbonées. Les nouvelles générations de réseaux sont bien plus sobres en énergie : la consommation électrique par Go a été divisée par 3 sur les réseaux fixes et par 7 sur les réseaux mobiles en cinq ans ; et d'ici 2025, la 5G sera 10 fois plus efficace en énergie que la 4G. Mais surtout, les nouvelles générations de réseaux ont un impact immense sur d'autres secteurs structurants comme les transports, le bâtiment, l'énergie ou les villes, que l'utilisation de l'IA viendra encore amplifier. Ainsi, comme le souligne une étude menée pour la GSM Association (GSMA), pour chaque tonne de carbone émise par le numérique, ce sont près de 10 tonnes qui sont économisées dans les autres secteurs, ratio qu'il nous faudra encore amplifier.

Ce combat pour le « zéro carbone » est devenu l'obsession positive et collective du Groupe Orange que je dirige depuis plus de dix ans. À son niveau, Orange a en effet décidé de s'inscrire pleinement dans les Objectifs de développement durable (ODD) définis par les Nations unies en 2015 et dans leur calendrier 2030, pour protéger la planète, éradiquer la pauvreté, tout en assurant une transition juste et responsable – et pour ce faire nous avons identifié 6 ODD, parmi les 17 établis, sur lesquels notre impact est majeur.

Parmi eux, Orange s'est notamment engagé à être net zéro carbone d'ici à 2040, avec dix ans d'avance sur les engagements pris par l'industrie. Il faut saisir l'effort historique que nous allons conduire – et réussir ! – en matière d'empreinte environnementale et d'efficacité énergétique (ODD 12 et 13). Dès 2025, pour soutenir la trajectoire de 2040, nous aurons réduit de 30 % nos émissions de CO_2 par rapport à 2015. À la même date, au moins 50 % de notre électricité sera d'origine renouvelable et 100 % de nos produits sous la marque Orange seront développés en éco-conception. Dans le même temps, parce que nous savons qu'un des principaux impacts du numérique sur l'environnement, c'est le cycle de vie de nos équipements – à la fois par leur production et la gestion de leur fin de vie –, nous menons une sensibilisation constante de nos clients pour qu'ils réfléchissent aux dates de renouvellement de leurs équipements ou puissent toujours les recycler. Parce que ces objets devenus indispensables à notre existence ne doivent plus être préjudiciables aux équilibres de nos ressources. Tech for Good. Tech for People.

La nouvelle frontière

Si les réseaux des opérateurs membres de la GSMA ont su permettre les transitions de nos vies pendant la pandémie, et s'ils rendront possibles les transformations à venir de nos sociétés, il faut aussi regarder leurs limites actuelles, celles de leur pouvoir de révolution. Et chercher à en repousser sans cesse les nouvelles frontières.

Car aujourd'hui encore, près de la moitié de la population mondiale – et 80 % des Africains – n'a pas encore accès à Internet. C'est d'ailleurs moins en raison d'un déficit des zones de couverture – l'expansion des réseaux s'est poursuivie à un rythme soutenu et le déficit de couverture est passé de 10 à 7 % de la population mondiale, soit un peu moins de 600 millions de personnes – qu'en raison des 3,4 milliards de personnes vivant dans une zone couverte, avec au moins un accès à un réseau 3G+, mais qui n'utilisent pas l'Internet mobile. Parce qu'elles n'ont pas les moyens de s'offrir des appareils ou l'électricité pour les faire fonctionner ou parce qu'elles n'ont pas les compétences nécessaires du fait d'un illettrisme numérique. C'est ce que nous appelons le « gap d'usage ».

In fine, ce gap d'usage est aujourd'hui six fois plus important que le gap de couverture. C'est la nouvelle frontière de l'inclusion numérique, donc sociale. C'est la nouvelle frontière du changement, donc du progrès humain.

Et s'il faut faire toujours plus d'efforts pour couvrir les dernières zones blanches, en réduisant les coûts de déploiement *via* la maîtrise énergétique, les réseaux de collecte et les technologies de stations de base à faible coût, il faut dans le même temps coopérer avec les fournisseurs de smartphones pour mettre sur le marché des appareils moins onéreux. Et travailler à l'éducation numérique des populations, en étroite collaboration avec les gouvernements, les Nations unies et la Banque mondiale. Car chaque fois que nous amenons le réseau et que les populations s'emparent réellement de lui, alors nous changeons le quotidien, nous changeons la vie, nous changeons l'avenir.

Prenons l'exemple de cet agriculteur ivoirien, cultivateur de riz. Son accès à l'Internet mobile ne se limite pas à une simple connexion. Pour lui, cela signifie savoir à quel prix le riz sera vendu, anticiper les aléas météo ou les maladies endémiques de ses plants et savoir quel est le meilleur moment pour semer. Cela peut changer un destin, en passant de l'agriculture de subsistance à l'agriculture de rendement. C'est augmenter sa production et mieux la vendre sur un marché local, régional voire continental. C'est enfin participer à la reconquête d'une souveraineté alimentaire, pour un pays qui fut autosuffisant pour sa consommation de riz en 1975 et fait tout pour l'être à nouveau en 2025.

Regardons aussi ces citoyens d'Afrique qui s'intègrent dans les circuits financiers en utilisant leurs comptes d'argent mobile en lieu et place de comptes bancaires – Mowali, une joint-venture entre MTN et Orange, leur permet d'envoyer de l'argent entre 100 millions de comptes à faible coût et sans délai. Ce service, disponible dans 22 pays, va très vite toucher plus de 300 millions de clients. L'inclusion financière qu'il délivre est un outil puissant de lutte contre la pauvreté de masse. Tech for Good. Tech for People.

La crise inouïe que nous traversons laissera des traces dans nos consciences comme dans nos vies. À ce titre, elle sera aussi un formidable accélérateur des transformations que les sociétés demandent et que la Terre exige. Elle place l'innovation technologique et les réseaux au cœur des enjeux du monde d'après. Ils ont montré que s'ils étaient indissociables de la résilience de notre quotidien, ils incarnaient aussi cette fenêtre ouverte sur une humanité meilleure, en activant et accélérant des transitions puissantes. À nous de construire au travers d'eux ce monde plus juste et durable, où l'innovation participe toujours du bien commun. Nos enfants l'attendent avec urgence. Tech for Good. Tech for People.

Voir : Développement durable ; Intelligence artificielle ; Transformation digitale.

Gouvernance (et responsabilité)

par Denis Terrien,
président de l'IFA
(Institut français des administrateurs)

Quand j'observe les organisations humaines, depuis les start-up jusqu'aux grandes entreprises, les fondations comme les associations, je constate qu'il n'existe pas de modèle gagnant. Mon parcours professionnel m'a amené à lancer Amazon en France, à diriger un groupe d'e-commerce, à présider une startup à Boston, un réseau de crèche en Europe, un groupe de distribution spécialisé, et enfin à présider l'IFA (Institut français des administrateurs). Ces expériences m'ont convaincu d'une chose : les organisations humaines qui alignent vision et actions, qui sont dirigées par des femmes et des hommes animés par des valeurs de partage, d'exigence et de bienveillance, souvent réussissent. La méthode qui articule ces différents éléments, c'est *la gouvernance*. La gouvernance, dont la forme a évolué avec le temps, se renouvelle grâce à l'apport de nouveaux talents et une meilleure prise en compte des enjeux sociétaux et environnementaux. J'en appelle aujourd'hui à une gouvernance européenne pour créer ce dont l'homme a besoin pour s'accomplir : du sens et des valeurs.

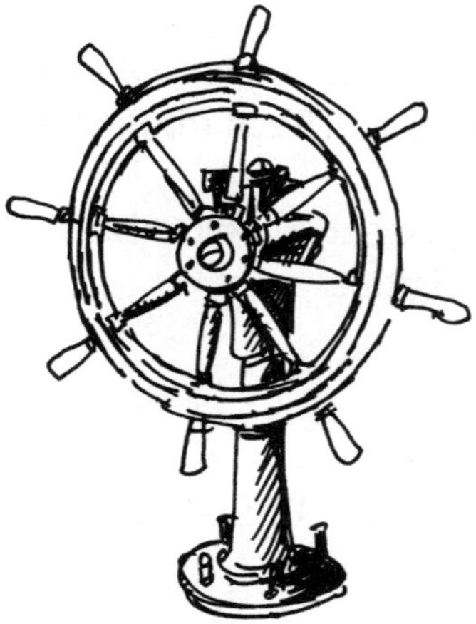

La gouvernance, une histoire vieille de deux mille ans

La notion de gouvernance est ancrée dans notre histoire depuis plus de deux millénaires. En 387 avant notre ère, Platon distingue la pratique du gouvernement et l'art de gouverner. Il insiste sur le rapport hiérarchique entre les dirigeants, soumis à l'art de gouverner et dans lequel ils sont experts, et les dirigés. Aux XVIe et XVIIe siècles, la gouvernance d'entreprise émerge, sans être nommée, avec la constitution de sociétés telles que l'East India Company ou La Compagnie du Levant. La gouvernance, spécifique à chaque entreprise, se résume à un retour financier pour les actionnaires et à l'explication par les dirigeants de leurs décisions. Du XVIIIe au XXe siècle, à la suite des révolutions industrielles, l'entreprise se transforme. Pour se développer, elle cherche des capitaux extérieurs aux fondateurs, qui sont à la fois actionnaires et dirigeants. Les nouveaux actionnaires demandent un retour financier car ils ne dirigent pas l'entreprise. En parallèle, certains actionnaires font appel à des dirigeants « professionnels » pour accompagner ce développement, et leur délèguent la gestion de l'entreprise. C'est la naissance des écoles de management dont la plus célèbre, la Harvard Business School, fondée en 1908.

Au XXe siècle, la séparation entre la détention de l'entreprise par les actionnaires et sa gestion par les dirigeants s'accélère. Dans les années 1950 et 1970, certains dirigeants considèrent que l'entreprise est un instrument d'enrichissement personnel. En réaction, Milton Friedman énonce que « le but de l'entreprise est de faire du profit pour ses actionnaires » et non pour les dirigeants. La *Corporate Governance*, qui apparaît en 1976 aux États-Unis dans le *Federal Register*, permet aux actionnaires de se réapproprier le pouvoir grâce à un conseil composé d'administrateurs : « Corporate governance is the system by which companies are directed and controlled. Board of directors are responsible for the governance of their companies. » Les actionnaires alignent alors les intérêts des dirigeants sur les leurs avec une focalisation sur la création de valeur financière, au détriment de l'entreprise en général. Mais ce modèle purement financier montre ses limites avec les scandales Enron, Worldcom, Parmalat, et Andersen ainsi que lors de l'éclatement de la bulle Internet en 2001 et de la crise financière de 2008. Cela met au jour certains abus de situation où la valeur est accaparée par quelques-uns, au détriment d'un projet d'entreprise plus global.

Pour contrôler ces risques et excès, la gouvernance devient un élément central de l'entreprise. Le conseil d'administration choisit les axes de création de valeur, valide les actions et le budget, nomme le dirigeant, définit sa rémunération, approuve les dividendes, contrôle les risques et la communication aux actionnaires. En France, la gouvernance se développe sous l'impulsion de l'IFA, créé en 2003, qui devient, en moins de vingt ans, la référence pour tous les administratrices et administrateurs.

Vers une plus grande diversité des membres du conseil d'administration

Dirigeant d'entreprise depuis vingt ans, j'ai dû faire face à l'accélération des changements technologiques, à la mondialisation, au défi climatique et aux fractures sociales. Je n'aurais pas pu gérer cette complexité sans l'accompagnement exigeant et bienveillant de mes conseils d'administration qui se sont enrichis, année après année, d'une plus grande diversité.

La gouvernance s'est historiquement privée de plus de 50 % des talents en étant exclusivement masculine et non indépendante. La féminisation des conseils (45 % de femmes en 2020 *vs* 9 % en 2007 en France), l'augmentation du nombre d'administratrices et d'administrateurs indépendants (devenus majoritaires dans les conseils des sociétés cotées) et l'arrivée d'administrateurs salariés ont apporté non seulement une grande diversité d'expérience (digital, RSE, marketing, RH), d'origine, de culture mais aussi un rajeunissement de l'âge moyen des administratrices et des administrateurs. Au sein des conseils où je siège, j'ai observé l'amélioration de la qualité des débats qui sont devenus plus pratiques, avec un renouvellement de la notion de risque et une projection sur un espace-temps plus long.

La sélection d'une nouvelle administratrice ou d'un nouvel administrateur est devenue centrale pour la qualité du Conseil car la diversité ne doit pas aller contre la collégialité. Le bon alignement avec la raison d'être permet d'accompagner le dirigeant dans des périodes de transformations, de développement ou de crises.

La responsabilité sociétale et environnementale de l'entreprise

Ayant présidé l'association Entreprise et Progrès qui, depuis 1973, a défendu l'idée qu'il n'y a pas de développement économique sans développement social, je me réjouis de l'évolution rapide de la responsabilité des entreprises. L'entreprise doit dorénavant prendre en considération les parties prenantes (employés, fournisseurs, clients...) et l'impact de son activité sur son environnement (territoires et climat...). Le conseil et le dirigeant doivent concilier performance économique et contribution positive au monde. Le terme « ESG » (Environnement, Sociétal, Gouvernance) devient, en 2020, le maître mot d'une gouvernance qui se respecte.

Ce mouvement est global, que ce soit en Angleterre avec le Company Act, en France avec la loi PACTE, et même aux États-Unis où le *Business Round Table,* temple du capitalisme conservateur créé par les dirigeants des plus grandes entreprises américaines, renverse la théorie du « tout pour l'actionnaire » et affirme que l'entreprise doit prendre en compte les parties prenantes.

Toutefois, des dangers persistent. La crainte existe que certaines sociétés, telles que les GAFA dont la puissance financière dépasse celle de nombreux États, essayent d'imposer leur propre système au monde. Si elles ne mettent pas en place une gouvernance attentive au bien commun, il est probable que les États réagiront par une régulation forte, comme ce fut le cas aux États-Unis avec Standard Oil en 1911 et ATT en 1982, ou en Europe avec Microsoft en 2013 et la loi RGPD en 2018.

Une approche différente de la responsabilité et une conception européenne de la gouvernance

Même s'il y a convergence sur certains éléments, la gouvernance diffère encore d'un pays à l'autre. La responsabilité est ancrée dans l'histoire entrepreneuriale, les valeurs, les lois, la culture et une philosophie de partage de la valeur propre à chaque pays. Ayant travaillé sur trois continents, dans des entreprises aux capitaux français, allemands et anglo-saxons, détenues par des familles ou cotées, je peux témoigner de la différence fondamentale entre trois mondes : américain, européen et asiatique. Convaincu que l'entreprise se définit par : « des hommes et des femmes se rassemblant pour un projet commun qui les dépasse, autour de valeurs partagées », je me suis engagé au sein de l'IFA pour promouvoir une gouvernance responsable alignée sur les valeurs européennes.

La gouvernance américaine repose sur la conception d'un monde individualiste, un modèle opératoire basé sur le respect, parfois très formel, de la conformité. Elle a pour objectif principal de servir les détenteurs du capital. La gouvernance chinoise est basée sur une philosophie confucéenne, une obéissance demandée à chaque membre du conseil à partir d'intérêts nationaux largement dictés par l'État. Entre ces deux modèles contrastés, l'Union européenne tente d'exister, même si chaque État membre a sa propre spécificité. L'Europe s'est bâtie sur une conception humaniste, construite sur le personnalisme et l'altérité. Le mode opératoire n'est ni l'obéissance, ni la conformité, mais un échange libre entre administratrices et administrateurs au sein du conseil dans le cadre de la loi. Enfin, l'objectif est de servir un plus grand nombre de parties prenantes et de contribuer au bien commun. C'est le socle du capitalisme responsable.

Élu président de l'IFA en 2019, je lance deux chantiers : l'un sur la raison d'être de l'IFA, l'autre sur des principes de gouvernance européenne au sein de l'ecoDa, association qui regroupe les associations d'administratrices et administrateurs de chaque pays européen. En 2020, la raison d'être de l'IFA – « promouvoir une gouvernance responsable, créatrice de valeur durable en veillant au bien commun » – est approuvée lors de l'AG à plus de 95 %. En 2021, le conseil d'administration de l'ecoDa vote à l'unanimité cinq principes de gouvernance « européenne » autour de la création de valeur à long terme ; l'indépendance et la diversité des membres du conseil ; l'amélioration de la collaboration entre le conseil et le comité exécutif ; l'engagement pour l'ESG et l'ouverture aux parties prenantes. Il appartient maintenant à toutes les administratrices et tous les administrateurs engagés dans des conseils en Europe de mettre en œuvre ces principes.

Platon répond à Glaucon que « la gouvernance politique convient uniquement à ceux qui sont riches, non pas d'or, mais de cette richesse dont l'homme a besoin pour être heureux, une vie vertueuse et sage ». Retenons la leçon et faisons en sorte que la gouvernance d'entreprise accueille ceux qui sont riches, non pas d'or, mais de cette richesse dont l'homme a besoin pour s'accomplir : le sens et les valeurs.

Voir : Actionnaire ; Capitalisme responsable ; Les femmes et les jeunes, avenir de l'entreprise ; Sens, raison d'être et leadership.

Greffe

Par Jean-Michel Wilmotte,
architecte,
urbaniste,
designer,
membre de l'Institut

La greffe est un terme qui a toujours eu une résonance particulière, emprunté à la fois au vocabulaire agricole et au vocabulaire médical, et qui dispose d'un potentiel infini. En tant qu'architecte mais également en tant que chef d'entreprise, je lui accorde une place centrale dans mes réflexions, puisque comme chaque entrepreneur il s'agit de créer, d'inventer, d'hybrider à partir de nos connaissances, de notre imagination.

Dans le milieu architectural, la greffe vient définir les interventions contemporaines sur des édifices anciens, toujours en prenant garde à ne pas en dénaturer le sens, à ne pas virer au pastiche. Elle redonne vie à un bâtiment ou à un ensemble de bâtiments en utilisant les technologies d'aujourd'hui et les changements d'usage. La manœuvre est subtile, presque chirurgicale. De nombreux travaux m'ont inspiré autour de ce sujet et m'ont guidé tout au long de mon apprentissage. C'est à travers eux que j'ai pris la mesure de l'immensité de l'exercice et la magie de l'ajout. J'ai compris qu'on pouvait, à travers la création contemporaine, ressusciter l'actualité et la modernité d'œuvres passées.

Ainsi, concevoir l'intervention architecturale comme une optimisation de l'existant, investir le lieu pour lui redonner vie, ou tout au moins une nouvelle vie me passionne. Concrètement, cela veut dire conserver tout ou partie de l'édifice en lui adjoignant des portions contemporaines nécessaires à son nouvel usage : c'est cela la « greffe contemporaine ».

La greffe architecturale, ou greffe contemporaine, est donc un véritable trait d'union entre le passé et le présent, elle crée une synergie entre le patrimoine et l'architecture d'aujourd'hui. Elle s'installe ainsi à rebours du formatage, de la normalisation et assure la continuité du récit urbain. Pour ce faire, elle requalifie, rénove, innove, joue avec le patrimoine sur lequel elle vient apporter un vocabulaire contemporain. Le tout en respectant la nature, l'histoire et l'environnement du bâtiment, qu'elle traite toujours avec énormément de bienveillance tout en l'enrichissant d'une tranche de vie, d'une nouvelle page, d'une nouvelle histoire. Ce fut le cas par exemple de l'ajout d'ailes vitrées au domaine viticole Château Pédesclaux à Pauillac en Gironde.

Le sujet de la greffe est un sujet très vaste et les questions qu'il soulève également. Comment redonner vie à un bâtiment ou à un ensemble urbain en utilisant les technologies d'aujourd'hui sans en dénaturer le sens ? Comment sauver un patrimoine historique mais aussi industriel qui tend à disparaître faute de moyens ou de complications administratives ? Comment adapter les entreprises aux nouvelles exigences du monde de demain en termes économiques, environnementaux, sociétaux ?

C'est pour cela qu'aujourd'hui j'ai choisi le mot « greffe ». Au-delà d'être un de mes sujets de prédilection, je le trouve très contemporain et plus précisément adapté à l'actualité à la fois architecturale et entrepreneuriale. En effet, la greffe, l'hybridation, l'ère du « co- » (co-working, co-living...), autant de termes que l'on entend de manière régulière au détour de conversations et qui semblent être les mots de demain ; adaptés à la non-linéarité du monde d'après, aux nouveaux enjeux, aux nouveaux défis auxquels nous devons faire face. Un monde qui recherche autre chose que la croissance économique à tout prix, un monde où de nouvelles valeurs émanent d'une planète exsangue ; un monde où l'humain et le bien-être ont de plus en plus leur place dans la collectivité et ne peuvent être laissés pour compte par les décideurs publics.

En effet, tout au long de la période d'expansion économique du siècle dernier, il a fallu répondre à la demande, à la ferveur de la croissance économique. Les villes se sont construites dans l'urgence : logements de masse, construction de bureaux, d'espaces commerciaux, de zones industrielles, le tout bien segmenté, séparé, chaque partie répondant à une fonction et jouant sa propre partition. Or, dans la précipitation et la vitesse, il semblerait que la dimension humaine ait quelque peu été mise à mal. En résultent aujourd'hui des villes désarticulées dont il est parfois compliqué de capter le sens et où résonne un sentiment d'exclusion, de solitude, de manque de partage. La situation sanitaire planétaire a mis en exergue ce besoin sous-jacent de retrouver des valeurs, à la fois au sein de nos villes mais également au sein des entreprises et plus largement dans nos vies en général.

En effet, aujourd'hui les préoccupations ont évolué, nos sociétés ont évolué et au moment où le monde s'est arrêté beaucoup de questions quelque peu mises à l'écart ont ressurgi notamment sur l'accomplissement de soi, sur nos valeurs, sur ce qui nous anime. Les valeurs de la société, du travail, de la jeunesse ont évolué rapidement et aujourd'hui nous recherchons du sens, dans nos vies, comme dans nos villes.

La segmentation a d'autant plus fait son temps qu'aujourd'hui, à l'ère de l'hyper-connectivité nous pouvons presque tout faire de chez nous, ou d'ailleurs. Personnel/professionnel, privé/public... les frontières sont plus poreuses que jamais. En effet de plus en plus d'entreprises ont recours au télétravail, de plus en plus de *digital nomad* investissent les lieux dédiés au co-working fleurissant un peu partout dans le monde. Il faut alors s'adapter, se réinventer, greffer. Permettre aux emplois du temps, mais également aux espaces, aux mobiliers, à leurs fonctions d'être adaptables.

C'est en cela que le terme de « greffe » est un terme extrêmement actuel et adapté au monde de l'entreprise. Il est un parfait instigateur du changement, un trait d'union entre tradition et modernité. Comment faire pour que les entreprises s'adaptent à ces nouveaux enjeux ? Jusqu'où accepter l'hybridation, comment donner aux employés l'envie de revenir au bureau ? Autant de questions auxquelles personne ne peut répondre de manière catégorique. Il convient, en revanche, de se questionner sur l'usage des lieux de travail pour mieux en penser la conception. Alors que le travail à la maison s'est avéré être un levier de productivité individuelle, les acteurs de l'immobilier tertiaire devront opérer une véritable transition pour sortir du *flex office* impersonnel et standardisé, pour créer des espaces de travail réellement propices à l'échange et à la coconstruction.

Outre ces nouvelles valeurs auxquelles elle essaie d'apporter une réponse moderne, la « greffe » est également dans l'ère du temps de par son aspect écologique. En effet, elle est une véritable alternative au cycle construction/exploitation/démolition et permet, outre la sauvegarde du patrimoine, d'être un avantage sur le plan économique, notamment grâce au changement d'usage. Ainsi, elle s'inscrit dans une démarche écologiquement responsable, permettant, par exemple, de réduire les nuisances générées par les chantiers de constructions neuves ou leur consommation d'énergie. Valorisant aussi bien le savoir-faire artisanal et les matériaux naturels que les techniques de pointe et les matériaux composites, la greffe revitalise le patrimoine en le reconnectant à son environnement et aux nouveaux modes de vie. Elle lui confère une nouvelle « valeur d'usage » qui en renforce l'attractivité, générant ainsi de nouvelles interactions entre les différents acteurs.

En témoigne notamment l'engouement suscité par l'organisation par notre fondation du Prix W, organisé tous les deux ans dont l'objectif premier est de promouvoir la greffe auprès des étudiants et des jeunes diplômés en architecture. En effet, créée en 2005, notre Fondation d'entreprise est le prolongement naturel du travail accompli par l'agence d'architecture et les quelque 600 architectes, designers, dessinateurs et urbanistes qui ont contribué par leurs talents à sublimer le patrimoine en l'intégrant dans un environnement contemporain.

La Fondation d'entreprise Wilmotte s'est donné pour mission de faire partager ces expériences et ces expertises autour de la greffe contemporaine et de la richesse patrimoniale. Elle cherche ainsi à identifier et à reconnaître les jeunes talents afin de jouer un rôle de passeur entre l'apprentissage et la réflexion, la formation et le terrain.

Respectueuse des origines mais aussi pleinement assumée, la greffe contemporaine dépasse donc les conservatismes et permet l'interrogation et la recherche de réponse autour de nouveaux enjeux. Son champ d'action dépasse celui de l'architecture et peut être adapté au monde de l'entreprise. En effet, elle ouvre de nouveaux territoires d'expression quasiment infinis. Subtile, durable et inventive, elle est résolument tournée vers l'avenir et constitue un levier de développement urbain, intellectuel mais également rural, très prometteur, dont nous pouvons tous nous saisir. En effet, le monde est doté d'un patrimoine exceptionnel. Notre mission à nous, architectes, designers, urbanistes mais également entrepreneurs est de prolonger la ligne créative que constitue son génie en lui inventant des destinations nouvelles, en utilisant des matériaux d'aujourd'hui et de nouvelles technologies, en pensant aux nouveaux usages, aux nouvelles valeurs de la société de demain. Respecter le patrimoine, c'est aussi s'en nourrir sans le dénaturer, le marier aux matériaux,

aux usages contemporains réalisant ainsi une greffe de qualité, porteuse de sens, d'histoire. Elle permet ainsi de prolonger l'imagination des créateurs tout en donnant des racines à la modernité et d'ancrer toute entreprise qui, pour s'inscrire dans le temps doit elle aussi respecter son héritage, ses racines, ses origines afin d'imaginer et de construire le monde de demain.

Voir : Art et entreprise ; Patrimoine ; Travail demain ; Ville.

H

H

Humanisme et libéralisme

par Olivier Babeau,
essayiste,
président de l'Institut Sapiens,
professeur d'Université

Né en France et en Angleterre avec les Lumières au XVIIIe siècle, le libéralisme plonge ses racines dans l'humanisme. Il en partage ainsi les grands principes : souci de traiter l'individu toujours comme une fin et non comme un moyen, confiance en l'être humain, primat de la liberté, méfiance envers toutes les entités totalisantes prétendant décider et agir à sa place.

Libéralisme et humanisme sont aussi habités des mêmes tensions. Comme le relève Pierre Caye[1], il existe deux courants d'humanisme : celui des Modernes et celui des Anciens. Le premier est prométhéen, il fonde pour nous une ambition sans bornes, faisant de nous la référence ultime remplaçant Dieu. L'homme est encouragé à une forme de démesure puisqu'il est « la mesure de toute chose » (selon l'expression de Francis

1. Entrée « Humanisme » in Laine Mathieu (dir.), *Dictionnaire du libéralisme*, Larousse, 2012.

Bacon). Le second insiste au contraire sur la sagesse antique valorisant la limite, la sobriété et l'ordre. Le libéralisme est traversé d'une opposition semblable. Il est volontiers dénoncé comme la matrice perverse de toutes les exactions perpétrées par l'homme contre la nature. Dans notre folle *hubris*, nous piétinons la terre qui nous porte et nous rendons coupables de sacrilège contre une nature divine à laquelle nous nous croyons supérieurs. Cet orgueil insensé nous fait oublier la valeur essentielle qu'est la préservation de notre habitat commun. C'est une telle acception du libéralisme qui fonde le projet de maîtrise technoscientifique de la nature couramment nommé transhumanisme, et dont la conséquence serait une paradoxale annihilation de l'être humain originel. Autre paradoxe : l'attention exclusive portée à la liberté empêcherait d'en voir les conséquences négatives, l'exploitation de l'homme dans la grande machine capitaliste étant l'une d'entre elles. Il s'agirait d'un libéralisme menant ultimement à une double aliénation : des autres et de soi-même. Ce n'est pas autre chose que dénonce, depuis les années 1960, le consumérisme stigmatisant un individu encouragé à ne faire référence qu'à ses propres désirs, à voir dans leur satisfaction le seul but qui vaille et à ne pas se soucier des moyens employés pour y parvenir (par exemple le travail des enfants dans des ateliers à l'autre bout du monde).

Face à cette illusion de puissance, au fantasme de son indépendance totale vis-à-vis de la réalité des autres et de son environnement, à l'égoïsme radical enfin que suppose le libéralisme « des Modernes », il convient d'opposer ce libéralisme « des Anciens » qui insiste au contraire sur la connaissance approfondie de racines envers lesquelles nous reconnaissons être en dette.

L'équilibre du libéralisme passe par une voie médiane entre ces deux courants. Le premier porte l'idée de progrès et donne à l'homme la volonté d'amélioration de sa condition qui l'a porté depuis la Révolution industrielle vers des niveaux de confort, de santé et de qualité de vie inouïs. Le second agit comme un garde-fou, un rappel de nos limites, l'injonction permanente à nous considérer aussi comme membres d'un tout, dépendants de notre environnement et de nos semblables. L'humanisme occidental originel, celui de Pétrarque ou de Montaigne, insiste sur la prise de recul, la réflexion sur soi et veut mettre en avant les points communs de l'aventure humaine. Ce sont ainsi deux sagesses que tout semble opposer mais qu'il nous faut marier : l'audace et la prudence, l'orgueil et la modestie, le progrès et le conservatisme. L'entreprise doit veiller au quotidien à une telle conciliation des contraires : prenant l'être humain pour but et sa liberté pour principe, elle doit faire attention à le protéger contre ses désirs excessifs, à ne pas favoriser son aliénation. C'est particulièrement vrai depuis que la technologie permet de mieux connaître les clients et d'exploiter les mécanismes de leur cerveau : l'entreprise ne peut pas, comme le ferait un individu autocentré, répondre à n'importe quel désir de son client, aussi excessif soit-il. Son rôle est aussi d'imposer, dans certains cas, une morale du non, d'être une école de la maîtrise de soi, de fixer des limites dans l'intérêt de ses clients. L'humanisme partait de la conviction, comme le soulignait Érasme, que l'on avait à « devenir homme », qu'il s'agissait d'une construction sans cesse à recommencer. C'est bien la vocation du libéralisme aussi : d'être un ensemble de valeurs tendant à guider l'être humain sur les chemins difficiles de sa propre réalisation, un chemin d'émancipation passant par la compréhension de notre nécessaire dépendance envers les autres et le monde.

I

Inclure

par Jean-Laurent Bonnafé,
directeur général de BNP Paribas

Ce mot invite à examiner le rôle de l'entreprise en tant que facteur de cohésion sociale. L'économie moderne et l'idéal républicain dont nous sommes imprégnés sont enfants d'un même monde : celui de la Belle Époque. Après un siècle de troubles politiques, la France connaît alors une embellie économique, portée par le formidable essor entrepreneurial résultant de la Révolution industrielle. Dès lors que les castes de l'Ancien Régime sont abolies, une nouvelle promesse voit le jour : chaque citoyen doit pouvoir s'inclure dans les nouvelles dynamiques qui sont à l'œuvre dans la société du XIXe siècle. Jules Ferry rend l'école gratuite et l'instruction obligatoire jusqu'au primaire, concrétisant le principe d'égalité posé par la Révolution française. L'industrie, le commerce, les services publics ou privés offrent l'essentiel des débouchés qui permettent ensuite à chacun de trouver sa place dans la société. La libération des énergies, la perspective d'une plus grande mobilité sociale tranchent avec les siècles précédents où le destin des familles était figé sur des générations. En réponse à une demande d'égalité toujours plus forte, sont adoptées des lois sociales de protection du travail ou encore l'imposition sur le revenu. Ce beau mariage entre les valeurs de la République et l'économie constitue à la fois un socle qui organise la vie collective et un horizon émancipateur.

Après la Seconde Guerre mondiale, les « Trente Glorieuses » sont une nouvelle période où l'économie et le pacte républicain se renforcent mutuellement. La plupart des sociétés européennes suivent alors un chemin parallèle, adapté à la culture qui leur est propre : en Allemagne, en Italie ou au Benelux, c'est la tradition des « cités marchandes » qui incarne le lien entre l'entreprise et l'inclusion sociale. Partout, la satisfaction d'entreprendre vient en grande partie de la capacité de l'entreprise à produire de l'inclusion sociale.

Mais au fil des décennies, le diagnostic se fait plus sombre. Dès les années 1990, le sociologue Robert Castel a montré que plusieurs catégories de citoyens demeuraient vulnérables. Cette relégation sociale est d'autant plus insupportable qu'elle s'hérite de plus en plus. Les rouages de la mobilité sociale sont grippés. Or, quand certaines populations restent durablement à la marge, il devient impossible pour un pays de s'inventer un destin commun. Et ni la grande promesse citoyenne qu'est l'Union européenne, ni la révolution technologique autour du numérique n'apportent à ce jour de solutions probantes.

Dès lors, c'est aussi le contrat économique qui est fragilisé : l'exclusion a un coût non seulement pour les individus et la société, mais aussi, sur le long terme, pour les entreprises, qui leur sont étroitement liées.

Nous devons remettre l'inclusion sociale et l'égalité des chances pour les jeunes au cœur de la société. Pour l'entreprise, y contribuer constitue un impératif moral autant qu'une nécessité stratégique, et pour ses collaborateurs, cela peut constituer une réalité quotidienne très riche de sens.

Pour être à la hauteur de ce rôle, nous cherchons de manière de plus en plus volontariste à répondre aux besoins les plus élémentaires à la fois en rendant nos produits et services plus accessibles et en nous efforçant de renforcer la cohésion sociale par nos actions d'employeur et nos partenariats. En France, le Collectif des entreprises pour une économie plus inclusive a été créé en 2018 à l'initiative d'Emmanuel Faber. Il constitue une initiative sans précédent et réunit la plupart des grands groupes français de l'industrie, du commerce et de la finance qui prennent, ensemble, des initiatives pour réduire les fractures sociales par leur politique d'emploi et leur offre de produits.

Une banque comme celle que je dirige est une des entreprises dont les collaborateurs sont les plus quotidiennement confrontés aux problèmes de la société. Nous nous efforçons d'en tirer tous les enseignements et, chaque fois que cela est possible, nous tentons de trouver des solutions qui répondent aux défis rencontrés par nos clients et par l'écosystème dans lequel ils vivent. Chaque fois que nous y parvenons, c'est pour nous une véritable source de satisfaction. En tant que dirigeant d'entreprise, c'est ce que j'ai tenu à réaffirmer à travers la création, en 2017, d'une direction de l'engagement.

Inclure, pour nous, cela signifie d'abord inventer chaque fois le produit financier adapté pour remettre dans le circuit économique celles et ceux qui multiplient les handicaps. Nous travaillons par exemple à accompagner, autant que possible, le quotidien des personnes en précarité financière ou physique. Nous proposons, avec Nickel, l'ouverture d'un compte bancaire pour tous. Sans conditions et sans revenu minimum, y compris pour les personnes figurant sur l'un des fichiers d'incidents de la Banque de France. Cette solution a rapidement conquis près de 2 millions de clients en France et nous l'étendons aujourd'hui à d'autres pays européens. De même, notre filiale d'assurance propose en Île-de-France la Garantie immobilière solidaire qui facilite l'accès au crédit immobilier et à l'assurance emprunteur des personnes présentant un risque aggravé de santé. Dans le cadre du collectif pour une économie plus inclusive, nous avons aussi mis au point Axelle, une plateforme qui aide nos clients les plus fragiles à accéder à l'ensemble des offres inclusives proposées par les acteurs du collectif.

Nous sommes par ailleurs aux côtés de celles et ceux qui créent leur entreprise, et contribuons très fortement à l'inclusion par ce moyen : c'est l'essence même de notre métier et du savoir-faire de nos collaborateurs. Nous nous efforçons de le faire y compris avec des créateurs qui n'ont pas accès au système bancaire traditionnel. Notre groupe s'implique ainsi dans le développement d'outils de microfinance, qui, en trente ans, ont bénéficié à 2 millions de personnes dans 33 pays. Et comme il est avéré que les femmes ont moins facilement accès que les hommes aux financements des circuits classiques, nous menons aussi des actions spécifiques de soutien à l'entrepreneuriat féminin, dans toute l'Europe mais aussi aux États-Unis, au Maroc, en Turquie, au Sénégal...

Contribuer à proposer un futur aux jeunes générations est également au cœur de notre engagement. Nous soutenons « L'Ascenseur », un collectif d'associations pour l'égalité des chances qui accompagne des jeunes issus des milieux populaires, depuis le collège jusqu'à l'insertion professionnelle, et qui leur donne la possibilité de s'émanciper et de se réaliser dans leurs études. En tant que banque, nous aidons aussi les jeunes à mettre toutes les chances de leur côté, en développant des prêts spécifiques aux étudiants des milieux les moins favorisés ou des dispositifs de cautions solidaires pour accéder au marché locatif. En outre, de nombreuses associations qui sont nos partenaires font appel à des cadres d'entreprises qui « mentorent » les jeunes et les font profiter de leur expérience. Récemment, Myriam, une collaboratrice de BNP Paribas à l'aube de la retraite, expliquait qu'elle avait accompagné au total quatorze jeunes soutenus par l'association Nos quartiers ont du talent et que c'était un des sujets de satisfaction majeurs de sa carrière !

Inclure, c'est aussi questionner sans cesse son rôle d'employeur, en bannissant les discriminations de tous ordres et en permettant de créer les conditions d'épanouissement de chacun selon son potentiel et ses aspirations ; et surtout indépendamment de son origine ou de sa naissance. Autrefois, grâce à la formation professionnelle, des métiers comme la banque permettaient à beaucoup de personnes d'origine sociale modeste d'accéder à de hautes responsabilités. L'entreprise doit réapprendre à offrir des passerelles à celles et ceux qui, pour des raisons diverses – la non-maîtrise des codes sociaux et symboliques qui facilitent la scolarité, le manque de relais familial, le fait d'être issu de territoires dits défavorisés –, n'ont pu révéler leur plein potentiel à l'école, ou ont trouvé leur voie plus tardivement que d'autres. Le développement de l'apprentissage, en principe formidable machine à inclure, ne remplit ses fonctions que si les entreprises déploient des stratégies pour que les postes soient effectivement accessibles aux jeunes de milieux défavorisés. Par ailleurs, la digitalisation des entreprises représente une opportunité : les métiers digitaux sont en tension et reposent sur certaines compétences qui peuvent être acquises en dehors des cursus scolaires classiques. Nous avons donc mis en place des programmes et des partenariats pour faciliter l'arrivée de ces profils singuliers dans le monde du travail – allant de personnes réfugiées aux jeunes décrocheurs scolaires habitants de la Seine-Saint-Denis, département dont nous sommes le premier employeur privé.

Mais au sein même de l'entreprise, d'autres identités peuvent toujours se sentir marginalisées : notre rôle d'employeur, c'est d'assurer le bien-être de nos collaborateurs en faisant en sorte que leurs compétences soient reconnues, sans préjugés liés au genre, à l'orientation sexuelle ou au handicap.

Enfin, la transition écologique dans laquelle nous sommes entrés nous met devant un défi passionnant : introduire des critères environnementaux dans nos financements est une priorité, mais nous devons la mettre en œuvre sans créer de nouvelles fractures sociales. De même, l'intelligence artificielle, désormais partout dans l'entreprise, est une arme à double tranchant. À nous de le comprendre et de la mettre au service de l'inclusion et de l'équité car lorsqu'elle est mal utilisée, elle peut au contraire décupler des biais et des discriminations en les industrialisant. Car l'inclusion est un enjeu qu'il s'agit de réactualiser sans cesse, en portant un regard lucide sur les mutations en cours, et en choisissant d'embrasser avec enthousiasme les défis posés à une entreprise, à la croisée de l'économique et du social. Les entreprises ont de nombreux leviers pour contribuer à une société plus inclusive, et c'est leur honneur mais aussi leur devoir de savoir les activer !

Voir : Abdel, Amadou, Georges, Boris et les autres ; Ascenseur social (et dignité) ; Diversité ; Entreprendre autrement ; Entreprendre en banlieue, c'est entreprendre le monde ; Les femmes et les jeunes, avenir de l'entreprise ; Planète (Une).

Industrie

par Philippe Varin,
président de Suez,
ancien président de France Industrie

Voilà plus de quarante-trois ans que je me suis mis au service de l'industrie. Et si mon parcours, de Pechiney dans l'aluminium à Corus dans l'acier, m'a amené à la présidence du directoire de PSA dans l'automobile et à celle d'Areva dans le nucléaire, ce ne fut pas toujours « un long fleuve tranquille », même si je l'ai mené avec bonheur.

Celui que procure l'honneur de contribuer à produire de la « richesse » pour mon pays et mes concitoyens.

Une activité de tout temps à la pointe du progrès

Étymologiquement, l'industrie provient du latin « bâtir dans » qui y attache d'emblée une forme d'habileté, de créativité, donc une quête de progrès humain. Évoluant depuis la préhistoire entre artisanat, arts et métiers et mécanisation, l'activité industrielle apparaît dès le XVIe siècle et avait déjà ses grandes figures tels Léonard de Vinci, Olivier de Serres, Bernard Palissy. Elle s'intensifie dans les manufactures européennes au XVIIIe avec les moulins et les forges, puis au XIXe siècle, grâce à l'utilisation de la vapeur et de l'hydraulique (industrie 1.0), des énergies fossiles, puis de l'électricité, et par l'application de nouvelles technologies (industrie 2.0) où s'illustrent Faraday, Tesla, Siemens, Freyssinet ou Eiffel. L'histoire industrielle est ainsi ponctuée de plusieurs révolutions, concomitantes à l'apparition du capitalisme. D'abord anglaise, l'industrie s'est étendue en Belgique, au nord et à l'est de la France puis enfin en Allemagne.

De profonds changements sociaux et politiques ont accompagné l'essor de la société industrielle au XIXe siècle. L'industrialisme des saint-simoniens, basé sur la foi dans le progrès et la recherche du bonheur individuel par l'émancipation, succède à une organisation théologique et féodale de nos sociétés occidentales. Ces transformations ont modifié l'industrie qui s'est rationalisée sous l'effet de plusieurs facteurs :

— l'évolution technologique et l'utilisation de machines d'abord manuelles puis automatisées avec les machines-outils ;

— l'accumulation du capital financier et la croissance des investissements provenant d'investisseurs privés, accélérée par le développement du système bancaire ;

— la structure et l'organisation du travail avec la production en série (fordisme) qui implique une notion d'échelle et la division du travail (taylorisme).

L'industrie passe alors d'ateliers artisanaux à de grandes usines permettant de maîtriser les coûts de production et de gérer l'accès aux marchés.

Au XXe siècle, les activités industrielles ont fait un bond de façon spectaculaire d'un facteur 50, quand la population mondiale triplait, et quand le volume de l'économie mondiale était multiplié par 20 et la consommation d'énergies fossiles par 30. D'importantes découvertes – je citerais dans le domaine de la physique nucléaire, celles de Maxwell et de Curie et dans les mathématiques, celles d'Einstein et de Turing – ont permis des évolutions majeures dans les techniques de l'information et de l'électronique avec leurs applications industrielles. Puis la révolution numérique liée à l'informatique (industrie 3.0) fluidifie la gestion des procédés et génère des retombées dans tous les domaines de l'activité humaine, en connectant entre eux les individus puis les machines.

Depuis Lavoisier puis Pasteur, les évolutions de la chimie, de la biochimie, des biotechnologies et des nanotechnologies concourent également à faire muter l'industrie dans les domaines de la santé et de l'alimentation. En route vers le XXIe siècle, l'industrie évolue encore avec la digitalisation de la production (industrie 4.0), la robotisation, intégrant des systèmes intelligents et autonomes, alimentés par le Big Data et renforcés par l'apprentissage automatique qui accroissent l'efficacité des process industriels au sein d'« usines intelligentes ». L'industrie 4.0 et la numérisation rendront les entreprises moins dépendantes de la force de travail humaine, réduisant la pénibilité des tâches, les coûts, accroissant la production, la profitabilité et permettant de s'adapter plus vite aux changements de besoins des clients.

L'avenir industriel passera par « l'industrie 5.0 » ou « hyper-industrie », qui intégrera la coopération directe entre humains, robots/cobots et machines intelligentes, ajoutant une intervention humaine personnelle aux piliers de l'automatisation et de l'efficacité de l'industrie 4.0, instaurant un nouvel équilibre entre efficacité et productivité.

Une activité au cœur de l'économie

Dans les pays développés, les politiques industrielles les plus remarquables sont celles qui ont su faire croître conjointement industrie, énergies et sciences, et créer des industries nationales puissantes, capables, par leur effet multiplicateur, d'entraîner l'ensemble de leurs économies : « un emploi dans l'industrie en génère entre 3 et 4 dans le reste de l'économie ». Depuis vingt ans, le nouveau paradigme a émergé, ajoutant de nouveaux facteurs clés : la data et l'impact environnemental inscrivent l'avenir manufacturier dans le développement durable et la digitalisation.

Au sein de l'industrie, la taxonomie économique distingue l'industrie manufacturière, les industries extractives, le traitement de l'eau et des déchets et la production d'énergie. L'industrie manufacturière se subdivise elle-même en industries des biens de consommation BtoC (agro-alimentaire, textile, habillement, santé – dites « industries légères »...), et industries des biens de production BtoB (dites « industries lourdes ») qui englobent les biens d'équipement (robots, machines-outils, électromécanique...) et les intrants intermédiaires (industries de process : sidérurgie, métallurgie, chimie, papeterie, agro-industrie...). Cette richesse d'offres et de réseaux de distribution démontre le rôle que l'industrie s'est forgé au cœur du progrès, en assurant à grande échelle les besoins essentiels de millions d'êtres humains (alimentation, santé & bien-être, sécurité, mobilité, communication, cadre de vie & loisirs...).

Préjugés

Cette vision positive d'une industrie au service de l'humanité n'est hélas pas toujours unanimement partagée puisque de nombreux préjugés circulent encore sur les activités industrielles.

Le plus répandu concerne ses atteintes à l'environnement. S'il est indéniable que l'industrie d'autrefois a pu générer, plus par ignorance que par intention, des pollutions et des nuisances aux milieux naturels, force est de constater que l'industrie française figure désormais depuis trente ans parmi les secteurs économiques à avoir le plus fortement accru son efficacité matière, son efficacité énergétique et réduit son impact environnemental au point que l'industrie française produit désormais le point de PIB le moins carboné d'Europe.

Un autre préjugé associe industrie à « chômage de masse... ». La désindustrialisation de la France entamée depuis les années 1970 a trop longtemps accolé la vision du chômage et de la conflictualité sociale à celle de l'industrie, nourrie par les fermetures d'usines nées des restructurations successives de notre tissu industriel. Si des centaines de sites industriels ont certes disparu, une nouvelle génération d'usines leur a succédé, notamment dans les années récentes : « on voit les chênes qui tombent mais on n'entend pas la forêt qui pousse. » Dans cette mécanique schumpetérienne, l'industrie a réussi à maintenir et même à renouveler son tissu productif. J'ai pu le constater dans toutes les fonctions que j'ai occupées où il a fallu se réinventer.

Autre idée préconçue : l'industrie est un « monde d'hommes œuvrant dans des usines bruyantes et sales, et organisé à travers un travail à la chaîne aliénant... ». Cette image d'Épinal du monde industriel a vécu. Les usines du futur sont désormais propres et silencieuses, mixtes, elles intègrent des organisations du travail où la place de l'humain est mieux valorisée et le travail bien moins pénible. Consciente de la nature sensible de ses activités, l'industrie est également devenue structurellement un haut lieu de maîtrise des risques, à en juger par la faible accidentologie qui y règne désormais.

L'industrie serait aussi le secteur de prédilection des « bas salaires... » : là aussi, la politique salariale industrielle évolue désormais loin du SMIC, des basses qualifications qui ne sont plus source de compétitivité en Europe occidentale, mais au contraire vers des salaires médians supérieurs de 15 % à la moyenne, des contrats de travail de long terme, des politiques de formation et d'apprentissage conduisant vers des métiers du futur et de hautes qualifications. L'emploi industriel est le moteur de l'ascenseur social et de l'inclusion.

Un moteur primordial de l'économie, à préserver

Forte d'une histoire puissante, l'industrie française affiche encore des performances significatives.

Elle pèse 13,5 % du PIB 2020 et 18 % de l'emploi, et si on élargit son périmètre strict aux services industriels pour former « l'industrie étendue », elle réalise 25 % du PIB.

Le taux d'attractivité du site France figure parmi les plus élevés au monde pour les investissements étrangers.

Elle occupe avec ses 450 Mrds€/an des positions de force à l'export et son internationalisation est caractérisée par le déploiement d'un réseau de grands groupes industriels comptant parmi les leaders mondiaux renommés, et nombre de champions cachés.

Elle assure un ancrage territorial puissant, donnant à l'activité industrielle un rôle majeur dans l'aménagement des territoires.

Elle est à l'origine d'une importante capacité de recherche (2,2 % de notre PIB) et d'innovation (75 % de la R&D privée est industrielle) à la source d'inventions majeures distinguées par un rang élevé dans le dépôt de brevets.

Elle permet un accès à une énergie décarbonée et pilotable, grâce notamment à notre parc électronucléaire, à un coût attractif.

Son bilan carbone est en constante amélioration : 92 % de la réduction de la réduction des émissions carbone de la France ces trente dernières années relèvent du seul effort de l'industrie.

Elle accueille avec plus de 3 millions d'emplois directs une main-d'œuvre de haute qualité, déployant une des plus fortes productivités d'Europe.

Elle est à l'origine de toutes infrastructures performantes : réseaux de transports et de logistique, d'énergies, d'eau, de télécommunication et réseaux numériques...

Pour un nouvel « impératif industriel »

L'industrie aurait pu être encore plus performante si elle n'avait pas souffert d'un déficit de compétitivité largement organisé autour d'un excès de prélèvements obligatoires sur le secteur manufacturier et un surcroît de charges sociales.

Des écarts souvent spectaculaires dans ces domaines avec nos principaux compétiteurs ont conféré à l'offre française un rapport qualité/prix médiocre, ont spécialisé ses productions vers le milieu de gamme, et ses salariés vers les basses qualifications, et renforcé sous-traitance étrangère et délocalisations. Cette ponction disproportionnée sur les facteurs de production, parfois avant la création de richesse, explique la faiblesse congénitale de l'industrie en matière de fonds propres, de financement de long terme, et d'investissement productif.

C'est pour redonner à notre industrie sa compétitivité et la remettre au cœur du projet de la société en France que j'ai décidé de m'engager dans la promotion de l'industrie.

Je me félicite à cet égard que nos décideurs politiques aient réalisé l'utilité de la politique de l'offre comme source de compétitivité pour notre industrie : le CICE de 2012 a dédié 8 % de son enveloppe à l'industrie, le Pacte de responsabilité de 2014 approcha les 12 %, et le Plan de relance 2020 lui consacre 35 % de son ambition, entre relocalisation, innovation, décarbonisation et soutien aux compétences dans les territoires.

Mon engagement m'a d'abord amené à la présidence du Cercle de l'industrie, puis à celle de France Industrie où toutes les organisations représentatives de l'industrie se sont regroupées pour assurer la voix unifiée de l'industrie en France, celle du *made in France*. Associé avec l'État au travers du Conseil national de l'industrie qui anime les filières industrielles, France Industrie concourt à l'élaboration d'une politique industrielle nationale favorable à une réindustrialisation que les Français semblent plébisciter après que la pandémie du Covid-19 a mis en lumière nos dépendances sur de nombreux produits vitaux. C'est dans cette dynamique d'unité que France Industrie aborde la deuxième décennie du XXIe siècle, pour coconstruire avec l'État un futur prospère, autour des trois leviers majeurs : la souveraineté retrouvée (par la compétitivité, le numérique et l'innovation technologique), la transition écologique (par l'accélération de la décarbonation des usines, des produits et de leurs usages), et la valorisation de notre capital humain par la montée en compétences.

Cet engagement qui est le mien repose sur une conviction forte que je me suis forgée durant toute ma carrière : il ne saurait y avoir d'économie prospère sans industrie compétitive et forte.

C'est elle qui apporte des solutions majeures aux grands enjeux de transformation de nos sociétés modernes.

Elle est une clé essentielle de la transition écologique, par ses solutions technologiques innovantes et par la révolution des usages qu'elle propose, en opposition avec les thèses de décroissance qui induisent appauvrissement, recul des libertés et régressions sociales.

Elle est la réponse à la désertification des territoires, par l'ancrage de ses usines modernisées, des emplois pérennes qu'elles portent, et constitue un rempart concret face au déclin et à la peur du déclassement qui inquiètent nos concitoyens.

Elle fait écho aux aspirations individuelles au « mieux vivre » et à la quête de sens de nos sociétés avancées : l'industrie est une « arme de construction massive » contre la fracture sociale et la désespérance, par les parcours professionnels qu'elle propose, des rémunérations plus élevées que la moyenne, des métiers tournés vers le futur, et des compétences acquises par la formation professionnelle et l'apprentissage qui sont autant de clés de réussite pour la vie.

Voilà pourquoi j'aime l'industrie... et forme le vœu que cet amour soit partagé par tous nos concitoyens qui portent une vision ambitieuse pour la France.

Voir : Développement durable ; Énergie ; Innover ; Ingénieur ; Territoires.

Ingénieur

par Éric Labaye,
président de l'École Polytechnique,
président de l'Institut polytechnique de Paris,
directeur associé senior émérite de McKinsey & Company,
ancien président du McKinsey Global Institute

L'entreprise et l'ingénieur ont toujours eu partie liée. Qu'on songe aux pyramides pharaoniques ou incas, à la Grande Muraille de Chine, aux cathédrales chrétiennes, aux grandes découvertes, à la maîtrise de l'énergie, à la conquête de l'espace ou à la digitalisation du monde, aucune de ces grandes aventures humaines n'aurait été possible sans la capacité d'organisation, de passage à l'échelle et de mobilisation de toutes les connaissances scientifiques et techniques disponibles, que seuls les ingénieurs peuvent réunir. Et cette force a formidablement contribué à l'élévation du niveau de vie, à la prospérité et au bien commun.

Prolongeant cette maîtrise des savoirs de leur temps, des ingénieurs ont fait et continuent de faire avancer la connaissance, quand ils ne l'ont pas révolutionnée. Tous les ingénieurs ne sont pas des génies mais beaucoup sont ingénieux et ont perfectionné des machines, amélioré des procédés, développé de nouveaux produits, exploitant leurs avancées en créant des entreprises qu'il n'était pas encore convenu d'appeler des start-up.

Si toutes les entreprises d'envergure ont dû leur succès à des ingénieurs, ces derniers sont devenus incontournables avec la révolution industrielle. Cette nouvelle ère, indissociable du couple charbon-vapeur, voit le développement de machines-outils de plus en plus sophistiquées et organisées en système dans de grandes unités de production, ainsi que celui des chemins de fer et des bateaux permettant des liaisons transcontinentales et transocéaniques régulières. Le progrès scientifique et technique et la complexité grandissante des systèmes de production et de transport nécessitent de former des cadres dirigeants à même d'embrasser toutes ces dimensions et d'en gérer le développement et l'organisation.

La définition de l'ingénieur n'a pour autant jamais radicalement changé mais s'est simplement adaptée aux évolutions et transformations de la société, tout comme un ingénieur sait s'adapter à son environnement. Cette capacité d'adaptation est principalement due à la formation rigoureuse qu'un ingénieur reçoit, fondée sur la pluridisciplinarité et lui permettant d'acquérir un panel de compétences large et divers. Tout d'abord, un socle de sciences dites « dures » et la démarche scientifique du questionnement lui inculquent une rigueur et une logique imparables, qui l'aident à résoudre des problèmes extrêmement complexes. En plus de cela, le futur ingénieur apprend de nombreuses disciplines qui lui permettent d'ouvrir son esprit à d'autres sciences, d'appréhender des situations aux dimensions multiples et instables et de savoir prendre en compte les enjeux sociétaux, économiques et politiques d'une problématique.

Les écoles d'ingénieur françaises ont été les chefs de file dans la formation et l'accompagnement de l'évolution des ingénieurs à travers les différentes périodes économiques. Parmi les meilleures d'entre elles, on trouve l'X, fondée en 1794 et émergeant de l'esprit de Gaspard Monge, mathématicien et géomètre, qui a alors en tête de fonder une école unique, destinée à préparer les différentes catégories d'ingénieurs civils et militaires. Ceux-ci sont considérés comme seuls capables de redresser économiquement le pays après la Révolution française. Aujourd'hui, la France compte 205 écoles d'ingénieurs habilitées par la Commission des titres d'ingénieurs (CTI), instituée en 1934, à délivrer un titre d'ingénieur diplômé. Leur nombre reflète la diversité des compétences scientifiques et techniques mobilisées par des sociétés modernes toujours plus complexes, après une deuxième révolution industrielle marquée par le développement de l'automobile et de la chimie grâce à l'utilisation du pétrole, la diffusion de l'électricité et la maîtrise des airs, puis une troisième bercée par les nouvelles technologies de l'information et des communications. Le référentiel de compétences défini par la CTI est gage de qualité. Ainsi, l'ingénieur à la française se démarque de l'anglo-saxon et est depuis longtemps respecté, reconnu et demandé à l'international, grâce à sa formation pluridisciplinaire et très axée sur l'expérience en entreprise.

Acteurs de ces bouleversements, parfois penseurs de leur organisation en apportant leur pierre aux théories du management, les ingénieurs en ont aussi été les impulseurs. Nombre d'entre eux ont été créateurs d'entreprise et ont su les faire évoluer et prospérer en saisissant les opportunités de la mondialisation dans l'énergie, l'industrie, les services, la finance ou le conseil. Ils ont ainsi créé des fleurons qui ont contribué ou continuent de contribuer au rayonnement de l'économie française. Chacun à sa manière m'a inspiré dans mon parcours de dirigeant. L'un des précurseurs dans l'art du management serait peut-être Henri Fayol, véritable fondateur des sciences de gestion et de management. On retient aussi André Citroën à l'orée du XXe siècle, qui fut ingénieur et avant tout un dirigeant d'entreprise hors pair et un pionnier de l'industrie automobile, Raoul Dautry organisateur des chemins de fer et inspirateur du programme nucléaire civil, Eugène Freyssinet, inventeur du béton précontraint et créateur d'entreprise et, bien sûr, Gustave Eiffel, ingénieur de génie et entrepreneur hors pair, créant sa première entreprise en 1863.

Aujourd'hui, la moitié des PDG des 50 plus grandes entreprises françaises sont diplômées d'une école d'ingénieur. Ils excellent dans tous les domaines, aussi bien dans le secteur bancaire que dans l'industrie, ou encore dans les technologies, les services ou le luxe. Beaucoup d'entre eux ont bâti de véritables empires et multinationales, incluant la première capitalisation européenne et rivalisant ainsi avec les plus grands au niveau mondial. Enfin, sur les dix premières licornes françaises, ces start-up dont la valorisation dépasse le milliard d'euros, la moitié ont été créées ou sont dirigées par des ingénieurs, dont deux fondées ou dirigées par des X.

Ces exemples, ainsi que ma propre expérience en tant que consultant et dirigeant d'entreprise, permettent d'illustrer que le rôle de l'ingénieur ne se limite pas à l'aspect purement technique de ses compétences. En revanche, il est indéniable que mes compétences scientifiques et techniques acquises lors de mes années à l'École polytechnique et à Telecom Paris dans un cadre de pluridisciplinarité, ont été fondamentales pour comprendre comment résoudre des problèmes complexes, développer de nouvelles activités et devenir un dirigeant. À l'X, notamment grâce à la formation humaine et militaire que tout élève suit dans son cursus d'ingénieur, nous apprenons avant tout à devenir des leaders, qui sauront apporter leur savoir, mais aussi écouter et conseiller. Ces valeurs humaines, que je promeus et encourage depuis ma sortie de l'X en tant qu'élève et désormais en tant que président, sont capables de créer un environnement propice à la création et à l'innovation, encourageant chacune et chacun à se dépasser pour répondre efficacement aux situations les plus complexes.

Toutes ces compétences sont nécessaires à l'ingénieur pour qu'il puisse faire face aux nouveaux défis tels que la transition énergétique et l'adoption d'un mode de développement durable préservant l'équité intergénérationnelle, les opportunités offertes par les ruptures technologiques et la digitalisation, mais aussi les risques sanitaires et les enjeux sociétaux. Il lui incombe de respecter l'humain et de trouver des solutions agissant pour le bien commun.

La feuille de route est ambitieuse mais elle balise la voie étroite d'une quatrième révolution industrielle dont les ingénieurs d'aujourd'hui et de demain sauront trouver le chemin. Les ingénieurs auront par ailleurs un rôle clé dans la construction de la souveraineté numérique de l'Europe, en particulier en informatique quantique et en analyse des données. De plus, dans les écoles d'ingénieurs, et en particulier à l'École polytechnique, la notion de responsabilité envers la société et l'environnement prend une place grandissante au sein des modules suivis par les élèves, avec des sujets tels que l'investissement responsable et les sources alternatives de performance comme la sécurité, la diversité, ou l'environnement. Sur ce dernier thème, nous nous sommes engagés à l'X en 2019 sur la formation des jeunes avec l'instauration d'un certificat développement durable pour tous les étudiants et un module dorénavant intégré au cycle ingénieur polytechnicien.

Les ingénieurs ont indéniablement trouvé leur place au sein de nos entreprises et en sont même souvent devenus les meneurs de jeu. Il est par ailleurs encourageant de noter que les ingénieures y sont de plus en plus nombreuses, même si l'égalité femmes-hommes dans les domaines de l'ingénierie et de l'entrepreneuriat est loin d'être encore atteinte. L'histoire d'amour entre les entreprises et les ingénieures et ingénieurs est bien réelle mais gagne à être plus inclusive pour continuer d'être un pilier du rayonnement économique français et du bien-être sociétal.

Voir : Industrie ; Innover.

Innover

par Frédéric Mazzella,
président fondateur de BlaBlaCar,
coprésident entrepreneur de France Digitale

Pourquoi innover ? Quand on est entrepreneur, on se pose la question tous les jours ! Est-ce que ça vaut la peine de travailler cent heures par semaine pour mon produit ? Quel carburant me pousse à chercher sans cesse cette fameuse innovation ? Aujourd'hui, la question de l'innovation semble être devenue celle d'une commodité : pour savoir « comment innover », des ressources infinies sont à disposition sur Internet, décrivant des méthodes et recettes qui nous mettront sur les rails d'une innovation réussie. Mais cette direction n'est pas si évidente : où ces rails nous mènent-ils ? Pourquoi un tel cap ? L'étape du « Pourquoi innover ? » mérite éclaircissement.

Pourquoi innover ?

En tant qu'entrepreneur, j'ai d'abord la conviction qu'on innove pour... améliorer notre condition humaine ! Cela peut sembler utopique ou idéaliste, mais le but de l'innovation est à mon sens d'aboutir à une amélioration de nos conditions de vie. Aujourd'hui, je me réjouis que les plus de 90 millions de membres de BlaBlaCar aient accès à des trajets abordables et conviviaux, parfois dans des zones enclavées. Que des services comme Too Good To Go, Olio ou Phenix nous permettent de lutter contre le gaspillage alimentaire à notre échelle, en ayant accès à des invendus à prix cassé. Ou que Doctolib ait permis à des millions de patients, en plein confinement, de téléconsulter facilement. L'innovation, c'est donc cette nouveauté qui porte en elle une graine d'amélioration de notre condition humaine : elle est positive, et change nos manières de faire en mieux. Je la distingue donc de la pure création, qu'on peut voir comme la naissance de quelque chose d'inédit – et de l'invention, qui n'est pas nécessairement bénéfique... Un pistolet sera pour moi une invention, et non une innovation. C'est un choix personnel, presque philosophique !

On innove ensuite parce que le réel est sous-optimisé. C'est sans doute mon œil d'étudiant en physique qui parle : il suffit d'ouvrir les yeux pour constater qu'il y a du gâchis physique absolument partout – isolation des bâtiments, flux de transports, gaspillage alimentaire... En ce qui me concerne, je déteste le gâchis et cela m'a amené à diriger ma volonté d'innover vers cette optimisation du réel. À la période des fêtes de Noël il y a quelques années, quand je tentais de rentrer dans ma Vendée natale, je me suis heurté à des trains bondés et je ne trouvais aucune place. J'ai alors appelé ma sœur qui habitait à Rouen pour lui demander de faire un détour, et passer me chercher à Paris afin de m'emmener en Vendée. Sur l'autoroute A10, on voit les trains nous dépasser, et j'ai réalisé en en voyant un passer que, s'il n'y avait plus de place dans ce train, il y en avait en fait beaucoup dans les voitures presque toutes vides... En fait, il ne manquait qu'une grande base de données qui indexe les disponibilités des conducteurs et les mette en relation, en temps réel, avec les demandes des voyageurs. Alors je n'ai pas dormi pendant soixante-douze heures, j'ai cherché ce qui pouvait empêcher qu'un tel service existe, et je n'ai pas trouvé, donc j'ai voulu le construire. Dans cet exemple, l'optimisation physique du réel est possible par les nouvelles technologies. Elles démultiplient les possibilités d'optimisation, mais l'innovation peut aussi être plus frugale, à l'image de la roue il y a des milliers d'années.

Et puis, la vraie valeur ajoutée, c'est de faire quelque chose qui n'a jamais été fait. C'est ce que dit cette citation de John Lennon, « *what's been done has been done* » : ce qui a été fait, a été fait. Cela ne m'intéresse pas de faire un projet qui copie quelque chose qui existe – un « *copycat* », comme on dit – et je crois que c'est le lot de beaucoup d'entrepreneurs. Innover, c'est se donner pour cap de faire des choses que personne n'a faites. Alors, il y a parfois une bonne raison à ce que les choses n'aient jamais été faites d'une certaine manière, mais ce chemin de crête est une exigence d'excellence et de nouveauté qui s'avère très fertile.

Comment innover

Si l'intention innovante est claire, vient ensuite la question du... « comment innover » ! Beaucoup de méthodes sont disponibles, c'est certain, donc je veux ici insister sur quelques principes clés. D'abord, il faut tordre le cou à l'idée que l'innovation, c'est du génie : en réalité, c'est 5 % d'inspiration et 95 % de transpiration. Si tout part d'une forme de créativité, de pensée transversale ou même de rêve, le reste est très méthodique. Cela consiste essentiellement à mettre en place une excellente boucle de rétroaction, expression que je préfère presque dans sa version anglaise de *feedback loop* car elle décrit alors bien l'idée qu'on se « nourrit en retour » dans ce processus. En pratique, une fois qu'on a une idée ou un prototype, on va solliciter des retours, les écouter vraiment, tâcher de les comprendre en mettant de côté son ego, puis résoudre les problèmes aussi vite que possible pour améliorer son projet. Et ainsi de suite, des centaines, des milliers de fois ! L'idée, c'est de ne pas isoler son idée du monde extérieur, en la confrontant au maximum au réel – entourage, utilisateurs, concurrents... En fait, tous les produits innovants que nous utilisons au quotidien – agenda en ligne, réservation de rendez-vous vidéo avec des médecins, livraison le jour même – peuvent nous sembler magiques, mais ils sont le simple fruit de ces boucles de rétroaction, parfaitement exécutées. Ce processus méthodique implique donc de la patience, pour réaliser de nombreux tests, et de l'humilité, pour savoir écouter les utilisateurs mécontents. Et ceux-ci sont peut-être les meilleurs alliés de l'innovation !

Ils vont vous indiquer leurs frustrations, attentes, idées, et donc vous aider à faire progresser votre produit. C'est à ce titre que Bill Gates dit : « *I love unhappy customers.* » Je n'oublierai par exemple jamais Philippe, rencontré sur le covoiturage retour Villeurbanne-Paris : ce conducteur bouillonnait d'idées et m'a permis la conception de pas moins de 18 améliorations de mon produit (!), en particulier du système de réservation de BlaBlaCar.

Un autre principe clé est que l'innovation, parce qu'elle défie le *statu quo* ambiant, appelle de la confiance pour être acceptée. Ce qui est nouveau fait peur, perturbe nos habitudes et conceptions et crée finalement de la défiance. C'est le défi qui nous était proposé avec mes associés : comment faire en sorte que des passagers aient confiance en un conducteur qu'ils n'ont jamais rencontré, et avec lequel ils vont passer plusieurs heures – et inversement ? Nous étions convaincus que le covoiturage devait s'imposer car « rien n'est plus puissant qu'une idée dont le temps est venu » (Victor Hugo). Mais il fallait innover pour créer la confiance nécessaire à cette idée, et ainsi accompagner ce changement d'habitudes : ce fut le Frameworks Dreams[1], dont les 6 piliers permettent de créer une forte confiance entre utilisateurs en ligne *via* leur profil, grâce à des avis, une photo, un nom, une modération, un indicateur d'activité... Résultat, 89 % des membres prêtent un haut niveau de confiance aux membres BlaBlaCar au profil complet, et bénéficient donc en confiance de cette innovation.

Un dernier principe, et peut-être le plus décisif pour notre avenir, c'est que l'innovation doit être responsable *par construction*. Si on souhaite innover, on a vu que cela devait être pour le mieux, et concrètement ? À mon sens, la responsabilité implique de préserver la planète et de

---

1. Declared, Rated, Engaged, Active, Moderated, Social.

se soucier d'être socialement utile : cela signifie se poser la question de l'impact de son activité et de ses externalités négatives ou positives. C'est un principe simple et puissant : est-ce que mon innovation est utile ou nuisible pour la société dans son ensemble ? En France, on a souvent moins de moyens qu'en Californie, ce qui nous amène à être plus créatifs, mais aussi à déployer un esprit d'égalité et de justice plus prononcé qu'ailleurs. C'est peut-être pour cela qu'on peut se targuer de compter des champions de l'innovation responsable en France : Back Market et Recommerce dans l'électronique reconditionné, Ynsect et Innovafeed dans l'alimentation bas carbone à base d'insectes, Ecovadis dans la notation RSE...

Diffuser l'innovation

Méthode, confiance et responsabilité, ce sont quelques principes pour bien concevoir l'innovation. Puis vient le temps de diffuser l'innovation, qu'elle prenne son envol. Celle-ci ne vaut que si elle est largement partagée et accessible, dans une optique d'efficacité et de justice. C'est même un de nos mantras chez BlaBlaCar : « *If it doesn't scale it doesn't matter* »... – si ça ne passe pas à l'échelle, ça n'en vaut pas la peine ! Mais si ça passe à l'échelle, cela doit être innovant : il faut bien choisir les innovations dignes d'être diffusées. Cette diffusion passe par des moyens techniques qui rendent l'innovation accessible à toutes et tous – automatisation, digitalisation – mais aussi par le développement d'une culture de l'innovation dans les équipes qui la portent, la font grandir. C'est ainsi que BlaBlaCar est un vrai campus : on essaie d'apprendre les uns des autres, de partager ses idées, d'apprendre de ses erreurs... C'est ce que révèlent certains de nos BlaBlaPrinciples, ces valeurs d'entreprises cocréées par les équipes : « *Share more. Learn more* » (Plus tu partages, plus tu apprends). « *Fail. Learn. Succeed* » (Échouer. Apprendre. Réussir).

Ainsi, innover est un sport collectif : l'innovation se doit d'être mise en œuvre et pensée collectivement, même si elle vient d'une seule personne ou d'un petit groupe à la base. En fait, plus encore qu'un Chief Executive Officer, l'entrepreneur serait surtout un Chief Innovation Officer : c'est par l'innovation qu'il séduit et fédère une équipe autour de son projet, qu'il structure son projet et convainc des utilisateurs, et qu'il fait sa « part du colibri » en apportant plus de responsabilité et de justice dans notre monde.

Voir : Client ; Créer ; Disruption.

Intelligence artificielle

par Luc Ferry,
philosophe

Qu'est-ce que l'intelligence artificielle et peut-on vraiment parler d'intelligence à propos d'une machine au motif qu'elle résout très rapidement des problèmes complexes ? Quels sont les paramètres qui lui permettent de progresser et de changer le monde, celui de la troisième révolution industrielle dont elle est le principal moteur ? Depuis l'invention, dans les années 1980, de l'intelligence artificielle (IA) moderne, capable d'auto-apprentissage grâce au *deep learning,* on a pris l'habitude de distinguer trois types d'IA.

On l'appelle « faible » justement parce qu'elle ne pense pas, parce qu'elle n'a pas de conscience de soi, et on la dit « étroite » parce qu'elle ne sait accomplir qu'une seule tâche : par exemple faire de la reconnaissance faciale, jouer à des jeux vidéo, aux échecs ou au jeu de GO, conduire une voiture autonome ou un train, faire de la comptabilité, guider un missile ou un drone et mille autres choses encore, y compris réaliser des œuvres d'art dont certaines se sont déjà vendues à des centaines de milliers d'euros. Reste qu'elle est comme un nageur dans sa piscine : elle ne sort pas de son couloir. Cela dit, elle est quand même incroyablement performante. Elle résout des problèmes à l'aide d'algorithmes qui traitent en un clin d'œil d'énormes masses de données (le Big Data) et c'est pourquoi, malgré son absence totale de conscience de soi, on la dit quand même « intelligente ». C'est elle encore qui fonde toute l'économie dite « collaborative » : pas de Uber ni de Airbnb sans elle. Elle utilise des algorithmes, des instructions qui commandent une série d'opérations permettant d'aboutir à un résultat juste en utilisant le minimum de temps et d'espace. L'IA faible repose sur des couches de neurones artificiels qui apprennent et s'auto-éduquent en permanence (et c'est ce qu'on appelle le *deep learning*). Depuis la victoire de l'ordinateur *Deep Blue* sur Gary Kasparov en 1997, puis sur le champion du monde de jeu de go en 2016, avec l'ordinateur de Google baptisé Alphago, nous savons qu'elle nous surpasse dans bien des domaines et que les performances dont elle est capable comme les applications qui sont potentiellement les siennes sont aussi fascinantes qu'innombrables.

Le deuxième visage de l'IA est celui d'une IA qui reste encore faible, parce qu'elle n'a toujours ni conscience ni émotions, mais qui est malgré tout large, car « contextualisante ». On la voit par exemple apparaître dans nos vies quotidiennes avec les assistants domestiques comme Siri, Google Home ou Alexa. La première IA faible ne sait guère contextualiser les demandes qu'on lui adresse. Elle bat les champions du monde de jeu de go ou de poker, elle sait séquencer le génome d'une cellule cancéreuse, faire fonctionner Uber ou Airbnb, remplacer un commissaire au compte ou un radiologue dans bien des tâches ardues, mais sortie de son « couloir », elle est perdue. L'application jeu d'échecs de votre smartphone est bien meilleure que vous, mais elle ne sait rien faire d'autre. Ses performances sont « verticales », pas « horizontales », ce qui la rend parfois d'une rare bêtise. Après avoir visionné quatre ou cinq photos, un gamin de trois ans distingue aisément un lion d'un tigre, alors qu'il en faut à l'IA faible et étroite des centaines de milliers pour réussir le même exercice sans risque de se tromper. Si vous dites à votre fils de 10 ans qui vient d'avoir 2/20 en dictée : « Alors là, bravo, je te félicite ! », il comprend aussitôt que c'est ironique. Dites la même chose à Siri quand il se plante, aucune chance qu'il s'aperçoive que vous vous fichez de lui ! Les chercheurs en IA essaient donc de rendre l'IA plus large, aussi horizontale et contextualisante que possible, afin qu'elle devienne supérieure à nous, non pas dans tel ou tel secteur, mais dans tous les domaines. Par exemple, il faut que votre smartphone comprenne que la réponse doit être différente selon que vous cherchez un restaurant à midi ou à 2 heures du matin. Question de contexte : dans un cas vous voulez aller déjeuner, dans l'autre vous cherchez peut-être une livraison à domicile. L'IA large et contextualisante est d'ores et déjà très au point dans de nombreux domaines, par exemple dans celui du diagnostic médical ou les logiciels sont bons dans tous les secteurs de la médecine : en cancérologie, dermatologie, radiologie, en cardiologie, etc. Il y a quelques années déjà, une compétition a été organisée entre un logiciel d'IA et 52 dermatologues : on leur a montré des photos de grains de beauté pour savoir s'ils étaient cancéreux ou pas. La machine a obtenu 95 % de bonnes réponses, contre 82 % pour les médecins humains...

L'utopie post-humaniste de l'IA forte

Le troisième visage de l'IA serait (je mets au conditionnel car il s'agit à mon sens d'un pur fantasme) celui de l'IA « forte ». Il s'agirait alors d'une vraie intelligence, dotée comme la nôtre de conscience de soi, de capacités de décision et d'émotions, mais « incarnée » sur une base non biologique (disons sur du silicone, pas du carbone). Alors, nous aurions créé une post-humanité dont nous deviendrions selon Elon Musk (et encore, dans le meilleur des cas) comme sont nos animaux domestiques par rapport à nous. De nombreux chercheurs y croient parce qu'ils professent un matérialisme radical. En fait, ils pensent, en bons matérialistes, que nous sommes déjà des machines, que cerveau et pensée ne font qu'un, de sorte que la fabrication d'un être pensant hors biologie ne leur paraît pas impossible. Du reste, les matérialistes monistes ont un argument fort (et bête) pour montrer que le cerveau et la pensée sont une seule et même réalité : si je vous détruis le cerveau, disent-ils aux idéalistes, vous verrez que vous penserez beaucoup moins bien ! Vous aurez aussi beaucoup de mal à trouver ce que vous appelez curieusement une « âme ». Voilà aussi pourquoi ils pensent que la conscience et la vie étant un jour sorties de la matière inanimée, de la fameuse « soupe primitive », il est certain qu'un jour ou l'autre nous parviendrons à fabriquer des connexions de neurones artificiels si complexes et performantes qu'elles pourront engendrer de la conscience, c'est-à-dire une « IA forte », et avec elle, une nouvelle forme de vie intelligente, une « post-humanité », ce que Ray Kurzweil désigne chez Google comme le point de « singularité ». Cette hypothèse, à mon sens farfelue, est néanmoins utile intellectuellement, car comme l'écrit Aurélie Jean, chercheuse au MIT et grande spécialiste des algorithmes, dans son excellent petit livre (*De l'autre côté de la machine,* aux éditions de l'Observatoire, 2019), si l'idée relève de la science-fiction, pas de la science, cela ne l'empêche pas d'avoir une certaine utilité en fixant à la recherche une espèce de point de fuite ou, pour parler comme Kant, d'« idéal régulateur » : « Disons-le ici, écrit Aurélie Jean, l'IA forte n'existe pas encore et elle n'existera sûrement jamais. C'est pourtant en visant ce "point de singularité" que nous autres scientifiques pouvons avancer à pas de géants dans notre compréhension du monde… Même si je suis consciente qu'un robot ne pourra jamais ressentir une émotion, viser ce point de singularité aide les scientifiques à avancer dans la recherche pour simuler au mieux une émotion. »

Les paramètres qui boostent l'IA

Ils sont fondamentalement au nombre de trois : d'abord la puissance des ordinateurs, indispensable au traitement du Big Data. Les derniers ordinateurs chinois sont capables de résoudre 140 millions de milliards d'opérations en une seule seconde ! Ensuite la qualité des algorithmes que les humains rentrent dans la machine. Enfin le troisième paramètre, tout aussi important que les deux premiers, tient à la quantité de données qu'on entre dans la machine, la grande erreur du RGPD (Règlement général de protection des données) étant de protéger fort peu tout en pénalisant beaucoup les PME/TPE en même temps que la recherche sur l'IA. Comme l'explique Laurent Alexandre dans son livre de référence sur le sujet (*La Guerre des intelligences,* Lattès), l'Europe devient peu à peu un sous-traitant des États-Unis, pour ne pas dire une colonie, y compris dans le domaine militaire, ce qui ne va pas sans poser à terme le problème de sa perte de souveraineté.

L'avenir de nos enfants dans le monde de l'IA : la tête, le cœur et la main

Que deviendront nos enfants dans ce monde qui sera automatisé et dont de nombreux métiers seront, sinon remplacés, du moins fortement impactés par une IA qui a déjà des retombées dans presque tous les domaines de la vie humaine, à commencer par l'économie ? Le Revenu universel de base (RUB), défendu par les ultralibéraux comme par la vieille gauche, serait à mes yeux l'une des pires catastrophes intellectuelles, économiques et morales qui se puisse concevoir. Qui pourrait sérieusement souhaiter vivre dans une société où, à terme, 70 % des personnes étant économiquement inutiles, elles vivraient dans la pauvreté, la perte d'estime de soi et le ressentiment, tandis que 30 % d'actifs seraient riches, contents d'eux et bientôt méprisants à l'égard des « parasites » qui vivraient à leurs frais ? On dit que les personnes au RUB se consacreraient à des tâches d'utilité collective, à la vie démocratique, à des activités caritatives, écologiques, etc. Mais, d'une part, rien ne le garantit et, d'autre part, je ne suis pas certain que le modèle des dames patronnesses du XIXe siècle constitue vraiment un idéal de vie enthousiasmant. Keynes en doutait dans le discours qu'il prononça en 1929 sur la diminution, inévitable à ses yeux, du temps de travail (voire sa *Lettre à nos petits-enfants*, publiée chez Les Liens qui Libèrent en 2017). Il voyait même dans l'oisiveté le principal défi spirituel et moral des temps à venir.

Bien entendu, l'IA va bouleverser nos vies, nul ne peut sérieusement le contester, mais ce n'est pas le RUB qui donnera la solution des problèmes posés par cette évolution inévitable. La tâche qui s'impose à nous dans les années qui viennent est d'un tout autre ordre : elle consistera à repenser de fond en comble nos systèmes éducatifs afin de rendre l'intelligence humaine, en l'occurrence celle de nos enfants et petits-enfants, non pas victime, mais complémentaire de l'IA. Il faut d'ores et déjà réfléchir à ce que nous devrions transmettre à nos enfants en tenant compte du fait qu'ils devront se préparer à faire ce que la machine ne saura jamais faire. Dans le monde qui vient, le cuisinier, le jardinier paysagiste ou le directeur d'hôtel seront bien difficiles à remplacer par l'IA. Dans le domaine médical, l'infirmière survivra au généraliste, et le généraliste au spécialiste. D'une manière générale, les métiers à la fois intellectuels, relationnels et manuels, ne seront pas de sitôt remplacés par des machines. Les tâches qui associeront la tête, le cœur et la main, l'intelligence, le souci des autres et le savoir-faire pratique, ne disparaîtront pas, en tout cas pas tant que l'IA ne sera pas une IA forte, ce qui en toute hypothèse n'est pas pour demain. Plutôt que de baisser les bras en abandonnant la lutte en faveur du travail pour un calamiteux RUB, c'est cette nouvelle complémentarité entre l'homme et la machine qu'il faut de toute urgence commencer à préparer. Qu'en pensent nos politiques, nos ministres de l'Éducation ? Pour l'instant, rien...

Investir

par Virginie Morgon,
présidente du directoire d'Eurazeo

L'histoire économique est injuste. Elle trie et hiérarchise. Les entrepreneurs, les créateurs, les inventeurs raflent tout, les honneurs et la postérité. Mais qui se souvient d'Henri Flager dont les 100 000 dollars investis en 1867 dans la naissante John D. Rockefeller Standard Oil Company valaient 700 fois plus quarante-cinq ans plus tard ? Qui connaît John Gray, premier partenaire d'Henri Ford en 1903 ? Ses 10 000 dollars investis lui rapportèrent 26 millions quinze ans plus tard. Qui pour célébrer Asa Candler, qui en 1891 acheta pour 2 300 dollars la formule du Coca-Cola, pour la revendre trente ans plus tard plus de 10 000 fois sa valeur d'origine ? Peter Tiel, le premier à croire Mark Zuckerberg et son projet ; Georges Doriot, l'inventeur français du capital-risque au MIT après-guerre ; Benjamin Graham, John Templeton et aujourd'hui Warren Buffett, Peter Lynch, Ray Dialo ; tous ces grands bâtisseurs ne sont-ils pas trop à l'étroit dans nos mémoires collectives ? Rendons-leur justice, à eux et aux autres et, avec eux, à l'action transformante de l'investissement.

Il y a un avant et un après l'investissement, dont les effets se manifestent autant sur l'entreprise elle-même que sur l'ensemble de la société. Quelle joie, pour les investisseurs, de voir éclore une entreprise ou de lui donner les moyens de ses ambitions. Quelle responsabilité, aussi, que de rendre cette métamorphose possible et cette croissance durable. Car, à ceux qui seraient tentés de comparer l'action des sociétés d'investissement à celle du feu de paille, je répondrais plutôt par l'image du feu que l'on veille pour répandre la chaleur au sein du foyer commun. Dans le domaine de l'investissement privé, que je connais le mieux, les entreprises se trouvent dans le giron d'un investisseur-actionnaire professionnel pour une durée moyenne de cinq ans et demi, le temps de pouvoir voler de leurs propres ailes ou de pouvoir diffuser plus largement leur rayonnement. Suivant l'idée bien connue du poète Khalil Gibran selon laquelle « nos enfants ne nous appartiennent pas », l'investisseur est aussi tuteur, celui qui permet au potentiel de pleinement s'exprimer.

Si l'investissement est connoté positivement, les sourcils se haussent lorsqu'on l'accorde au pluriel. *Les* investissements désincarnent la matière : au singulier un projet, une entreprise, une stratégie ; au pluriel un portefeuille à gérer, des rendements à espérer. Pourtant, *s'investir* dans une cause ou une activité, et *investir* dans une classe d'actifs procèdent d'une même volonté : celle de s'engager, avec tous les risques que cela comporte, dans un projet dont on souhaite réaliser le potentiel. Entre le potentiel, qui procède d'une vision, et le réel, qui crée des emplois, des échanges commerciaux et humains et des richesses, il y a l'investissement. Il se différencie de la simple dépense en ce qu'il trouve sa raison d'être dans la transformation et la perspective de croissance. Penser qu'il se limite à la valeur de l'entreprise, c'est réduire le retour sur investissement à sa seule dimension financière ; c'est oublier que derrière les résultats financiers se trouvent une innovation-produit, une croissance externe réalisée, une consolidation effectuée, un nouveau marché, un pays conquis. Investir, anticiper, prendre un risque, créer de la valeur holistique durable, toutes ses notions sont synonymes et s'inscrivent dans le temps long de l'histoire de l'investissement. Cette histoire, brillamment décrite par Norbert Reamer et Jesse Dowing[1], est celle d'une démocratisation. Des origines de l'investissement mille ans avant Jésus-Christ, à la création des Bourses de valeurs au XIIIe siècle, qui révolutionnent la création de richesse par la mise en commun de capitaux anonymes, à l'expansion des fonds communs de placement après la Seconde Guerre mondiale, l'histoire de l'investissement est consubstantielle à celle de la création de richesse et à un plus grand partage de la valeur.

Une histoire qui démontre la vacuité du fossé artificiel qui s'est creusé dans les discours et les esprits entre, d'un côté l'économie « réelle », celle des entrepreneurs, des salariés, de la production et, de l'autre, l'économie

1. *Investment : A History*, Norbert Reamer et Jesse Dowing, Columbia Business School, 2017.

financière où tout se confond et s'amalgame : Private Equity, Hedge Funds, Pension Funds, Investment Banking, investisseurs, spéculateurs, actionnaires…

Ce débat trouve son origine dans la distinction – que je crois théorique – opérée par les chantres de la théorie de la régulation qui différencient l'investissement dit productif, caractérisant la période fordiste, et l'investissement spéculatif caractéristique du « capitalisme financiarisé » qui a émergé à l'issue des Trente Glorieuses. Un simple regard jeté sur les deux derniers siècles suffit à constater que le fondement du progrès que l'on connaît depuis le début de la révolution industrielle se trouve dans la capacité du capitalisme à susciter l'investissement. Et en dépit des qualificatifs qu'on peut y apposer, de ses cadres institutionnels, et des objets multiples des investissements, l'investissement s'est toujours traduit par l'apport de capitaux tiers permettant une augmentation des moyens de production et, par conséquent, des richesses générées par l'entreprise. Il y a donc unanimité sur la finalité de l'investissement mais débat sur les modalités d'actions de certains investisseurs.

Une tentative de réconciliation a germé il y a maintenant plus de vingt-cinq ans avec l'émergence d'un nouveau type d'investisseur-entrepreneur, fondateurs de l'industrie du Private Equity ; c'est-à-dire l'investissement de long terme dans les sociétés non cotées. Le nombre de sociétés qui ont fait le choix de céder tout ou partie de leur capital à un investisseur professionnel a augmenté de plus 65 % en dix ans dans le monde. Rien que l'année dernière – selon France Invest, l'association des investisseurs en capital français –, près de 3 000 nouvelles entreprises ont bénéficié du soutien d'un investisseur financier soit plus du double qu'il y a dix ans.

Plus de la moitié des montants sont investis dans des entreprises qui ont ouvert leur capital pour la première fois. Ce marché est à la fois plus grand et plus profond. Pourquoi ? Car les managers savent que les investisseurs professionnels créent de la valeur durable. En France, les sociétés investies par le capital-investissement ont une croissance 3 fois supérieure à l'économie, génèrent des emplois à un rythme supérieur aux autres formes d'actionnariat et comptent déjà pour 5 à 10 % du PIB en Europe et aux États-Unis. Le capital-investissement est donc devenu une industrie à part entière aux côtés des voies capitalistes les plus classiques. De simple « financeur », l'actionnaire professionnel est devenu un partenaire de moyen-long terme, actif dans la transformation des entreprises qu'il accompagne, et qui elles-mêmes transforment l'économie.

Le raccourci qui consiste à dire que les sociétés d'investissement aspirent à récolter les fruits des entreprises qu'elles soutiennent oublie que l'action de l'investisseur consiste d'abord à les faire germer, à gommer les freins qui pourraient ralentir leur développement et donc, *in fine*, à les porter en maturité. Si les sociétés d'investissement sont de formidables accélérateurs de croissance, c'est parce qu'elles concentrent toutes les conditions nécessaires pour la mettre en œuvre. Le retour d'un investissement se mesure aussi bien à l'aune de ce qu'il *rapporte* qu'à celle de ce qu'il *apporte* aux entreprises accompagnées, et à la société dans son ensemble. L'essor de l'investissement non coté ne s'explique pas tant par une *vis a tergo* invisible mais par le fait que les gérants d'entreprise sont de plus en plus nombreux à souhaiter y recourir. L'accès à des professionnels solides, présent à travers les années et les cycles, aux intérêts alignés et experts de l'ensemble de la chaîne de valeur opérationnelle, donne à ces derniers non seulement le temps et l'agilité nécessaires pour se concentrer sur le cœur de leur activité, les moyens de la faire prospérer et de changer d'échelle mais aussi un accompagnement humain extraordinairement qualifié. Comme le mariage, les deux parties signent un engagement long qui pour durer et réussir demande de l'écoute, de la loyauté, un soutien des bons et des mauvais jours pour obtenir, un jour, l'immense bonheur du chemin accompli. Grâce à l'investisseur, l'entrepreneur n'est plus seul.

L'investissement offre donc une liberté. Liberté de mouvements pour les entrepreneurs et aux chefs d'entreprise, liberté d'entreprendre de nouveaux projets pour ceux qui ont l'audace de se lancer, liberté d'avoir les ressources et le temps. L'investissement est celui qui libère les individus de leurs carcans psychologiques et économiques, les pousse à déployer leurs ailes et à se faire une place. Directement ou indirectement, il permet la créativité, fait progresser la connaissance et aiguise le sens de l'initiative. Il aligne les intérêts, partage le risque autant que les rendements. Dans une société comme la mienne, le premier sujet, le premier projet et le premier budget, c'est la transformation et la croissance des sociétés que nous accompagnons. Et la seule méthode qui marche pour créer de la valeur, c'est la proximité, proximité avec le management, proximité avec le marché, proximité avec les innovations. Quand on dit que l'investissement fait grandir, ce n'est donc pas seulement en termes de taille, de revenus ou d'expansion internationale : il ouvre de nouvelles frontières, génère de nouveaux emplois, introduit de nouvelles technologies. L'investissement est une liberté et une des conditions du progrès.

Ce progrès n'est pas seulement technique ou financier. Il est sociétal. Les entreprises se transforment ou plutôt elles se réinventent : moins verticales, plus collaboratives, plus connectées, plus soucieuses de l'impact de leurs activités sur l'ensemble du corps social de l'entreprise, de la société et de l'environnement. En deux mots : plus ouvertes et plus responsables. Dans une société d'investissement professionnelle comme celle que j'ai l'honneur de présider, pas une semaine sans qu'un sujet de conformité et de responsabilité se présente dans une des sociétés que nous accompagnons, ou ne soit questionné par un actionnaire, un analyste, un consommateur, un journaliste. Pas un rendez-vous avec un investisseur institutionnel ou fonds souverain qui nous confient leurs ressources pour investir dans l'économie réelle, sans que notre performance en matières sociétale, environnementale ou de gouvernance, ne soit interrogée au même titre que notre performance financière. Pas une année sans que nous ne nous posions la question du partage de la valeur créée et de l'alignement des intérêts entre les actionnaires, les investisseurs, les dirigeants et les collaborateurs.

Ces réflexions prennent une ampleur historique. Ma conviction est qu'elle est déjà un enjeu stratégique de pérennité et d'acceptabilité de l'entreprise et de ses activités. Gouvernance plus transparente et efficace, management plus divers en genre et en profils, qualité de vie au travail améliorée, maîtrise de l'impact énergétique et donc maîtrise des coûts : la responsabilité n'est plus une posture ou un vernis, elle est une exigence de l'ensemble des parties prenantes et un accélérateur de croissance pour les entreprises.

Ce mouvement, il appartient aux investisseurs professionnels – ceux qui dictent le tempo, qui valident la stratégie et fixent les objectifs de performance et de rentabilité – de le comprendre, de l'endosser et de l'accélérer. On pourrait y déceler un paradoxe ou une contradiction :

c'est à ceux qui devraient attendre le plus de rendement rapide du capital investi qu'il appartient d'intégrer l'exigence du temps long. C'est plutôt un pragmatisme, autant qu'un engagement : pour être profitable, une entreprise doit désormais être responsable.

Investir, c'est considérer aujourd'hui avec le regard de demain, c'est considérer qu'aujourd'hui est déjà demain et que demain est déjà hier. Investir, c'est agir rapidement mais durablement, c'est à la fois suivre de près et voir loin. C'est adopter un autre regard, transformer les risques en opportunités, les écueils en chances, les échecs en tremplins... Finalement, cette conjonction du risque et du temps, si caractéristique de l'investissement, ne constitue-t-elle pas aussi le fondement de tout engagement ? Au-delà de la multiplicité des richesses générées par les investissements, c'est peut-être là que résiderait la plus grande richesse de l'investissement.

Voir : Actionnaire ; Gouvernance (et responsabilité) ; Risquer : le risque dans tous ses états.

J

Jaurès et « les misères du patronat »

par Gilles Finchelstein,
directeur général de la Fondation Jean-Jaurès

Pourquoi diantre consacrer à Jean Jaurès une entrée du *Dictionnaire amoureux de l'entreprise* – et, mieux encore, pourquoi Jean Jaurès serait-il le seul responsable politique à bénéficier de cet honneur ?

Jean Jaurès est mort il y a plus d'un siècle. Il n'a jamais gouverné, n'a jamais été ni président, ni Premier ministre, ni ministre, ni même secrétaire d'État – tout au plus a-t-il été un parlementaire influent et un adjoint au maire de Toulouse à partir de 1890. Il n'a jamais non plus dirigé une entreprise, ni même travaillé dans une entreprise – tout au plus a-t-il, ce qui n'est pas rien, créé un journal, *L'Humanité*, en 1904.

Alors, pourquoi ? Est-ce parce que la lecture de ses textes demeure une source d'inspiration et qu'il s'en dégage une musique envoûtante ? Un jaurésien passionné pourrait l'espérer. Mais un jaurésien lucide sait qu'une autre raison doit être débusquée pour expliquer ce choix qui intrigue. Il s'agit d'un article, au milieu de milliers et de milliers d'autres textes de Jean Jaurès. D'un article daté précisément du 28 mai 1890 et publié dans *La Dépêche* – la future *Dépêche du midi.* D'un article dont le titre à lui seul explique déjà beaucoup : « Les misères du patronat[1] ». D'un article sur lequel il faut revenir pour en comprendre à la fois la postérité et la modernité.

Postérité

En 1890, Jaurès est un très jeune ancien député : à 30 ans à peine, il vient d'être battu aux élections législatives dans sa circonscription de Castres. Il est un républicain engagé – au moment où la République montre sa robustesse en résistant aux assauts boulangistes. Il n'est qu'un socialiste en devenir – pas encore socialiste mais plongé dans

1. Le lecteur curieux pourra retrouver la version intégrale de ce texte dans les Œuvres de Jean Jaurès, tome 2, *Le Passage au socialisme*, p. 344 (Fayard, janvier 2011) ou dans *Jaurès et les patrons*, *le faux et le vrai*, Gilles Candar (Essai de la Fondation Jean-Jaurès, septembre 2008).

la lecture de Marx, passionné par les origines du socialisme allemand, lié par une amitié naissante avec Lucien Herr, convaincu que le mouvement socialiste, aussi faible qu'il est divisé, va connaître « un développement prochain et puissant dans notre pays ».

« Les misères du patronat » assurent une postérité inattendue à Jaurès pour une double raison : en raison de ce qu'il y a dans ce texte mais aussi, de manière plus surprenante, en raison de ce qu'il n'y a pas mais que certains auraient voulu qu'il y eût. Explications.

En raison de ce qu'il y a

La première raison qui explique la postérité de l'article de *La Dépêche* est, c'est bien le moins, son contenu. Jean Jaurès fait en effet montre d'une vraie sensibilité à ce que sont les difficultés et les réalités de la vie des patrons, allant même, plus surprenant encore, jusqu'à défendre non seulement les patrons des très petites mais aussi des très grandes entreprises. Il explique que « le patronat a ses misères » et que ces misères sont « souvent poignantes », même si elles sont moins « apparentes que celles de l'ouvrier ». Il souligne le risque, pour les « tout petits patrons », d'être emportés « après bien des efforts et bien des souffrances ». Il remarque que, dans la « moyenne industrie », beaucoup de patrons sont, « à eux-mêmes », « leur caissier, leur comptable, leur dessinateur, leur contremaître ». Il pointe, dans la « grande industrie », ces « drames de conscience » et ces « souffrances cachées » auxquels beaucoup d'entre eux sont confrontés. Et, pour les uns comme pour les autres, il évoque la condition « triste » et « peu enviable », la « surcharge de travail » et la « tension nerveuse » de cette « âme patronale » qui veut avant tout « gagner la bataille ». Voilà ce qu'écrit

Jaurès, le fondateur et l'unificateur du socialisme français, au début des années 1890.

Et c'est parce qu'il est surprenant que, à gauche, ce texte de Jaurès va être à la fois occulté et relativisé.

Occulté, pour n'en prendre qu'un seul exemple, en n'étant pas même évoqué par trois des principales biographies consacrées à Jean Jaurès – celles écrites par Max Gallo en 1985[1], Jean-Pierre Rioux en 2005[2] et seulement une brève mention dans celle de Gilles Candar et Vincent Duclert en 2014[3].

Relativisé – à raison d'ailleurs –, en rappelant les combats de Jaurès contre le patronat auprès des mineurs, des verriers, des cheminots, des terrassiers et de tant d'autres ou même de nombreux textes dans lesquels il affiche son opposition au système capitaliste.

Mais la postérité du texte de Jaurès ne tient pas seulement à l'analyse de son contenu ; elle tient tout autant à... la falsification de ce contenu

En raison de ce qu'il n'y a pas

Depuis cinquante ans, en effet, à intervalles irréguliers, « Les misères du patronat » ressurgissent. Même titre. Même date. Même source. Mais si la « musique » sonne comme du Jaurès – notamment l'invocation au « courage » –, le texte ne ressemble plus à rien : ici, quelques paragraphes retranchés ; là, surtout, quelques paragraphes inventés et ajoutés. Et notamment ceci : « Dirige

1. Max Gallo, *Le Grand Jaurès,* Robert Laffont, 1985.
2. Jean-Pierre Rioux, *Jaurès et l'entreprise*, Perrin, 2005.
3. Gilles Candar et Vincent Duclert, *Jean Jaurès*, Fayard, 2014.

celui qui risque ce que les dirigés ne veulent pas risquer. Est respecté celui qui, volontairement, accomplit pour les autres les actes difficiles ou dangereux. Est un chef celui qui procure aux autres la sécurité en prenant pour soi les dangers. » Et, plus récemment : « La classe dirigeante est une classe courageuse et il faut lui donner une rémunération incitative et liée aux conditions de performance. »

La rédaction de ce texte, dont nul n'a pu déterminer avec certitude l'origine, relève d'une manipulation à la fois habile et grossière. Sa diffusion tient sans doute surtout à l'ignorance. Mais ce « faux » Jaurès a été repris ces dernières décennies par des personnalités éminentes – d'anciens responsables du patronat ou personnalités venant de la droite libérale. Dans le procès récurrent sur le détournement de la mémoire de Jaurès – procès instruit notamment par des communistes lorsque le cartel des gauches organise en 1924 la cérémonie du Panthéon – une limite est dépassée. Elle révèle en creux une certaine conception de l'entreprise, de sa hiérarchie et de ses rémunérations. Elle illustre les chemins tortueux que la postérité d'un texte emprunte parfois – corroborant l'intuition de Guy Debord dans *La Société du spectacle* lorsqu'il écrivait que le vrai n'est qu'un moment du faux… Et pourtant, il y a, encore aujourd'hui, une bonne raison de revenir vers Jaurès et sa vision de l'entreprise : c'est sa surprenante modernité.

Modernité

La modernité du texte

Comme souvent, la force de Jaurès tient en une extraordinaire capacité à prendre de la hauteur, à relier des éléments épars et à développer une vision globale. Et c'est là précisément que se situent l'intérêt des « Misères du patronat » mais aussi les contresens dont il a été l'objet. En effet, et c'est un point central : Jean Jaurès défend les patrons mais pourfend le système, c'est-à-dire le capitalisme naissant.

Il pourfend, en premier lieu, *le dévoiement* du système capitaliste qui, déjà, revendique la concurrence pour mieux la contourner – cette « coalition des puissants qui, en se syndiquant, disposent des prix, font la loi sur le marché et éliminent la concurrence », notamment les « industriels moyens ».

Il pourfend, en deuxième lieu, *les dérives* du système et le déséquilibre qui affecte les entreprises, y compris les patrons, face à la finance – ces patrons victimes « des spéculations et du jeu » de « l'industrie anonyme ».

Il pourfend, en dernier lieu et surtout, *la logique* même du système capitaliste – ce qu'il qualifie de « système de métal ». Les patrons n'ont pas d'autre choix que de « porter leurs bénéfices au maximum », sauf à être « écrasés par une accumulation supérieure de capitaux ». Ils doivent inéluctablement « donner aux hommes le moins possible et en obtenir le plus possible ».

Ces critiques portent sur le capitalisme industriel de la fin du XIXe siècle mais elles peuvent largement se transposer au capitalisme mondialisé et financiarisé du début du XXIe siècle. Cependant, c'est moins dans la critique du système de son temps que dans l'esquisse du système de l'avenir que Jaurès fait œuvre originale en définissant le socialisme comme « une œuvre humaine, qui profitera aussi bien en définitive à la bourgeoisie qu'au peuple », en prônant « une sorte de pitié réciproque qui serait peut-être le prélude à la justice » c'est-à-dire un humanisme bien éloigné d'une vision simpliste de la lutte des classes.

La modernité de Jaurès

Dans ce texte et au-delà de ce texte, la modernité de Jaurès tient aussi à la méthode qu'il a toujours défendue.

C'est le projet de faire avancer la société par des *réformes* et non par une révolution – et notamment de récuser le choix du tout ou rien, au risque de ne jamais obtenir quelque chose.

C'est la conviction qu'il est nécessaire et possible de trouver *des compromis* – notamment entre patrons et salariés.

C'est l'ambition, plus que jamais contemporaine, de ne pas vouloir, comme Danton, « mettre dessous ce qui est dessus et dessus ce qui est dessous » mais de viser plus haut et plus loin.

Jeunesse

par Gérard Mulliez,
fondateur du Groupe Auchan

La jeunesse s'exprime à travers le dynamisme de ses actions. Grâce au scoutisme, j'ai connu la joie de vivre dans une partie de ma jeunesse. Quand j'étais à l'école primaire, à partir de la neuvième, mes parents m'ont inscrit aux louveteaux. Je m'y suis tout de suite trouvé très à l'aise. L'organisation inventée par Baden Powell est géniale. J'étais dans une patrouille d'une trentaine de garçons d'âges différents. On a appris à fabriquer des tables, des chaises, à faire des feux, à chanter, à cuisiner, bref à se débrouiller, le tout en jouant. On organisait aussi des concours, on faisait beaucoup d'activités physiques mais il y avait aussi une dimension éthique, une éducation morale. C'était très complet. Très strict aussi. Le scoutisme m'a appris le plaisir de travailler en équipe, on appelait l'équipe la patrouille, le plaisir de gagner en équipe, le plaisir d'avoir un chef sympa et qui vous aimait bien. J'ai beaucoup appris du scoutisme et cela m'a beaucoup aidé comme chef d'entreprise. Dans les débuts d'Auchan, j'embauchais plutôt des gens qui avaient fait du scoutisme car ils savaient être plus entraînants, plus responsables et travaillaient mieux en équipe.

La jeunesse est aussi un état d'esprit : c'est appliquer sa liberté, mettre son dynamisme au bon endroit et au bon moment. Les jeunes osent car ils ne sont pas encore encombrés par leur passé donc ils ont moins de peur. Leur impertinence est une qualité qui les pousse à utiliser leur zone de désobéissance, grande source de créativité si elle est réalisée dans le respect des valeurs. Leur ambition les pousse souvent à tenter l'aventure, devenir entrepreneur de leur propre vie. Leur esprit rebelle bouscule les générations au pouvoir et redonne le parfum du renouveau.

Les jeunes d'aujourd'hui sont motivés, ils recherchent avidement leurs moyens d'expression. Ils ont besoin de s'exprimer. À ceux d'aujourd'hui qui sont en recherche d'orientation, je leur propose d'identifier ce qui les rend heureux et ce qui les rend malheureux, tout en se réservant des moments de calme et de réflexion où leur intuition peut exprimer tout ce qu'ils ont dans leur tête, tout ce qui leur donnera l'énergie de se mettre en route et d'aller jusqu'au bout de leurs idées. L'entreprise et la création d'entreprise peuvent les y aider.

Pour l'ensemble des pays, le Covid-19 fait vivre une période difficile. Néanmoins, elle peut permettre des opportunités : elle stimule notre capacité à innover, à créer du nouveau même à partir de ce qu'on connaît. Grâce aux circuits d'information du monde actuel, les jeunes sont plus intelligents et informés qu'avant.

Pour autant, il faut toujours s'accrocher pour réussir. Le faire avec persévérance. Mais, quand on est tout seul, il faut trouver un compagnon et se battre à 2. Les valeurs de lien sont celles qui unissent et qui nous rendent plus forts. La chose la plus importante n'est pas de gagner de l'argent, c'est être heureux dans ce qu'on fait.

Les entreprises doivent faire confiance aux jeunes, leur laisser des zones de liberté d'expression. C'est leur avenir qu'ils construisent. C'est aussi une posture managériale de faire confiance aux collaborateurs et de leur laisser la liberté dans le travail. Leur intelligence est de savoir écouter les anciens et d'apprendre à apprendre de la part des autres pour faire différemment et mieux.

Il n'y a pas d'âge pour être jeune. L'activité permet de continuer à vivre. Mettre en place les nouvelles découvertes du monde de demain nécessite un esprit jeune pour le faire. Garder l'esprit agile et les jambes solides pour continuer à avancer dans ce qu'on fait, en apprenant et en s'améliorant tous les jours.

Les jeunes les plus doués que j'ai rencontrés étaient ceux qui comprennent que le plus important n'est pas le savoir seul mais le savoir mis en pratique, c'est-à-dire le savoir-faire, le savoir-être.

De même que les jeunes les plus doués recherchent des modèles ou des coachs qui appliquent leur savoir-faire et leur savoir-être et qui ont appris à le faire passer aux autres.

De même, les animateurs d'entreprise les plus efficaces sont ceux qui ne donnent des promotions qu'à ceux qui ont déjà montré leurs preuves de savoir-être, de savoir-faire et de savoir-faire faire, tout en répondant bien sûr au critère définitif de décision qui est : « je l'aime ou je l'aime pas ».

Mais embaucher ou promotionner sur le seul critère « j'aime ou j'aime pas » sans tenir compte des savoir-faire et du savoir-être fait faire beaucoup d'erreurs qu'on regrette après.

De même, les jeunes les plus doués essaient de mettre en pratique les meilleures pratiques de leur environnement journalier sans perdre leur énergie à critiquer ce qui leur paraît mauvais chez les autres.

À chaque génération, on doit chercher pour savoir ce qui fait son bonheur, pour trouver l'entreprise qui permet de développer ses talents, sa capacité à créer en toute liberté. La créativité rend heureux. Trouver de la joie dans ce qu'on fait, être heureux avec les gens avec lesquels on est, c'est cela le bonheur qui permet de rester jeune.

Le bonheur, c'est aimer les gens avec qui on est, c'est se sentir être aimé. Le bonheur, c'est de faire des choses avec les gens qui ont les mêmes préoccupations que soi, c'est savoir que ce qu'on fait est utile pour la communauté. Et, s'organiser dans la vie journalière pour être heureux. C'est durant toute la vie que la question se pose : comment être heureux ? Entreprendre est à cet égard une voie privilégiée.

Joyeux

par Yann Bucaille-Lanrezac,
fondateur de Café Joyeux

La joie est cette force vitale qui jaillit de notre présent et nous rappelle que le bonheur est possible. C'est une ressource qui nous fait dire « oui » à la vie, l'amour, l'amitié. Et elle est contagieuse, transformatrice, créatrice. Elle est cette lumière qui se faufile dans l'existence, même face aux épreuves.

Cette lumière, cette capacité à ouvrir les cœurs et à nous ramener à la force et la beauté du présent, je la retrouve dans le sourire et le regard de tous les équipiers des Cafés Joyeux. Ce projet fou que nous avons eu avec mon épouse, Lydwine, est pourtant né d'un triste constat : mon incapacité à offrir un emploi à Théo, jeune adulte autiste que j'ai rencontré lors d'une sortie en mer en 2014. À l'époque nous avions créé une association avec Lydwine, Émeraude Voile Solidaire, pour permettre à des personnes en marge de vivre une expérience de partage hors du commun sur un catamaran. Théo était content de sa sortie, mais ça ne lui suffisait pas. Il lui manquait une chose essentielle dans sa vie : être reconnu et utile. Ce n'était pas une occupation à laquelle il aspirait, mais à un job, comme tout le monde.

J'ai pris conscience que l'activité associative ne suffisait pas à répondre au besoin des personnes hors norme qui sont porteuses d'un handicap mental ou cognitif. Entrepreneur dans l'âme, chef d'entreprise, l'idée a émergé de lancer un projet, certes solidaire, mais avant tout entrepreneurial, dont la raison d'être serait l'inclusion. Mon épouse et moi voulions proposer un emploi à toutes ces personnes qui en sont tellement éloignées. Il faut savoir que seules 0,5 % des 700 000 personnes en situation de handicap mental travaillent en milieu ordinaire. La tâche est donc immense pour répondre au besoin de tous ceux qui sont en capacité de travailler mais à qui personne ne pense ou n'ose tendre la main.

Nous avions déjà réussi avec succès la création d'un hôtel en Bretagne. Cette expérience nous a donné le goût de l'hospitalité. Nous avons donc décidé de lancer un café-restaurant joyeux à Rennes, qui a été inauguré en décembre 2017, avec pour seul leitmotiv : l'inclusion par le travail en milieu ordinaire de personnes en situation de handicap mental ou cognitif. Notre ambition est à la fois humble et audacieuse : leur (re)donner confiance et changer le regard que la société porte sur elles en créant la rencontre. Car j'en suis convaincu, la rencontre transforme les gens. Elle les bouscule même, en provoquant une rupture dans la routine de notre quotidien.

Je me souviens encore de ce convive du café rennais qui est venu me confier la peur qu'il a ressentie lorsqu'il s'est retrouvé en face de personnes « bizarres » la première fois qu'il a passé la porte. Cette crainte face à la différence a travaillé la conscience de cet homme qui me racontait « n'en avoir pas dormi pendant trois nuits ». Il m'avouait son état d'esprit avec sincérité et finalement il est revenu.

Je me souviens aussi que lors de l'inauguration à Rennes, Mathilde, équipière joyeuse porteuse de handicap, criait parfois de stress, en présence de la presse et de personnalités. L'ambiance était étrange. Puis un autre équipier a servi un café de trop à un convive, gêné. Et quelqu'un a lancé : « C'est comme ça chez Joyeux, tu commandes un café et on t'en sert deux ! » La remarque a fait éclater de rire Mathilde et l'assemblée s'est détendue. Eh oui, au Café Joyeux, il faut parfois s'attendre à de l'inattendu, même si la qualité des produits et du service est au cœur de notre activité.

Ce que je retiens de ces histoires, qui sont nombreuses, c'est la capacité des équipiers joyeux à ouvrir les cœurs. C'est une force immense. À nous de construire avec eux une société plus solidaire et inclusive. C'est toute l'ambition des Cafés Joyeux. Joyeux, car ces hommes et ces femmes ne demandent pas de pitié ou de charité. Ils veulent travailler, avec joie !

Pour revenir à la genèse du projet, il a très vite suscité l'intérêt de nombreux parents d'enfants en situation de handicap mental et cognitif. Nous avons plus de 750 demandes d'ouverture de Cafés Joyeux, parfois comme des appels au secours. Les médias se sont également emparés du sujet. Avec une équipe formidable, Lydwine et moi avons été portés par une dynamique joyeuse qui depuis ne s'est pas arrêtée. Des mécènes, particuliers et entreprises, nous ont suivis. Une démarche de collecte de dons se structure depuis, pour accompagner notre ambition de développement en France et à l'international. Cette générosité est générée par l'urgence de l'inclusion et le caractère entrepreneurial de Café Joyeux.

Nos cafés-restaurants sont en effet des entreprises ordinaires, détenues intégralement par un organisme d'intérêt général, le fonds de dotation Émeraude Solidaire. Nous faisons appel aux dons uniquement pour l'ouverture des établissements. Ensuite, ils fonctionnent normalement pour atteindre l'équilibre la troisième année de leur exercice. Les bénéfices sont ensuite réinvestis dans Émeraude Solidaire pour accompagner le financement d'autres Cafés Joyeux. Notre gestion est donc totalement désintéressée. Et ça marche ! Le Café Joyeux de Rennes a engrangé ses premiers bénéfices fin 2020, avant de ralentir avec la crise sanitaire.

Après Rennes, nous avons déjà jeté l'ancre à Paris et Bordeaux. Nous avons même eu l'immense chance d'ouvrir un café éphémère sur les Champs-Élysées, inauguré par le président Emmanuel Macron et sa femme, Brigitte Macron. Café Joyeux « invente ce qu'est l'entrepreneuriat du XXIe siècle », nous annonçait alors le président avant de poursuivre : « Le travail et la prise de risque, créer de la valeur et donner du sens, sont les seules manières de changer le monde. »

C'est aussi pour défendre cette possibilité d'un autre modèle économique où croissance et différence se conjuguent au service de l'inclusion que nos cafés doivent être présents partout en France.

Café Joyeux continue son développement en densifiant sa présence à Paris, dans les villes moyennes et les grandes métropoles françaises et bientôt européennes. Notre ambition : ouvrir une trentaine de cafés d'ici 2025, permettant d'employer 300 équipiers joyeux. Nous avons fait la preuve du concept, nous souhaitons essaimer pour un jour changer d'échelle.

Nous souhaitons associer à notre vision et nos ambitions les entreprises, les fondations et les particuliers philanthropes. Car c'est ensemble que nous réussirons le pari d'intégrer des centaines de Théo dans notre vie économique et sociale. Je constate que les entreprises sont de plus en plus nombreuses à agir en faveur de l'inclusion, et je m'en réjouis.

Enfin, après l'emploi, la formation représente un axe majeur de Café Joyeux. L'ambition est de permettre aux équipiers d'acquérir des compétences théoriques tout en enrichissant leur expérience pratique au sein des Cafés. Nous voulons accompagner et former des collaborateurs en situation de handicap dans le secteur de l'hôtellerie et de la restauration, et ainsi leur permettre une intégration en milieu ordinaire.

Un premier programme de formation en alternance, basé sur une pédagogie évolutive et des supports ludiques, a été conçu sur mesure pour les personnes en situation de handicap mental et cognitif. Lancé en 2020, il est dispensé par des formateurs spécialisés, sur la base du volontariat, auprès de 19 équipiers joyeux qui ont signé un contrat de professionnalisation en CDI.

La mise en pratique de ces acquis se fait au sein des Cafés Joyeux, avec le tutorat actif des managers des Cafés eux-mêmes formés à l'encadrement. Nous allons leur délivrer un Certificat de qualification professionnelle d'agent de restauration polyvalent (CQP), reconnu par la branche professionnelle.

Nous créons notre propre structure, un CFA Joyeux hôtellerie-restauration (Centre de formation apprentis joyeux) pour former un maximum de personnes.

En réalité, notre joie se nourrit en voyant nos équipiers grandir, progresser, gagner en autonomie et en compétences. Les progrès professionnels et personnels sont immenses et là je suis convaincu que toute entreprise peut être joyeuse !

Il y a exactement vingt ans, dans une autre entreprise, je recrutais un tout jeune stagiaire, venu du Pakistan avec sa bourse d'étude ; aujourd'hui il est CEO de ce groupe français de près de 200 personnes et qui réalise 700 millions d'euros de CA !

Parce que c'est bien le rôle de l'entrepreneur de faire évoluer ses équipes, de leur permettre de trouver leur épanouissement, et c'est précisément en cela que le chef d'entreprise devient joyeux lui-même ! Et le fait de permettre à la fragilité d'intégrer une structure entrepreneuriale habituée à rechercher la performance, c'est aussi une grande source de joie ; car les équipiers joyeux, comme tous les collaborateurs en situation de handicap mental, nous encouragent à accepter nos propres fragilités et nos vulnérabilités ; cela aussi est source de joie et de paix dans une entreprise !

Pour la première fois de ma vie, j'ai lancé une entreprise sociale dont la gestion est totalement désintéressée pour n'être qu'au service de l'inclusion. À l'heure où les entreprises sont challengées pour définir leur mission sociale, Joyeux servi avec le cœur innove en réconciliant la fragilité et la performance. J'espère que ce modèle se multipliera pour rapprocher aussi deux mondes : celui de l'entreprise et du social qui ont beaucoup à apprendre l'un de l'autre.

Alors, amoureux de l'entreprise ? Oui. Parce qu'entreprendre, c'est participer, contribuer à la vision d'un monde qui ne m'appartient pas, et dont l'origine divine nous dépasse.

Moi qui suis croyant, je pense même que c'est une grande chance que Dieu nous a laissée : cette possibilité qui nous est donnée de poursuivre Sa création. Et même si l'avenir de la Terre ne nous appartient pas non plus, parce que nous ne faisons que passer, nous avons tous la possibilité, au sein de nos entreprises, d'avoir un impact positif et joyeux sur le monde d'aujourd'hui. Et c'est pour cela que l'homme et la femme sont faits pour entreprendre : pour essayer de rendre notre monde toujours meilleur. Un monde qui porte tant de blessures mais qui déborde aussi de tant d'amour.

Voir : Entreprendre autrement ; Inclure.

L

J

Liberté

par Mathieu Laine,
fondateur d'Altermind,
professeur affilié à Sciences-Po,
président de l'Institut Coppet

La liberté est notre valeur première. Elle est au firmament du « ciel étoilé » kantien, cette voûte de valeurs suprêmes que la loi des hommes ne devrait jamais contrarier. Moteur de l'émancipation humaine, elle est le levier insatiable de l'entreprise vécue comme la réunion d'hommes et de femmes autour d'une idée, d'une faculté d'innover et de l'ambition d'offrir ce bien, ce service, au meilleur niveau et au meilleur prix. Un entrepreneur, c'est une personne qui réalise, dans un univers de contraintes, que les ressources existantes pourraient être employées différemment pour mieux satisfaire les besoins humains. Il exerce donc une liberté fondamentale et trop souvent méconnue : la liberté d'imaginer.

Plus que l'accumulation du capital (Smith et Ricardo), la lutte des classes (Marx), le protestantisme (Max Weber), les institutions (Douglas North), ou même l'idée bourgeoise (Deirdre McCloskey), c'est la liberté dans ses infinies variations, offrant à celui qui a une idée de pouvoir la mener à son terme, qui explique sans doute le mieux la croissance économique, le développement du « doux commerce » (Montesquieu) et le fascinant recul de la pauvreté dans le monde (Pinker, Norberg, Ridley). En creux de cette liberté d'entreprendre, c'est l'homme respecté qui voit le jour, chacun pouvant tenter sa chance, d'où qu'il vienne, quel que soit son parcours.

La figure de l'homme libre devrait d'ailleurs davantage s'incarner dans celle des entrepreneurs, ce que les Américains ont sans doute mieux réussi que nous. Ayn Rand en a fait les héros parfois caricaturaux mais toujours fascinants de ses romans philosophiques. Ses personnages, notamment dans *Atlas Shrugged* (*La Grève*, publié aux Belles Lettres dans la juste et belle traduction de Sophie Bastide-Foltz), incarnent la capacité d'innovation et le refus de se laisser abuser par les excès de l'intervention publique, notamment quand elle se met au service du capitalisme de connivence.

Il y aurait donc une éthique et, pourrait-on dire, une esthétique dans l'acte de créer et de diriger une entreprise. Une geste particulièrement respectable qui participe d'un élan créatif et qui va bien au-delà, dans son essence, de la quête d'un accroissement monétaire, même si l'on rappellera que le profit, c'est-à-dire ce qui reste quand on a payé tout le monde, y compris l'État, n'est pas un vain guide pour l'entreprise ni une rémunération injustifiée pour ses actionnaires. Ces derniers ont, en liberté eux aussi, transféré des fonds qu'ils auraient pu consommer tout de suite en espérant un gain futur et risqué. Ils n'ont pas à être regardés de travers quand leur rémunération survient.

Défendre la liberté, pour et à travers l'entreprise et les entrepreneurs, est-ce pour autant plaider pour une absence de norme, comme certains détracteurs pourraient tenter de nous l'opposer ? Ceux qui vivent et pensent la liberté savent qu'elle ne se déploie pas sans son corollaire, la responsabilité.

À l'inverse, l'assaut de normes en tout genre, allant parfois jusqu'à présumer l'entreprise coupable et reflétant la dynamique précautionniste à l'œuvre depuis plusieurs décennies, témoigne d'une défiance préoccupante nécessitant d'inverser la tendance en remettant la loi au service de la liberté et non en frein à l'un des plus beaux leviers de l'innovation et de la créativité humaine.

Lire

Jean-Paul Maury,
président du Groupe Maury Imprimeur

Sans mon entreprise, vous ne tiendriez pas ce *Dictionnaire amoureux* entre vos mains… car j'en suis l'imprimeur !

Me voici donc aujourd'hui sous les feux de la rampe, participant à la rédaction de quelques pages de ce précieux ouvrage… en tant qu'auteur, alors que jusqu'ici mon nom ne figurait que sur l'achevé d'imprimer… et je suis pris de vertige quand je pense à quelques-uns des grands auteurs tels que, entre autres : André Comte-Sponville, Alain Decaux, Jean des Cars, Max Gallo, Jean-Marie Rouart, Denis Tillinac, etc., qui ont eux aussi (!!!) rédigé un *Dictionnaire amoureux.*

Je ne suis cependant qu'un entrepreneur et, comme mes confrères, j'œuvre dans l'ombre pour contribuer à l'épanouissement de mes concitoyens par la diffusion de la connaissance et permettre aux artistes de vivre leur passion…

Car derrière une scène de théâtre, un instrument de musique, une caméra de cinéma, il y a toujours une entreprise…

La mienne se situe au cœur des valeurs culturelles fondamentales, qui consistent à accéder au savoir et à le transmettre afin d'instruire (manuels scolaires et universitaires, dictionnaires), d'informer (magazines) de voyager (guides), de permettre de rendre la justice (codes), de soigner (dictionnaire Vidal), et de distraire (bandes dessinées, livres d'art)…

Mais dans cette chaîne de la création du livre – penser, écrire, éditer, imprimer, diffuser –, l'imprimeur reste toujours l'illustre inconnu...

Ce dictionnaire, qui a pour but de déclarer sa flamme à l'entreprise et aux entrepreneurs, va me permettre en sortant momentanément de l'ombre de vous dire que, s'il existe une passion de lire, il existe aussi une passion réelle d'imprimer et d'entreprendre.

C'est sur ce terrain de jeu culturel que j'évolue depuis mon enfance. Mais, bien avant moi déjà – depuis 1858 –, ma famille avait commencé à rayonner dans ce monde de l'impression et de l'édition.

Et c'est avec une infinie passion que j'exerce ce magnifique métier, qui consiste à architecturer graphiquement des documents pour les rendre attrayants, compréhensibles, irréprochables d'erreurs orthographiques, les plus proches possible de l'exactitude colorimétrique dans la reproduction des photos et des illustrations, tout cela en nourrissant le papier avec d'infinies précautions, et en déposant des millions de microns d'encre pour faire apparaître la lumière de la pensée et d'achever la construction de l'imprimé par des opérations de façonnage ou de reliure afin de réaliser des livres, des brochures, des catalogues, en positionnant par collage ou emboîtage une couverture souple ou cartonnée, parfois agrémentée de dorures ou de gaufrages sur des matières naturelles ou synthétiques. Le tout avec une infinie délicatesse. Imprimer est aussi à sa façon un art.

Au-delà de notre passion pour un métier, il est une autre passion sans laquelle il ne saurait y avoir de performance, celle d'entreprendre dont j'aimerais aussi vous parler.

J'ai hérité à 23 ans d'une petite entreprise familiale de seize personnes, que j'ai hissée, à la suite de créations et de reprises d'usines, à un rang significatif parmi les tout premiers imprimeurs nationaux.

C'est grâce à une persévérance constante soutenue et à un dur labeur que l'entrepreneur qui sait s'entourer d'équipes solides réussit son développement en maîtrisant ses coûts et en offrant qualité, attractivité, originalité, innovation et sécurité. Sans carapace solide, il ne pourra résister aux pressions intenses de la compétition, aux croche-pieds des lourdeurs, aux normagorrhées chroniques des administrations, à la complexité de la gestion des talents, à la vulcanisation des équipes, mais aussi aux différentes humeurs de chacun...

Avec de l'enthousiasme et un optimisme maîtrisé, les sommets sont accessibles et chaque difficulté peut être surmontée... mais, sans une petite dose d'inconscience, il est impossible de bâtir des développements. Oser fait partie de l'ADN du véritable entrepreneur, qui ne s'arrête jamais... et qui est en mouvement permanent, ce qui amène fatalement le renouveau nécessaire aux développements. Même à 75 ans, je n'hésite pas à agrandir mes bâtiments et à poursuivre d'importants investissements technologiques pour pérenniser les avancées de notre groupe, qui compte à ce jour six usines et donne du travail à un millier de personnes en imprimant plus de 300 000 tonnes de papier par an.

Je voudrais aussi insister sur l'idée que l'industrie exige du temps pour réaliser son devenir... La conquête des succès et les réussites ne s'obtiennent que dans la durée, mais en maintenant en permanence la perspective de challenges à relever indispensables pour stimuler la motivation des équipes. Ainsi, l'emploi sauvegardé, développé, permet à nos entreprises d'améliorer le bonheur des hommes. N'est-ce pas là la mission la plus exaltante de l'entrepreneur ?

Enfin, le savoir des connaissances doit être transmis aux jeunes afin d'assurer la perpétuelle amélioration des métiers, actuels et futurs

Mais avant d'imaginer le futur, il faut savoir d'où l'on vient...

En Europe, c'est dès le milieu du XVe siècle que Gutenberg avait mis au point la typographie, c'est-à-dire la composition des textes en caractères mobiles, fondus à l'aide d'alliages à base de plomb. Une invention que Victor Hugo saluera comme « la mère de toutes les inventions de l'Humanité ». L'évolution de différentes techniques d'impression, sans cesse améliorées depuis ses origines, a ainsi permis l'accessibilité de tous à la connaissance, à des coûts sans cesse diminués et adaptés au niveau des pouvoirs d'achat. Ainsi, des milliards d'informations sont éditées, imprimées sur papier. Sans ces techniques de multiplication, les créations resteraient confidentielles, bloquant la communication et la diffusion de la pensée.

C'est pour mesurer notre héritage que sous mon impulsion, avec l'aide d'une association d'anciens professionnels du monde de l'imprimerie et de la papeterie, nommée Artegraf, et accompagnés par un talentueux muséographe, nous avons ouvert « l'AMI » (Atelier-Musée de l'Imprimerie). Sur plus de 6 000 m², il est possible de découvrir l'évolution des techniques de l'imprimerie, grâce à la mise en scène de plus de 200 presses différentes, qui permettent de faire revivre l'histoire des journaux, de l'édition et de toutes sortes d'imprimés sur les multiples supports existants : papier, carton, verre, plastique, métal, tissu, bois... que l'on peut découvrir sur nombre d'objets quotidiens – journaux, livres, étiquettes et de multiples supports depuis des emballages alimentaires jusqu'aux coffrets de luxe de parfum ou de spiritueux...

Ce lieu d'information et d'orientation vers tant de différents métiers permet à des familles accompagnées de leurs enfants de découvrir le monde de l'édition, de la presse, les applications graphiques ou artistiques comme les techniques industrielles des métiers en -ique : mécanique, électromécanique, électronique, robotique, logistique, que l'on peut comprendre en découvrant des mécanismes sur de gigantesques rotatives exposées et qui sont en mouvement...

La présentation d'un panorama, appelé graphosphère, des produits imprimés dans le monde pourra faire naître chez nos jeunes des vocations... C'est pourquoi nous sommes heureux de recevoir des écoles, des associations, des familles, souvent à la recherche d'un futur métier ou d'une orientation professionnelle... C'est là le rôle de notre mission de transmission, et de découverte des savoirs et ainsi de préparer l'avenir.

Celui de mon métier vieux de cinq cent soixante-dix ans est radieux.

En effet dans notre société, la créativité éditoriale est immense : rien qu'en France, 65 000 titres nouveaux sont publiés chaque année, permettant par là même la vente de plus de 400 millions de livres. Un nombre de titres nouveaux est assez semblable chaque année dans tous les pays développés, avec des chiffres proportionnels à leur population. Des dizaines de millions de magazines et journaux aux sujets multiples font découvrir en permanence des sujets culturels, éducatifs, informatifs. Tout est imprimé : les foulards Hermès, le papier-monnaie, les timbres, les emballages alimentaires, les tubes dentifrices, les canettes de Coca-Cola, les planches à voile, les raquettes de tennis, les tissus d'habillement, les bâches, et jusqu'aux imitations de bois de loupe pour les tableaux de bord de nos véhicules...

Non, le monde n'a pas fini d'imprimer... Notre métier pour demain nous appartient, immense et magnifique... Le papier vivra encore longtemps et continuera à faire rêver bien des générations dans ses belles missions d'informer, d'éduquer, de distraire en masse les hommes du monde entier... et de continuer à vous permettre de lire avec ce plaisir inégalable de le faire en tenant un livre dans les mains !

M

M

Marchand

par Jacques-Antoine Granjon,
fondateur et président-directeur général de Veepee,
ex-vente-privee.com

Le plus vieux métier du monde

De tout temps, les hommes ont commercé. L'activité marchande leur a permis de sauter les frontières, d'échanger produits et techniques, mais aussi idées et culture. Dans la société gallo-romaine, le commerce occupe une place centrale. Les produits agricoles, l'alimentation, les vêtements, la poterie donnent lieu à d'importants échanges basés dans un premier temps sur la pratique du troc, stimulés ensuite par l'usage de la monnaie et le développement du transport. Les petits commerçants sont le plus souvent des artisans qui vendent leur propre production. Les Phéniciens, doués pour le contact et les échanges, jouent le rôle d'intermédiaires et de distributeurs, ouvrant des comptoirs pour créer un réseau commercial tout autour de la Méditerranée. Les Carthaginois leur emboîtent le pas. Très vite, le commerce est protégé et réglementé par l'État qui réserve l'activité marchande à ses propres citoyens. Au Moyen Âge, les Européens assurent leur emprise sur d'autres territoires. Les pistes caravanières, les routes maritimes ouvrent la porte des contrées lointaines. L'Inde, le Sud-Est asiatique, la Chine entrent dans le jeu. La mondialisation n'en est alors qu'à ses balbutiements, mais le mouvement est bien amorcé.

La colonisation, avec le commerce triangulaire et la traite négrière, signe quelques-unes des pages sombres des échanges mondiaux. Cinq siècles plus tard, à la suite d'une mauvaise manœuvre, l'Ever Given, un porte-conteneurs de quatre cents mètres de long, bouche le canal de Suez, c'est tout le commerce mondial qui se trouve désorganisé. Coût estimé par l'assureur Allianz de cet incident avec quatre cents navires bloqués sur le chemin le plus court pour rallier l'Occident : entre 6 et 8,5 milliards de dollars par jour d'immobilisation. Aujourd'hui, plus que jamais, les marchandises, biens et services inclus, sont au centre de l'activité mondiale et le niveau de l'activité commerciale permet de prendre le pouls des nations.

Malgré son rôle vital, le commerce n'a pas toujours eu bonne presse. Depuis la révocation de l'Édit de Nantes de 1685, qui a fait fuir les protestants de France et, avec eux, les commerçants partis installer leurs comptoirs ailleurs, l'activité n'est pas considérée, elle n'est pas noble. La France a construit son aura sur les travaux d'ingénierie – les chemins de fer, l'aviation, le nucléaire – et la culture, du siècle des Lumières à la Révolution, des droits de l'homme à l'existentialisme et au structuralisme. Le commerce n'arrive jamais comme premier choix des diplômé.e.s de grandes écoles… même ceux d'HEC.

Pour moi, qui n'avais ni capital ni diplôme d'ingénieur, mais qui rêvait de liberté et d'indépendance, le commerce était le métier idéal ; d'autant plus que j'étais habité par l'esprit marchand. Au départ, c'est le hasard qui m'a fait choisir le métier de soldeur. J'avais identifié le problème des stocks d'invendus. J'étais un peu *court-termiste* dans ma démarche. Je voyais là surtout une opportunité et un moyen rapide de gagner mon indépendance financière. C'était un créneau de paresseux. Mais avec le temps, j'ai compris qu'il s'agissait d'une activité très résiliente. Les stocks, il y en a toujours, échappent à la crise à la différence d'autres secteurs comme l'immobilier ou la finance. Et puis le déstockage est un métier idéal pour lancer une activité sans Capex. J'ai démarré avec 20 000 francs, le minimum nécessaire pour monter une SARL. En 2004, le chiffre d'affaires de vente-privee (futur Veepee) était de zéro, en 2008 de 1 milliard et en 2020 de 3,8 milliards, sans jamais lever d'argent pour financer notre développement. Tout s'est fait sur fonds propres.

Entre 1998 et 2004, il n'y avait aucun trafic sur le Web. Il a fallu attendre l'arrivée de l'ADSL et de l'ordinateur dans le salon pour voir décoller les ventes. La seconde accélération a eu lieu à partir de 2012, avec le basculement progressif sur le mobile, qui représente aujourd'hui 80 % du trafic. Une évolution exponentielle réalisée grâce au boom d'Internet. Le marché du déstockage représente entre 5 et 8 % du stock des marques. Pendant longtemps, la marchandise était proposée dans les bacs des bradeurs, dans les zones commerciales et sur les marchés. Mais la meilleure façon de vendre ces stocks, c'est le Web car on touche d'emblée une audience très vaste.

En une vingtaine d'années, toute l'économie du système a changé. L'arrivée du digital a remis le commerce au centre des enjeux. La planète est devenue plus petite, les frontières ont disparu (mais pas la réglementation), le plus vieux métier du monde a pris un vrai coup de jeune. Si vous trouvez la bonne offre, la bonne façon de faire, le digital permet de bénéficier d'opportunités de développement exceptionnelles. Pour quelques milliers d'euros, vous pouvez monter un site d'e-commerce et faire vivre et rayonner votre idée.

L'arrivée du digital a souvent été mal prise par le commerce traditionnel et mal comprise par les politiques. Veepee n'est pas Amazon. À la différence d'Amazon, nous ne nous engageons pas à livrer de tout, partout, dans les deux heures ! Nous sommes au service des marques sur le modèle du BtoBtoC. Nous ne faisons pas de mal au circuit traditionnel de distribution, le digital et le physique sont complémentaires, seule la mise en scène diffère. Avec le digital, on ne détruit pas de valeur. Au contraire, on met en valeur. Le digital a ceci d'extraordinaire qu'il réconcilie le commerce avec les métiers techniques : la logistique, l'ingénierie, l'informatique, les experts de l'intelligence artificielle… Le commerce devient un métier d'ingénieurs et de créatifs. Et peut-être gagnera-t-il ainsi ses lettres de noblesse.

Les recettes du bon commerçant (et du bon entrepreneur)

La clé du commerce, c'est la satisfaction du client. Notre modèle est construit sur l'offre et non pas la demande. Le client est devenu mature, sur un simple clic, il peut changer de produit et de boutique. Il exige surtout qu'on ne lui mente pas sur la qualité, sur le prix, sur les délais de livraison. En deux mots, il exige la transparence et la confiance. Sinon, l'aventure ne dure pas. Dans notre métier, le Graal, c'est le trafic. Selon que votre boutique se situe aux Champs-Élysées ou une petite rue moins passante, elle ne génère pas le même trafic.

Veepee s'est développée en créant des événements qui rythment et réveillent l'intérêt des consommateurs. Cet effet de surprise génère du trafic. Si vous ne créez pas d'événements, ça ne marche pas. Des produits, on en trouve partout à foison, sur tous les sites, dans tous les magasins, des plus petites boutiques aux hypermarchés. Quand un client entre dans votre magasin, physique ou digital, c'est un petit miracle. Il faut le garder et pour cela ne pas le décevoir. Nous avons 66 millions de membres dans le monde, et 4,5 millions d'entre eux nous rendent visite tous les jours. Nous avons su créer la désirabilité en respectant nos engagements : celui d'offrir les plus grandes marques au meilleur prix. Depuis 2018, je me consacre aux dernières évolutions de notre métier, comme le dropshipping qui est un système tripartite où le client passe commande sur le site Internet du distributeur, lequel transmet celle-ci au fournisseur pour que celui-ci assure la livraison et gère les stocks.

Grossir sans détruire

Soldeur sans capital, au départ ça fonctionne avec une poignée de main entre les gens. Moi j'aime être au contact des gens, mais quand une boîte grossit, on perd forcément du lien.

J'ai été marqué par un grand personnage du monde des affaires, Antoine Riboud, le patron historique de Danone, qui a su concilier la profitabilité de son entreprise et son développement avec un management où le social avait toute sa place. Un patron se doit d'endosser toutes les responsabilités. Si vous ne prenez pas au sérieux la RSE, si vous n'en assumez pas toute la dimension, l'aventure risque de ne pas durer très longtemps. La taille de votre affaire change inévitablement les rapports entre les gens et donc l'organisation. Par exemple, si vous vous développez par croissance externe, il vous faut accepter la culture de ceux qui vous rejoignent. C'est une gymnastique délicate. Il faut arriver à maintenir une façon de faire, un état d'esprit, ce qu'on appelle une culture d'entreprise, mais qui ne doit être ni formatée, ni l'adoption du prêt-à-porter d'un cabinet conseil.

Le chef d'entreprise est confronté à une évolution permanente des marchés et des métiers. Des secteurs prennent de l'importance, d'autres s'estompent. Ces évolutions, il ne faut pas les rater, sinon c'est la mort lente de l'entreprise. Il faut tous les jours se réinventer sans laisser les gens sur le bas-côté.

Entreprendre en France

La France est un terreau extraordinaire pour entreprendre, une terre d'opportunités. Il y a bien sûr des blocages, comme partout. Mais nous avons de bonnes formations, un système de protection unique au monde, de bons réseaux de transports.

Le modèle social assure tant bien que mal, malgré la crise liée à la pandémie, le maintien d'un certain pouvoir d'achat. Tout cela peut bien sûr être encore amélioré, mais le pays fonctionne. Le problème pour une entreprise française, c'est qu'elle se trouvera rapidement à l'étroit sur un marché de 60 millions d'habitants et pourra difficilement atteindre la taille des GAFA américaines ou BATX chinoises.

L'Amérique est très protectionniste, la Chine très distante en kilomètres et culturellement. Reste l'Europe, un marché de presque 500 millions d'habitants mais éclaté, avec des règles fiscales et administratives différentes. Le développement y est forcément plus compliqué et coûteux.

La France est un pays, et j'en suis un exemple, où l'on peut réussir en partant de rien ; et c'est un message que je veux adresser aux jeunes. L'entreprise de gros à l'origine de Veepee, Cofotex, est implantée à la Plaine Saint-Denis depuis 1988 et son siège depuis 1995. Un hasard qui a bien fait les choses. On est devenus très visibles, proche du Stade de France. C'est devenu un vrai symbole. Le 93 n'est pas un département privilégié, mais c'est la France de demain, celle de la diversité. Si on ne laisse pas les gens s'enfermer dans le communautarisme, si on leur donne un projet, du travail, tout se passe bien. L'entreprise a un rôle fédérateur et d'intégration. Chez Veepee, on compte 60 % de femmes et 70 nationalités différentes. Tout le monde fonctionne très bien ensemble sans distinction de sexe, ni de religion, ni d'origine.

Nous avons par exemple créé une fondation très active localement dans le 93, dont l'objet est d'établir et développer des liens de solidarité sociale envers les personnes les plus défavorisées, principalement les femmes et les enfants. Et pendant une dizaine d'années, j'ai eu par ailleurs, aux côtés de Xavier Niel (créateur et patron de Free) et Marc Simoncini (fondateur de Meetic), une activité de *business angel*. J'ai investi avec eux dans une centaine de start-up pour leur apporter ce fameux capital de départ qui leur manquait. Une forme d'impôt social librement consenti. Être entrepreneur, c'est vivre une aventure pour soi-même mais aussi pour les autres.

Voir : Client ; Disrupter ; Diversité ; Inclure ; Transformation digitale.

Mécénat

par Alexander Neef,
Directeur général de l'Opéra de Paris

Le mécénat, substitut ou complément de l'aide publique ?

Nos grands établissements culturels connaissent des bouleversements qui les conduisent à reconsidérer leurs missions et leur place dans la société. L'Opéra de Paris que j'ai l'honneur de diriger depuis plus d'un an est un établissement public à caractère industriel et commercial, héritier d'une longue histoire qui puise ses racines dans la création par Louis XIV de l'Académie royale de musique il y a plus de trois cent cinquante ans. Un mécénat royal en quelque sorte, mais surtout une affaire d'État.

La culture a en France le statut de mission régalienne. Poser cet axiome en préambule d'un exposé sur le mécénat peut sembler paradoxal, il n'en est rien.

En France, les donateurs sont d'autant plus encouragés à accroître leur participation que l'État joue pleinement son rôle d'actionnaire principal, sinon majoritaire. Un mécénat qui ne serait que le substitut d'une aide publique défaillante est voué à l'échec.

Il faut cependant constater que l'Opéra a vu en l'espace de quelques années la part de la subvention publique passer de 60 % à 46 % de ses ressources. Certains s'en réjouissent au nom d'une saine gestion des deniers publics, d'autres le déplorent et considèrent que l'évolution du modèle conforte le caractère élitiste d'un art réputé dispendieux par l'effet mécanique de l'augmentation malheureusement nécessaire du prix des places.

Il est vrai qu'en trente ans, les charges fixes et les budgets de production ont augmenté dans des proportions très significatives.

Les fondateurs de l'Opéra Bastille qui appelaient à la création d'un Opéra populaire avec des prix de places abordables doivent s'inquiéter à juste raison de l'évolution des grands équilibres économiques d'une maison comme l'Opéra qui propose à la vente quelque 900 000 places par an, présente près de 400 spectacles dans ses deux salles, l'Opéra Bastille et le Palais Garnier, emploie environ 1 500 salariés permanents dont près de 500 artistes (danseurs, musiciens de l'orchestre, artistes des chœurs, chefs de chant...), sans compter les chanteurs et chefs invités, figurants, et bien sûr les équipes techniques et tous les artisans d'art qui conçoivent, fabriquent et exploitent les décors et les costumes de nos spectacles. Car l'Opéra est aussi un formidable conservatoire de métiers, aussi rares que précieux, et un outil irremplaçable de transmission de l'ensemble de ces savoirs.

La crise sanitaire et économique que nous traversons n'a pas entamé notre détermination à produire des spectacles, à les capter et les diffuser pour atteindre un nouvel auditoire. Les mécènes dans leur large majorité sont restés fidèles à l'Institution, et l'État n'a pas failli. Il a au contraire renforcé son soutien et marqué l'attachement de la collectivité à nos missions de service public, en compensant une part importante de nos pertes. Certes, hors crise sanitaire, la contribution de la puissance publique a diminué en valeur relative ces dernières années, mais l'État a dans le même temps manifesté son soutien à l'ensemble des domaines d'intérêt général par des encouragements fiscaux, qui favorisent la philanthropie et laissent à chacun, particulier comme entreprise, le choix de l'exercice de sa générosité au service du bien commun.

La loi du 1er août 2003 dite « loi Aillagon » a en effet consacré la pratique du mécénat et proposé des avantages fiscaux inédits aux donateurs qu'ils soient particuliers ou entreprises. Le cadre fiscal et juridique dans lequel le mécénat se déploie en France aujourd'hui est exceptionnel et unique en Europe, même si certains avantages ont été récemment réduits à la marge par le législateur.

Le choix est également très vaste sur le plan juridique pour exprimer son soutien : fondations reconnues d'utilité publique, fondations abritées, fondations d'entreprises, associations de mécènes reconnues ou non d'utilité publique, fonds de dotation, régie directe dans certains cas, peu importe le canal pourvu qu'on ait l'ivresse de la générosité et de la solidarité.

Par son étymologie le mécénat est d'abord culturel. Caius Maecenas, homme d'État romain et ami de l'empereur Auguste, fut le bienfaiteur des artistes de son temps, Virgile, Horace ou Properce. La protection des arts et des artistes qui se traduit souvent par des commandes d'œuvres est le mécénat originel.

Par extension il s'applique aujourd'hui à tous les domaines d'intérêt général et les besoins ne manquent pas : protection de l'environnement, recherche médicale, lutte contre la pauvreté, aides aux familles, soutien aux pratiques sportives, les mécènes sont espérés partout.

Et les formes de cette générosité sont incroyablement diverses : mécénat financier, mécénat en nature, en services, mises à disposition de moyens, mécénat de compétences, incitation au volontariat ou au bénévolat ; le mécénat, notamment d'entreprise, emprunte des voies multiples.

L'Opéra de Paris peut en témoigner qui, outre les 18 millions d'euros qu'il récolte chaque année (hors effet

Covid), bénéficie d'un mécénat de services pour le traitement de ses déchets (Paprec), d'une mise à disposition de photocopieurs et services associés (Konica Minolta), ou encore d'une étude sur son empreinte carbone (EY). Dans son histoire récente, le Palais Garnier a expérimenté le mécénat de compétences sous la forme d'une action de restauration de sa façade ouest (Eiffage), et de la rénovation de son ascenseur historique dit « ascenseur de l'Aga Khan » pour l'accueil des personnes à mobilité réduite (Koné).

Un mécénat d'entreprise en pleine évolution

Si le mécénat d'entreprise a pleinement droit de cité, il doit aujourd'hui s'inscrire dans le cadre des nouvelles règles de « compliance » qui limitent la capacité qu'ont les entreprises d'inviter leurs clients ou prospects dans nos théâtres. Ce cadre éthique, s'il est louable dans ses objectifs généraux, limite la capacité de certaines sociétés à faire de nos représentations des supports de relations publiques et d'un mécénat que l'on pourrait qualifier de diplomatie d'entreprise.

Mais le mécénat répond à bien d'autres objectifs, de notoriété et d'image, de rayonnement international, de prestige, de communication interne. Au-delà de ces aspects factuels, il porte la marque de l'engagement sur la durée. Nous l'avons particulièrement expérimenté pendant cette période de pandémie, où le concours financier des entreprises s'est maintenu à un niveau très élevé sans que nous ayons la moindre contrepartie à leur offrir en raison de notre incapacité à accueillir du public. La permanence de leur soutien atteste de la solidité de nos liens qui dépasse la valeur d'usage d'un mécénat mondain. Rolex, Chanel, EY, Paprec, les mécènes principaux de l'Opéra de Paris le sont restés dans une période de grande difficulté et d'incertitudes.

Surtout, nous le percevons, les entreprises attendent que nous épousions les évolutions de la société tout entière. Autant elles sont sensibles à notre capacité à créer pour constituer le répertoire lyrique et chorégraphique de demain, autant elles nous demandent de nous réformer pour être davantage en mesure de toucher un public plus diversifié. Naguère leur contribution a été décisive pour nous aider à développer nos programmes pédagogiques portés par notre Académie, « Dix mois d'école et d'Opéra[1] », dont la vocation formatrice s'est étendue à de nombreux réseaux d'éducation prioritaire. Si nous sommes parvenus à enrichir ces programmes de nouvelles initiatives comme les « Petits violons[2] » ou OpérApprentis[3] ou bien encore OUI[4], c'est grâce au mécénat, un mécénat dit « croisé » au carrefour de la culture et de l'action sociale et éducative. Demain le mécénat portera également la marque des efforts que nous déploierons en matière d'environnement, d'égalité homme/femme, d'accessibilité, de diversité et d'ouverture à l'autre... Le mécénat relève de plus en plus d'une politique globale de RSE, sans s'y fondre totalement.

---

1. « Dix mois d'école et d'Opéra » est un programme créé en 1991 par l'Opéra de Paris en partenariat avec l'Éducation nationale. Il est destiné aux élèves éloignés de certaines formes d'art et de culture, qui relèvent le plus souvent de l'éducation prioritaire.

2. Tout au long de l'année la classe des « Petits violons » des élèves de CM1 de l'école Parmentier à Paris dispense 7 à 8 heures par semaine de pratique instrumentale prises sur le temps scolaire. Un dispositif identique existe pour la danse pour les élèves de 4e du collège Antoine de Saint-Exupéry d'Ermont (Val-d'Oise).

3. OpérApprentis est un projet d'éducation artistique et culturelle à destination des Centres de formation d'apprentis (CFA).

4. OUI est un programme conçu par la chorégraphe Régine Chopinot qui a développé des ateliers de pratique chorégraphique à destination de personnes en situation d'exil, en apprentissage de la langue française ou en situation de précarité.

Le mécénat d'entreprise est un mécénat de projet, sinon de combat. La fondation BNP Paribas nous permet de proposer à la vente plus de 25 000 places par an à 10 euros aux jeunes de moins de 28 ans (Avant-premières Jeunes) ; le Crédit Agricole CIB accompagne notre politique d'aide aux soignants auxquels sont proposées des places à des prix très avantageux. Groupama nous soutient dans notre mission d'aide aux familles, Natixis vient en aide aux jeunes musiciens en résidence dans notre Académie, la Fondation Engie nous permet d'accueillir des associations caritatives pour une représentation gratuite d'opéra ou de ballet chaque 14 juillet, la Fondation Orange contribue à la diffusion des spectacles de l'Opéra de Paris dans de nombreuses salles de cinéma en France et à l'étranger, etc.

Vers une nouvelle philanthropie

Le mécénat dans le monde change aujourd'hui de nature sous l'effet de plusieurs évolutions, économique d'une part qui voit le renforcement des inégalités de fortune progresser significativement, et éthique quand la question se pose plus que jamais de l'utilité et de la moralité de cette accumulation.

Aujourd'hui la philanthropie familiale, cet « amour de l'humanité », semble compenser « un capitalisme qui est très pauvre en contenu émotionnel[1] ».

Pour Aristote déjà, la richesse consistait bien plus dans l'usage que dans la possession. La philanthropie outre-Atlantique ne dit pas autre chose. Faire fortune est respectable mais l'accumulation de richesses sans but est

1. Entretien avec Patrick Viveret, philosophe, dans *La Nouvelle Philanthropie*, Virginie Seghers, Éditions Autrement, 2009.

condamnable. Andrew Carnegie le fondateur de Carnegie Steel affirmait dans son livre *L'Évangile de la richesse* : « Tout homme qui meurt riche meurt déshonoré. » Ce jugement moral a-t-il été partagé par Bill Gates ou Warren Buffett qui consacrent l'essentiel de leur fortune à des œuvres d'intérêt général qui frappent par leur ampleur ?

En France aujourd'hui les grandes fortunes familiales, financières ou industrielles font parfois naître des opérateurs culturels de premier ordre, la Fondation Vuitton, la Bourse de commerce à Paris investie par François Pinault, la Fondation Carmignac à Porquerolles, la Fondation Luma créée par Maja Hoffmann rivalisent avec les plus grandes institutions publiques pour lesquelles le mécénat conséquemment se fait plus rare.

Gabriel Attal dans un entretien au magazine *Challenges* (juillet 2019), regrettait que « la France septième nation la plus riche de la planète, se traîne à la 72e place du World Giving Index, qui mesure la générosité dans quelque 146 pays. Et alors qu'une dizaine de Français figurent parmi les 200 premières fortunes du monde, seule la Fondation tricolore Bettencourt-Schueller se classe dans les 200 institutions philanthropiques privées les mieux dotées ».

Le capitalisme d'outre-Atlantique sacralise la réussite quand elle conduit à réinvestir ou à redistribuer par l'exercice de la philanthropie. En France, la fonction redistributive de l'impôt semble prévaloir, mais l'appel à la générosité volontaire et individuelle est de plus en plus favorisé et entendu. L'Opéra de Paris le constate qui bénéficie maintenant du concours de grands philanthropes à la générosité résolue et désintéressée.

Le mécénat s'est également internationalisé. Parce que l'Opéra de Paris est aussi une marque connue dans le monde entier, en raison notamment du rayonnement de son ballet, de nombreux mécènes sont associés à son développement. Les American Friends of the Paris Opera and Ballet fondés en 1984 contribuent fortement aux échanges culturels entre la France et les États-Unis.

Des mécènes, de Londres à Genève, de Hong Kong à Abu Dhabi, ont signifié par des dons importants leur attachement à la culture française et à l'un de ses fleurons. La mondialisation s'étend aussi à la philanthropie et on ne peut que s'en féliciter.

L'évolution du capitalisme et des outils de communication modernes a engendré de nouvelles expressions de la générosité ; de la « *venture philanthropy*[1] » au « *crowdfunding*[2] », c'est toute une palette d'initiatives qui ont vu le jour ces dernières années, et qui, sans révolutionner l'évergétisme, l'ont adapté aux temps modernes.

Le mécénat du spectacle vivant et plus particulièrement de l'Opéra devrait connaître une embellie.

Plus que jamais nous avons besoin de retrouver la scène, ce lieu où les passions s'expriment. Cette catharsis, selon Aristote, permet d'éviter le désordre du monde par l'épuration des passions mauvaises exprimées sur un plateau de théâtre. Au digital, au virtuel, les êtres humains préféreront toujours la présence réelle et cet effet de purification, d'élévation, que seule produit, sur les spectateurs comme sur les mécènes, une représentation de théâtre ou encore le théâtre dans sa forme la plus élevée : l'opéra.

Voir : Argent ; Art et entreprise ; École, université et entreprise ; Patrimoine.

1. La venture philanthropie désigne une forme de mécénat d'entreprise qui utilise des moyens inspirés notamment du capital-risque et du management des start-up.

2. Le *crowdfunding* est un outil de collecte de fonds qui fonctionne sur une plateforme internet et permet à un ensemble de donateurs de choisir collectivement de financer directement des projets identifiés.

Médias et entreprises

par Dominique Seux,
directeur délégué de la rédaction des Échos,
éditorialiste économique à France Inter

Il faut être honnête, un journaliste a par essence du mal à concevoir que les médias sont aussi des entreprises. Pour certains d'entre eux, il y a l'idée plus ou moins avouée que ce qu'ils considèrent être de l'intendance suivra toujours la plume, la voix ou l'image ; pour d'autres, il y a tout simplement l'envie de ne pas savoir ce qui se passe dans la salle des machines ; tous, et heureusement, placent leur indépendance au-dessus du reste. La première fois où j'ai participé à un comité de direction des *Échos* (Codir), il y a de nombreuses années, ce fut néanmoins une prise de conscience.

Laquelle ? Celle-ci, évidente : les recettes ne tombent pas plus du ciel dans la presse que dans n'importe quelle autre activité économique. Lors de chaque réunion, les responsables des ventes en kiosque, des abonnements, de la publicité sur support papier (*print*) et digitale, du marketing et des événements égrenaient leurs résultats. Avec certaines semaines des succès, d'autres des déceptions.

C'est d'abord à ces équipes-là que je veux rendre hommage dans cet ouvrage. Dans une entreprise classique, tout le monde est plus ou moins à égalité. Chez Renault et PSA, les commerciaux et les ingénieurs qui dessinent les nouveaux modèles. Chez Danone, tous ceux qui mettent au point des produits alimentaires et les services qui vont les promouvoir. Chez BNP Paribas, les opérateurs de marché et ceux qui déploient les crédits immobiliers en agence.

C'est différent dans un média d'information générale. Les journalistes bénéficient d'une lumière et d'une reconnaissance extérieure qui ne sont pas le lot des services pourtant chargés de les faire vivre au jour le jour ! Et surtout, il y a une muraille de Chine entre les deux mondes. Le lecteur ne me croira pas forcément, mais je peux témoigner qu'aux *Échos*, la publicité et le marketing n'interviennent pas dans les choix que fait la rédaction pour couvrir l'actualité. Si on trouve des exceptions, elles sont rarissimes et débattues.

On imagine combien cette abstention doit être frustrante à ceux qui ont naturellement des idées précises sur ce qu'il faudrait faire pour vendre davantage ou déclencher plus de clics sur Internet ! Frustrant, cela l'est d'autant plus dans cette période inouïe de transformation des médias écrits. Toutes les entreprises doivent se réinventer dans un monde devenu digital. Mais depuis vingt ans, la presse a été tellement plus secouée que les autres... La crise financière de 2008-2009 a fragilisé ses recettes (la publicité est la première branche coupée pour faire des économies) alors même que la multiplication des écrans, notamment l'apparition des chaînes d'infos en continu, avait déjà réduit sa part de marché. Troisième choc, la révolution accélérée des usages, du papier aux ordinateurs puis aux smartphones, des sites des journaux aux agrégateurs puis aux réseaux sociaux, a contraint à des mutations rapides. Il faut bien que tout le monde se parle pour relever ces défis.

Le métier du journalisme a-t-il changé ? D'une certaine façon, oui. Chacun sait désormais combien de personnes l'ont lu et si l'on cherche bien, jusqu'à quelle ligne d'un article. C'est généralement une invitation à la fois à la modestie et à chercher un bon titre... Mais un, ce n'est pas un scoop de découvrir qu'un papier proposant de sécher son chat dans un micro-ondes aura plus de succès, hélas, qu'un autre sur les exactions de l'armée éthiopienne au Tigré. Et deux, il faut relativiser cette nouveauté, les audiences télévisées étant disponibles depuis des lustres.

La vraie évolution est plutôt dès lors à chercher du côté de l'accès à l'information que facilitent Internet et les datas. Pour le reste, les « fondamentaux » restent les mêmes. Voir, comprendre, relater avec honnêteté, parfois analyser et commenter : ce sont les clés du journalisme. Ou dit autrement avec une définition plus personnelle : donner du sens au bruit de ce qui se passe (l'actualité) et essayer de faire du bruit seulement avec ce qui a du sens.

Pourquoi ai-je choisi le journalisme économique, celui qui s'intéresse, notamment, aux entreprises ? En France, c'est bien sûr le journalisme politique qui tient le haut du pavé, ce qui n'a rien de surprenant au pays de Louis XIV et de Gaulle. Ici, beaucoup des sujets qui font la une partent de la politique et à peu près tout finit par y arriver à un moment ou un autre. Mais ma préférence trouve sa source dans un texte publié en 1996 par l'intellectuel Jean-Claude Casanova, qui regrettait (in *Le Monde*), que « la presse qui donne le ton se fixe pour axe de travail l'analyse des jeux et des comportements du pouvoir, tâche nécessaire mais non primordiale [...] Ce ne sont pas les enjeux du pouvoir que l'on montre, mais le monde du pouvoir que l'on offre à la curiosité et à l'envie [...] C'est souvent une facilité de surveiller les politiques au lieu de discuter leur action ». Les jeux plus que les enjeux, la charge est lourde. Mon appétit porte sur ce que les personnes font de leur pouvoir plutôt que sur leur parcours pour le conquérir.

S'il paraît parfois plus ennuyeux que son grand frère politique, le journalisme économique, a une boussole qui lui sert, si l'on ose dire, de colonne vertébrale. Qu'il s'agisse des entreprises ou des responsables publics, il compare les objectifs et les résultats, les annonces et les faits. L'économie est de ce point de vue une matière dure : une entreprise équilibre ou non ses comptes, il n'y a pas de plan B. Cette robustesse n'empêche pas d'observer et de savourer les fauves dans l'arène. Mais on est bien obligé de constater que l'économie finit toujours par corriger le lyrisme et le bavardage politique.

Enfin, qui contestera que l'économie est assurément un des théâtres majeurs de la créativité quand on voit ce qu'ont changé dans nos vies depuis vingt ans toutes les innovations technologiques ? Illustration d'actualité : le coronavirus a mis l'économie à plat, mais ce sont bien des entreprises, des laboratoires pharmaceutiques, seules ou en association avec des universitaires (ceux d'Oxford), qui ont apporté la porte de sortie, avec les vaccins.

Les entreprises sont des objets passionnants à observer, ne serait-ce que parce que l'éventail est extrêmement large. Entre la très petite entreprise et le grand groupe multinational, il n'y a rien, mais vraiment rien, en commun. Entre la société familiale quelle que soit sa taille et l'entreprise cotée dont le patron tremble (ou pas) devant les actionnaires anglo-saxon ou chinois, les points de convergence sont rares aussi. Bref, il n'y a pas de quoi s'ennuyer pour qui ouvre ses yeux, prend son téléphone et sait piocher sur les réseaux sociaux.

Pour autant, cela ne veut pas dire que l'observation est facile, loin de là. Ces deux dernières décennies, pour le meilleur et le pire, le monde des entreprises a organisé sa communication de manière professionnelle. Le meilleur : un accès facilité aux dirigeants et à l'information. Le pire : un verrouillage qui s'est renforcé, une fermeture aux contacts directs ou informels et une expression parfois devenue lisse.

Le risque du journalisme en général, c'est celui de la bonne distance. Être suffisamment proche pour connaître son sujet, c'est si évident que ce n'est pas la peine de développer. Mais être assez loin pour ne pas être *embedded*, embarqué avec la troupe comme l'on dit des correspondants de guerre. Pour le journalisme économique, l'écueil se décline en termes spécifiques. Il est soit d'instruire à charge, ce qui occupe les opposants de principe à l'économie de marché et ce qui nuit par exemple à la crédibilité d'une émission pourtant utile comme « Cash Investigation ». Tout cela apporte peu à l'information économique.

Ou à l'inverse, l'écueil c'est d'écrire exclusivement à décharge. Je crois que le journalisme économique ne gagne rien et perdra de plus en plus s'il se vit comme le Rotary Club du journalisme, plus dans l'accompagnement de communications successives que dans la description fidèle et critique, au sens philosophique, de ce qui se passe et mérite d'être interrogé.

Fort heureusement, les médias économiques ont beaucoup changé. Il y a une vingtaine d'années, les pages Entreprises des *Échos* étaient en partie occupées par les résultats très détaillés et complets des entreprises – qu'on ne trouvait nulle part ailleurs – et leurs annonces. Aujourd'hui, la place libérée par ce purement factuel a été prise par la mise en perspective, nourrie d'un éventail de contacts bien plus large qu'alors (syndicats, cabinets spécialisés, ONG, etc.). Pour ne prendre qu'un exemple, tous ceux qui suivent le secteur automobile savent qu'ils trouveront dans le premier média économique français, sous la plume des journalistes sectoriels, des articles fouillés, informés et analytiques. En clair, utiles aux professionnels et au public.

Il n'en reste pas moins, au-delà du cas des *Échos*, que le journalisme économique a tendance à sous-estimer sa propre compétence à formuler des jugements et à sortir des informations qui déplaisent, comme le fait le *Financial Times*. Qui aime bien châtie bien !

La France, pays très politique, n'accorde toujours pas la place qu'elle mérite à l'information économique dans son débat public. Mais là encore, il faut affiner cette observation. La macro-économie et les politiques économiques, fiscales notamment, sont surtraitées par rapport à la vie ordinaire des entreprises. Air France et Aéroports de Paris font la une quand ces deux groupes sont en difficulté, Sanofi quand il y a un retard/échec sur un vaccin et les 5 400 Entreprises de taille intermédiaire (ETI) quand un plan social se profile...

Autre exemple, l'indispensable et urgente conversion écologique, qui va changer nos vies, est abordée d'une façon très générale sous l'angle économique. Si les autorités politiques tiennent la main réglementaire, et c'est normal, c'est très souvent des entreprises que viendront les solutions technologiques. Or, elles sont souvent vues comme le problème, rarement comme la voie de sortie par le haut. Concrètement, c'est le trio Commission européenne-constructeurs automobiles-acteurs du numérique qui organise la mobilité électrique de demain et le partage des voitures ; c'est la logistique agroalimentaire qui va rapprocher du distributeur ; ce sont des ingénieurs qui vont encore réduire les pollutions des industries ; ce sont d'autres encore qui inventent les outils qui facilitent le télétravail, etc.

Dommage que, du coup, tant de Français continuent d'envisager l'économie comme une boîte noire, ce qui entretient chez nous cette société de défiance si caractéristique, un concept que les politiques doivent aux économistes...

Mérite

par Jean-Paul Agon,
président de L'Oréal

> « Un homme a-t-il du mérite à vos yeux ? Mettez obstacle à tout ce qu'il désire, à tout ce qu'il entreprend. Si le mérite est réel, il saura bien renverser ou tourner les obstacles. »
>
> Stendhal, *Le Rouge et le Noir.*

Promouvoir un individu sur son talent et ses qualités, permettre à chacun de se hisser au niveau de responsabilités qui correspond à son mérite et à ses performances et non à sa naissance ou à ses relations... L'idée nous paraît aller de soi.

Le principe figure d'ailleurs dès 1789 dans la Déclaration des droits de l'homme et du citoyen, qui fonde le modèle de société républicain en établissant que « tous les citoyens sont admissibles à toutes dignités sans autre distinction que celle de leurs vertus et de leurs talents ».

Il aura pourtant fallu plusieurs siècles pour que cette idée devienne réalité. Et c'est en partie à l'entreprise qu'on le doit et à sa pratique de la promotion interne.

Certaines entreprises ont fait de la promotion interne le socle de leur modèle de croissance. La famille Bettencourt-Meyers, premier actionnaire de L'Oréal, a fait ce choix. En cent douze ans, tous les dirigeants ont été choisis dans l'entreprise. Tous, sans exception, sont issus de la promotion interne et ont fait l'intégralité de leur carrière dans le Groupe. Eugène Schueller, le fondateur de L'Oréal, confie très tôt les rênes à François Dalle qui conduira l'entreprise pendant près de trente ans. Puis Charles Zviak, Lindsay Owen-Jones et moi-même suivront. Et le nouveau directeur général, Nicolas Hieronimus, est entré dans le Groupe il y a trente-quatre ans. Nous sommes tous des « bébés L'Oréal ». Nous avons tous commencé en bas de l'échelle. Moi, comme représentant sur la route. Tous, nous avons ensuite franchi les marches une à une, relevé des défis de plus en plus élevés, avant d'accéder aux plus hautes responsabilités de l'entreprise.

La promotion interne est un marqueur fort de l'identité d'une entreprise. Elle est un acquis précieux tant pour elle que pour le collaborateur.

Chez L'Oréal, elle s'inscrit dans une vision humaniste qui place l'homme au cœur du modèle. Elle conduit à donner la primauté aux personnes par rapport aux process. Je me souviens du discours des recruteurs de L'Oréal sur le campus de mon école de commerce. Là où la plupart des entreprises proposaient des plans de carrière normés, codifiés, cadencés, ceux de L'Oréal tenaient un tout autre discours, plus excitant : « La seule chose que nous vous promettons c'est une aventure passionnante, le reste dépendra de vous. »

La promotion interne repose sur 7 grands piliers pour faire de chaque entreprise une fabrique de talents.

Premier pilier, la formation d'un vivier de jeunes talents détectés sur leur potentiel, et sur lesquels l'entreprise prend des paris. Car, pour recruter les meilleurs, fonder son jugement sur le diplôme est rassurant, mais insuffisant. C'est le problème que soulève le sociologue Michael Young, l'inventeur du terme de méritocratie, dans son essai de 1957 intitulé *The Rise of meritocraty*, dont il dénonce les effets pervers en décrivant un système qui recrée des castes légitimées, non plus par le sang ou le rang, mais par le diplôme.

D'autant que chacun a naturellement tendance à recruter des profils proches de ceux ayant déjà fait leurs preuves dans l'entreprise. L'enjeu est d'ouvrir le champ des possibles. Le besoin vital de diversité permet de dépasser cette « diplomite », consistant à réduire le potentiel au diplôme. Car, de cette diversité et de la complémentarité des talents, dépendront la créativité et l'innovation, donc à terme, la pérennité de l'entreprise. Les nouveaux outils d'intelligence artificielle utilisés en matière de recrutement constituent une opportunité de dépasser les diplômes et d'augmenter la capacité à repérer des talents qui passeraient « sous le radar », pour générer des recrutements aussi atypiques que judicieux.

Deuxième pilier d'une promotion interne efficace, une approche de la gestion des carrières qui révèle le potentiel et promeut ceux qui feront la différence. Sur la base d'une grille d'appréciation de la performance et du potentiel, commune et partagée, en lien avec les objectifs et les valeurs de l'entreprise.

« Le mérite en toutes choses est dans la difficulté », dit Aramis dans *Les Trois Mousquetaires* d'Alexandre Dumas. Toute politique d'excellence se traduit par des défis toujours plus élevés qui mettent à l'épreuve des aptitudes très diverses et des challenges qui peuvent être des montagnes à gravir. Pour moi, la première montagne fut en Grèce.

J'avais 24 ans à l'époque, j'étais chef de produit en France avec peu d'expérience ; je ne connaissais rien ni en gestion ni en management et on m'a confié notre filiale grecque qui était dans un état quasiment désespéré. J'ai accepté tout de suite et je ne l'ai jamais regretté. On m'a donné ma chance, je l'ai saisie. Puis d'autres aventures m'ont été proposées. Chaque fois les fonctions que j'occupais requéraient pour réussir des qualités et des ressources que j'ignorais avoir en moi. Je pense que l'entreprise croyait plus en ma capacité à relever un défi que je n'y croyais moi-même.

Une grande partie de ma carrière s'est faite à travers des challenges qui étaient loin d'être gagnés d'avance. Chaque mission était une espèce de quitte ou double ; « Un saut dans la piscine », comme on dit chez L'Oréal ; les compteurs sont remis à zéro. Chaque aventure était différente de la précédente et requérait parfois des qualités inverses. En fait, après plus de quarante ans dans cette entreprise, je peux témoigner, comme me l'avaient promis les recruteurs, qu'il n'existe pas de parcours tout fait et que chaque parcours est cousu main, bâti au fur et à mesure des aventures vécues.

Troisième pilier, la culture entrepreneuriale. En donnant à chacun la latitude de prendre des initiatives tout en sacralisant le droit à l'erreur, vous identifiez ceux qui osent prendre des risques et détectez ceux qui considèrent l'entreprise comme la leur. La méritocratie a l'immense vertu de démontrer à chaque collaborateur, qu'il peut aspirer, un jour, à prendre la tête de l'entreprise. Ce qui impacte directement sa motivation, son engagement. La promotion interne, fondée sur le mérite, est donc gage de succès individuel et de performance collective.

La culture entrepreneuriale est une valeur cardinale de l'entreprise à laquelle je suis extrêmement attaché. On a coutume de dire chez L'Oréal que chacun est le capitaine de son bateau. C'est d'abord un tout petit esquif, puis une embarcation un peu plus importante, ensuite un plus grand bateau et enfin un immense navire. C'est une culture où l'on n'enferme jamais un individu dans une fiche de poste. Une culture qui permet à chacun, à l'intérieur d'un cadre et d'une vision donnés, de dessiner les contours de son poste et d'en repousser les limites ;

Quatrième pilier, donner à chacun les mêmes chances de réussite. « Cette chance équitable de prouver l'inégalité des talents » (Lord Herbert Samuel). Cette égalité de moyens n'existe pas *de facto*. Il appartient à l'entreprise de mettre en place des mécanismes correcteurs des inégalités « structurelles ». C'est tout l'enjeu des dispositifs favorisant par exemple les carrières des femmes dont on sait qu'elles peuvent avoir des parcours moins linéaires du fait de la maternité, notamment.

Cinquième pilier, une culture de l'apprentissage permanent qui, chez L'Oréal, est au cœur du modèle économique et de la culture du Groupe, dès l'origine.

La notion d'apprentissage permanent est la traduction des valeurs humanistes de l'entreprise qui la poussent à investir sur les collaborateurs, considérés comme son premier capital. Au-delà d'être un investissement, c'est surtout un acte de foi en l'individu, une conviction que la mission d'une entreprise est de faire converger ses intérêts économiques et ceux de ses collaborateurs, de donner à chacun les moyens de se dépasser, de développer les compétences indispensables à la compétitivité de demain et à l'employabilité de chacun, de s'épanouir, donc de créer de la valeur.

Cette capacité à former constitue un avantage compétitif de plus en plus déterminant dans le monde VUCA[1] qui se dessine. Un monde où l'obsolescence des compétences s'accélère, et dans lequel une nouvelle ligne de faille se dessine entre les entreprises capables d'armer en continu leurs talents et de faire de l'apprentissage permanent leur *modus vivendi*, et les autres.

Sixième pilier, construire une méritocratie collective. Si la promotion interne crée une nécessaire émulation, elle est surtout centrée sur l'idée que seule l'action individuelle détermine le succès. Un risque de faire prospérer les comportements individualistes qu'il est nécessaire de dépasser à l'heure où le succès repose de plus en plus sur des collectifs soudés. Dans des environnements de plus en plus complexes et mouvants, c'est la collaboration, la coopération qui sont déterminantes. Le succès collectif et pas seulement la réussite individuelle. Le mythe du héros a vécu ; c'est aujourd'hui l'équipe qui est déterminante. L'entreprise doit s'emparer du sujet pour inventer les contours d'une méritocratie collective, et promouvoir le groupe, sans décourager la motivation individuelle.

Septième pilier, l'apport de « sang neuf ». Identifier ses dirigeants exclusivement dans son vivier interne comporte un risque de copier-coller préjudiciable à la

1. VUCA : Volatility, Uncertainty, Complexity, Ambiguity (volatile, incertain, complexe, ambigu).

remise en question. La diversité des équipes est vitale à l'innovation et ce besoin de diversité plaide pour un modèle hybride, alliant promotion de talents « maison » et apports externes. Des talents externes qui viennent avec des parcours, des idées, des vécus, des regards différents, de nouvelles manières de faire qui nous poussent à nous remettre en question et à bousculer en permanence le *statu quo*.

Ce besoin d'ouverture de l'entreprise à du « sang neuf » est renforcé par la vitesse des transformations du monde, qui nécessitent d'intégrer de nouvelles compétences. Ainsi, l'hyper digitalisation du monde fait émerger de nouvelles disciplines qui ne font pas partie des métiers « historiques » des entreprises et requièrent de s'adjoindre les compétences de grands experts externes.

En conclusion, je suis convaincu que l'entreprise doit s'engager pour la jeunesse.

Les étudiants d'aujourd'hui sont nos viviers de demain. Et pour que ces viviers produisent de grands leaders, pour que la promotion interne continue d'être un atout, il est fondamental que l'entreprise investisse davantage le monde académique, en y diffusant ses savoirs et en aidant les écoles à construire des cursus de formation pertinents au regard des évolutions du monde. Les liens entre l'entreprise et la jeunesse sont essentiels. Favoriser l'emploi et l'employabilité de ces jeunes, en décuplant nos engagements de stages, alternants, apprentissage ou en mettant à leur disposition nos savoir-faire internes, sera déterminant pour que les meilleurs potentiels nous choisissent.

Voir : Apprentissage ; Autodidacte et méritocratie ; Capital humain ; Diversité ; Les femmes et les jeunes, avenir de l'entreprise.

Mots à proscrire

Affaires (femmes et hommes d'), boîte, casino, entente, monopole, précaution, procrastiner, renoncer, rente, routine, spéculer.

O

O

Opinion

Les Français et l'entreprise : je t'aime moi non plus ?

par Brice Teinturier,
directeur général délégué d'Ipsos en France,
enseignant à Sciences-Po

Contrairement à d'autres sociétés et notamment à ce que l'on peut observer aux USA ou au UK mais aussi dans nombre de pays émergents, la relation des Français à l'entreprise est profondément ambivalente, marquée par un certain nombre de réserves ou des réticences bien plus importantes qu'ailleurs. Plusieurs raisons l'expliquent.

Tout d'abord, nous vivons dans un pays qui s'est évidemment construit autour de l'État et c'est vers lui que l'on se tourne spontanément pour trouver des solutions aux problèmes du quotidien, phénomène renforcé en cas de crise. L'idée que c'est d'abord la société qui doit agir et réagir, et à l'intérieur de cette société, que ce sont les individus et les collectifs qu'ils construisent, dont l'entreprise, qui sont les garants de notre capacité à nous adapter à une situation changeante, ou encore les moteurs du progrès, est une idée faiblement présente dans notre pays. Cette tradition historique est aujourd'hui certes moins prégnante qu'avant mais continue d'imprégner les représentations. La recherche doit être publique plutôt que privée. L'hôpital, c'est mieux que les cliniques privées, même lorsqu'il se dégrade ou est proche de la saturation. Les services publics sont les seuls garants de l'intérêt général. Etc.

Le deuxième facteur à prendre en compte est ce que nous valorisons prioritairement dans notre imaginaire collectif. Or, il s'agit beaucoup plus de la figure de l'intellect et de l'intellectuel que de celle de l'entrepreneur. Le débat d'idées davantage que le faire. Les Français, quel que soit leur milieu social, sont capables de citer des écrivains comme Hugo ou Molière et tout une série d'artistes, mais combien de grands entrepreneurs ? Très peu voire aucun. Une situation qui renvoie au siècle des Lumières, à la tradition des salons mais aussi au poids de l'académie dans notre pays et à notre système éducatif, bien plus axé sur la maîtrise des savoirs abstraits et l'art de la dissertation, même si les choses évoluent, que sur la valorisation de l'expérience concrète ou du « self-made-man ». D'ailleurs, pour évoquer ce dernier, il nous faut le dire dans une autre langue que le français !...

Le troisième facteur, très corrélé au précédent, est notre rapport à l'argent. Il est faux de dire que les Français n'aiment pas l'argent ou jugent la réussite illégitime. En revanche, l'argent, clairement, n'est pas pour eux le sésame qui prouverait que tel ou tel, parce qu'il a su en gagner, a de la valeur ou du talent. La *façon* de le gagner joue considérablement dans l'appréciation. Pour cette raison, l'actionnaire est peu valorisé voire décrié. Gagner beaucoup en prenant des risques, non. Mais gagner beaucoup en travaillant beaucoup et en ayant une vision sociale de son entreprise, oui. Un bon patron doit savoir partager les fruits de la croissance car la valeur produite, pour les Français, tient tout autant voire davantage au travail de l'ensemble des collaborateurs qu'au risque pris par l'actionnaire ou à la seule vision du dirigeant.

Le quatrième facteur est notre rapport au travail. Là encore, il est faux de dire que les Français n'aiment pas le travail. D'ailleurs, lorsqu'on leur parle de la supposée « dévalorisation de la valeur travail », ils adhèrent non pas en disant qu'on travaille trop mais en considérant que le travail n'est pas assez payé, ce qui est très différent et témoigne à leurs yeux de sa dévalorisation. De même, dans certains pays comme au UK, le travail est un simple gagne-pain. En France, c'est plutôt l'inverse et le travail est survalorisé, les individus considérant qu'il doit avoir un sens, permettre de se réaliser, de nouer des relations inter-individuelles profondes, etc. Cela étant, pour nos concitoyens, la vie est également ailleurs. La famille, le temps pour soi, la volonté de vivre le plus longtemps possible en bonne santé ont pris de plus en plus d'ampleur, renouant avec une tradition philosophique et historique qui voit dans le travail une source d'aliénation plutôt que de réalisation. Dans la dialectique du maître et de l'esclave, Hegel montre combien le travail est l'agent qui fait de l'apparent esclave le véritable maître mais en France. *Le Droit à la paresse*, ce petit ouvrage de Paul Lafargue, gendre de Karl Marx, qui avait bien identifié l'hyper valorisation du travail dans l'œuvre de son beau-père et s'en inquiétait, a sans doute plus de résonance. Tout cela n'est absolument pas incompatible avec l'entreprise mais suppose malgré tout que celle-ci le comprenne et soit capable de répondre à de telles attentes. C'est loin d'être toujours le cas.

Le cinquième facteur qui complique la relation des Français à l'entreprise est l'intensité de la demande de protection et de régulation plutôt que le goût du risque et l'appétence pour l'innovation. Tous les gouvernants s'y sont cassé les dents et progressivement ralliés, même les plus libéraux, et ces derniers sont peu nombreux. La demande de protection est certes légitime mais l'entreprise est par nature immergée dans un univers où la compétition, l'innovation et l'inconnu sont des dimensions clés et consubstantielles à leur activité. Ce point de tension est difficile *a fortiori* quand la tendance historique est aussi de faire porter le risque sur les salariés et pas seulement sur l'actionnaire ou l'investisseur.

Le dernier facteur est notre goût pour le passé, la tradition, l'autocélébration souvent geignarde d'un avant systématiquement glorifié et opposé à un présent ou à un avenir qui ne peuvent que rimer avec le déclin. Or, nous avons à l'évidence besoin d'un peu moins d'histoire et d'un peu plus de géographie, d'ouverture et de comparaison avec les autres, de moins de déploration et de plus de projection.

Malgré tout cela, on aurait cependant tort de considérer que les Français sont brouillés avec l'entreprise ou les entrepreneurs et il faut s'affranchir de certains clichés tout simplement parce qu'ils sont faux. Oui, les Français aiment les idées mais c'est aussi une nation d'ingénieurs et d'inventeurs ! 80 % d'entre eux ont confiance dans les PME et le disent, enquête après enquête, depuis des années ; 47 % ont même confiance dans les grands groupes. Ils savent également parfaitement que c'est dans les entreprises que la plupart des solutions s'élaborent, ils s'y sentent bien et le disent, et cela encore plus après avoir constaté la façon dont leur organisation a réagi à la crise sanitaire du Covid : cette dernière a donné lieu à un engagement accru et à un renforcement de la fierté d'appartenance particulièrement mesuré dans les enquêtes internes réalisées par Ipsos. Ce n'était pas gagné. Enfin, l'entreprise reste un lieu d'implication, de vie et d'échanges extrêmement apprécié. Ce que les Français redoutent par-dessus tout, c'est le chômage, non de se lever le matin pour aller retrouver un collectif, travailler et se rendre utiles.

Il faut donc sortir des clichés et de la déploration : oui, la relation des Français aux entreprises est compliquée et exigeante, sans doute plus qu'ailleurs. Mais elle n'a rien d'un divorce. Pour rapprocher plus encore les deux parties, il faut que les collaborateurs tout autant que les chefs d'entreprises comprennent les aspirations et les contraintes respectives des uns et des autres, soient capables de reconnaître lucidement et honnêtement les divergences d'intérêts quand elles existent, et c'est parfois ou souvent le cas, et trouvent ensuite les voies des compromis intelligents.

Aucun fatalisme n'existe ni du côté des salariés, ni de celui des patrons et notre héritage culturel, aussi spécifique soit-il, peut aussi être une force colossale dans la compétition mondiale.

Oser

par Pierre-André de Chalendar,
président de Saint-Gobain

« Les cons, ça ose tout, c'est même à ça qu'on les reconnaît », disaient *Les Tontons flingueurs* d'Audiard. Tout, donc ? Oui, tout ! Et tout oser, c'est précisément la marque d'un jugement défaillant. Ou alors d'une tête brûlée, d'un parieur de casino...

C'est pourquoi je suis toujours un peu gêné lorsque j'entends que tel entrepreneur a « parié » sur une technologie, un marché, un investissement, car rien n'est plus éloigné de l'entrepreneur que le joueur. Les tirages du Loto sont équiprobables et il est indifférent, superstition mise à part, de miser sur l'un plutôt que sur l'autre.

À l'inverse, lorsque l'entrepreneur ose, autrement dit lorsqu'il prend un risque, c'est après avoir exploré chaque scénario, en avoir pesé le profit autant que les dommages, en avoir évalué la vraisemblance, et en avoir discerné l'adéquation avec les moyens dont il dispose. Car l'audace de l'entrepreneur est une audace qui scénarise, échafaude, imagine. L'entrepreneur passe son temps à se barder de récits de succès possibles face aux incertitudes de l'avenir. Chacun le sait, l'entreprise occupe une bonne partie de ses ressources en temps et en matière grise à tisser des schémas, d'acquisition, d'expansion, de lancement, ou de crise. Le récit apprivoise le risque, il le réduit à des proportions acceptables et surtout, il permet d'embarquer des associés dans l'aventure. Le récit est encouragement et exhortation, et on en a besoin, pour oser.

Mais au demeurant, pourquoi oser ?

Pourquoi oser quand on pourrait se contenter de gérer, d'administrer, de vivre sur la rente ? Une autre maxime managériale célèbre professe : « Pas d'initiative, pas d'ennui. »

Alors, je repose la question. Pourquoi oser ? Tout simplement parce que sans audace, l'organisme économique qu'est l'entreprise meurt : il perd sa curiosité, puis son inventivité, puis finalement sa vitalité et sa cohésion. L'entrepreneur qui ose renonce à un futur déjà annoncé pour en étreindre un autre à construire. Son choix est un pied de nez à la fatalité, aux histoires déjà écrites, aux business plans chaque année bégayés.

Une nouvelle fois, pourquoi oser ? Parce que l'évolution du monde n'est pas strictement linéaire, et que les ruptures font se dissoudre des blocs qui paraissaient d'airain : songeons à Nortel, à Alcatel ou Ericsson qui ne sont plus que l'ombre de ce qu'ils furent. Une rupture technologique, comme le fut le smartphone, comme l'est l'Internet des objets, comme commence à l'être l'intelligence artificielle, ce sont autant de fins du monde possibles pour les technologies d'avant et ceux qui les exploitent. De même, la volonté des peuples, qui se réoriente parfois vite et puissamment, par exemple en matière environnementale, scelle aussi la fin d'options industrielles qu'il est vain de regretter.

Dit autrement, les entreprises qui durent ont appris que les procédés, les produits et les innovations sont inventés pour être tôt ou tard dépassés. Les entreprises qui ont traversé les siècles sans s'altérer ont appris à changer sans repartir de zéro, à innover en restant fidèles à des valeurs fécondes. Elles ont intériorisé l'art subtil de la destruction créatrice. L'entrepreneur audacieux est le moteur de ce cycle infini qui nous fait repousser les frontières de l'imaginaire, nous fait voir dans chaque épreuve, chaque bouleversement, les germes d'une croissance et d'une prospérité renouvelées et partagées.

Oser est un voyage à plusieurs…

Une histoire me vient à l'esprit : celle d'Henry de Monfreid. Le récit de ses cargaisons, de ses trafics, des douanes, des fonds perdus, des bénéfices en retard, entre les récifs de la mer Rouge. Monfreid, personnage douteux s'il en est, fait commerce de tout, même des marchandises les moins recommandables.

Monfreid se bat, dans une lutte perfide et inégale, contre l'hydre administrative, inépuisable ressource de tracas et d'obstacles. Mais surtout Monfreid a un équipage d'une fidélité totale. L'audace de Monfreid est une audace qui serait peu de chose si elle n'était aussi celle qu'il insuffle à son équipage, dont il parle les langues, dont il partage la frugale ration comme les épreuves physiques et dont il n'abandonnerait à aucun prix le plus humble des mousses. D'ailleurs, combien de fois n'est-il pas sauvé par l'audace de ses marins ?

C'est la même chose en entreprise : oser seul ne sert à rien ; c'est même dangereux. L'audace du dirigeant ne mène nulle part si elle n'est pas partagée par l'ensemble de l'équipe. Avec les meilleures intentions, on peinerait à offrir le même niveau d'intensité, la même exaltation que celle des marins qui prirent part à l'aventure de Monfreid.

Et c'est le rôle du chef que d'entraîner, vivre sa vision comme on défend sa passion. Il est la femme ou l'homme devant, qui motive, persuade.

Le dirigeant est donc un croyant. Il est son projet. Il déploie une énergie et un enthousiasme qui inspirent confiance. Il est, par ses encouragements, sa bienveillance exigeante, un ardent appel à tenter, échouer parfois, se relever toujours et repousser les limites de l'impossible. Dans cette bataille avec les frontières de l'entendement, le chef est aidé par les événements. Les défis pour la vie, le climat, sont autant d'appels à oser.

Penser à plusieurs mais décider seul

C'est aussi au contact des autres que l'entrepreneur audacieux va hésiter, douter, revenir en arrière. L'entrepreneur qui ose se confronte. Tel Warren Buffett, icône des temps modernes, il se fait l'avocat du diable, pousse ses proches dans leurs retranchements : « *Donnez-moi toutes les raisons de ne pas faire ce projet auquel je crois !* » Dans cette maïeutique fertile, l'entrepreneur s'entoure de plus intelligents que lui, agrège une palette de personnalités et de talents forts de leur diversité. Cette dernière est autant une question de juste représentativité que d'efficacité. Source de jouvence, de performance et de créativité pour les entreprises audacieuses, la diversité est un big-bang fertile entre des cultures, des langues, des origines confrontées à leur altérité qui libère alors les plus audacieuses des idées.

Puis vient pour l'entrepreneur le moment de la cristallisation. Il dissèque les différents paramètres d'une situation, écoute la puissance de son instinct pour saisir le moment opportun. Infatigable influenceur pour tous les audacieux des temps présents, Charles de Gaulle, en effet, dans *Le Fil de l'épée* nous enseigne que cette alliance entre intelligence et instinct forme la plus féconde des dialectiques au service de l'action.

Puis l'idée s'affine, la conviction se forge. Alors le chef, en conscience, tranche. Rencontre avec les autres, l'audace s'achève donc toujours par un tête-à-tête avec soi-même.

L'audace est un défi à soi-même

L'audace a ses combats. Tout audacieux le sait. Sans cesse, il faut affronter cet ennemi invisible et encombrant. Il a les traits rassurants du *statu quo*. Il est cette petite musique qui juge plus avisé de ne pas bouger, de ne rien faire. Le temps fera son œuvre. Il est cette petite voix qui susurre aux dirigeants : pourquoi changer un modèle qui marche, pourquoi emprunter le chemin inconnu d'une technologie aux contours si hasardeux ? Dans l'Olympe des astres morts, combien de Kodak et autres dieux hier encensés et aujourd'hui déchus ? Décidément, il n'est pas pire poison que cette profession de passivité.

L'habitude constitue une autre menace insidieuse et non moins redoutable. Celle qui fait mécaniquement répéter les mêmes gestes, ériger des totems, refuser de remettre en cause un procédé industriel, un cœur d'activité. Chacun sait que la facilité et la propension à se « rond-de-cuiriser » empruntent les traits de la plus vertueuse intention : ne pas déstabiliser, ne pas trahir une habitude, ne pas déroger à la fière identité de l'entreprise, ne pas indisposer son voisin de bureau, ne pas irriter le chef. Parfois, au détour d'une conversation, une voix timide jaillit. L'ingénu questionne, ose : « Pourquoi ? » Il a les traits de l'alternant, du nouveau venu. Il n'est pas gradé, les capés le dédaignent : « On a toujours fait comme ça. » Ceux qui ont des questions finissent par baisser la tête. S'interroger serait acte de rébellion par rapport à l'ordre établi.

Or, dans l'entreprise, l'ordre est fait pour être chamboulé ! Je crois m'être appliqué, dans ma vie de dirigeant, à débusquer le liseron de passivité partout où il pouvait étendre ses ramifications. À la barre de Saint-Gobain, qui est, comme souvent les entreprises historiquement liées aux savoir-faire patrimoniaux du compagnonnage, attaché à de fortes traditions et à la culture du chef-d'œuvre, j'ai veillé à guider le vaisseau en forçant volontairement le cap du côté de l'innovation et de l'audace, confiant que la tradition s'entretiendrait d'elle-même, et que la nef, ainsi, avancerait droit !

J'ai aussi la conviction qu'audace, hiérarchie et culture du blâme ne font pas bon ménage. Oser, c'est accepter l'erreur, c'est reconnaître que nous sommes humains. Ignorer que nous sommes faillibles, camoufler les manquements, s'enfoncer dans ses mensonges, conduit inévitablement aux plus grands scandales médiatiques et aux pires *crashtests* industriels. « Déjà essayé. Déjà échoué. Peu importe. Essaie encore. Échoue encore. Échoue mieux » : qui mieux que Samuel Beckett pour rappeler qu'il y a une vertu à l'échec. Que l'échec est une expérience fertile, si l'on est capable de l'accepter. Et d'en faire Odyssée collective.

La sagesse de l'audace

Alors, comment définir l'art de bien oser ? Il y a peut-être un mot pour cela, que l'on n'attend pas car on l'utilise aujourd'hui dans un sens fade, c'est le très beau mot de sagesse. Mais attention ! Je ne parle pas ici de précaution : l'époque en abuse ; une pincée suffira toujours. Je ne parle pas non plus de la vertu de retraités. Je parle de la sagesse de l'audace, qui n'a rien à voir avec la généralisation de la précaution, le renoncement, la pusillanimité, la peur du risque. Bien au contraire : la sagesse est un maître pour l'audace bien cornaquée.

La sagesse mêle, dans un cocktail subtil, du bon sens, de la mesure, du sang-froid, de la confiance en soi, de l'astuce, du discernement, de l'esprit d'analyse, de l'idéal, mais surtout, comme résultat de tout ce qui précède, de l'esprit d'à-propos, c'est-à-dire l'art de saisir la bonne opportunité.

Le sage sait bien que le surplace est mortel, que l'agitation sans destination n'est que mouvement. Le sage croit dans cette audace sous contrôle qui le temps d'une fraction de seconde s'abandonne.

À la fin des fins, l'audace se résume à un moment, le court souffle du temps. Sans ce moment décisif, celui où l'on « franchit le pas », l'audace ne serait qu'un fantasme, qu'un rêve héroïque jamais réalisé. D'ailleurs, dans la conduite d'une entreprise, au moment où l'on décide de prendre une direction risquée, on a pleinement conscience de décider mais on ne se dit pas « j'ose ». Ce n'est que rétrospectivement, peut-être devant l'ampleur de la réaction provoquée ou de la montagne d'obstacles soulevée, que l'on s'étonne d'avoir été saisi par l'audace vitale.

Comme si, porté par les circonstances, l'audace nous avait mus.

Se retournant sur les traces du chemin emprunté, on se surprend alors à penser : « J'ai eu la sagesse d'oser. »

Voir : Destruction créatrice : Innover ; Risquer : le risque dans tous ses états.

P

Patrimoine

par Guillaume Poitrinal,
président de la Fondation du patrimoine

Que peuvent bien avoir en commun l'entreprise et le patrimoine ? L'entreprise vit dans l'instant et cherche à le devancer sans cesse, elle accepte la destruction comme source de création de valeur ; le patrimoine au contraire c'est l'héritage posé en désir d'éternité, la préservation du passé comme grand témoin de notre identité collective. Le flexible contre l'inamovible, le roseau contre le chêne.

Et moi-même ? Patron d'une grande entreprise du CAC 40 puis créateur d'une jeune entreprise innovante, ayant passé toute ma carrière professionnelle à construire des tours de bureaux, des commerces, des logements, des hôtels... comment en suis-je arrivé dans mon temps libre à m'occuper de faire restaurer des petits musées de province, des théâtres municipaux, des églises de village, des moulins à vent et à eau dans les quatre coins de France ?

C'est en participant à une collecte de dons organisée dans ma ville natale de Châtellerault que je suis venu au patrimoine. Sous-préfecture de la Vienne, fameuse pour sa manufacture d'armes qui a fermé en 1968, cette ville de 30 000 habitants a un niveau de vie inférieur de 14 % à la moyenne nationale, un taux de pauvreté de 19 % et plus de la moitié des foyers y sont non imposables. Et pourtant, toute cette population s'est retrouvée, ensemble, unie au-delà des clivages et des injustices, pour célébrer la réouverture de son magnifique ancien théâtre, témoignage des heures glorieuses de la ville. Après près de vingt ans de fermeture, c'est la Fondation du patrimoine qui permettait la renaissance de cet Opéra de Paris miniature.

Quelques années plus tard, Charles de Croisset, ancien patron du CCF, m'a appelé pour prendre la présidence de la Fondation du patrimoine, à sa suite et celle, avant lui, d'Édouard de Royère, ancien président d'Air Liquide. Je me suis souvenu du Théâtre de Châtellerault et j'ai rejoint cette belle organisation, créée il y a vingt-cinq ans grâce aux dotations offertes par 14 grandes entreprises fondatrices, et désormais présente dans toutes les régions et départements. Avec une nouvelle équipe emmenée par Celia Vérot, nous n'avons eu de cesse que de renforcer ce grand sauveteur du patrimoine local, peu ou pas protégé par l'État. Le doublement de notre taille en trois ans s'est fait grâce à l'alliance avec FDJ privatisée, plusieurs grandes entreprises mécènes, des bénévoles et donateurs plus nombreux et l'appui indéfectible de Stéphane Bern.

Il faut bien comprendre qu'aux côtés des pouvoirs publics, il existe dans la société civile et le monde économique des forces vives prêtes à s'impliquer et à agir avec efficacité, rapidité et à moindre coût pour l'intérêt général. Ces forces, c'est tout d'abord l'armée de bénévoles agissant au sein de multiples associations et des grandes fondations, dont la Fondation du patrimoine. Ce sont aussi des philanthropes fortunés et des décideurs d'entreprise, hommes et femmes de talent qui, par conviction et par passion, mettent leurs compétences et leur énergie à disposition pour la sauvegarde du patrimoine : cette partie de nous-mêmes que constituent les réalisations, des plus prestigieuses aux plus modestes, reçues de nos prédécesseurs et qui nous racontent l'histoire humaine, ses actions d'éclat autant que ses périodes sombres.

Loin d'une vision passéiste, cette transmission est l'affaire de tous et concerne donc nos entreprises, car c'est un enjeu essentiel de notre cohésion sociale. L'histoire est une mémoire, et notre mémoire fait notre unité. Le patrimoine, c'est cette mémoire qui prend forme et devient tangible, visible, sensuelle, c'est-à-dire accessible à tous. Victor Hugo ne disait rien d'autre quand il écrivait que la beauté d'un édifice appartient à tous et que le détruire, c'est dépasser son droit.

Nos entreprises ont compris depuis longtemps que l'on ne pouvait pas laisser notre patrimoine aux seuls experts, esthètes et administrateurs des affaires culturelles. Pour preuve, Notre-Dame de Paris : en un temps record et grâce aux outils du commerce digital, les entreprises et les premières fortunes professionnelles françaises se sont mobilisées aux côtés du grand public pour trouver les fonds – 830 millions d'euros, la plus importante collecte jamais menée en France – qui permettront de restaurer ce patrimoine unique des dégâts de l'incendie. La Fondation du patrimoine a réuni les 2/3 de la collecte, en nombre et en montant, hormis les contributions dites des « milliardaires ». Cette restauration sera entièrement financée par le privé. C'est sans précédent. Et je l'espère, nous pourrons faire bien plus encore pour le patrimoine français.

Cet engagement des entreprises est une affaire de cœur – lorsque la maison brûle, nous ne regardons pas ailleurs – mais aussi de raison. Les entreprises ont toujours joué un rôle social par-delà leur mission première qui est la création de valeur. Aujourd'hui, la responsabilité sociale et environnementale qui leur est assignée par les pouvoirs publics et les citoyens devient une exigence pour attirer les talents autant que les consommateurs. De ce point de vue, le patrimoine porte en lui les trois valeurs cardinales de la RSE : le territoire, le social, l'environnement.

Présent dans toutes nos régions, réparti de manière égale dans les villes et les campagnes, ce sont des trésors qui sont partout, accessibles à tous, et constituent autant de livres d'histoire à ciel ouvert. Ce patrimoine, contrairement aux idées reçues, ne présente pas une vision unique de l'identité française, il en illustre au contraire toutes les facettes, comme les riches influences qui ont nourri notre génie.

Pour preuve, si c'était nécessaire, que la mondialisation ne date pas d'hier : à Rochefort (Charente-Maritime), c'est la maison de Pierre Loti, écrivain-voyageur passionné par l'Orient et qui enchanta mon enfance, fermée au public depuis dix ans et dont la restauration est financée par le Loto du patrimoine de FDJ et la mutuelle SMABTP ; à Rouen (Seine-Maritime) la « Maison sublime », école hébraïque dont les vestiges ont été retrouvés sous le Palais de justice et qui témoignent de l'importance du judaïsme médiéval dans l'histoire de la pensée européenne, prochainement rouverte grâce notamment à la générosité de 200 donateurs et mécènes ; dans le Jura le château de Joux (Doubs), soutenu par AXA France, forteresse représentant mille années d'histoire militaire et où furent emprisonnés des prisonniers célèbres pour leur combat pour la liberté comme Mirabeau ou Toussaint Louverture ; à Barcelonnette (Alpes-de-Haute-Provence), une villa d'« Américains », habitants de la vallée partis faire fortune au Mexique, transformée grâce au mécénat d'AG2R La Mondiale en musée des migrations en Ubaye ; à Bonrepos-Riquet (Haute-Garonne), grâce à la Fondation Total et AG2R La Mondiale, on sauve de la décrépitude le magnifique domaine XVIIe siècle du fermier général des gabelles Pierre-Paul Riquet, qui construisit le canal du Midi, vitrine de l'ingénierie française, grâce pense-t-on à des techniques qui lui furent inspirées de la Chine *via* l'Italie dont il était originaire ; enfin à Paris, avec la Fondation Total et Gecina, les ateliers de la « Ruche » abritèrent au tournant du XXe siècle Modigliani, Soutine, Brancusi, Marie Laurencin, Fernand Léger... et continueront au XXIe d'accueillir de nombreux artistes.

Agir en faveur du patrimoine, c'est aussi participer à la création d'emplois non délocalisables, tout d'abord dans le bâtiment à l'occasion des travaux de restauration, puis par l'effet de la création d'activités induites dans l'hôtellerie, la restauration, le commerce, les transports. Pour certaines grandes entreprises qui nous soutiennent, c'est faire coup double dans leur politique de mécénat : développer l'offre patrimoniale et culturelle pour leurs salariés et leurs familles, à proximité de leurs sites d'implantation, tout en finançant des actions de formation professionnelle ou d'insertion sur des chantiers patrimoniaux qui constituent d'excellents supports pour la remobilisation des personnes éloignées de l'emploi et l'apprentissage de métiers qui recrutent. À Wesserling (Haut-Rhin), l'ancienne manufacture de textiles est ainsi restaurée grâce à un chantier d'insertion soutenu par la Fondation FDJ.

Enfin le patrimoine, c'est du développement durable. Avec une proportion importante des émissions de gaz à effet de serre venant du secteur de la construction-logement, la réhabilitation des bâtiments anciens est d'évidence une solution économe en CO_2 et respectueuse des milieux, en utilisant les terrains déjà urbanisés sans empiéter sur les surfaces naturelles et agricoles. C'est ce qu'a démontré le chantier exemplaire de la maison du Parc naturel régional des Caps et marais d'Opale (Pas-de-Calais), auquel a participé Primagaz au titre de son mécénat, au travers d'une éco-rénovation utilisant des matériaux sourcés localement et des énergies renouvelables. C'est aussi le cas lorsque des entreprises soutiennent, avec la Fondation du patrimoine, la replantation de milliers d'arbres têtards dans le Marais poitevin (Vendée), participant à la préservation de ce magnifique milieu naturel. Elles œuvrent en faveur de la sauvegarde de la biodiversité. Elles permettent de lutter contre le dérèglement climatique par la préservation de milieux humides indispensables à nos écosystèmes.

Bref, si comme le démontre une étude récente 1 euro donné pour le patrimoine engendre 21 euros de retombées économiques directes et indirectes, si le patrimoine représente 500 000 emplois, des milliers d'entreprises artisanales et l'un des motifs principaux d'attractivité de notre pays pour des millions de touristes, alors le patrimoine est bien l'affaire de nos entreprises. Nous avons tous intérêt à ce qu'il se porte bien. Or il y a tant à faire ; venez, vous aussi, nous aider !

Voir : Greffe ; Lire ; Mécénat ; Versailles.

Penser

par Laurent Bigorgne,
directeur de l'Institut Montaigne

Produis et tais-toi... Pourquoi le monde de l'entreprise devrait-il penser ? Et d'ailleurs, serait-il capable de porter une vision du monde au-delà de son seul objet économique ? D'aucuns diront de façon définitive qu'une telle audace conduirait les dirigeants d'entreprise à s'élever dangereusement au-dessus de leur condition dans un pays qui n'aime pas cela. Parmi ces derniers, certains ont d'ailleurs internalisé cette contrainte : pour vivre heureux, vivons cachés. Et puis, du côté des entreprises et des entrepreneurs, il y a ceux qui veulent d'abord et avant tout agir. Soit à l'ombre de la barrière protectrice établie par Milton Friedman, célèbre lauréat du prix Nobel d'Économie en 1976, devenue le mantra de nombreux chefs d'entreprise dans le dernier quart du XXe siècle : « *The business of business is business.* » Soit parce que certains risquent de passer trop de temps à penser quand il faudrait chercher à agir d'abord, cette injonction sonnant comme une critique larvée des sphères politique et intellectuelle.

Pourquoi cette hostilité et une telle autocensure ? Rappelons d'emblée que même plusieurs décennies après la défaite sans appel du communisme en Europe, une partie significative des intellectuels, des médias et de la classe politique française n'acceptent qu'à contrecœur la présence des entreprises dans l'espace public, comme si le marxisme qui a si longtemps irrigué une partie de ces différents milieux avait survécu ou avait muté sous des formes proches (le fameux variant français !) après cet effondrement. Bien sûr, prise dans son ensemble, la population française porte une vision bien différente et marque une confiance sans cesse renouvelée aux entreprises comme à leurs dirigeants – surtout quand elles sont très petites, petites et moyennes. On l'a d'ailleurs bien vu dans la crise de la Covid-19, au début de laquelle l'État a souvent agi avec un temps de retard par rapport à des entreprises qui, elles, avaient pensé l'impensable et avaient stocké, par exemple, des masques en nombre suffisant. Ou qui savaient se réorganiser en quelques jours pour produire rapidement le gel hydro-alcoolique dont les soignants de nos hôpitaux avaient besoin.

À ce legs idéologique s'ajoute le réflexe étatiste intrinsèque des institutions et des acteurs de notre vie politique, souvent davantage tournés sur eux-mêmes que sur la société dans son ensemble. Dans notre pays, l'État n'a pas seulement le monopole de la violence légitime, pour reprendre les mots de Max Weber, mais aussi celui de la production de la pensée comme de la délimitation de l'intérêt général. Il a longtemps peu souffert de concurrence en la matière, ce qui l'a conduit à vouloir financer les lieux qui produisent et diffusent la pensée – et donc à exercer sur eux une forme de tutelle. Même devenu largement impécunieux, l'État finance dans des proportions plus ou moins significatives les universités, les partis politiques, les syndicats, la presse, certains cercles d'idées… et nourrit en son sein une très large partie de l'expertise sur la société, les politiques publiques et les affaires internationales. Le plus souvent en n'en faisant pas grand-chose…

Dans ce contexte doublement adverse, y a-t-il malgré tout une place pour la pensée qui s'élabore en entreprise ? Et de quoi parle-t-on ? De la réflexion des dirigeants ou de leurs organisations professionnelles ? De celle des salariés ou des leurs organisations syndicales ?

De celle que ces acteurs essaient d'avoir en commun quand tout va mal ? De celle qui leur permet de se projeter audacieusement quand tout va bien ? Les lieux, les courants comme les thèmes de la pensée entrepreneuriale ou patronale sont assez systématiquement dénigrés, moins pour ce qu'ils disent que pour ce qu'ils sont censés être. Une pensée sous influence, une fausse pensée. Comme si la production de certains émetteurs – universités, médias, ONG, associations, syndicats… – était par essence légitime, alors qu'elle peut s'avérer très biaisée. On en a fait l'expérience récente à l'occasion du débat sur la fixation d'un taux minimal mondial pour la taxation des firmes multinationales. Les économistes en pointe sur le sujet veulent – et c'est normal – dire ce que doit être le bon mécanisme et leur contribution technique est utile. Mais les mêmes veulent aussi dire ce que doit être le bon taux – en l'occurrence 25 % – sans se soucier le moins du monde des contraintes politiques inouïes qui entourent de telles discussions multilatérales et en invoquant des arguments qui n'ont plus rien d'académiques et qui relèvent bien plutôt du militantisme politique.

Le rôle de l'entreprise et de son dirigeant dépasse largement la conception économique et mercantile auquel il est parfois réduit, et ce bien avant l'avènement de la responsabilité sociale. Dès la seconde moitié du XIXe siècle, pour l'économiste Charles Gide, un des théoriciens du christianisme social, le patronat renvoie à « une certaine idée morale de protection, de patronage, une certaine idée morale de protection des droits et des devoirs d'un chef vis-à-vis de ses subordonnés, qui est étrangère à la notion strictement économique de l'entrepreneur ». Cette école de pensée n'est pas la seule à avoir prospéré dans le monde patronal depuis le XIXe siècle… Les libéraux, les conservateurs, les réformistes de tout poil, les patrons « de gauche » et tant d'autres ont voulu marquer le monde patronal de leur réflexion et faire jouer un rôle aux entreprises comme à leurs dirigeants dans les affaires de la cité.

Cette longue marche s'articule à l'histoire de la structuration du patronat français, dont une des étapes importantes fut la création de la Confédération générale de la production française (CGPF) au sortir de la Première Guerre mondiale, en 1919. Bien sûr le rôle premier de l'organisation patronale était de contribuer à la définition comme à la défense d'intérêts communs. Tout fut à reprendre, comme dans de nombreux champs de la société française, à la Libération avec la création du Conseil national du patronat français en 1946... d'autant qu'il fallait reconstruire le pays le plus rapidement et le plus complètement possible, moderniser ses structures productives et faire face à des défis géopolitiques d'une ampleur considérable, de la guerre froide à la décolonisation.

Plus tard, l'émergence de cercles de réflexion – ou *think tanks* – proches du monde de l'entreprise a correspondu à un double mouvement. Celui de la réponse à un certain nombre de grandes crises conduisant à des redéfinitions profondes, comme celle de mai 1968 pour Entreprise et Progrès (1969), le premier choc pétrolier de 1974 pour l'Institut de l'Entreprise (1975) ou plus ponctuellement le sentiment de vide laissé par la dissolution de la Fondation Saint-Simon, fondée par François Furet, en 1999 pour l'Institut Montaigne (2000). Parallèlement, ces acteurs sont nés d'une volonté de prendre du champ par rapport aux organisations patronales et de réussir l'ouverture réciproque et le dialogue de la société et de l'entreprise. Depuis le début des années 2000, ces structures ont permis de porter un certain nombre de thèmes dans le débat public qui sont allés bien au-delà d'une réflexion sur l'entreprise. Claude Bébéar, fondateur de l'Institut Montaigne, a été le promoteur d'une série de travaux en faveur de l'égalité des chances dans l'entreprise, bien sûr, mais aussi dans l'enseignement supérieur et dans l'appareil d'État. Avec son successeur, Henri de Castries, à partir de 2015, les travaux de l'Institut sur les quartiers de la politique de la ville, puis sur la radicalisation ont eu un impact sur les politiques publiques, comme d'ailleurs ceux qu'il a consacrés aux discriminations à l'embauche. Sous la présidence de Michel Pébereau (2005-2010), l'Institut de l'entreprise s'est illustré par son travail sur les finances publiques et il a été le premier à faire du chiffrage des programmes à l'élection présidentielle un outil utile à la qualité du débat public.

Le paysage des organisations patronales et des lieux de rencontres de l'entreprise s'est donc beaucoup enrichi et il dépasse la simple action syndicale. Il existe aussi une discussion européenne et internationale importante, entretenue à Bruxelles mais aussi à Davos ou en marge des G7 et G20. La crise financière de 2008 et la montée en puissance de l'inquiétude climatique ont nourri à la fois le désir croissant des entreprises de participer positivement aux grands débats économiques et politiques de notre époque, en même temps qu'elles ont entretenu sur elles une pression des opinions et des États. Nous en sommes revenus à la citation du comte de Montalembert, cent fois déclinée, sur la politique et son caractère expansionniste : « Vous avez beau ne pas vous occuper de politique, la politique s'occupe de vous tout de même. »

Jean-Dominique Senard, ancien président du groupe Michelin, et aujourd'hui président du conseil d'administration du groupe Renault, a bien théorisé ce changement d'ère en 2020 : « En réalité, je ne suis pas certain qu'il y ait une grande différence entre le service du bien public, comme l'a fait mon père, et le fait d'être acteur de l'économie comme je le suis. » Missionné par l'État en 2018 pour réfléchir à l'entreprise et l'intérêt général, et auteur d'un rapport intitulé « L'entreprise, objet d'intérêt collectif », co-signé avec Nicole Notat, il y souligne que, pour l'entreprise, « le profit n'est pas un gros mot, mais qu'il faut aussi intégrer les préoccupations sociales et environnementales ». Aujourd'hui, les fondements de la loi PACTE et plus généralement le mouvement global du monde de l'entreprise vers plus de responsabilité sociale, environnementale et citoyenne viennent ainsi contredire une nouvelle fois l'un des piliers de la théorie de Milton Friedman, précédemment évoquée au début de cette entrée. Une tendance largement soutenue par l'opinion publique puisque, en janvier 2021, après plusieurs mois de crise sanitaire et économique sans précédent, 85 % des Français affirmaient que les entreprises ont une responsabilité importante dans le développement d'une société plus écologique et équitable, et 82 % que c'est une bonne chose de donner autant d'importance aux résultats environnementaux et sociaux qu'aux résultats financiers. L'entreprise se doit donc aujourd'hui de « penser » l'avenir et ses nouvelles responsabilités.

Voir : Capitalisme responsable.

Père et fils

par Pierre Gattaz,
président du directoire de Radiall,
ancien président du Medef,
président de Business Europe

Redoutable exercice que celui consistant, quand on est « fils de »..., de parler de la relation « Père-Fils »... dans un *Dictionnaire amoureux de l'entreprise* !... et surtout quand celui à qui l'on succède, est un personnage « éminent ».

Ce dernier est devenu ce qu'il est par l'une des qualités premières de tout entrepreneur, l'audace.

Et donc, pour lui être « fidèle » et être « digne » de lui – deux mots-clés dans la relation « Père et Fils » –, je vais en faire preuve et me lancer.

Yvon Gattaz a créé Radiall en 1952 à l'âge de 27 ans. Quarante ans plus tard, je lui ai, à l'âge de 33 ans, succédé.

D'Yvon, le fondateur et le bâtisseur, j'ai donc pris le relais pour développer Radiall et l'inscrire dans la durée avec une ambition « dynastique » et l'espoir de rejoindre un jour les Hénokiens, ce club très fermé d'entreprises familiales ayant plus de deux cents ans !!!

Ce binôme « Père et Fils », qui peut bien sûr se décliner en fonction des genres, est clé dans le rouage du développement et de la pérennité des entreprises familiales.

L'histoire – une histoire qui lorsqu'elle perdure dans le temps devient avec un H majuscule, l'Histoire – est simple.

Tout commence par un homme ou une femme qui crée une entreprise.

Pour être. Pour exister. Pour vivre.

Puis l'incarner, la développer et la transmettre de génération en génération.

Des histoires qui ne se répètent et ne se répliquent pas assez en France… où le rouage est grippé.

Nos voisins européens et notamment allemands ont mieux que nous compris les vertus des entreprises familiales dont la vocation est de durer car elles ont ça « dans le sang ».

La France, alors qu'ailleurs « Bon sang ne saurait mentir », est à cet égard un bien étrange pays, suspicieux envers ceux qui sont moqués pour être nés avec une cuillère en or dans la bouche et dont la seule identité serait d'être des « fils à papa ».

Cette « économie d'héritiers » est en fait le maillon faible de l'économie française alors qu'elle fait la force du modèle rhénan et de l'économie allemande où prospèrent ses 12 500 entreprises du Mittelstand en face desquelles pèsent bien peu nos 5 400 « entreprises de taille intermédiaire ».

Plusieurs raisons profondément ancrées dans notre histoire expliquent ce décalage ; notre culture égalisatrice qui a donné à l'héritage mauvaise réputation, une fiscalité longtemps punitive et dissuasive pour la réussite et sa transmission, et des réglementations qui se voulant protectrices ne font que précariser notre pays en le bridant dans son développement.

Lever ces handicaps, favoriser le développement et la transmission des entreprises auront été au cœur des combats que tous deux nous avons menés, Yvon à la tête du CNPF, moi-même à celle du Medef.

Parmi les vertus de ce modèle d'entreprise qui, par les valeurs qu'il véhicule, devrait devenir « l'entreprise modèle », figurent quelques fondamentaux.

Et parmi ceux-ci, puisqu'elle en est le maillon vital, la relation « père-fils » qui repose sur l'estime, la confiance et la reconnaissance réciproques.

Et un sentiment de fierté et d'appartenance à la même famille, à une entreprise singulière puisqu'elle en porte les gènes.

Dans ces aventures familiales, tout commence et rien ne saurait être sans l'audace ou le génie de celui ou de celle qui a créé, risqué et osé se lancer.

C'était en 1952.

1952. Je n'étais pas encore de ce monde mais ce fut aussi pour moi l'acte de naissance du patron que je suis aujourd'hui.

C'est alors qu'est né Radiall, l'enfant d'Yvon et de son frère Lucien.

Et cela s'est passé dans un modeste local de la rue Oberkampf à Paris dans le 11e arrondissement.

Tous deux, de parents instituteurs, alors que leur destin familial aurait dû les amener à exercer une fonction tout aussi noble qu'entreprendre, celle d'enseigner, ont décidé de conjuguer leurs talents l'un d'ingénieur-producteur et l'autre de commercial-financier, pour créer ce qui allait devenir l'un des leaders mondiaux des composants d'interconnexion.

Quarante ans plus tard, en 1992, j'étais appelé à prendre la relève d'une société qui pesait alors 500 millions de FF de chiffre d'affaires (75 M€) et employait 1 000 salariés.

Pour poursuivre l'aventure.

Vingt-sept ans plus tard, en début 2020, Radiall pèse 400 M€ de chiffre d'affaires et emploie 3 500 personnes, apportant ainsi une éclatante illustration de la pertinence de la fameuse maxime d'Yvon suivant laquelle « la multiplication des emplois passe par la multiplication des employeurs ».

Partir de rien. Mais ne pas en rester là.

Vouloir grandir et prospérer est aussi dans les gènes des entreprises familiales, comme dans les familles elles-mêmes.

Toute entreprise, et une entreprise familiale encore plus que les autres, ne saurait en effet survivre et se consolider autrement qu'en ayant l'ambition de se développer et de surmonter les obstacles qu'elle rencontre immanquablement sur la route de sa croissance.

D'avoir su apprendre de ses succès mais aussi de ses échecs, l'entreprise sortira plus forte pour grandir par une détermination sans faille et une bonne gestion de ses clients, de ses salariés, de ses fournisseurs, de ses partenaires, faute de quoi son destin sera de tomber, à l'image d'une bicyclette qui ne tient son équilibre que dans le mouvement.

À l'esprit pionnier doivent succéder cet esprit de conquête et cette ambition de croissance pour inscrire son destin dans le cycle vertueux où la TPE devient PME, puis ETI, et pourquoi pas Grand Groupe.

Celui du « start c'est bien, up c'est mieux » d'Yvon que j'ai décliné dans la langue de Molière par le « créer c'est bien, croître c'est mieux » qui est un mantra familial.

Créer et développer pour que l'histoire se répète et se poursuive en réinventant l'entreprise, en la recréant pour prolonger le récit.

Dans ce voyage dans l'espace et dans le temps, l'entreprise familiale dispose d'un passeport unique, celui des valeurs qui lui sont congénitales.

Car c'est le propre des entreprises familiales de produire deux caractéristiques qui les rendent plus résilientes et résistantes aux outrages des ans.

Celle de générer des valeurs humaines qui sont partagées et qui cimentent leurs équipes en toutes circonstances, en période de croissance comme en temps de crise.

Celle aussi de bénéficier, car moins soumises au diktat du court terme, d'un recul et d'une solidité qui leur permettent, plus facilement que d'autres, de s'adapter à des contextes devenus de plus en plus incertains et chahutés, et de ne pas oublier le long terme.

Et ainsi de surmonter plus aisément les crises.

Pour durer. Et transmettre.

Car tout comme un cycle de vie biologique, où il faut se reproduire pour assurer la pérennité de l'espèce, l'ambition de l'entreprise familiale est de durer pour traverser les siècles, comme le fait une œuvre d'art.

Et ainsi prolonger l'histoire, contrairement à ces sociétés de l'Économie « Casino » dont le seul horizon est le profit, ou ces jeunes sociétés dont les créateurs n'ont pas d'ambition dynastique et pour lesquels l'unique objectif est de valoriser leur entreprise pour la revendre au meilleur moment et au meilleur prix sans le souci de ce qu'il advient ensuite.

Le « corpus » de valeurs est ainsi essentiel pour que souffle l'esprit maison, souvent transmis oralement, parfois formalisé par écrit.

C'est le ciment de l'entreprise, son ADN qui lui confère une forte résilience. C'est ce en quoi les salariés se reconnaissent, ce pour quoi ils se lèvent le matin, se battent pour leur entreprise qui, comme je le dis souvent, est « la plus belle communauté humaine après la famille ».

Et ceci est d'autant plus vrai dans une entreprise familiale qui a développé, sans forcément le formaliser, le concept de « raison d'être » bien avant les obligations gouvernementales de 2018.

Ces « tables de la Loi » ont généralement été gravées par le créateur qui y a apporté ses convictions personnelles et apposé la marque de sa personnalité.

C'est lui qui les transmet au fils qui lui-même les transmettra à ses successeurs. C'est là où réside la principale force de l'entreprise familiale.

Mais ce qui est force peut aussi devenir handicap quand les valeurs ne savent pas évoluer, au-delà de celles qui sont intemporelles, pour épouser leur temps.

Car toute entreprise, quelle que soit son identité, doit en permanence s'adapter à un monde qui, notamment sous l'effet de la mondialisation, des révolutions technologiques et digitales et de l'émergence de nouvelles attentes, est devenu de plus en plus complexe et incertain.

Un monde qu'un économiste américain, James Lemoine, en 2014 a qualifié de VUCA, acronyme de Volatility, Uncertainty, Complexity et Ambiguity.

L'entreprise familiale ne saurait, pas plus que les autres, échapper à l'exigence d'agilité, de créativité, de rapidité, pour assurer sa survie.

La responsabilité du « fils » est, dans ce contexte, de réinterpréter et de transformer l'ensemble de valeurs qu'il a reçues en héritage et qui doivent parfois aussi faire l'objet d'un aggiornamento.

Bref, être celui, pour reprendre ce que le comte de Lampedusa disait dans son *Guépard*, qui fasse en sorte que « tout change, pour que rien ne change ».

Et ceci, pour repartir avec l'esprit de bâtisseur qui a été celui du créateur et, d'une certaine façon, devenir lui aussi créateur pour assurer la pérennité et la poursuite de l'aventure.

Car le propre de l'entreprise familiale est de se « régénérer » de génération en génération, de se réinventer en permanence. De « père en fils ».

Dans cet attelage « père-fils », il est un moment clé : celui de la transmission, et la première question qui se pose est celle de savoir quel est celui ou celle qui aura l'honneur, certes, mais surtout la lourde responsabilité de succéder au « patriarche » et au « Pater Familias ».

Puisqu'il s'agit de « famille » bien sûr, celle-ci à son mot à dire.

Dans le cas de Radiall, la transition s'est faite d'autant plus simplement que les deux actionnaires principaux étaient les créateurs, et que j'étais le seul ingénieur parmi les enfants, ayant de surcroît pu acquérir une solide expérience industrielle et internationale.

L'affaire a donc, chez Radiall, été très vite entendue.

Accepté par la famille et adoubé par le père et l'oncle.

Une autre clé de la réussite est l'acceptation du successeur par les salariés, les cadres, les clients.

Si la greffe ne prend pas, la transition peut tourner au cauchemar car l'entreprise est souvent auto-nettoyante et dispose d'anticorps puissants pour des éléments durablement étrangers, notamment à l'ADN et aux valeurs fondamentales, ce qu'évite souvent la transmission « Père-Fils ».

L'expérience acquise par le successeur est également fondamentale pour asseoir sa légitimité.

Certains héritiers font leurs premières armes à l'intérieur de l'entreprise.

D'autres, ce qui a été mon cas, les ont faites « hors les murs ».

J'ai pu tirer de toutes les expériences que j'ai pu mener, avant de rejoindre Radiall, des enseignements qui m'auront été par la suite utiles.

Celui, notamment, de savoir gérer les hommes qu'il faut aimer pour bien les manager, celui aussi de gérer un compte d'exploitation.

Bref, ces qualités mises, dans un premier temps, au service des autres, allaient l'être au service des miens.

Demeurait la question de savoir si j'allais être à la hauteur des tâches qui m'attendaient et celle de savoir si je méritais la confiance qui m'était faite notamment de la part des frères et sœurs, cousins et cousines, pour gérer le patrimoine professionnel.

Arrive alors le moment clé du passage de relais entre le père et le fils pour lequel je me sentais prêt et motivé.

Au sein de Radiall, celui-ci s'est fait harmonieusement car Yvon a spontanément transmis le manche et n'a pas cherché, comme cela peut s'observer parfois, à piloter les équipes par-derrière.

C'est la sagesse du père de savoir lâcher la barre et de se réinventer une nouvelle vie en faisant alors tout ce que le métier de chef d'entreprise ne permet pas toujours de faire, ce qu'Yvon a admirablement réussi et qu'il appelle sa « troisième vie ».

Et d'accepter, en paraphrasant le philosophe chinois, « qu'il ne saurait y avoir deux tigres dans la même montagne ». Ce qu'Yvon a d'autant plus facilement admis de faire au regard de sa fameuse formule suivant laquelle il y a deux catégories de chefs d'entreprise, « ceux qui considèrent que le génie est héréditaire et ceux qui n'ont pas d'enfants ».

À moi désormais de le démontrer.

Force de caractère et abnégation pour le père que de savoir tourner la page, de ne plus être l'autorité suprême de l'entreprise.

Prise de risque et courage aussi pour le fils qui plonge dans une rivière dont l'eau qui, apparemment calme et avenante, peut s'avérer glaciale et pleine de pièges.

Mon arrivée chez Radiall s'est faite en 1992 dans un contexte turbulent où l'entreprise traversait la première crise de son histoire, avec une baisse de ses marchés traditionnels, et était donc confrontée au triple besoin de se restructurer, de se repositionner vers des marchés porteurs comme les télécoms et de réussir son pari américain.

Là aussi j'évoquerai la Chine en rappelant la double signification du mot crise dont l'idéogramme est composé de deux parties : celui de risque et celui d'opportunité.

Cette crise aura été pour moi une chance.

Ma formation d'ingénieur et mes expériences passées m'ont aidé à traverser – au grand soulagement d'Yvon – cette crise qui m'aura ainsi permis, puisque cette épreuve du feu a été surmontée, d'asseoir à 33 ans ma légitimité.

Voilà comment Yvon avant moi, et moi après lui, nous sommes habités tous les deux par la même passion de l'entreprise et des hommes, avons su faire croître l'entreprise familiale en lui faisant traverser le temps et changer d'époque en épousant ce cycle vertueux de « création-développement » qui se renouvelle sans cesse, autour des valeurs fondamentales de l'entreprise qui lui apportent une solidité intemporelle et à toute épreuve.

… 1952-2020, voilà près de soixante-dix ans que Radiall chemine autour des valeurs du temps long… Restent cent trente ans pour rejoindre les Hénokiens !

Voir : Culture d'entreprise ; Dynastie ; Éponyme ; Transmettre.

Planète (Une)

par Ilham Kadri,
CEO et présidente du comité exécutif de Solvay

J'ai grandi à Casablanca, au Maroc, et j'ai appris toute jeune à économiser les ressources et à ne rien gaspiller. Ma conception de la durabilité et de la circularité a commencé dans mon foyer. Ce sont pour moi des valeurs fondamentales, qui ont façonné mes convictions, influencé mon parcours, mes décisions, mon leadership et mon impact sur les entreprises que j'ai eu l'honneur de diriger. La durabilité est le bagage que j'apporte partout où je me pose, la petite graine que je m'efforce de faire germer à chaque étape de mon parcours.

Au cours de mes vingt-cinq ans de carrière, j'ai lancé de nombreux programmes de développement durable, notamment au Moyen-Orient et en Afrique, pour favoriser l'accès à l'eau potable et le recyclage des eaux dites grises.

Et le temps qui passe ne fait que confirmer l'importance – sinon l'urgence – de cet engagement qui m'habite depuis toute petite. Les ressources de notre planète sont limitées. Le gaspillage est un luxe que nous ne pouvons pas, que nous ne devons pas nous permettre.

En 2020, le « jour du dépassement de la Terre » a eu lieu le 22 août. À cette date, exceptionnellement tardive à cause ou grâce aux conséquences du Covid-19, l'humanité avait déjà consommé toutes les ressources que les écosystèmes peuvent générer en un an. Au rythme où nous consommons aujourd'hui, il nous faudrait 2 à 5 Terre, selon le niveau de consommation des pays, pour étancher notre soif de ressources qui ne cesse d'augmenter. Pourtant nous n'avons qu'une seule planète. Cette situation n'est pas soutenable.

« Sauver la planète » est donc une conviction qui depuis mon plus jeune âge m'habite accompagnée d'un désir, celui d'être actrice et non spectatrice.

Certains pourraient trouver étrange que ce soit à la tête d'un leader mondial de la chimie que je donne corps à ce rêve d'enfant. Il n'y a pourtant rien de paradoxal à cela.

Bien au contraire, je considère que, de là où je me trouve, j'œuvre à construire un monde meilleur m'inscrivant en cela dans le sillage d'Ernest Solvay qui a fondé, voici près de cent soixante ans, l'entreprise que je dirige aujourd'hui.

Comme lui, je suis une scientifique et partage sa conviction profonde du rôle crucial de la science dans le progrès de l'humanité. Je crois en effet que l'homme et la femme, s'appuyant sur la technologie, peuvent bâtir un environnement harmonieux entre vie humaine et nature. Ce n'est qu'une question de volonté et de priorités.

Alors que des sociétés telles que la mienne sont souvent perçues comme une source de « problèmes », je sais d'expérience, que ce sont elles qui porteront les « solutions ». Et je m'y emploie quotidiennement, avec cœur.

Lorsque j'ai pris mes fonctions de CEO en mars 2019, j'ai engagé une réflexion pour redéfinir, avec tous nos collaborateurs, notre « raison d'être » en me fondant sur notre histoire et nos racines, et en intégrant le développement durable au cœur de l'organisation.

Notre volonté d'« unir les personnes, les idées et les éléments pour réinventer le progrès », illustre notre vision de créer une valeur partagée durable.

Et depuis, nous avons décidé d'accélérer le rythme, et de montrer l'exemple porté par l'élan de nos convictions.

Notre plan nommé « Solvay one Planet » transcrit notre volonté dans des objectifs ambitieux, organisés autour de trois piliers : le climat, les ressources et la qualité de vie.

C'est une approche qui se veut holistique, qui embrasse les objectifs que nous nous fixons en tant qu'industriel, sur nos émissions de CO_2 par exemple, mais aussi sur l'impact de nos produits dans les différentes chaînes de valeur.

Il est essentiel pour moi que le développement durable fasse l'objet d'une démarche globale, et d'une amélioration partagée de nos comportements et de nos processus, dans tous nos domaines d'action. Il doit être poussé par la société en étant économiquement viable, malgré les prises de risques que la recherche engendre.

La science nous permet d'être plus économes en ressources et de les utiliser plus efficacement. Nous le prouvons tous les jours avec nos solutions qui vont dans les batteries de vos véhicules électriques, dans vos gâteaux avec notre vanilline naturelle fabriquée à partir de la coque du riz, de nos partenariats de recherche pour élaborer une filière de recyclage des batteries...

J'irais même plus loin en affirmant que la chimie est essentielle pour la réussite de la transition écologique, car elle seule est capable de « boucler la boucle » de la production industrielle, pour la rendre circulaire. Seule la chimie, mère de toutes les industries, permet de transformer la matière usagée afin de lui restituer des propriétés et sa valeur initiale.

Il n'y aura pas de solutions durables ou de maintien du niveau de vie mondial, sans les progrès portés par la chimie.

Bref, il n'y a rien de paradoxal à être une « chimiste » et œuvrer pour une meilleure planète. Et la crise extraordinaire que nous traversons peut nous y aider.

Je suis convaincue, comme l'était sir Winston Churchill quand il disait : « Never waste a good crisis », qu'il ne faut jamais gâcher les opportunités qu'offre une crise.

La pandémie qui nous a frappés en 2020 est d'une ampleur telle que nous n'en mesurons pas encore toutes les conséquences sur nos sociétés, sur notre économie ou nos industries. Mais je suis une scientifique optimiste, convaincue que, dans de nombreux domaines, cette crise nous montre également la voie.

Je suis persuadée que la relance économique doit être verte, et que nous disposons d'une opportunité unique d'accélérer la transition écologique et d'en faire un moteur de l'innovation.

Lorsque nous aurons retrouvé le chemin de la croissance, celle-ci sera alors plus « durable ». J'ai une autre conviction qui, de par mon histoire, me tient à cœur.

La croissance de demain doit non seulement être plus durable mais également plus inclusive.

Nous ne construirons un monde meilleur qu'en réussissant à créer une unité collective, capable de se nourrir de la richesse des populations du monde entier, de tous les âges, de tous les horizons et de tous les parcours de vie.

Notre devoir est de donner la même chance à tous, d'accompagner chacun dans sa carrière et de créer un cadre propice à la diversité, qui est une grande richesse pour l'entreprise. La réduction des inégalités ne relève plus que de la seule responsabilité des gouvernements. Les entreprises ont un vrai rôle à jouer. Nous travaillons chez Solvay pour montrer l'exemple, à travers une extension du congé de coparentalité à 16 semaines – car nous pensons que pour aider les femmes à atteindre les sommets, il faut que les époux/épouses puissent les soutenir dans les moments clés de leur vie – ou encore nos engagements de représentativité au sein des effectifs et plus particulièrement des rôles exécutifs.

Nous devons aussi, plus que nous le faisons, soutenir les jeunes.

D'ici 2025, environ 75 % de la main-d'œuvre mondiale sera composée de millenials. Ils occuperont la majorité des postes de direction au cours de la prochaine décennie et ils aspirent à être associés à des entreprises en phase avec leurs valeurs en matière d'inclusion, de diversité ou de protection de la planète.

Nous devons répondre à leurs attentes pour que nombreux soient celles et ceux qui, comme j'ai eu la chance de le faire quand j'ai quitté Casablanca, pourront œuvrer à construire une meilleure Planète. Une planète qu'ils légueront fièrement à leurs enfants.

Nous n'avons qu'une seule planète, une même humanité et un avenir commun. À nous de le construire.

Voir : Développement durable ; Diversité ; Les femmes et les jeunes, avenir de l'entreprise ; Inclure.

Profit, investissement et emploi

par Michel Didier,
économiste,
président du comité de direction de Rexecode

Il est inhabituel dans un dictionnaire de définir trois mots en même temps : profit, investissement et emploi. À moins qu'en définitive ces trois mots ne fassent qu'un. C'est le point de vue qu'avait exprimé le chancelier allemand Helmut Schmidt dans une formule devenue célèbre : « Les profits d'aujourd'hui sont les investissements de demain et les emplois d'après-demain. » Pour tout responsable d'entreprise, la formule sonne comme une évidence. Comment investir si l'entreprise ne gagne pas d'argent ? Pourquoi embaucher si l'entreprise n'a pas d'abord investi dans des outils de production ? Profit, investissement et emploi seraient donc liés, comme des maillons d'une même chaîne.

Le profit est une grandeur clé, qui constitue l'interface entre les comptes de flux de l'entreprise, exploitation et résultat, et les comptes de bilan, actifs et passifs. C'est en effet l'écart entre les produits et les charges courantes (les flux), mais aussi la variation de l'actif net (les actifs moins les passifs) de la période. L'investissement, qui permet le renouvellement et l'accroissement du capital productif, est donc en relation directe avec les profits. L'emploi et le capital productif sont complémentaires car ils génèrent ensemble les flux de produits et de charges. L'emploi et le capital sont intimement liés dans le processus de production. En résumé, le profit est un rouage central de l'économie capitaliste. Il en est même le moteur, qui entraîne l'investissement et l'emploi. Et pourtant, les économistes ont souvent pensé que les profits étaient voués à disparaître, mettant même à terme en péril le développement du capitalisme.

Au début du XIXe siècle, dans une économie encore largement agricole, dans laquelle la terre était le principal facteur de production, Ricardo voyait dans le profit un « résidu », ce qui reste à l'entrepreneur une fois payé les salaires, rivés au niveau « minimum de subsistance », et la « rente » attribuée aux propriétaires terriens. Dans cette vision du système économique, l'acteur du développement était bien l'entrepreneur et le moteur le profit. Cependant, l'expansion de l'économie impliquant la mise en culture de terres de moins en moins fertiles, la part de la rente était appelée à augmenter, et la part des profits à diminuer, jusqu'à s'annuler complètement. Le moteur du profit cessant de fonctionner, l'économie parviendrait alors à un « état stationnaire ». La prédiction de Ricardo ne s'est pas avérée, mais on observera que les thèses stagnationnistes rôdent toujours, comme le montre la montée des débats sur la « stagnation séculaire ».

Plus tard au XIXe siècle, Marx, qui est un observateur attentif de la révolution industrielle, est moins préoccupé par la rente foncière que par l'accumulation du capital productif. La thèse qu'il défend est que toute la valeur vient du travail, mais qu'une partie de la valeur créée, la « plus-value » c'est-à-dire le profit, est appropriée par les capitalistes. Il rejoint Ricardo, par un chemin très différent, sur l'idée de la baisse tendancielle du taux de profit. La contradiction entre la nécessité pour les capitalistes d'accumuler de plus en plus de capital et la loi de la baisse du taux de profit attise la lutte des classes et justifie à ses yeux la nécessité d'une appropriation collective des moyens de production. On sait ce qu'il en est advenu : l'échec de la planification centrale et l'effondrement du communisme comme système économique.

L'école des économistes classiques, au premier rang desquels Walras, ne fait à vrai dire guère beaucoup de cas des profits. L'idée centrale est qu'après un tâtonnement, dans une économie en concurrence parfaite, l'économie parvient à l'équilibre général des prix, des salaires et des marchés. À l'équilibre général, les profits vont disparaître sous l'effet de la concurrence. Si en effet une perspective de profit subsistait ou apparaissait dans une branche d'activité, une entreprise nouvelle serait aussitôt créée. Le nouvel arrivant accepterait un prix un peu plus faible que le prix du marché pour capter la clientèle. Il ferait en définitive disparaître la perspective de profit.

Plus près de nous, Keynes ne rejette pas la théorie classique, mais il considère « que les postulats de la théorie classique ne s'appliquent qu'à un cas spécial et non au cas général ». Ces postulats ne correspondent pas selon lui à la situation économique actuelle. Ce que montre Keynes, c'est que la société dans laquelle nous vivons réellement peut se trouver durablement en situation de déséquilibre, surcapacité de production et « sur-offre » de travail, c'est-à-dire chômage, et par conséquent hors de l'équilibre général au sens classique. Seule une augmentation de l'investissement global ou de la dépense publique peut débloquer la situation. Dans cette théorie, le profit ne joue qu'un rôle mineur. L'investissement dépend de « l'état de la confiance », la dépense publique de décisions politiques. Dans les deux cas, psychologie collective, ou intervention de l'État, l'explication est largement en dehors de l'économie.

Ces théories comportent toutes une part de vérité. Si elles paraissent aujourd'hui décalées, c'est qu'elles « oublient » deux facteurs clés de la réalité économique : la dynamique, qui fait que le système économique n'est pas un équilibre mais un perpétuel mouvement, et l'innovation, qui entretient ce mouvement perpétuel. Le théorème de Schmidt est dans sa formulation même un théorème dynamique.

Schumpeter, né la même année que Keynes – qui est aussi l'année de la mort de Marx –, concentre l'attention sur la dynamique de l'économie et non sur son équilibre. Dans sa *Théorie de l'évolution économique*, Schumpeter porte précisément son regard sur les lois du changement économique. Il réintègre ainsi le profit dans le rôle moteur qu'on lui reconnaît désormais. L'acteur central est l'entrepreneur et le moteur central l'innovation qu'il porte. Le profit est « par essence le résultat de l'exécution de combinaisons nouvelles ». Il est la récompense de l'initiative et de la création de valeur nouvelle, et aussi le moyen d'investir et d'embaucher pour créer de nouvelles capacités et ouvrir de nouveaux marchés.

Dans le premier temps de l'innovation, lorsque les produits nouveaux apparaissent pour la première fois, l'entrepreneur n'a pas de concurrents. Les prix des nouveaux produits « se forment complètement ou dans certaines limites, selon les principes du monopole ». Par l'avance qu'il prend, l'entrepreneur détient une position dominante, génératrice du profit. On retrouve l'idée que le profit est par nature temporaire car la concurrence l'élimine, mais le résultat s'inscrit dans une dynamique de croissance. C'est la fameuse destruction créatrice de Schumpeter. « Sans évolution, pas de profit, sans profit pas d'évolution. » Le théorème de Schmidt ne dit pas autre chose.

Il faut aussi reconnaître que le profit est souvent l'objet de contestation, cela pour deux raisons principales. La première, recevable mais surmontable, est liée à sa définition. La seconde et de nature plus politique, mais sans véritable fondement économique.

Dans sa définition comptable, le profit est l'excédent des produits sur les coûts, mesurés tous deux par les prix du marché. Des coûts collectifs résultent cependant de l'activité de production, mais ils restent en dehors de la comptabilité de l'entreprise, et ils ne viennent donc pas en déduction dans le calcul du profit. L'exemple le plus évident est celui des émissions de CO_2, qui augmentent la température de la planète et provoqueront à terme de grands dégâts économiques. La meilleure façon de supprimer ce dommage collectif serait que chaque acteur qui émet dans la production ou par ses achats de consommation des gaz à effet de serre paie la quote-part du coût qui lui est imputable. Mais comment faire pratiquement ? Une réponse institutionnelle a été la création d'un marché des droits d'émissions. L'entreprise qui émet du carbone pour sa production devra payer des « droits à émettre » auprès de l'État, ou bien les acheter à d'autres entreprises qui n'utilisent pas tous leurs droits. Le coût des émissions constitue dès lors une charge prise en compte en déduction des produits et diminue le profit.

Pour les émissions plus diffuses des petites entreprises ou des ménages la seule façon d'internaliser le coût est de faire payer une taxe proportionnelle aux quantités de gaz à effet de serre qu'ils émettent. C'est selon cette même logique élargie à d'autres effets externes liés à l'existence même de l'entreprise, que l'article 1833 du code civil impose désormais à toutes les entreprises françaises de prendre en compte les enjeux et conséquences sociales et environnementales de leur activité.

Une contestation plus radicale du profit privilégie la vision du profit comme enjeu de répartition du produit national. Elle puise largement sa source dans l'idéologie marxiste selon laquelle le profit est une plus-value créée par le travail mais dont s'emparent les capitalistes. Il en reste l'idée que la part des profits est toujours trop élevée car le profit serait en quelque sorte pris sur le travail.

Les comptes nationaux donnent des indications sur la place des profits dans l'économie. Les faits sont les suivants. Pour la France, sur 100 de valeur ajoutée créée par les sociétés non financières, 64 sont affectés à la rémunération des salariés, environ 8 sont payés en impôts. Après quelques autres charges, il reste un résultat après impôt de 25 % de la valeur ajoutée. Les quatre cinquièmes de ce résultat doivent être affectés aux amortissements économiques, c'est-à-dire au simple maintien en l'état de la capacité de production. En définitive, le profit après impôts et amortissements est de moins de 5 % de la valeur ajoutée. Chacun peut penser que c'est trop, ou au contraire que ce n'est pas assez. Ce qui est assuré, c'est que ce n'est pas beaucoup.

On peut même être surpris qu'il reste si peu de place pour le profit compte tenu de son rôle moteur dans l'économie. Le théorème de Schmidt nous aide à comprendre comment on peut créer plus d'investissements et plus d'emplois.

Voir : Actionnaire ; Bien commun ; Emploi ; Innover ; Investir ; Schumpeter, Joseph.

Publicité… tout un art

par Yannick Bolloré,
président-directeur général d'Havas,
président du conseil de surveillance de Vivendi

La vie m'a donné la chance d'évoluer dans différents milieux artistiques depuis le début de ma carrière et j'ai aujourd'hui l'honneur de présider aux destinées de l'un des plus grands groupes mondiaux de la communication,

Havas. La publicité est certainement la forme d'art la plus complète. L'écrivain, le peintre, le sculpteur, le musicien, le danseur, sont tout à leur art mais à leur seul art. Le publicitaire a, lui, la liberté de faire s'épouser tous les arts et le pouvoir de s'immiscer dans notre quotidien pour l'enchanter. Apollinaire ne disait-il pas que les prospectus, les catalogues et les affiches « qui chantent tout haut » sont « la poésie ce matin » ?

Ce sont les artistes qui ont inventé la publicité. Dès l'Antiquité sous forme de fresques, elles annonçaient les combats de gladiateurs. Après la révolution industrielle, ce sont les artistes qui ont à nouveau assuré son destin, en affiches, de Toulouse-Lautrec à Mucha, et en slogans, de Sacha Guitry à Jean Cocteau. Les cinéastes prendront la suite : Federico Fellini, Jean-Luc Godard, Martin Scorsese, Steven Spielberg, David Lynch, ont, tous, fait entrer des campagnes publicitaires dans la postérité.

Pour le professeur de littérature et théoricien de la communication Marshall McLuhan, la publicité est « la plus grande forme d'art du XXe siècle ». Le XXIe ne lui en refuse pas moins, bien souvent, le droit de cité parmi les arts. Son péché originel tiendrait à ses liens avec le monde du commerce et des intérêts économiques. On la juge, sans façon, mercantile, mensongère, moralisatrice, abêtissante, voire aliénante. Nul procès ne lui est épargné et pourtant elle reste indispensable à nos entreprises comme aux mondes politique, culturel et associatif, bref, à notre vie sociétale. La publicité n'œuvre-t-elle pas en réalité à la création d'un monde meilleur ? Tant est grand son pouvoir d'information, de conviction, de séduction.

*

Avec l'entreprise pour muse, la publicité a le pouvoir de donner une âme aux marques et de répandre l'amour des objets et des services de notre quotidien. Elle recourt à un ensemble de techniques capables d'attirer l'attention, voire de susciter la passion des consommateurs, en provoquant une émotion. Logos, slogans, affiches, films, bannières, événements, mécénat... pour atteindre sa cible, ses atours sont multiples. C'est un multi-métier, faisant appel à d'innombrables compétences, allant du business au marketing, de l'information à l'informatique, en passant par la psychologie, la sociologie, et l'incontournable créativité.

Le grand publicitaire est celui qui sait, avant tout, étonner et captiver, d'une formule fulgurante et provocante. Marcel Bleustein-Blanchet, le fondateur de Publicis, inspira par exemple à mon grand-père Michel Bolloré, qui dirigeait les Papeteries familiales, le slogan « Si vous les aimez bien roulées... Papier à cigarettes OCB ». Dans cette quête, les Beaux-Arts sont évidemment une source d'inspiration infinie, que ce soit par la reprise directe d'œuvres emblématiques, comme *La Laitière* de Vermeer par Nestlé, ou le clin d'œil culturel, comme *La Création d'Adam* de Michel-Ange revisitée par Lego. Usant et abusant de références culturelles établies, le publicitaire recrée sans cesse un univers qui le met en connivence avec les consommateurs.

Cousine de tous les arts, la publicité n'en est pas moins un art à part entière. Les peintres du pop art, Andy Warhol et Roy Lichtenstein, ne s'y sont pas trompés en s'inspirant, pour leurs toiles, de son esthétique, de ses couleurs, de ses icônes. Ses institutions et ses amateurs en attestent. Tel le cinéma, elle a son Festival de Cannes qui, chaque année, couvre les publicitaires d'or, d'argent et de bronze pour leurs meilleures campagnes. L'ouverture du musée de la Publicité, aux Arts décoratifs, dans le saint des saints de la culture française, le Louvre, a consacré au plus haut point cette activité comme un art. L'année 2021 marque, en outre, le quarantième anniversaire de la Nuit des Publivores, rendez-vous mondial auquel se pressent tous les ans les fans de la « culture pub ».

Omniprésente dans le monde moderne, la publicité fait figure d'industrie exceptionnelle par sa diversité, et, surtout, ses stratégies guidant la créativité. Nul secteur économique ne peut désormais s'en passer. François Mauriac, déjà, voulait « lancer [ses] livres comme le chocolat Poulain ». Art populaire, elle continue de séduire le grand public et d'introduire émerveillement et poésie dans nos quotidiens. « Fleur de la vie contemporaine, elle est une affirmation d'optimisme et de gaieté ; elle distrait l'œil et l'esprit », comme le prédisait dès 1927 le poète Blaise Cendrars qui nous invitait à imaginer la tristesse d'un monde qui en serait privé. Les œuvres d'art sont gardées jalousement dans les collections privées ou les musées, les livres conservés dans le silence des bibliothèques. La publicité, elle, est un art qui vient à vous et enrichit vos expériences par la fantaisie et la poésie qu'elle répand. Elle est, pour moi, l'expression de notre liberté et de nos partis pris esthétiques, qui s'affirment jusque dans nos choix et nos achats les plus ordinaires. Que serait le monde sans pub ?

*

Miroir de notre société, des mentalités et des technologies, la publicité est une industrie en mutation constante. Mon obsession est d'en anticiper les évolutions pour mieux répondre aux besoins de nos clients. Aujourd'hui, le digital réinvente évidemment la pub, mais j'ai l'intime conviction qu'ordinateurs et robots ne remplaceront jamais les publicitaires. Même à l'ère du Big Data de l'IA, la créativité reste reine. Face à la multiplication des médias et des messages, créer une charge émotionnelle pour les marques est leur bouclier.

Dans notre métier, l'entreprise devient le lieu de l'inspiration et de l'épanouissement de la créativité. Il suffit de traverser les *open spaces* bigarrés d'une agence pour découvrir un monde à part, où se croisent et s'entrecroisent l'art et l'entreprise. Une myriade d'expertises s'y rencontrent : planneurs stratégiques, chefs de pub, directeurs de création, concepteurs-rédacteurs, directeurs artistiques, acheteurs d'art, graphistes, mais aussi acheteurs médias, communicants d'influence, chargés d'études, web masters, community et content managers, data scientists et tant d'autres… Chacun a son talent, chacun a son allant, toujours au service de la créativité comme de ses clients. La figure du « pub art », selon la formule de Jacques Séguéla, est un personnage haut en couleur, certain de son savoir-faire, fier de ses fulgurances. Le monde de la pub regorge de fortes personnalités, capables, face à leurs clients, de défendre leurs créations, avec la même flamme que certains artistes de la Renaissance aux prises avec leurs mécènes. Au pape Jules II, commanditaire des peintures de la voûte de la chapelle Sixtine, qui lui demandait humblement quand il pensait terminer son œuvre, Michel-Ange répondit un cinglant : « Quand je pourrai ! »

Toute bonne publicité combine aujourd'hui l'excellence créative avec l'art de se fondre dans la multiplicité des médias. C'est pour cette raison, j'en suis persuadé, que notre avenir se trouve à la croisée de la communication et du divertissement, dans ce qu'on pourrait appeler « l'*advertainment* » (contraction d'*advertisement* et d'*entertainment*), avec des marques ne créant pas seulement des annonces, des affiches, des spots, mais des contenus originaux. C'est le grand projet d'Havas au sein de Vivendi. Voilà pourquoi, lorsque Arnaud de Puyfontaine, le président du directoire de Vivendi, m'a proposé que nous passions de « cousins à frères » il y a quelques années, en mariant nos entreprises, j'ai immédiatement accepté. À titre d'exemple, le succès de la campagne de Canal+ défendant l'abonnement contre le piratage : un cortège de stars, dans un spot particulièrement malicieux en forme d'épisode de série.

Continuer d'étonner, ne jamais lasser, réinventer ses formes et ses contenus, telle est l'ambition sans cesse renouvelée des publicitaires. « Étonne-moi », répondait Sergueï Diaghilev, le fondateur des Ballets russes, à Jean Cocteau pour définir son art. Il n'est pas de plus belle définition de la publicité. Bien des jeunes talents veulent faire de la pub leur métier et leur passion, pour participer à cette perpétuelle réinvention. Ils continueront de faire rayonner dans le monde ce vrai savoir-faire tricolore : sur les six principaux groupes d'envergure mondiale, deux sont français. Ils viennent nourrir une industrie qui représente en France environ 50 milliards d'euros d'investissements annuels et 700 000 emplois.

*

À mon sens, l'art de la pub est celui qui a le plus de pouvoir, par sa capacité à interroger et influencer nos comportements, tant comme consommateurs que comme citoyens. Il est le baromètre des tendances de fond d'une société, même dans ses signaux les plus faibles. On pourrait écrire une histoire des sociétés à travers les slogans et les campagnes qui ont marqué leur temps. Je vis le métier de publicitaire comme une responsabilité vis-à-vis de notre société, et des générations à venir.

Aussi, l'étymologie de l'anglais *advertise*, du latin « se tourner vers », nous rappelle que la publicité est là avant tout pour se préoccuper de la société dans son ensemble. « Commandez chez McDo » : l'étonnant message qu'a lancé son concurrent Burger King pour appeler à la solidarité avec le secteur de la restauration, durement touché par la crise du Covid-19, en est la preuve éloquente.

La publicité doit ainsi entraîner les entreprises dans les grands combats de société. D'après l'étude *Meaningful Brands* menée par Havas, l'écrasante majorité des marques disparaîtraient dans l'indifférence la plus totale si elles n'étaient plus suffisamment porteuses de sens aux yeux des consommateurs. Je suis fier d'exercer un métier qui a son rôle à jouer pour améliorer le monde dans lequel nous vivons, en défendant la consommation responsable et la lutte contre les stéréotypes. La dernière campagne

Aigle « Pour tous les temps et pour longtemps » milite pour un monde plus durable, dans lequel les vêtements se passent de génération en génération.

*

Art de l'éphémère et de l'époque, la publicité apporte paradoxalement aux entreprises et aux marques une forme d'éternité. Je la crois d'ailleurs elle-même éternelle, tant certaines de ses créations sont profondément ancrées dans la mémoire collective. On se souvient tous, par exemple, de la saga des bébés Évian, devenue culte. Ses pères fondateurs le sont également, comme Charles Havas, l'inventeur de nos métiers de communication voici près de deux siècles, dont l'esprit nous inspire toujours. La publicité est vraiment tout un art !

Voir : Art et entreprise.

R

Réinvention

par Renaud Dutreil,
ancien ministre,
président de Mirabaud Private Equity

Rue d'Ulm, où j'étais censé préparer l'agrégation, je rêvais d'être comédien. Le soir, je me rendais au cours Simon. J'habitais dans un grenier rue du Dragon où Sami Frey avait vécu. Son ex-voisine, qui l'entendait travailler et répéter ses rôles des heures durant, m'avait dit : « Se réinventer, ça ne s'invente pas ! Sami Frey, il travaillait, il travaillait même la nuit. » Les comédiens sont ainsi, fidèles à eux-mêmes en changeant de personnage. Au cours Simon, où j'étais l'élève le moins doué, avec deux ou trois forts en thème qui se prenaient pour Gérard Philipe, j'avais découvert Figaro. J'interprétais si mal le fameux monologue que je fus recalé à l'examen. Je n'en voulus pas une seconde à Beaumarchais d'avoir écrit un monologue si long. Son personnage m'accompagne encore, comme un frère caché dans le pli des rideaux. Figaro, le plus doué des réinventeurs, me plaisait. Non pour avoir été tour à tour vétérinaire, auteur, économiste, journaliste, banquier, barbier, riche, pauvre, libre et prisonnier, repoussé et courtisé mais parce qu'il était ce que j'étais : « ambitieux par vanité, laborieux par nécessité, paresseux… avec délices ». Voilà, me disais-je, un jeune homme qui sait la vie ! Les fanatiques de l'Égalité, rarement amoureux des entrepreneurs, comptent fièrement Figaro parmi leurs ancêtres, qu'il faut plutôt chercher dans l'ascendance du bétail. Le monde des acquis sociaux, des impôts qui les financent, des fonctionnaires qui les gèrent et des horizons bouchés qu'ils engendrent n'est pas la vie. Ce qu'ils promettent au peuple, « se donner la peine de naître, rien de plus », le reste étant pris en charge par l'État et la Sécurité sociale, n'est pas l'idéal de Figaro. Quand celui-ci s'exclame : « Tandis que moi, morbleu, perdu dans la foule obscure, il m'a fallu déployer plus de science et de calculs pour subsister seulement, qu'on n'en a mis depuis cent ans à gouverner toutes les Espagnes ! », c'est le cri d'un entrepreneur au pays de France et non celui de nos démagogues.

Figaro

Comédien, je ne l'ai pas été longtemps. Même le travail ne remplace pas le talent. Adieu Molière ! J'avais le souvenir de Napoléon, ce grand acteur, faisant la loi au Conseil d'État. Cette institution a son porche à côté de la Comédie-Française. Laissant l'illusion pour le droit, me souvenant que Racine rêvait d'être haut fonctionnaire à Versailles et finit par l'être, j'entrai au Palais-Royal en dévot de la République, y appris la rigueur, m'y remplis de respect pour l'intelligence désintéressée de nos hauts magistrats et, vite désintéressé moi-même de leurs débats arides, me lançai dans l'aventure. Il me fallait de l'action. Je voulais jouer un rôle sur une vraie scène, la scène politique, où le public siffle et applaudit, comme au théâtre, avec cette différence qu'en démocratie le public est cadenassé dans le théâtre. On n'échappe pas à son pays. Et quand les cintres menacent de s'effondrer, qu'il n'est plus possible d'escamoter le décor ruiné, le public devient exigeant. Voire féroce ! J'ai aimé cette vie rude, faite de sacrifices et de joies fortes, de compagnons fidèles, de faux amis et de vrais ennemis, tant que la politique était vivante et les réformes possibles. Ministre, député, conseiller général et municipal, tantôt à Paris, devant des micros, tantôt à la campagne, devant des villageois, toujours en campagne, toujours en mouvement, comptant les points marqués, les coups donnés et les haies franchies, cherchant des résultats autant que des vivats, j'ai vécu à vive allure. Ministre des entrepreneurs, ne connaissant rien aux entreprises, j'ai pensé que les entrepreneurs se fichaient d'avoir un ministre, qu'il leur fallait quelqu'un qui les respecte, au sommet de cet État qu'ils ne respectaient plus. Je suis tombé amoureux des entrepreneurs et des entreprises. J'ai pleuré quand Pleyel est mort, j'ai exulté quand la natalité entrepreneuriale a bondi, rappelant à tous que la France est une terre féconde. Sarkozy élu, j'ai quitté le gouvernement. Déjà sonnait en moi l'heure de la réinvention. Ennuyé du cirque politique, local et national, ne voyant partout qu'un ciel couvert, je quittai tout pour une vie nouvelle, arrivai à New York en septembre 2008, au milieu du chaos général. Tout s'écroule autour de moi et je me sens revivre ! Je quittais un monde dont le problème n'était plus de se réinventer, mais tout simplement d'inventer. La France est un pays où la peur a confisqué le pouvoir à l'imagination. Le principe de précaution, en entrant dans la Constitution, a envahi l'esprit du peuple. Il en a chassé le principe d'invention, qui n'a jamais, hélas, eu droit d'entrée dans la Constitution. Il m'a fallu Emmanuel Macron, que j'ai soutenu d'emblée contre ma famille politique, pour ressentir à nouveau un souffle d'air frais, du moins jusqu'à ce que les deux grandes forces de l'inertie française, le peuple et l'État, s'unissent pour l'asphyxier. En France, se réinventer passe pour une trahison, quand c'est bien souvent la mue qui permet à un organisme vivant de rester lui-même. Ne sommes-nous pas, nous Français, faute de nous réinventer, à l'agonie ?

Je suis reparti de Manhattan dix ans après y être arrivé, rajeuni d'autant par cette ville, capitale mondiale de la réinvention permanente. Au coin de mon block, le vendeur de bagels était un vétéran reconverti et à la tête de la ville, le fondateur de Bloomberg s'était reconverti en maire. Reconverti moi-même en président de LVMH Amérique du Nord, j'ai vu de l'intérieur – inoubliable leçon – le plus fabuleux des groupes français, encaisser le coup de la crise et en sortir plus fort, avec ce mélange de brio, de culture et de discipline qui signe le génie entrepreneurial français. J'ai lancé des projets, investi, créé, appris, mûri, perdu des plumes, repris courage et souri, vivant intensément le cycle de la réinvention entrepreneuriale qui est celui de la ville même. Et aussi, je le crois, celui de la vie. Les électeurs de Reims, en m'empêchant d'être leur maire, m'ont poussé un jour dans un avion pour New York. Qu'ils en soient remerciés à jamais. Sans eux je serais resté cloué au sol. Ce n'est pas le ciel de Champagne que j'aurais trouvé bas et gris mais celui des notables qui ne se refont pas.

Aucune réinvention n'est le fruit unique de l'ambition, du talent et du travail ou à l'inverse le produit de l'échec ou de l'adversité. Elle est la réponse instinctive et imprévisible de ceux qui aiment la vie dans tous les états qu'elle nous donne. Je voulais être président de la République, j'ai été président de vingt associations, dont l'amicale parlementaire France-Somalie et la société de promotion du Pinot meunier. Cela ne m'a jamais ennuyé. Je voulais être l'ami du peuple, je l'ai été en faisant voter des lois pour les riches. Mon nom est associé à des pactes qui permettent à des entreprises de se renouveler, en transmettant le pouvoir à une nouvelle génération. Chaque pacte signé signale une entreprise qui perpétue des valeurs, un savoir-faire, des emplois et des territoires. Je voulais être Bill Gates, j'ai oublié de l'argent dans dix start-up, avec le sentiment d'avoir chaque fois pris quelque chose de plus utile que des dollars. Tombé amoureux d'une source d'eau pure en Charente, j'ai dessiné des bouteilles semblables au Chrysler Building, exploré le ventre des soutireuses et des remplisseuses, vendu des millions de packs dans les grandes surfaces. Je ne pense pas que Michel-Édouard Leclerc ait jamais patienté plus de cinq minutes dans mon antichambre de ministre du Commerce. J'ai souvent attendu plus d'une heure que le responsable « liquide » de ses magasins daigne recevoir l'insignifiant patron de PME que j'étais à ses yeux. Ainsi va la vie. Comme le dit Figaro, « forcé de parcourir la route où je suis entré sans le savoir, comme j'en sortirai sans le vouloir, je l'ai jonchée d'autant de fleurs que ma gaieté me l'a permis ». Certes, depuis, j'évite les centres E. Leclerc, qui tirent vers le bas les prix, les fournisseurs et ma gaieté. Je cultive plutôt la compagnie des entrepreneurs, qui m'émerveillent toujours autant, dans la réussite comme dans l'échec, et des artisans qui incarnent en France la dernière noblesse du travail, le travail libre. Les accompagner est ma dernière réinvention. Quand j'entends le mot « chef », je ne pense plus « chef d'État ». Je ne pense plus à Jacques Chirac, Nicolas Sarkozy, François Hollande, Emmanuel Macron, ces hommes que j'ai vus grimper sur une passerelle coupée de la salle des machines et aussi du magnifique spectacle de la mer. Je pense à Alain Ducasse, quand il lance sa manufacture de chocolats. Un jour, il décide de faire les meilleurs chocolats du monde. Un autre jour, il les fabrique. Puis il les distribue à Paris et à Tokyo. Je le sais, je suis actionnaire de son entreprise. Je vois le « chef » agir : il ne renonce jamais. Il se fout d'être réélu car il n'est candidat à rien. Il est intraitable sur la qualité. Il aime ce qu'il fait et déteste décevoir. Il invente et se réinvente. Chapeau bas !

Réussir... ensemble

par Denis Payre,
fondateur de Business Objects, Croissance Plus, Kiala et Nature and People First

Créer et développer une entreprise à deux

La réussite d'une entreprise est rarement une histoire solitaire. À la création, il y a souvent une équipe. Les plus grandes histoires ont presque toujours été écrites à plusieurs mains, les pionniers de la Silicon Valley David Hewlett et Bill Packard l'ont montré il y a déjà longtemps. On a connu bien sûr aussi Steve Jobs et Steve Wozniak au lancement d'Apple ou Bill Gates et Paul Allen à la fondation de Microsoft, ou plus récemment Larry Page et Sergey Brin au lancement de Google. J'ai eu la chance de connaître deux réussites entrepreneuriales successives avec chaque fois un associé dont l'expertise et la personnalité étaient complémentaires de la mienne. J'ai cofondé l'éditeur de logiciel Business Objects à Paris avec Bernard Liautaud en 1990. Bernard était un ingénieur diplômé de l'École centrale qui connaissait bien l'industrie du logiciel. Je l'avais connu chez Oracle France. Il s'est focalisé sur la partie produit et les finances de la société pendant que je me consacrais à mon domaine d'expertise, le développement marketing et commercial à travers le monde, la formation et le support client. Ensemble, nous avons convaincu les plus grandes entreprises et administrations en particulier aux États-Unis, le marché de référence de l'industrie du logiciel. Nous avions comme clients les plus grandes entreprises américaines comme Boeing, Disney, General Electric, General Motors, Goldman Sachs ou Texas Instrument et des institutions comme la Nasa, l'Université de Stanford ou la Federal Trade Commission. Nous avons conquis le monde, doublant notre chiffre d'affaires tous les ans, nous implantant dans cinquante-quatre pays, devenant leader mondial sur notre segment en seulement sept ans dans une industrie dominée jusque-là par les Américains. Notre IPO au Nasdaq en 1994, moins de cinq ans après la création de la société, était la plus réussie cette année-là d'après le *Wall Street Journal*. Cela nous a aussi valu l'ouverture de la chronique boursière de CNN car notre IPO était vingt fois sursouscrite et une nomination par *Businessweek* comme « Best Entrepreneurs » aux côtés de Steve Jobs et Steven Spielberg en 1996. Onze ans plus tard, la société deviendra un produit proposé mondialement par le géant du logiciel SAP. Il y aurait encore plus de 100 000 utilisateurs de Business Objects dans l'armée américaine en 2021.

Lorsque j'ai fondé Kiala en 2001, l'opérateur de point relais pour l'e-commerce, je l'ai fait avec un ingénieur aussi. Marc Fourrier était diplômé de l'École polytechnique et disposait d'une solide expérience dans la logistique, une industrie que je ne connaissais pas encore. Nous sommes partis avec un réseau de 100 relais et avons conquis une grande partie de l'Europe en dix ans avec un réseau de 7 000 relais allant de Rotterdam à Gibraltar. Nous avons eu une croissance moyenne de 50 % par an, nous avons attiré la plupart des grands acteurs de l'e-commerce comme Amazon ou Cdiscount ainsi que de nombreuses marques et acteurs de la distribution physique très actifs dans l'e-commerce comme Esprit, H&M, Lacoste ou Nespresso. Après quelques années de croissance, de succès et d'innovations, nous avons attiré l'attention du siège mondial de UPS à Atlanta, la référence de cette industrie. En 2012, la direction du leader mondial de la logistique nous a proposé de faire de notre société son centre d'expertise mondial dans notre domaine que UPS considérait comme un axe stratégique majeur. Le service a été rebaptisé UPS Access Point et est déployé dans un très grand nombre de pays du monde.

Le tandem a parfaitement fonctionné dans les deux cas. Non seulement nos expertises étaient complémentaires et couvraient un spectre très large et très difficile à couvrir pour un seul individu, mais nos personnalités se complétaient bien aussi. Lorsque l'un doutait, l'autre en général trouvait une bonne raison d'y croire. Lorsque l'un butait sur un problème, l'autre l'aidait en général à trouver la solution. Les échanges pouvaient être parfois vifs et directs, mais toujours respectueux. De ces confrontations d'idée et d'opinions sortait le meilleur pour l'entreprise.

Réussir avec ses collaborateurs

On ne réussit jamais seul ou même à deux. La réussite d'un projet entrepreneurial, surtout lorsqu'il est rapide avec des taux de croissance élevés, est en général le résultat d'une forte implication de tous les collaborateurs et non des seuls fondateurs. Dans toutes mes expériences entrepreneuriales, j'ai souhaité impliquer les collaborateurs dans la réussite du projet. Le moyen le plus efficace pour une entreprise innovante et en forte croissance est d'en faire des co-entrepreneurs, c'est-à-dire de leur permettre de devenir actionnaires progressivement. Je l'ai fait très largement chez Business Objects et Kiala. Pour Business Objects, cela n'a pas été simple car les outils existants pour cela étaient encore mal compris et mal utilisés dans les années 1990 et certains en ont donc abusé. Il existait des stock-options, c'est-à-dire un mécanisme qui permet à un employé de devenir actionnaire de son entreprise. Il peut acheter progressivement des actions pendant quatre ou cinq ans au prix du jour de son arrivée dans l'entreprise. Si l'entreprise se développe, la valeur de l'action augmente mais il peut continuer à les acheter au prix bas qui lui a été promis et encaisser une plus-value au bout de quelques années. Mais ce profit n'est pas garanti, l'entreprise doit réussir pour cela et il doit y contribuer par la qualité de son travail et la force de son engagement.

Nous avons utilisé cet outil pour attirer des collaborateurs et les fidéliser. Ce mécanisme servait à compenser la prise de risque des cadres issus de grands groupes stables qui décidaient de rejoindre les entreprises que j'avais fondées qui étaient plus fragiles surtout au début. Il servait aussi à compenser des salaires souvent plus faibles que ceux qu'ils recevaient. Nous n'avions pas toujours les moyens de leur payer les salaires élevés qu'ils touchaient dans des grands groupes. Or, malheureusement quelques dirigeants de très grands groupes, un très petit nombre, ont abusé de ce système. Ils s'attribuaient des stock-options avec des rabais, donc à un prix inférieur au cours de l'action, et réalisaient un profit immédiat. Nous n'aurions jamais fait cela car cela revenait à nous léser en tant qu'actionnaires fondateurs de l'entreprise. Malheureusement, plutôt que d'interdire cette pratique et d'enquêter pour voir si cette dernière était très large ou non, l'État a rapidement décidé de sanctionner tous les porteurs de stock-options existants en considérant ces pratiques comme du salaire déguisé et en leur faisant supporter des charges sociales rétroactives. Dans ce contexte, les stock-options n'avaient plus aucun intérêt pour nos salariés, elles étaient très lourdement fiscalisées, la France n'était plus compétitive en Europe. J'ai alors fondé l'association Croissance Plus pour regrouper les entreprises innovantes françaises qui étaient confrontées à cette difficulté. Nous avons obtenu en neuf mois la suppression de l'effet rétroactif de la loi et la création d'un nouveau mécanisme réservé aux jeunes entreprises, les BSPCE, les Bons de Souscription de Parts de Créateur d'Entreprise. Le régime fiscal appliqué est celui des plus-values, plus adapté à la notion de prise de risque entrepreneurial et à sa récompense. Ce mécanisme est aujourd'hui utilisé très largement par les entreprises de la French Tech et permet d'attirer des collaborateurs de haut niveau et de les fidéliser. Cet outil permet de motiver largement les salariés car il est souvent distribué à un grand nombre de collaborateurs, en partageant avec eux la création de valeur réservée jusque-là aux entrepreneurs et aux investisseurs. Ils ont partagé la prise de risque. Leur contribution à l'aventure collective est reconnue, ils peuvent s'épanouir pleinement et faire ensuite des projets : acheter un appartement ou créer une entreprise à leur tour. C'est un formidable outil pour développer un esprit d'équipe et souder des collaborateurs autour d'un projet commun.

Cette histoire témoigne d'une culture fiscale longtemps « punitive » pour ceux qui réussissent dans notre pays. Le déplafonnement de l'ISF (Impôt de Solidarité sur la Fortune) intervenu à cette même époque est un autre exemple encore plus éloquent de cette situation. Le gouvernement de l'époque cherchait à entrer dans les critères de Maastricht en anticipation de la création de l'euro. Plutôt que de chercher à faire des économies, il augmenta les impôts des plus riches, y compris les riches virtuels. En effet, l'ISF avait été plafonné à 50 % des revenus car on avait compris que les gens ayant des actions n'en tiraient pas forcément des revenus. Le déplafonnement mettait de nombreuses personnes, souvent des entrepreneurs, dans des situations impossibles car incapables de payer leur ISF tous les ans. Mon cas personnel était grave car non seulement mes actions de Business Objects ne me rapportaient rien, mais en plus elles étaient très difficiles à vendre pour diverses raisons techniques et fluctuaient en permanence fortement comme toute action d'une jeune société de technologie. Malgré mes efforts de pédagogie, je ne suis pas parvenu à faire évoluer les choses sur ce sujet. Risquant la faillite personnelle en cas de bulle spéculative comme la bulle Internet intervenue peu de temps après, je suis allé m'installer en 1998 à Bruxelles, la capitale de l'Europe, pendant dix ans jusqu'à ce que l'ISF soit replafonné en 2008. Je l'ai fait avec un projet européen puisque j'ai donné naissance à l'équivalent européen de Croissance Plus et j'ai sensibilisé la Commission européenne aux enjeux de l'innovation et de l'entrepreneuriat. Je continue à entreprendre depuis la France dans le domaine des énergies renouvelables avec une approche innovante dans le stockage d'énergie avec ma société Nature and People First. Nous nous engageons à ce que 25 % des personnels impliqués sur les chantiers de génie civil de nos projets soient issus de l'insertion, une dimension importante pour moi. Je suis plus convaincu que jamais que notre pays est une surdouée qui s'ignore et qu'il est capable de connaître à nouveau la prospérité s'il fait le choix de s'appuyer pleinement sur la créativité, le talent et l'énergie de ses entrepreneurs et de ceux qui veulent les accompagner dans leurs aventures. Il y a une formidable prime à la créativité dans une économie mondialisée, car une bonne idée peut être déployée rapidement dans le monde entier, et les Français ne manquent pas de bonnes idées. Je le constate tous les jours en accompagnant moi-même un certain nombre d'entre eux en tant que *business angel.*

Voir : Actionnaire ; Innover.

Risquer : le risque dans tous ses états[1]

par Denis Kessler,
président de SCOR,
membre de l'Institut

Le risque est une variable qui joue un rôle fondamental dans toutes les décisions humaines, aussi bien au niveau individuel qu'au niveau collectif. C'est une variable qui a comme principale caractéristique d'être « bipolaire ». L'idéogramme chinois pour le mot risque combine à juste titre deux idéogrammes, le danger et la chance.

Le pôle de risque chargé de négativité renvoie aux catastrophes et pertes, à la ruine, au désespoir, à la souffrance, à la mort. Le risque apparaît plus subi qu'agi. Redouté, le risque revêt la forme de l'adversité. Il est proche du mal, donc du malheur. Il est dévalorisé, on cherche à s'en prémunir et il est condamné quand il se manifeste. Le risque est un défaut, une imperfection, une erreur, une carence, une nuisance. Il suscite la peur, l'angoisse, l'incompréhension[2]. Le risque paraît largement « exogène » aux individus. Ils n'en portent pas la responsabilité, ils

1. Une version de ce texte a été présentée lors d'une séance solennelle de rentrée des cinq académies de l'Institut de France.

2. Delumeau, Jean, *La Peur en Occident*, Fayard, 1978.

« n'y sont pour rien », ou pour « pas grand-chose ». Accidents, dommages, catastrophes, sinistres... le risque crée des victimes[1]... Pendant longtemps, on voyait dans ces risques la volonté du divin, ou plus souvent encore celle du Malin. Quand le risque se manifeste, on invoque le destin, la malédiction, la fatalité !

Dans cette acception négative du terme, moins il y a de risques dans le monde, mieux on y vit. Élever le bien-être de la population passe donc par la réduction des risques de toute nature auxquels elle est exposée, contre son gré. Dès lors tout doit être mis en œuvre pour réduire les risques, pour protéger l'intégrité physique et morale de chaque membre de la collectivité. On s'efforce de protéger les personnes et les biens contre les catastrophes, qu'elles soient naturelles ou industrielles. Les pouvoirs publics multiplient normes de sécurité, actions de prévention, interventions, mises en garde pour minimiser la fréquence et la gravité des risques.

Le pôle de risques chargé de positivité renvoie à conquête, essai, tentative, réussite, succès, héroïsme. La prise de risque volontaire et assumée, par opposition au risque subi, est valorisée, voire glorifiée. Celui qui prend des risques est courageux, donc vertueux. Il cherche à gagner, tout en acceptant de perdre. Il cherche la victoire au risque de la défaite. « Qui ne risque rien, n'a rien », dit le dicton ! Le héros met sa vie ou ses biens en jeu, pour aller plus loin, au risque de tout perdre. « À vaincre sans péril on triomphe sans gloire ! » *Ad augusta per angusta*. Le héros est celui qui a pris des risques, il revêt nécessairement une dimension homérique. Hercule, demi-dieu, devient héros parce qu'il ose affronter des risques insensés. Tous admirent ceux qui prennent des risques et entrent dans la cage aux lions, montent sur le ring, sautent à l'élastique.

1. Kessler, Denis, « L'ère de la vulnérabilité », *Risques*, 2006.

Cette bipolarité du risque renvoie d'ailleurs à l'acception psychologique du terme : le risque peut engendrer un état de dépression et de souffrance ou un état d'excitation et de plaisir.

Un monde probabiliste

Définissons plus avant le concept moderne de risque. Il est apparu dès lors que l'on a abandonné la conception d'un monde déterministe – où le destin est préécrit, où la providence est omniprésente, où la fatalité gouverne – pour une conception du monde probabiliste. Ce fut une révolution qui remonte au XVIIIe siècle, dans laquelle le tremblement de terre de Lisbonne survenu le 1er novembre 1755 joua un grand rôle comme le vit Voltaire avec son génie[1]. C'est à cette même période de l'histoire que les mathématiques forgèrent les concepts clés de la probabilité et de la statistique. Après les travaux de Cardano (1501-1576), Fermat (1605-1665), Pascal (1623-1662), ce furent Bernoulli (1654-1705), Lagrange (1736-1813), Laplace (1749-1827), Gauss (1777-1855), et plus tard Borel (1871-1956), Itō (1915-2008), Arrow (1921), Nash (1928-2015)...

Quel que soit le phénomène considéré, il existe toujours plusieurs « états du monde » possibles. Chacun de ces « états » est spécifique, original, différent des autres. L'occurrence d'un de ces « états du monde » suit une loi de probabilité. Certains de ces états du monde sont connotés négativement, d'autres états du monde sont au contraire connotés positivement. Ces états du monde surviennent en suivant des lois de distribution spécifiques que la science dans chaque domaine doit mettre en évidence. Ces lois de probabilité sont très diverses et doivent être explicitées.

1. Voltaire, *Poème sur le désastre de Lisbonne*, 1756.

Ces lois peuvent être complètes ou incomplètes, stables ou évolutives, elles peuvent être théoriques ou empiriques, claires ou ambiguës. Toute l'histoire de la connaissance a conduit à identifier, comprendre et vérifier ces lois de probabilité. La sismologie se substitue à la volonté divine, la génétique à la malédiction, la biologie à la sorcellerie.

À chaque état du monde est associée une utilité, qui diffère d'une personne à l'autre. Un gain ou une perte de 1 000 euros n'a pas la même valeur d'un parieur à un autre. Pour comprendre les règles de décision face aux risques, chacun cherche à maximiser son utilité en pondérant les utilités associées aux états du monde par leur probabilité de survenance. Dès lors l'espérance mathématique remplace la volonté divine[1] ! Et la prévoyance et la science l'emportent sur la Providence et l'obscurantisme.

Risques et incertitude

Le risque est avant tout un problème de connaissance. L'économiste Frank Knight définit ainsi deux sphères distinctes : celle du risque – univers des probabilités et des statistiques – et celle de l'incertitude – ou du hasard pur, de l'inconnu qui semble n'être régi par aucune loi[2]. Quand l'incertitude absolue règne, l'avenir n'est pas connu et ne peut pas l'être. On ne peut pas penser l'impensable, imaginer l'inconnu inconnu. Mais grâce aux progrès continus de la connaissance, dans tous les domaines, la sphère des risques n'a eu de cesse de s'accroître et celle de l'incertitude de recéder.

1. Bernoulli, Jacques, *Ars Conjectandi*, Partie IV, traduction de Meusnier, 1713.

2. Knight, Frank H., *Risk, Uncertainty, and Profit*, Signalman Publishing, 2009.

Dans l'univers probabilisable, le risque prend la forme d'une variable aléatoire dont le comportement est décrit par une distribution de probabilité. C'est le tirage dans cette loi de probabilité qui est aléatoire. John Graunt a certes découvert la loi de mortalité en 1662[1], mais l'on ne sait pas pour autant quand chacun d'entre nous sera appelé à quitter cette basse terre. Ce n'est pas parce que l'on comprend désormais la sismicité du Portugal à cheval sur une zone de subduction entre les plaques tectoniques africaine et eurasiatique, que l'on peut savoir avec certitude que la terre tremblera le jour de la Toussaint à Lisbonne. Et si elle avait tremblé le lendemain, le sort du monde eût pu en être changé...

« Le risque n'est pas l'événement, l'aléa, l'accident, la chance ou la malchance, mais une certaine manière de les faire exister à travers quoi ils trouvent désormais objectivité et valeur. Pas de risque naturel. Pas de risque sans une certaine forme de calcul, d'analyse, d'expertise. Le risque est une forme de savoir[2]. » Il existe bel et bien une science des risques.

L'univers des risques est en expansion

Les risques sont inhérents à notre condition humaine. Ils sont omniprésents, protéiformes, évolutifs, mutants, accidentels ou sériels, indépendants ou corrélés, visibles ou latents... Si l'on considère leur pôle négatif, il faut partir des risques liés à la nature. Depuis l'aube de l'humanité, les hommes ont craint les catastrophes naturelles. La Bible les évoque toutes. Éruptions volcaniques,

1. Dupaquier, Jacques, *L'Invention de la table de mortalité. De Graunt à Wargentin (1662-1766)*, PUF, Paris, 1996, 177 p.

2. Ewald, François, Kessler, Denis, « Les noces du risque et de la politique », *Le Débat*, n° 109, 2002.

inondations jusqu'au déluge, tremblements de terre, sécheresses, tempêtes...[1]. On les appelle d'ailleurs *Acts of God* dans l'assurance. Ces catastrophes sont toujours présentes, et peuvent être plus dévastatrices qu'auparavant compte tenu de la croissance et de la concentration des populations dans les régions les plus risquées de la planète.

S'y ajoutent les « risques du fait de l'homme ». Chaque développement technologique et chaque activité économique nouvelle crée des risques nouveaux même s'ils contribuent à résoudre des risques existants : accidents aériens, explosions nucléaires, cyber-risques. S'y rajoutent enfin les « risques du fait du diable » : crimes, guerre, terrorisme, tout ce qui relève des destructions volontaires, des actes de barbarie.

Les grandes catastrophes, qu'elles soient le fait de Dieu, de l'homme ou du diable, rythment l'histoire comme un tambour erratique et marquent tant la conscience que l'inconscience humaine : Pompéi (79), la peste noire (1347-1352), le grand incendie de Londres (1666), le tremblement de terre de San Francisco (1906) et celui de Tokyo (1923), le *Titanic* (1912), la grippe espagnole (1918), le World Trade Center (2001), aujourd'hui la pandémie de Covid-19...

L'univers des risques est bel et bien en expansion. Les risques sont de plus en plus complexes, imbriqués, interconnectés, globalisés. La question dès lors est de les maîtriser car la demande de sécurité est – paradoxalement – croissante dans le monde moderne.

1. SWISS RE, Sigma Report, 2016 : les catastrophes naturelles représentent environ ¾ des pertes liées aux dommages aux biens et aux personnes.

L'aversion aux risques est la chose au monde la mieux partagée

Dans un univers probabilisable, il faut prendre sans cesse des décisions... qui seront risquées : choix d'un emploi, d'un conjoint, d'un placement, d'une thérapeutique, d'un sport... Chacun d'entre nous a une attitude spécifique face aux divers risques qu'il doit affronter ou auxquels il décide de volontairement s'exposer. Certains préféreront un emploi stable mais mal rémunéré, d'autres un emploi risqué et mieux rétribué. Souvenons-nous du *Salaire de la peur* ! L'un choisira un placement obligataire avec un rendement faible, son voisin un placement en actions risqué mais avec un rendement espéré plus élevé. On fera des sports dangereux ou on les regardera à la télévision en pantoufles... On fera appel d'un jugement au risque d'une aggravation de la sentence ou l'on acceptera le verdict de première instance.

De manière schématique, on estimera qu'une personne a de l'aversion aux risques si, à espérance mathématique identique – empocher 500 euros ou risquer d'en gagner 1 000 avec une probabilité de 50 % –, elle choisira d'empocher les 500 euros. Le choix inverse signifiera qu'elle a un goût du risque[1].

L'aversion aux risques est ce que les économistes appellent une « préférence », une donnée, qu'il ne convient pas d'expliquer : « *De gustibus non est disputandum*[2] ». Et le monde paraît partagé entre les « riscophiles » – minoritaires – et les « riscophobes » – beaucoup plus nombreux. Le désir de sécurité paraît très prégnant : l'aversion aux

1. Kahneman, Daniel, Tversky, Amos, *Prospect theory : an analysis of decision under risk*, Econometrica, volume 47, 2, 1979.

2. Cette sentence scholastique a été reprise par le prix Nobel d'économie Gary Becker dans un article qu'il a écrit avec Georges Stigler, sur les préférences des agents économiques : « *De gustibus non est disputandum* », *American Economic Review*, 1977.

risques est la chose au monde la mieux partagée. La science économique notamment expérimentale a essayé de mieux mesurer cette variable fondamentale qu'est l'aversion aux risques : elle paraît ainsi plus forte quand un agent fait face à un risque de perte que quand il fait face à un risque de gain. De même les économistes distinguent désormais aversion absolue et aversion relative aux risques, risque de perte et risque de ruine.

Reconnaissons que tous n'ont pas une vision claire des risques qu'ils affrontent et ne connaissent pas nécessairement les distributions de probabilités sous-jacentes. Ils ont une information imparfaite et les probabilités subjectives diffèrent des probabilités objectives. Ceci est d'autant plus le cas que l'on considère des risques à fréquence faible.

Le degré d'aversion aux risques dicte très largement la plupart de nos comportements économiques, financiers et sociaux, individuels et collectifs, donc, fondamentalement, nos choix politiques.

Il y a un domaine dans lequel un principe doit être respecté : le dommage issu du risque que l'on fait peser à autrui doit être réparé, principe clé au cœur de la responsabilité civile. Encore faut-il que l'auteur du dommage ait les moyens de le réparer. C'est précisément un des rôles des institutions d'assurance. La responsabilité civile étant toujours l'objet d'une couverture obligatoire, condition d'un ordre social.

La multiplicité des institutions de gestion des risques

Le fait que nous n'ayons pas tous la même aversion au risque rend possible l'émergence d'un « marché des risques » où certains paieront une certaine somme pour s'en protéger et d'autres se feront rémunérer pour les porter. Ainsi, un marché des changes permet de se couvrir contre les fluctuations des monnaies, un marché à terme contre les fluctuations des prix, un marché boursier contre les risques de ruine liés à la faillite d'une entreprise.

Des organisations dédiées à la gestion des risques par leur mutualisation se multiplient : corporations, sociétés de secours mutuel ou caritatives, mutuelles, banques, assurances, sécurité sociale. Regrouper les risques dans des organisations dédiées (banques, assurances) crée un risque nouveau, celui de leur insolvabilité : banqueroute ou faillite. D'où la multiplication des règles prudentielles (telles Bâle III, Solvabilité II) par les pouvoirs publics soucieux de stabilité. Ceux-ci d'ailleurs invoquent depuis la crise de 2007 le risque systémique, écroulement du système financier, pour renforcer les dispositifs prudentiels.

Remarquons également que des institutions comme la famille, les associations, les entreprises ou les États ont comme *prima ratio* la gestion des risques des membres qu'elles regroupent. Allons plus loin, les contrats dans tous les domaines, notamment économiques, sont souvent des contrats de partage des risques entre les agents qui les concluent. Ces contrats sont complexes parce que l'information des parties est souvent imparfaite, asymétrique[1], que les agents poursuivent des objectifs stratégiques et que la conclusion des contrats modifie l'univers des risques, phénomène connu sous le nom d'aléa moral[2]. Jacques Rueff avait ainsi avancé l'argument que la couverture par l'assurance chômage avait comme effet paradoxal d'augmenter le chômage[3].

1. Ce qui donne lieu au phénomène d'antisélection.

2. Akerlof, George A., « The market for lemons : quality uncertainty and the market mechanism », *The Quarterly Journal of Economics*, 1970.

3. Jacques Rueff, membre de l'Académie des sciences morales et politiques et de l'Académie française.

Compte tenu de l'aversion moyenne élevée aux risques de la population, le législateur est très actif pour protéger les citoyens dans tous les domaines. Il n'a eu de cesse de mettre en place des mutualisations des risques au niveau national dans le domaine de la vieillesse, de la maladie, des accidents du travail. Il a constamment multiplié les législations pour prévenir les risques, augmenter la sécurité, indemniser les victimes. La gestion des risques devient la mission moderne de l'État, présentée comme le principal vecteur du progrès social.

Nous sommes désormais rentrés dans la « société du risque », pour reprendre l'expression d'Ulrich Beck. Au-delà des risques traditionnels, la société s'organise pour lutter contre le risque d'exclusion, de discrimination sexuelle, de ségrégation, de déclassement, de pauvreté. Au niveau mondial, la mobilisation des États porte sur les risques liés au changement climatique[1].

La noblesse de la prévention, le danger de la précaution

Dans la société du risque, tout doit être mis en œuvre pour faire baisser la fréquence des risques et, lorsqu'ils surviennent, leur gravité. C'est la noblesse de la prévention[2]. Dans le domaine des risques technologiques – du fait de

1. Première manifestation d'une gestion planétaire d'un risque global.

2. On peut à la fois réduire le risque d'accidents sur la route et leur gravité lorsqu'ils surviennent (port de la ceinture, voitures équipées de dispositifs de sécurité...). On ne peut pas réduire la fréquence des tremblements de terre ou des cyclones, mais on peut réduire les dommages humains et matériels qu'ils produisent : construction antisismique ou anticyclonique). Il est enfin possible de prévoir des dispositifs de

l'homme –, les normes de sécurité se sont multipliées, à la suite notamment des grands accidents industriels.

Si la prévention mérite d'être encouragée, il faut être plus circonspect avec le principe de précaution. S'il signifie qu'il faut s'abstenir de développer des technologies dès lors qu'il existe une incertitude sur leurs conséquences, ce principe de précaution est lui-même… dangereux. En l'absence de limites fixées à ce nouveau principe, son application irraisonnée conduira sans doute à un ralentissement marqué du progrès scientifique et des innovations qui bénéficient pourtant *in fine* à l'ensemble de la collectivité. Il aurait fallu éviter de lui donner une valeur constitutionnelle[1].

La société du risque soulève trois questions fondamentales. La première relève de la responsabilité : en généralisant une responsabilité sans faute associée à des indemnisations *Urbi et orbi*, elle multiplie les statuts de victimes au risque de déresponsabiliser les citoyens. En second lieu, la société du risque pose un problème de liberté : la prise en charge de tous les agents économiques, la multiplication des interventions et des normes pour contrôler leur comportement dans tous les domaines de l'existence assorties de sanctions peuvent constituer des entraves à la liberté. Enfin, si la société du risque a raison d'encourager la prévention, elle ne devrait pas ériger le principe de précaution au niveau constitutionnel. Il y va de la poursuite du progrès scientifique et technologique.

Finalement, le grand danger de la société du risque insistant sur sa réduction ou l'éradication des risques est

---

secours et d'assistance lorsque le risque est survenu pour limiter ses conséquences sur les hommes et sur les biens.

1. En 2016, une école de Caen a dû supprimer un enclos dans sa cour de récréation où vivaient deux poules « au nom du principe de précaution ».

que ceci pourrait conduire à dévaloriser la prise de risque dans son acception positive. À force d'être obnubilée par son pôle négatif, la société du risque pourrait conduire à étouffer son pôle positif. Cela serait dramatique car la prise de risque, l'acceptation du risque, est un élément fondamental des sociétés en progrès.

Le risque est au cœur de l'entrepreneuriat. Pour que des entreprises naissent et se développent, que des nouvelles technologies voient le jour... il faut que des gens se mettent en risque, risquent leur nom, leur réputation, acceptent de connaître l'échec, de se retrouver faillis, ruinés... S'ils prennent le risque d'entreprendre, c'est parce qu'ils en attendent un gain, un bénéfice, la fortune, la reconnaissance. Ils cherchent à bâtir empires et dynasties. La concurrence, moteur de l'histoire économique, est elle-même à la fois créatrice et destructrice, comme l'a démontré Schumpeter. Accepter la concurrence, c'est accepter d'être contesté au sens économique du terme, c'est-à-dire d'être évincé du marché, dépassé par des concurrents plus performants, supplanté par des technologies que l'on ne parvient pas à maîtriser.

Valoriser la prise de risque, c'est d'abord ne pas reprocher l'échec, et surtout accepter que la réussite soit dûment reconnue et récompensée. L'innovateur, le créateur, l'entrepreneur sont des figures qui devraient être respectées. Leur rôle devrait être magnifié et leur fortune, s'ils réussissent, ne devrait pas être confisquée par des prélèvements spoliateurs. Ce n'est d'ailleurs pas un hasard que le mot « fortune » ait un double sens...

Ces réflexions concernent également tous les acteurs de la création (peinture, musique, architecture, cinéma) qui prennent des risques, bouleversent l'ordre établi, transgressent les codes, s'attirent les critiques et font avancer les arts, élargissent la culture, approfondissent notre vision du monde, cultivent notre sentiment du Beau. Car par essence, la création est un processus risqué, à l'instar de l'entrepreneuriat.

Pour une nouvelle culture du risque

Laisser accroire que l'on parviendra à éradiquer les risques sur terre – c'est notamment la thèse du risque zéro – est trompeur. Même si l'on comprend de mieux en mieux l'ensemble des phénomènes naturels, économiques et sociaux grâce aux progrès de la connaissance qui nous permettent de mieux identifier, mesurer et prévoir les risques, leur éradication totale est d'autant plus chimérique que les risques mutent au cours du temps, et changent tout à la fois d'ampleur et de nature.

Tout au contraire, développons une culture du risque, empêchons que les craintes que fait naître le développement des sciences et des techniques conduisent à un nouvel obscurantisme. La société doit accepter l'aléa, ne pas redouter l'incertitude, ne pas se réfugier dans des croyances irrationnelles... Affirmons haut et fort que « sans prise de risques, pas de progrès » ! Oui à la société du risque, à condition qu'elle respecte les principes de responsabilité, de liberté et de créativité. Et la société doit davantage reconnaître que la prise de risque doit être valorisée, reconnue, rétribuée !

C'est au travers de la recherche d'un nouvel équilibre entre le pôle négatif des risques, son versant noir, et son pôle positif, que l'on pourra mieux combiner le principe d'indemnité et le principe de liberté, conjuguer amélioration du bien-être et progrès économique.

Voir : Actionnaire ; Assurer ; Concurrence et marché ; Créer ; Innover ; Oser.

S

Schumpeter, Joseph

par Christian de Boissieu,
professeur émérite à l'université de Paris I (Panthéon-Sorbonne),
vice-président du Cercle des économistes,
ancien président du Conseil d'analyse économique

Joseph Schumpeter naît en 1883, l'année de la mort de Marx et de la naissance de Keynes. Tout un symbole. Car Marx sera pour lui une référence constante. Loin du marxisme, il sera toute sa vie durant un « marxien », un admirateur de la puissance d'analyse du théoricien du socialisme. Keynes sera pour lui, sous l'angle de la pensée économique, un cousin lointain. Mais avec des ancrages éloignés : Schumpeter reste toute sa vie imprégné de l'œuvre de Walras et de sa théorie de l'équilibre général, alors que Keynes construit sa macro-économie en rupture avec cette dernière. Alors que les années 1930 ont suscité et valorisé la théorie keynésienne et la régulation de la demande globale, la crise financière mondiale enclenchée en 2007-2008 comme celle du Covid-19 avec son cortège de défis économiques et sociaux ont ramené au premier plan Schumpeter, l'importance de l'offre et le caractère vital de l'innovation. Schumpeter est de nouveau à la mode, dans le bon sens du terme, et à mon avis pour longtemps.

Schumpeter était autrichien puis naturalisé américain. Après des études de sociologie et d'économie à Vienne, il est successivement avocat, professeur d'université, éphémère ministre des Finances de l'Autriche en 1919-1920, banquier, revient à l'Université, puis émigre à Harvard à compter de 1932 jusqu'à sa mort dans le Connecticut en 1950. D'une œuvre à la fois foisonnante mais unitaire dans les questions posées et les réponses apportées, il faut retenir sa *Théorie du développement économique* (1911), *Capitalisme, Socialisme et Démocratie* (1942), et la monumentale *Histoire de l'analyse économique,* inachevée et éditée à titre posthume, à ce jour toujours inégalée en exhaustivité et profondeur d'interprétation.

Schumpeter, le pape de l'innovation

Notre auteur fait une distinction centrale entre le *circuit* et l'*évolution.* Le circuit correspond au régime stationnaire, à une pure économie d'échange : le système se reproduit à l'identique dans le temps. Chez Schumpeter, ce sont les entrepreneurs qui, grâce à l'innovation, permettent de sortir de l'état stationnaire et d'engendrer le mouvement, ce qu'il appelle l'évolution. Les entrepreneurs sont « les agents économiques dont la fonction est d'exécuter de nouvelles combinaisons et qui en sont l'élément actif ». Plus précisément, leur fonction principale va être de transformer une invention en innovation.

Schumpeter donne à l'innovation un sens large, puisqu'il propose d'y voir l'un des cinq événements suivants :

(i) la fabrication d'un bien nouveau ;

(ii) l'introduction d'une méthode de production nouvelle ;

(iii) l'ouverture d'un débouché nouveau (idée d'un marché nouveau pour une branche ou une entreprise en particulier) ;

(iv) la conquête d'une source nouvelle de matières premières ou de produits semi-ouvrés ;

(v) la réalisation d'une nouvelle organisation.

Cette vision extensive de l'innovation reste canonique plus de cent ans après sa première présentation. Elle me paraît trop large pour être pleinement opérationnelle. En particulier, les cas (iii) et (iv) conduisent à confondre innovation et aire de marché pertinente, innovation et modification des facteurs de production. Pour appréhender la réalité de la vie des firmes, il faut entendre par innovation soit l'apparition d'un nouveau produit ou service, soit la mise place de nouveaux procédés ou nouvelles technologies, soit la création de nouvelles formes d'organisation. Avec, pour ces différents événements, la nécessité mais aussi la difficulté de distinguer *ex ante* (dans l'*ex-post*, c'est toujours plus facile...) les innovations majeures, qui constituent de vrais sauts qualitatifs, des innovations mineures (ou marginales).

L'innovation n'est pas un processus continu. Elle intervient « en grappes ». Se succèdent ainsi des phases d'accélération puis de « digestion » de l'innovation. L'idée de grappes d'innovation fait référence à ces moments privilégiés de rupture dans les produits, dans les technologies et dans les modes d'organisation, mais aussi aux effets d'entraînement et aux externalités positives nés de l'enclenchement du processus d'innovation. La concentration des efforts dans l'espace et dans le temps évoque aussi bien la Silicon Valley que la démarche des pôles de compétitivité, illustre tant la nouvelle économie des années 1990 que les ruptures dues depuis dix ans à la blockchain et à l'intelligence artificielle. C'est ce côté discontinu, non linéaire de l'innovation qui rend incertain tout exercice prospectif en l'espèce. Je pense, par exemple, aux « grappes » d'innovation à venir pour limiter les émissions de CO_2 dans les transports et le logement, et en même temps la difficulté fondamentale d'anticiper les futurs points de bifurcation technologique.

Vu les liens chez Schumpeter entre les entrepreneurs et l'innovation, on ne s'étonnera pas que, pour lui, le profit soit la juste rémunération de l'innovation. « Le profit est par essence le résultat de l'exécution de nouvelles combinaisons », est-il affirmé dans la *Théorie du développement économique*.

La fécondité de l'idée de destruction créatrice

La destruction créatrice, au centre de l'analyse de Schumpeter, est présentée comme « un processus de mutation industrielle qui révolutionne incessamment de *l'intérieur* [souligné par lui] la structure économique, en détruisant continuellement ses éléments vieillis et en créant continuellement des éléments neufs. Ce processus de destruction créatrice constitue la donnée fondamentale du capitalisme ».

Ce concept renvoie à l'articulation entre la vie et la mort, entre les nouveautés dans tous les domaines (l'innovation) et l'ancien monde... On pense aussi au *Bérénice* de Racine : « Que le jour recommence, et que le jour finisse... »

La destruction créatrice comporte une forte dimension technologique. Les nouvelles technologies déclassent les anciennes. Mais souvent, plutôt que de substituer complètement à elles, elles les côtoient tout en prenant une place croissante. Je pense par exemple à la monétique : la monnaie digitale réduit la part du cash dans tous les pays, mais le cash ne va pas disparaître pour autant de nos économies car les habitudes, le lien psychologique qui subsiste chez beaucoup avec la monnaie tangible malgré les attraits de la monnaie virtuelle, les besoins (moins avouables...) de l'économie parallèle vont continuer à alimenter une demande d'espèces sonnantes et trébuchantes.

C'est pendant la crise que la destruction (de firmes, de secteurs...) s'intensifie. On pense bien sûr aujourd'hui aux secteurs durablement sinistrés du fait du Covid-19 (aéronautique, tourisme, automobile, hôtels et restaurants...), comme à nombre de PME. Pour Schumpeter, c'est justement durant la crise qu'émergent les innovations qui vont permettre une reprise « créatrice ». Espérons qu'il en sera ainsi en 2021-2022 !

Je vais m'arrêter sur deux exemples concrets. Le premier exemple se réfère à la natalité et à la mortalité des entreprises en France. Jusqu'au début des années 1990, la France était assez peu performante pour la création d'entreprises, aussi parce qu'elle vivait mal leur mortalité. À la différence des États-Unis, la faillite était pour l'intéressé(e) un stigmate social, financier... difficile à effacer. Les choses ont changé lentement mais sûrement. Le boom de la création d'entreprises a accompagné une attitude collective moins pénalisante vis-à-vis de la faillite. Voilà un domaine où la dialectique entre natalité et mortalité, au cœur de la destruction créatrice, fonctionne.

Deuxième exemple, l'impact du progrès technique. Lors de précédentes révolutions industrielles, la thèse d'Alfred Sauvy s'appliquait *grosso modo* : le progrès technique commence par détruire des emplois – il est « récessif » – avant d'en créer de nouveaux dans d'autres secteurs voire dans les secteurs directement concernés. Le progrès technique, sur le moyen-long terme, devient alors « processif ». On peut représenter le tout par une courbe en (J), la question cruciale étant le temps passé dans le creux et le délai nécessaire pour remonter le long de la barre verticale du (J) lorsque les créations de nouveaux emplois l'emportent sur les destructions d'emplois anciennement installés. À la suite des précédentes révolutions technologiques, les créations d'emplois ont pu souvent, dans le long terme, dépasser les destructions d'emplois. En sera-t-il de même avec l'actuelle révolution numérique ? Aujourd'hui, chacun y va de sa réponse selon ses croyances et son degré d'optimisme ou de pessimisme. Deux remarques cependant : 1/ l'indispensable transition écologique va créer de nouveaux emplois dans l'économie et la finance vertes, mais elle ne suffira pas à elle seule à compenser les emplois perdus du fait du numérique ; 2/ à ne considérer que le seul secteur de la banque et de la finance, l'essor des fintechs et de toutes sortes de plateformes va, même à long terme, engendrer des destructions nettes d'emplois. Sur le plan macroéconomique, la difficulté est de savoir si ces pertes nettes seront compensées, voire surcompensées par des créations dans d'autres secteurs. Il n'est pas évident du tout que nous puissions cette fois-ci remonter rapidement la barre verticale du (J). Le débat ouvert ici reste partiel, puisqu'il est centré sur la quantité de travail et qu'il néglige la question cruciale de la qualité de ce travail…

Marx et Schumpeter ont en commun d'annoncer la disparition du capitalisme et l'avènement du socialisme. Une différence notable cependant : pour Marx, une telle transition est à la fois inéluctable (baisse tendancielle du taux de profit et nombreux autres arguments) et souhaitable, alors que pour Schumpeter elle est tout bonnement inéluctable. Dans *Capitalisme, socialisme et démocratie*, il refuse d'adopter un point de vue normatif, et décrit ce qui va selon lui arriver.

Cette prédiction sur la fin du capitalisme doit être interprétée dans son contexte : les séquelles de la crise de 1929, la déflation des années 1930 et la glissade vers la Seconde Guerre mondiale, l'éclosion des thèses stagnationnistes à la fin des années 1930 avec nombre d'économistes post-keynésiens s'inquiétant de la disparition des « occasions d'investissement ».

Il faut savoir gré à Schumpeter d'avoir élargi le débat sur la dynamique du capitalisme en dépassant les arguments purement économiques. Selon lui, les principaux défis ne viennent pas de la rareté des « occasions d'investissement », du ralentissement démographique, de la disparition des opportunités nées du recul de la « frontière » (argument si conséquent dans le contexte américain)... Ils proviennent de facteurs culturels, sociologiques. De l'intérieur même, le capitalisme perdrait ses soutiens (hostilité croissante des « intellectuels » et désintégration de la bourgeoisie), il connaîtrait un « crépuscule de la fonction d'entrepreneur », il remettrait en cause ses deux piliers, la propriété et la liberté de contracter.

Schumpeter s'est trompé dans ses prédictions. C'est le socialisme qui s'est effondré, pas le capitalisme. Lui, le pape de l'innovation, a sous-estimé la capacité de rebond du système et de dépassement des crises périodiques auxquelles il est exposé grâce... aux innovations. Mais cette erreur de prédiction n'entache pas la portée du message : il faut améliorer le fonctionnement du capitalisme et renforcer le processus démocratique nécessaire à sa bonne marche, et cela ne peut passer que par une perspective à long terme, une intégration des considérations économiques, culturelles, morales et par une réduction des inégalités (qu'il évoque déjà !).

Voir : Destruction créatrice ; Innover ; Travail demain.

Sens, raison d'être et leadership

par Hubert Joly,
ancien président-directeur général de Best Buy
et du Groupe Carlson,
professeur à Harvard

L'entreprise à sens humain : une affaire de cœur

Au début des années 1990, alors que j'étais associé chez McKinsey, deux de mes collègues et moi avions invité Jean-Marie Descarpentries, alors à la tête de Bull, à dîner. Notre but était de voir comment nous pouvions éventuellement l'assister dans sa tâche. Mais au lieu d'une discussion commerciale, ce dîner s'est avéré être le début d'un tournant décisif dans ma pensée à propos de la nature et du rôle des entreprises, et par conséquent de mon approche de leur gestion.

« La finalité de l'entreprise n'est pas de gagner de l'argent ! » nous déclara Jean-Marie Descarpentries avec aplomb lors de notre dîner, alors qu'il nous faisait part de discussions récentes tenues au cours d'une réunion de chefs d'entreprise.

Cette affirmation me sidéra. Ce qu'affirmait Jean-Marie allait à l'encontre de tout ce que j'avais appris lors de ma formation à HEC, ainsi qu'au cours de ma carrière de consultant. L'impact de l'économiste Milton Friedman et de sa philosophie, selon laquelle l'unique objectif des entreprises est de maximiser les profits au bénéfice des actionnaires, dominait le monde des affaires.

Mais si la finalité de l'entreprise n'est pas le profit, quelle est-elle ?

Quinze années à la tête de grandes entreprises internationales, en France et aux États-Unis, m'ont conduit à développer la vision d'une « entreprise à sens humain », loin de la poursuite effrénée du profit à court terme. Bien sûr, les entreprises doivent être rentables, mais le profit est un impératif et une conséquence, et non un objectif en soi ou une raison d'être. Contrairement au credo de Milton Friedman, ma conviction est que les entreprises doivent aujourd'hui mettre les collaborateurs au cœur d'un projet mobilisateur servant le bien commun. C'est ainsi qu'elles peuvent non seulement satisfaire, simultanément, l'ensemble de leurs parties prenantes – collaborateurs, clients, fournisseurs, actionnaires et communautés au sens large – mais également produire des résultats extraordinaires, voire inattendus. Cette philosophie est à la base de ce que nous avons réussi à construire avec les équipes de Best Buy, géant américain de la distribution qui, au bord du gouffre en 2012, a su survivre, puis prospérer, de manière totalement improbable et avec un succès retentissant, face à Amazon, alors que tout le monde prévoyait la disparition de l'enseigne.

Facile à énoncer, cette approche de l'entreprise à sens humain est en réalité difficile à mettre en œuvre. Elle requiert de repenser profondément notre vision du travail, notre définition de la nature et de la finalité de l'entreprise, comment mobiliser les femmes et les hommes qui y travaillent, et notre vision du leadership.

Pour quoi travaillons-nous ?

Notre société a longtemps considéré le travail comme un mal nécessaire, voire une punition liée à une faute commise par un certain Adam. Pourtant, la plupart des religions considèrent le travail de façon positive, en particulier comme un moyen de servir les autres. À l'image du psychiatre autrichien Viktor Frankl, pour qui la condition humaine se définit principalement par le besoin de donner un sens à notre vie, nous pouvons choisir de voir le travail, certes comme un moyen d'assurer notre existence, mais aussi comme une plateforme au service de cette quête de sens. Comme l'a dit le poète Khalil Gibran : « Le travail est l'amour rendu visible. »

Quelles sont la nature et la finalité de l'entreprise ?

La primauté des actionnaires affirmée en 1970 par Milton Friedman a conduit les entreprises à faire de la recherche du profit leur raison d'être. Or, l'histoire ne manque pas d'exemples démontrant qu'une focalisation excessive sur le profit est dangereuse pour l'entreprise, la société et la planète. Le rejet montant de notre système économique est lié en grande partie au fait que cette obsession du profit est responsable de trop grandes inégalités sociales ainsi que de la crise environnementale à laquelle nous faisons face.

Pour moi, l'entreprise n'est pas une machine à profits sans âme, mais essentiellement une organisation humaine, composée d'individus qui collaborent à la poursuite d'un objectif qui doit être, d'une manière ou d'une autre, de contribuer au bien commun. Défini comme tel, cet objectif fournit un sens collectif qui rallie collaborateurs et parties prenantes, et de ce fait est l'étoile polaire qui doit guider la stratégie et les activités de l'entreprise. Cet objectif, ou sens collectif, peut être défini pour chaque entreprise en cherchant à l'intersection des besoins qui existent dans le monde, de ce qui passionne les collaborateurs, du savoir-faire de l'entreprise, et de ce qui lui permet d'être rentable.

C'est ainsi que Best Buy a redéfini sa raison d'être autour d'une finalité humaine : enrichir la vie de ses clients à travers la technologie, en répondant à leurs besoins humains en matière d'alimentation, d'éducation, de communication, de créativité, de productivité, de santé et de loisirs. Cette raison d'être va au-delà de la définition traditionnelle de l'activité de Best Buy (commerce de produits électroniques et électroménagers). Ce n'est pas un slogan vide. Cette raison d'être sert d'ancrage à la stratégie de l'entreprise. Elle a conduit l'entreprise à lancer des initiatives stratégiques porteuses, telles que son entrée dans le domaine de la santé des personnes âgées ou le développement d'une offre de services liés à l'équipement et à la gestion de nos logements de plus en plus connectés.

Dans la poursuite de sa raison d'être, l'entreprise à sens humain s'intéresse non seulement aux actionnaires mais à toutes les parties prenantes. Les entreprises comprennent aujourd'hui qu'un environnement et une société en bonne santé sont indispensables à leur prospérité et qu'il est de leur responsabilité d'en prendre soin.

Cette vision ne s'applique pas uniquement lorsque les choses vont bien. Elle est également essentielle pour faire face à des difficultés. C'est ainsi que le redressement de Best Buy n'est pas passé par la méthode habituelle de fermeture de magasins et de réduction d'effectifs. Il s'est d'abord appuyé sur l'écoute et la mobilisation des individus. Il s'est articulé autour d'une stratégie de redémarrage qui a d'abord mis l'accent sur la croissance et a orienté les réductions de coûts sur les coûts non salariaux, n'abordant les réductions de postes que comme une mesure de dernier ressort, accompagné d'actions de redéploiements des personnes affectées.

Comment mobiliser les femmes et les hommes qui y travaillent ?

Les collaborateurs sont au cœur de l'entreprise à sens humain. Malheureusement, le désengagement professionnel est une épidémie mondiale. Repenser notre relation au travail et redéfinir la nature et le rôle des entreprises, bien qu'essentiels, ne sont pas suffisants pour guérir cette épidémie. Comment mobiliser les individus ? On a cru pendant longtemps, à l'image de Robert McNamara, en des approches cérébrales du haut vers le bas : le management consistait à demander à un petit groupe de dirigeants brillants de définir une stratégie, de concevoir un plan de mise en œuvre communiqué aux équipes chargées d'exécuter la stratégie, et de mettre en place un système d'incitation financière et de contrôles pour assurer l'alignement de l'organisation autour des objectifs ainsi définis. La réalité est que cette approche n'est généralement pas efficace.

La clé de la réussite aujourd'hui consiste plutôt à créer un environnement qui puisse libérer ce que j'appelle

« la magie humaine ». Cette magie résulte de la volonté collective des collaborateurs de donner le meilleur d'eux-mêmes au service d'une cause noble. Ce désir existe au cœur de chaque collaborateur et ne demande qu'à être cultivé. Mon expérience m'a appris que cette éclosion de la magie humaine requiert cinq ingrédients : le sens, avec l'alignement de la poursuite du sens individuel et collectif, les connexions, avec le développement de relations humaines authentiques, l'autonomie, qui permet aux individus de donner le meilleur d'eux-mêmes, la maîtrise, qui passe par le développement de chacun des collaborateurs, et la croissance, qui est essentielle à la vie.

L'alignement du sens individuel avec la raison d'être de l'entreprise ne se fait pas de lui-même. Lors d'une visite d'un magasin dans la banlieue de Boston, j'ai découvert comment le responsable de ce magasin cherchait à comprendre les rêves et les aspirations personnelles de chaque collaborateur et à faire le lien entre ces aspirations et la raison d'être de l'entreprise, et comment il travaillait ensuite avec eux pour les concrétiser. Bel exemple de leadership humain.

Pour un modèle de leadership humain et porteur de sens

Pouvoir placer la quête de sens et les relations humaines au cœur de l'entreprise requiert un nouveau modèle de leadership. Le modèle du leader super-héros, homme brillant qui sauve la mise par son intelligence et son talent innés, est dépassé. Nous avons besoin d'un nouveau modèle, celui du leader du XXIe siècle, qui s'articule autour de cinq idées clés.

Ce leader met la quête du sens au cœur de son leadership, en étant clair sur le sens qu'elle ou il donne à sa propre vie, en comprenant ce qui motive ses collaborateurs, et en assurant le lien entre cette quête de sens individuelle et la raison d'être de l'entreprise, ce qui consiste à :

— comprendre que son rôle principal n'est pas de démontrer son intelligence et d'apporter des solutions à tout, mais de créer un environnement dans lequel les collaborateurs de l'entreprise peuvent et veulent exprimer tout leur talent et s'épanouir ;

— chercher en priorité à servir les collaborateurs qui sont en première ligne plutôt que ses propres intérêts ou sa hiérarchie ;

— incarner et promouvoir des valeurs claires et universelles ;

— savoir être authentique et vulnérable et encourager les autres à faire de même.

Ainsi, les leaders d'aujourd'hui et de demain dirigent non seulement avec leur tête, mais aussi avec leur cœur, leur âme, et leurs tripes.

*

Alors que notre système économique et social fait face à des défis sans précédent, il est urgent d'imaginer l'avenir avec compassion, ambition et optimisme, et de refonder l'entreprise et notre système économique autour du sens et de l'humain. Cette refondation est la clé d'un avenir plus harmonieux, durable et prospère.

Voir : Capital humain ; Capitalisme responsable ; Diriger.

Servir

par Alain Mérieux,
président de l'Institut Mérieux

Servir est inhérent à notre mission de santé publique. Depuis plusieurs générations nos entreprises familiales ont choisi de servir la santé publique dans le monde entier, sans frontières entre pays industrialisés et pays en développement. C'est notre responsabilité d'industriels de la biologie. Nous l'assumons avec nos sociétés dans les pays où les approches de marchés classiques sont possibles. Et dans les pays plus difficiles à ressources limitées, nous intervenons avec nos fondations familiales pour apporter des soins de qualité à des populations particulièrement vulnérables. Face à des microbes qui ne connaissent pas les frontières, la réponse aux besoins de santé publique ne peut être que mondiale et collaborative avec une nécessaire prise en compte de l'intérêt général qui dépasse les intérêts financiers à court terme. On le voit clairement avec la pandémie Covid-19 pour laquelle il ne peut y avoir une juxtaposition de réponses individuelles, mais au contraire un engagement collectif et concerté.

La parabole des talents qui consiste à faire fructifier ce que l'on vous a donné en héritage m'a motivé tout au long de ma vie professionnelle. À cet égard, ma devise est : Tenir, Maintenir et Servir. Tenir dans les moments difficiles, rester debout. Maintenir la vision pour l'entreprise dans le cap fixé, quelles que soient les circonstances. Celui de notre famille a toujours été de lutter contre les maladies infectieuses à travers le monde. Il a guidé toute ma vie industrielle et entrepreneuriale et s'incarne aujourd'hui à travers nos fondations. Servir est ce que j'ai appris depuis toujours, d'abord à l'école chez les Jésuites, ensuite comme interne biologiste à l'hôpital, puis officier dans les services de santé des armées. Pour nous tous, il était naturel d'être utiles à la communauté et donc de servir…

Au-delà des enjeux sanitaires actuels, nous traversons une crise de société profonde et il nous faudra repenser l'ensemble de nos modèles, particulièrement économiques. Nous ne repartirons pas comme avant, j'en suis convaincu. Il faut aujourd'hui réapprendre à servir la *Res publica*.

La gestion trop financière des entreprises a marqué ses limites. Il nous faut revenir à un vrai capitalisme entrepreneurial et industriel, créateur de vraies richesses, celles qui se partagent.

À l'heure où les jeunes générations sont de plus en plus en quête de sens dans leur vie professionnelle et veulent dépasser la seule logique du profit, c'est encore plus important. Et pour cela, il faut redonner du sens à la performance de nos entreprises. Les jeunes talents ne rejoindront pas une entreprise parce qu'elle est un leader mondial ou une étoile du CAC40, mais parce qu'elle est utile aux autres, parce que dans son activité elle contribue à un monde plus solidaire et juste, moins pollué, dans une vision à long terme.

La réponse aux priorités sociétales, qu'elles soient territoriales ou mondiales, est devenue un enjeu majeur pour les entreprises. Prendre soin de ses collaborateurs en les formant au long cours, contribuer à aider les plus faibles, préserver une planète qui en a bien besoin, protéger la biodiversité… Mais pour pouvoir le faire, les entreprises doivent rester compétitives et performantes car sans performance, il ne peut y avoir d'investissements porteurs d'avenir et encore moins de générosité.

L'actionnaire de référence de notre société familiale – l'Institut Mérieux – est aujourd'hui une fondation, celle que ma femme et moi avons créée en mémoire de nos fils et à laquelle sont reversés la totalité des dividendes distribués. Cette gouvernance apporte une finalité et un éclairage différents à notre action. Elle est également un levier d'engagement puissant pour bon nombre de collaborateurs pour lesquels la performance prend tout son sens. Une partie des fruits de leur travail contribue à des actions qui font avancer la santé des plus fragiles dans les pays en développement et c'est une source de fierté.

Notre monde évolue et avec lui nos modèles d'entreprises. Si le mécénat est l'un des leviers de cette nécessaire évolution, il n'est certainement pas le seul, car cette prise en compte sociétale doit s'inscrire au cœur même des stratégies d'entreprise. On a beaucoup parlé de RSE et aujourd'hui émerge le concept des Entreprises à Mission. En affirmant dans leurs statuts leur responsabilité sociale et environnementale, ces entreprises ouvrent une troisième voie entre l'entreprise lucrative traditionnelle et l'entreprise sociale et solidaire.

Je suis frappé par l'extraordinaire capacité de réaction et de mobilisation de nos entreprises mise en lumière par la crise actuelle. Elles réussissent à maintenir leurs activités, tout en protégeant leurs collaborateurs. Dans le même temps, elles s'adaptent pour innover, transformer une situation des plus compliquées en opportunités et ainsi répondre, dans leur domaine de compétences, au problème du Covid-19, servant *in fine* l'intérêt général.

Cette agilité et cette réactivité sont essentielles. Elles doivent s'inscrire dans un esprit d'ouverture, d'anticipation et dans une nécessaire vision à long terme. Aujourd'hui plus que jamais, il faut décloisonner, dépasser les clivages traditionnels, imaginer de nouveaux modèles, pour continuer à servir...

Avec la pandémie qui a mis notre planète à l'arrêt, le monde a pris conscience du caractère crucial de la santé. Il faut mobiliser les industriels, les universités, le monde hospitalier et celui de la recherche, les acteurs politiques de tous bords autour de cet enjeu dans une vision partagée. C'est pourquoi je me bats pour que l'académie de l'OMS soit implantée à Lyon. Des milliers de collaborateurs de l'OMS viendront suivre des formations et c'est une chance pour notre pays et également pour la santé mondiale. Je me réjouis que nous ayons pu travailler main dans la main avec l'État, la préfecture et l'ensemble des collectivités locales.

Nous avions travaillé dans le même esprit il y a quelques années pour faire de Lyon un pôle international d'excellence de la biologie et des sciences de la vie, au service de la lutte contre les maladies infectieuses. En initiant des partenariats public/privé, en associant le monde de la recherche académique à celui de l'entreprise, nous avons contribué à créer des entités qui travaillent dans une vision d'intérêt général pour la santé.

Une leçon que je tire de la crise actuelle est la nécessité du partage. Partager, c'est servir.

Les trop grandes inégalités m'inquiètent. Tout comme les dérives du système capitaliste trop financier, spéculatif et court termiste, au détriment du capitalisme entrepreneurial ! Des risques évidents existent si on laisse déraper le système. Il faut redonner une éthique à l'entreprise.

Une crise économique et sociale va inévitablement suivre la crise sanitaire, avec une société lourdement endettée et de fortes inégalités sociales. Dans certains pays, la pauvreté laissera place à la misère et, face à cela, il y aura besoin d'une mobilisation très forte, en particulier du monde de l'entreprise. Lorsque j'étais beaucoup plus jeune, j'ai servi à l'armée dans de belles unités où l'on n'abandonnait personne derrière soi. Je pense qu'il faut reprendre ces vieilles valeurs, qui étaient également celles de mes parents, et que j'ai retrouvées dans beaucoup de pays où je suis parti avec la fondation. Des pays très pauvres où la solidarité est pourtant excessivement forte. Personne ne laisse tomber personne. Dans un environnement économique qui s'appauvrit, la réussite en solitaire est de courte durée. Une vraie réussite est une réussite qui se partage. Et je suis le premier à dire que ceux qui ont eu la chance de faire fortune doivent la partager avec intelligence et joie de vivre.

En tant qu'entrepreneur, comment puis-je dire que j'ai réussi si, quand j'ouvre la porte de chez moi, je vois des sans-abri dans la rue...

Je crois en la force de mobilisation du monde de l'entreprise et en sa générosité.

Dans ma vie professionnelle, j'ai beaucoup voyagé : dans les pays à ressources limitées dont je connais bien les conditions de terrain, et également dans les grands pays tels les États-Unis ou la Chine. Ce n'est pas être utopiste de dire qu'il est de l'intérêt de tous d'éviter un chaos mondial avec des pays tellement pauvres que nous aurons des révoltes, des guerres et une immigration massive impossible à contrôler. Je pense qu'il est possible de se réunir et de se parler pour faire avancer le bien commun.

Nous avons voulu la globalisation et nous l'avons. Si elle a du bon, elle nous impose aussi des devoirs. Il faut une prise de conscience mondiale : les pays à ressources limitées doivent faire l'objet d'un « plan Marshall » d'envergure, avec ce que j'appelle « une muraille de savoir, de technologie, d'éducation et d'apprentissage » à laquelle les institutions internationales et les pays doivent contribuer mais également le monde de l'entreprise sur le terrain.

Tant qu'il y aura la misère, nous ne pourrons arrêter les maladies infectieuses et des épisodes tels que la pandémie actuelle resurgiront.

Nous avons là une formidable opportunité de servir !

Voir : Argent ; Capitalisme responsable ; Sens, raison d'être et leadership.

T

T

Territoires

par Jean-Pierre Letartre,
président d'Entreprises et Cités,
et
Édouard Roquette,
président du conseil d'administration
de la société Roquette Frères

Nous sommes tous deux originaires du Nord dont l'histoire nous rappelle combien, dans ses moments heureux et ceux qui l'ont été moins, territoire et entreprise ont destin lié.

Que seraient en effet nos territoires sans ces entreprises qui les fécondent et nos entreprises sans ces territoires qui les irriguent ? Bien peu de choses.

Il suffit pour s'en convaincre de voir la désolation et les drames qui accompagnent une industrie qui s'éteint ou une usine qui ferme et la renaissance et la prospérité qu'entraînent le développement d'une entreprise locale ou l'implantation d'une entreprise venue d'ailleurs.

Nous sommes donc des enfants du Nord. Nous en sommes issus comme on l'est d'une lignée, héritiers de valeurs qu'en tant qu'entrepreneur nous portons avec fierté et reconnaissance car elles sont à l'origine de nos réussites.

Parmi toutes les vertus de notre territoire, prime cet esprit d'entreprise qui lui aura permis de traverser bien des épreuves.

Mieux que d'autres, celui-ci aura opposé un cinglant démenti au fameux « Paris et le désert français » démontrant que c'est dans nos territoires que se trouve le meilleur terreau de l'entrepreneuriat.

S'il ne possède que des « cathédrales pour uniques montagnes » comme le chantait Jacques Brel, c'est grâce à sa géographie, ses rivières aisément canalisables, son climat océanique bienveillant, sa terre fertile et généreuse, que notre « plat pays » est si accueillant pour l'entreprise.

S'il en est ainsi, c'est aussi grâce aux hommes et aux femmes du Nord dont l'opiniâtreté et le courage ont été si bien loués par Maxence Van der Meersch, l'écrivain roubaisien des paysages et des gens du Nord.

Ce lien quasi charnel avec leur territoire est congénital aux patrons du Nord. Avez-vous réalisé que leur légendaire discrétion se nourrissait de l'humilité du terroir qui les a vus naître ? Et que le ciel gris et la « drache », comme on dit en patois, incitent à la simplicité et à la retenue.

Cette discrétion est aussi vraie que l'attachement au territoire est profond.

Bref, notre territoire est notre « Alma Mater ».

Pour moi Édouard, qui préside aux destinées de l'entreprise Roquette, il nourrit notre histoire.

C'est en 1933 qu'a débuté à Lille cette grande aventure entrepreneuriale lorsque mon grand-père Dominique et son frère Germain Roquette ont fondé notre société éponyme, créé à Lestrem leur première usine devenue le premier site agroalimentaire français, celui d'un groupe qui, à force d'innovation et de diversification, est devenu leader mondial en ingrédients pour la nutrition et la santé.

C'est dans cette terre féconde du Nord où se trouvent ses racines qu'il aura puisé – et puise toujours – une large part de ses ressources.

Mais c'est surtout là qu'il aura trouvé la recette magique de son développement : celle d'une « authenticité » qui ressemble à celle de notre « territoire ».

Jean-Paul Sartre disait que « l'authenticité, c'est d'être le même à travers toutes les situations ».

Même si notre groupe a évolué, celle-ci ne nous aura jamais quittés.

La réussite de notre entreprise dans la durée est celle d'hommes et de femmes courageux, audacieux, soudés et profondément et sincèrement engagés vers un projet unique autour d'une « raison d'être » : Notre « raison du cœur », celle de révéler le potentiel de la nature et de notre terre, en offrant les meilleurs ingrédients d'origine végétale aux marchés de l'alimentation, de la nutrition et de la santé.

Si nous avons pu poursuivre au travers des générations la voie tracée par nos ancêtres et su sublimer notre goût d'entreprendre, c'est grâce à un respect profond de nos racines et du territoire à partir duquel nous avons pu bâtir notre groupe qui œuvre aujourd'hui à travers 24 autres sites de production dans le monde où il emploie 8 700 collaborateurs.

Devenue globale, notre société reste ancrée dans notre terre si attachante. C'est là que demeurent notre centre décisionnel et notre principal centre de recherche installé à Lestrem où 250 chercheurs construisent ici notre futur même s'il se trouve aussi ailleurs.

Nous sommes profondément attachés à notre terre natale dont nous nous efforçons continuellement d'en sublimer les richesses humaines, agricoles, économiques et scientifiques au bénéfice des générations futures.

Si nous le sommes tant, c'est en raison du sentiment qui est le nôtre de lui ressembler. Et nous sommes tous deux convaincus qu'entreprises et territoires partagent des valeurs qui leur sont communes.

Un territoire se façonne à travers ses paysages, ses infrastructures et sa culture. Il le fait dans la durée, écrivant une histoire qui l'est aussi par le génie et le talent de ses habitants.

Il en va de même pour l'entreprise pour laquelle la priorité donnée au temps long, le respect de l'héritage que nous lèguent nos prédécesseurs, la place déterminante faite au progrès et à l'innovation, la main de l'homme sont aussi des valeurs constitutives.

C'est sur ce partage des valeurs, cette fertilisation croisée et cette communauté de destin que reposent des solidarités territoriales animées par l'ambition de coconstruire.

Notre région, même si elle n'est pas la seule à pouvoir s'en prévaloir, est dans ce domaine, exemplaire.

Je suis donc moi aussi, Jean-Pierre, un enfant du Nord qui – et mes racines m'y ont aidé – a fait carrière et présidé aux destinées de l'un des « Big Four ».

C'est grâce à mes origines que j'ai, dans mes voyages dans les « hautes sphères », su garder les pieds sur terre.

De « retour au pays », je préside aujourd'hui Entreprises et Cités, qui dans ma région est un acteur de la « citoyenneté » de l'entreprise.

J'ai, dans mes précédentes fonctions, été aux premières loges pour mesurer autour de la problématique de l'attractivité ce que les entreprises – juste retour – apportent aux territoires.

Ce sont elles qui contribuent largement, avec leurs salariés, au développement du lieu où elles exercent leur activité. Les services publics, les sous-traitants et les commerces de proximité vivent largement grâce à elles. Elles accompagnent la montée en compétences des salariés notamment à travers les partenariats qu'elles nouent avec les centres de recherche et les universités. Bref, elles irriguent un écosystème vertueux de développement au service de toutes les parties prenantes.

Et par-dessus tout, elles créent l'emploi dans les territoires pour en faire des lieux de sociabilisation.

À l'instar de Vincent Lindon dans le film de Pierre Jollivet, *Ma petite entreprise*, l'entrepreneur entretient un lien filial avec sa « boîte »... et avec toutes ses parties prenantes. S'il est prêt à tout pour la sauver, c'est aussi parce qu'il sait son importance pour le territoire où elle se trouve. Sa mort serait celle d'un lieu de vie.

C'est convaincu du rôle que joue l'entreprise pour le « bien commun » qu'Entreprises et Cités a été créé avant-guerre par les patrons du Nord et dans une démarche alors avant-gardiste qui a financé les premières allocations familiales et ce qui deviendra plus tard le 1 % logement.

Aujourd'hui, cet écosystème au service du territoire est devenu un véritable accélérateur de solutions, fort de 3 500 collaborateurs.

Notre démarche s'inscrit dans l'ambition du CO (collaborer, coopérer) qui a permis de créer de nombreux services aux entreprises et de créer 15 000 emplois.

Entreprises et Cités est de tout temps convaincu que la réussite ne saurait être seulement financière. Elle doit aussi être sociale et territoriale.

Cet esprit de solidarité peut aussi être illustré par une autre initiative dont notre territoire est à l'origine et qui a fait des émules.

En 1993, Bruno Bonduelle créa un réseau, un cercle... sans structure juridique qui rassemble les décideurs de l'agglomération lilloise de tous les mondes : économique, politique, associatif, culturel, pédagogique : le comité Grand Lille.

Une véritable dynamique collective s'est depuis lors installée et a déclenché de grands projets fédérateurs dont l'ambition est de créer un territoire attractif sans mur… intérieur mais aussi extérieur… ouvert au monde, aux autres cultures, aux autres expériences, aux autres tout simplement.

*

S'enrichir en s'ouvrant à l'autre et à l'ailleurs est une autre conviction que nous partageons. Être d'un territoire, ce n'est ni s'y enfermer, ni le marquer.

Tout territoire doit être accueillant pour ceux qui viennent d'ailleurs.

Et l'entreprise doit aussi savoir sortir du sien pour rayonner.

Le développement international des entreprises est, nous en sommes convaincus, une chance pour les territoires.

Certaines théories managériales ont laissé prospérer l'idée que l'entreprise globale était « hors sol ». Nous sommes au contraire persuadés que l'entreprise ne se développe efficacement qu'en s'ancrant dans les territoires. Le sien mais aussi celui des autres pour le faire sien.

Tel est le choix – et cela nous a réussi – que nous avons fait chez Roquette.

Notre stratégie de proximité des ressources agricoles et des marchés nous a « par la nature des choses » conduits à nous implanter très rapidement en Europe, puis en Amérique du Nord, en Chine et en Inde.

Chacune de ses implantations a été réalisée en plaçant le territoire, celui de notre « terre d'accueil » au cœur de notre réflexion, en projetant notre modèle économique performant sur de nouveaux territoires mais en intégrant aussi les spécificités de celui-ci. Notre modèle de développement repose sur la volonté de s'adapter sans s'imposer.

Roquette est à cet égard devenue une entreprise multi-territoires qui noue des liens très profonds là où elle s'implante, dans le respect des cultures locales. Nous l'avons ainsi fait au Canada, au Manitoba, où vivent près de 150 000 Indiens, appelés Premières Nations.

Le respect des traditions, l'écoute, l'échange, valeurs que nous entretenons partout où nous nous trouvons, nous ont permis de réussir cette implantation en intégrant les exigences et les attentes des habitants.

Une cérémonie avec les représentants de cette communauté a scellé cette entente dans la tradition locale.

*

Que ce soit ici chez nous dans notre Nord ou ailleurs, une entreprise ne saurait prospérer en étant « étrangère » au territoire qui l'accueille.

Toute entreprise a besoin pour produire de s'ancrer et d'avoir des racines.

Les nôtres sont ici dans le Nord que nous n'avons jamais perdu même quand nous sommes ailleurs car il est notre boussole.

Voir : Attractivité ; Enracinement (... ou des racines et des ailes) ; Éponyme ; Industrie.

Transformation digitale

**« Ne désespérez jamais.
Faites infuser davantage. »**

*par Maud Bailly,
directrice générale d'Europe du sud d'Accor*

Ah, la transformation digitale... Personne n'y échappe : grandes entreprises, TPE-PME, secteurs qu'on croyait protégés, start-up devenant licornes, géants d'hier posant soudain un genou à terre... Ce thème nourrit un intarissable nombre de publications (dont celle-ci) et colloques sur l'évolution du marché du travail. On lui attache les concepts de « *Big Data* », « *Blockchain* », « *IOT* », « *Chatbot* », « *Cloud* » – nous faisant jargonner en un affreux franglais. La transformation digitale enthousiasme, intrigue, effraie. Au-delà de sa dimension technologique, elle requiert de nouvelles manières de travailler, mettant en lumière son pendant – méconnu – de transformation culturelle, face à laquelle nos organisations sont rarement préparées. Elle s'accompagne enfin de la notion de « disruption », marquant un avant et un après, comme un point de non-retour dans la vie des entreprises. Création de services devenant tout à coup indispensables à nos quotidiens, règne de la simplicité d'usage, réflexion sur notre employabilité et interrogation sur les métiers de demain[1] ; la transformation digitale interpelle par l'ampleur de ses enjeux, et ne laisse personne indemne.

1. 85 % des métiers de 2030 n'existeraient pas encore, selon l'essayiste Isabelle Rouhan dans son ouvrage *Les Métiers du futur*.

Mais la transformation digitale n'est-elle pas tout simplement notre 4e révolution industrielle ? Après la mécanisation et la machine à vapeur, l'invention de l'électricité et du moteur à explosion, l'émergence de l'électronique et du nucléaire, nous voici donc dans l'ère de la numérisation de l'information et de l'interconnectivité. La transformation digitale, c'est l'intelligence artificielle, la nanotechnologie, l'impression 3D, ou encore nos smartphones dont nous ne décollons hélas plus le nez – nuit incluse pour 41 % d'entre nous[1]. Quelle différence, dès lors, entre le choc de cette révolution et celui de la première locomotive à vapeur de Richard Trevithick en 1804 ?

Effet d'échelle et rythme exponentiel

La transformation digitale se distingue principalement par deux caractéristiques : son ampleur et son rythme.

Une ampleur systémique : la transformation digitale touche toutes les industries, dans tous les pays, dans une logique de course à l'échelle. Pardonnez la trivialité de la référence, mais ce constat m'a toujours fait penser au titre d'ABBA « The Winner Takes It All » : à l'ère du digital, seuls les premiers servis ont une chance de survie. Pour les autres, compte tenu des coûts d'entrée et des dynamiques quasi monopolistiques en présence, la lutte sera plus dure, pour ne pas dire impossible. Car un « plan quinquennal » ne suffit pas : face aux *pure players*, la transformation digitale requiert à la fois des

1. https://www2.deloitte.com/fr/fr/pages/technology-media-and-telecommunications/articles/usages-mobiles-2016.html

investissements continus obligeant à repenser nos structures de coûts, le recrutement de talents prisés sur des marchés tendus, et une stratégie de rachats permettant de la consolidation. Derrière Booking, il y a le moteur de recherche Kayak, l'agence de voyages en ligne Priceline, la réservation de restaurants OpenTable et la location de voiture Rentalcars. Expedia, c'est Trivago.com, Classic Vacations, ou encore Egencia et Traveldoo. Alibaba n'a eu de cesse d'acquérir des sociétés de médias (*South China Morning Post*), de paiement, de sites marchands (Lazada), de *cloud computing*, de géolocalisation (Autonavi) ou de réalité virtuelle... Google compte plus de 100 sociétés, dont YouTube, Android, Waze. Qui digitalise... investit, recrute et consolide, faisant émerger des écosystèmes géants, ignorant frontières géographiques et sectorielles.

Son rythme exponentiel : en comparaison avec les précédentes révolutions industrielles, la transformation digitale évolue à un rythme non pas linéaire, mais en accélération permanente. C'est un peu une « loi de Moore » doublant chaque année non plus la puissance des semi-conducteurs, mais la vitesse de déploiement des nouveaux usages. Ces innovations sont autant de « chocs » pour les entreprises qui ne sont pas nées digitales : leur principal défi consiste à tenir le rythme, sur un plan à la fois technologique et culturel, pour ne pas perdre en route une partie de leurs équipes. Méthodes agiles, apprentissage de fonctionnements matriciels, accélération des cycles de test et de production, toute digitalisation devient une affaire d'acculturation : elle exige donc de repenser aussi nos systèmes de management et de prise de décision.

Mais la transformation digitale ne secoue pas à ce point pour ces deux seules raisons. Ce qui se joue vraiment n'a plus rien à voir avec une nouvelle architecture de donnée, l'essor de la réalité virtuelle ou le lancement des futurs avions autonomes. Ce qui se joue vraiment est beaucoup plus profond : c'est l'exercice de la souveraineté à l'heure de la plateformisation.

La révolution digitale s'est accompagnée de l'émergence durable, à la faveur d'Internet, de nouveaux acteurs : les plateformes numériques. Bouleversant les équilibres concurrentiels établis, elles ont conquis tous les secteurs (grande distribution, enseignement, formation, transports, hôtellerie, conseil, banque, assurance, automobile), prospérant dans des proportions vertigineuses (valorisation à plus de 100 milliards de dollars d'Airbnb lors de son entrée au Nasdaq en décembre 2020).

Leur point commun ? Ces plateformes intuitives, immédiates et exhaustives, rebattent les cartes de la relation aux clients en offrant des services innovants, à une échelle sans précédent. Le tout en excellant dans un domaine : la simplicité d'usage. Or « la simplicité est la sophistication suprême », comme l'écrivait joliment Léonard de Vinci…

Plusieurs *success stories* de plateformes digitales ne sont pas tant nées d'une invention révolutionnaire que d'un usage revisité, apportant une réponse simple et efficace à un besoin jusqu'ici insatisfait. Ce fut le cas d'Uber, relevant la qualité de l'expérience de taxi (chauffeurs bien habillés, bouteille d'eau, application mobile permettant de commander une voiture partout et de suivre son arrivée).

Les plateformes bousculent la relation client à travers un sain « darwinisme de la simplicité d'usage » : finis, les interfaces trop lentes, les couloirs de réservation trop complexes. Un article du *Siècle Digital*[1] pointait dès 2015 que 57 % des visiteurs quittent une page mettant plus de 3 secondes à s'afficher. Toutes nos organisations, publiques comme privées, ont donc massivement investi dans la refonte de leurs interfaces (site web, application mobile, moyens de paiement, service client) pour répondre aux nouveaux standards d'ergonomie digitale. Plus de rapidité, plus de clarté, plus de fluidité. Le digital, c'est le règne de la simplicité d'usage.

Mais la transformation digitale interpelle nos sociétés – et pas seulement nos entreprises – parce que la plateformisation du monde bouleverse bien autre chose que la relation client : elle fait vaciller des ressorts de l'exercice de la souveraineté.

Une Nation, c'est trois choses : un peuple, un territoire délimité par des frontières, et un gouvernement exerçant des prérogatives régaliennes (frapper monnaie, prélever l'impôt, rendre justice…). Le tout rendant la Nation dépositaire de la souveraineté. Or, à l'heure des plateformes, plusieurs attributs traditionnels de souveraineté se voient remis en cause :

— les frontières se brouillent face à des géants digitaux globalisés transcendant les territoires et avec eux le respect des lois qui s'y appliquent ;

— les prérogatives des États sont partagées par des structures de pouvoir parallèles ; il suffit de considérer deux récentes initiatives de Facebook pour se demander ce qui se joue vraiment derrière les plateformes de réseaux sociaux. La première, c'est le lancement, en juin 2019, de la cryptomonnaie Diem (ex-Libra), ayant vocation à

1. Et ce pour ne plus jamais y revenir pour 80 % d'entre eux – https://siecledigital.fr/2015/04/16/psychologie-des-consommateurs-face-au-ecommerce

devenir « une devise mondiale[1] », court-circuitant tout réseau bancaire existant. La seconde, c'est la création, en octobre 2020, de la « Cour suprême » de Facebook, officiellement « Conseil de surveillance », examinant toute réclamation sur des retraits de contenus sur Facebook et Instagram. Organisme externe, composé de juristes, d'associatifs et d'anciens responsables publics, ce conseil a tout d'une juridiction... sans jamais en avoir été qualifié par le pouvoir judiciaire établi.

Enjeux économiques, enjeux culturels, enjeux politiques, la transformation digitale est donc aussi une affaire... d'État. La Commission européenne a condamné plusieurs fois, pour abus de position dominante, des acteurs digitaux laissant *de facto* peu de place à une réelle concurrence ; si les amendes infligées se chiffrent en milliards, elles n'empêchent pas les géants d'avancer. Plusieurs villes ont essayé d'encadrer l'activité de plateformes comme Airbnb face aux débats sociétaux soulevés. Depuis plusieurs années, l'Europe pousse, entre la Chine et les États-Unis, une « troisième voie » numérique, à travers le Règlement général sur la protection des données[2]. Parce qu'elle marque l'essor d'une dialectique entre plateformes et autorités publiques, dont un point d'orgue sera vraisemblablement le sujet de l'accès et du traitement des données, la transformation digitale, convoquant secteur public comme privé, est par essence politique.

1. Livre blanc du lancement de Libra, 18 juin 2019.
2. RGPD, 23 mai 2018, https://www.cnil.fr/fr/reglement-europeen-protection-donnees, RGPD

Le Covid-19, champion de la transformation digitale ?

Pendant le premier confinement circulait une boutade sur le principal facteur de transformation digitale des entreprises. Trois réponses étaient possibles : le CDO, le CEO ou le Covid-19. Évidemment, ce trait d'humour soulignait combien la crise sanitaire avait accéléré la digitalisation des entreprises, accomplissant en quelques semaines ce qui nous aurait pris des années (bascule massive en télétravail, dématérialisation des réunions et procédures).

À l'ère de la crise, la transformation digitale a poursuivi son rythme effréné. Au moment où les entreprises basculaient en distanciel, l'usage du « sans contact » s'est aussi accéléré dans l'expérience client : chez Accor, 2020 aura été marquée par l'essor du « online check-in » et « check-out », du paiement sans contact, des applications de commande en room service, des scans de QR codes pour consulter les cartes des restaurants, ou encore des premières clés numériques dans 500 hôtels[1].

Mais il n'y aura – heureusement ! – pas toujours de crise sanitaire mondiale pour conduire à elle seule et au pas de course la transformation digitale de nos organisations...

Alors, en temps « normal », qui doit porter la transformation digitale des entreprises ?

L'essor de la fonction de CDO – *Chief Digital Officer* – né en 2005, a suscité bien des débats. Certaines entreprises s'en sont dotées immédiatement. D'autres mettent un point d'honneur à ne jamais en avoir. Confier la transformation

1. https://group.accor.com/fr-FR/Actualites/2021/02/digital-key-solution

digitale à une fonction, n'est-ce pas déresponsabiliser l'entreprise d'une mission qui incombe à tous ? Faut-il inclure ou non les systèmes d'information dans le périmètre du CDO ? À quel niveau rattacher cette fonction ?

Pour avoir eu la chance d'occuper ce rôle pendant plus de trois années au sein du Comex du groupe Accor, et après avoir échangé avec plusieurs de mes pairs, voici quelques réflexions :

— le titre de CDO recouvre des réalités hétérogènes, avec des moyens d'action très variables d'une entreprise à l'autre. Tantôt trublion sans pouvoir réduit à un rôle d'influence, tantôt acteur clé doté de vrais leviers, être « CDO » ne veut pas dire grand-chose en soi. À cet égard, la place faite au CDO constitue un bon indicateur de la maturité digitale d'une entreprise ;

— un CDO ne réussit jamais seul. Contrairement aux entités dirigeant des *business units* en propre, le CDO conduit une transformation par nature matricielle qui, pour réussir, doit être appropriée par tous. Un « bon CDO » doit donc réunir des compétences en technologie et… en pédagogie. Avec un indicateur de succès paradoxal : celui, à terme, de savoir disparaître. Un bon CDO se reconnaît au fait qu'il est… mortel ;

— infusez, infusez. Une transformation digitale aura réussi si elle a « infusé » dans toutes les strates d'une organisation : c'est ce qui m'a fait utiliser, lors d'une conférence, la métaphore d'un « sachet de thé » pour définir la mission de CDO. L'image – certes triviale – a le mérite de l'explicite : la transformation digitale doit devenir l'affaire de tous, en touchant les entreprises dans leur globalité. « Ne désespérez jamais. Faites infuser davantage[1] » : cette citation d'Henri Michaux pourrait être l'adage de tous ceux qui œuvrent à la transformation digitale de leur organisation.

1. *Tranches de savoir*, 1950.

« Disrupteurs » d'aujourd'hui, disruptés de demain : une école d'humilité

Parce qu'elle opère à un rythme sans précédent, la transformation digitale ne cesse de changer de visage, nous poussant à devenir meilleurs, en réinventant en permanence le service apporté à nos clients. Les succès sont aussi éclatants que les effondrements ; les « disrupteurs » d'aujourd'hui seront les disruptés de demain ; les montants en jeu sont immenses ; une fois un choc technologique dépassé, c'est un nouveau qui apparaît... La transformation digitale, vertigineuse, systémique, transgressive, est une école d'humilité. Face à elle, notre responsabilité première est sans doute de former les générations futures à savoir donner du sens, tracer un cap et demeurer pleinement actrices dans des environnements marqués par toujours plus d'incertitude et de complexité.

Voir : Disruption ; Good... « Tech for Good » ; Innover ; Intelligence artificielle.

Transformation sociale

par Raymond Soubie,
président d'Alixio

La transformation sociale de l'entreprise est un processus continu qui peut prendre beaucoup de formes. Il est nécessaire à la fois à la mutation de l'entreprise elle-même pour la rendre plus performante et à l'évolution de la société. L'entreprise n'est pas seulement une entité en soi, elle est aussi un moteur essentiel pour promouvoir ce qu'il y a de meilleur dans l'espace social et économique dans lequel nous vivons.

Que dans un pays, ou une période donnée, les entreprises peinent à survivre et à innover ainsi qu'à créer des richesses et c'est la société tout entière qui est atteinte. Moins de revenus pour les citoyens, moins d'emplois disponibles correspondant à leurs aspirations et à leurs capacités, difficultés financières des régimes de protections sociales – maladie, retraite, ou aides aux plus défavorisés, défaillances dans le lancement des innovations qui feront le monde de demain et bien sûr moindre contribution à l'écologie. Voilà quelques-uns des mécomptes qui arriveraient si nos entreprises, trop souvent vilipendées, ou pas assez soutenues par l'opinion publique, entravées dans leur démarche, n'étaient ni bien dirigées ni en état de fournir ce qu'elles peuvent délivrer. Avant de critiquer l'entreprise, il faut la reconnaître pour ce qu'elle est : une source de vie, de progrès, de travail et d'équilibre social.

Mais, pour autant, doit-on tout accepter d'elle, n'avoir aucune exigence à son égard, par exemple une plus juste répartition des résultats ou un intérêt marqué au RSE et aux exigences sociétales. Il leur faut tout à la fois être bien conduites, convenablement organisées et posséder une éthique. L'entreprise qui contribue le mieux à la transformation de la société est aussi celle qui s'applique des règles saines et équilibrées de gouvernance, d'organisation du travail, de répartition des fruits de sa croissance et de prise en compte des exigences de la société dans laquelle elle évolue. Certes, l'entreprise appartient d'abord à ses actionnaires, à ceux qu'ils choisissent pour la diriger. Mais pour autant, si l'on veut que ce système fonctionne en étant accepté par le corps social, il convient d'adopter des règles impliquant les salariés et leurs représentants dans une série de décisions.

Historiquement, les organisations représentatives des salariés se sont peu à peu construites : délégués du personnel, comités d'entreprise, sections syndicales d'entreprise en 1968 et, au début du quinquennat d'Emmanuel Macron, le CSE.

Quelles sont les fonctions de ces différentes instances ? La section syndicale d'entreprise a pour but de regrouper des salariés se réclamant ou non d'une organisation, ce statut leur donnant droit à une visibilité et à des moyens dans l'entreprise. Les délégués du personnel, comme leur nom l'indique, étaient les porte-parole des sujets plus concrets, intéressant les membres du personnel. Le comité d'entreprise était l'instance d'information/consultation traditionnelle. Le droit de négocier les accords dans l'entreprise était réservé aux délégués syndicaux dont les sections étaient affiliées aux grandes organisations reconnues comme représentatives au plan national. Leur représentativité dans l'entreprise était de plein droit et ils avaient le monopole de la négociation.

Depuis quelques années, ces dispositifs ont connu des évolutions qui sont allées dans le sens d'une meilleure efficience et d'une plus grande représentativité. En 2008, il a été acté que seules des organisations ayant obtenu plus de 10 % des voix aux élections professionnelles avaient la possibilité de conclure un accord avec leur direction. Au début du quinquennat d'Emmanuel Macron, les organismes de représentation ont été simplifiés : comités d'entreprise, délégués du personnel, comité d'hygiène et de sécurité ont été fondus en une seule instance, le CSE. La conséquence en a été une diminution des salariés protégés, assez mal vue à l'origine, mais aussi une simplification dans les rapports avec la direction et, en définitive, un renforcement grâce à ce regroupement des différentes instances représentant les salariés.

Un autre mouvement progressif a permis de donner de plus en plus de place à la négociation par rapport à la loi. Jusqu'en 1981, les accords ne pouvaient déroger à une loi, puis peu à peu les exceptions se sont multipliées. Tout s'est passé comme si l'État, quelles que soient les forces politiques au pouvoir, optait pour donner plus de liberté à l'entreprise par rapport au droit du travail à condition que celle-ci soit négociée avec des syndicats représentatifs. Un exemple type récent est l'accord de performance collective qui permet à des syndicats majoritaires de négocier avec leur direction des modifications importantes sur les salaires, la durée du travail et les conditions de la mobilité professionnelle. En clair, ces accords permettent aux entreprises, qui les signent souvent dans des conditions économiques difficiles, de renforcer leur compétitivité selon des modalités négociées avec leur syndicat.

Quel rôle concret ceux-ci jouent-ils dans ce dispositif ? Il convient de distinguer les confédérations des fédérations et des sections syndicales d'entreprise. Les cinq grandes organisations reconnues comme représentatives au plan national, parce qu'elles récoltent plus de 8 % des suffrages aux élections professionnelles, soutiennent une doctrine qui leur est propre et organisent des mouvements nationaux de protestation, seules ou à plusieurs. Ainsi la CGT, pour ne citer qu'elle, organise régulièrement de tels mouvements nationaux, s'appuyant principalement sur le secteur public et notamment les entreprises ferroviaires. D'autres syndicats comme la CFDT, sans délaisser totalement ce champ, se consacrent à l'élaboration de programmes d'avenir, souvent en liaison avec d'autres organisations de la société civile. Ils n'ont pas pour autant un pouvoir sur les sections syndicales, même si la doctrine affichée incite celles-ci à signer ou non les accords qui leur sont proposés. Les fédérations sont plus près du terrain, plus concrètes et jouent souvent le rôle de conseil auprès de leurs représentants dans les entreprises. Comme en témoigne le nombre élevé d'accords conclus chaque année en France, les sections syndicales participent à un dialogue très fort, y compris celles adhérant à la CGT. Mais beaucoup de ces accords ne sont pas réellement innovants et ceux qui permettent de jouer sur les paramètres essentiels de l'entreprise sont encore assez rares. Toutefois, le mouvement est en marche et il est de l'intérêt commun des parties qu'il s'accélère.

Un point ne doit pas être négligé. Pour favoriser la transformation sociale de l'entreprise, il ne suffit pas d'utiliser les outils nouveaux de concertation ou de négociation qui ont été créés, il faut aussi savoir « embarquer » les personnels dans la transformation. Cet « embarquement » ne se limite pas à de simples opérations de communication interne. Il implique que les salariés soient en amont consultés selon des modalités appropriées sur les changements de mode d'organisation ou de travail envisagés par la direction de l'entreprise. Ces modalités d'association ont été très développées au début des années 2000 quand en France des opérations d'actionnariat salarié se sont multipliées dans des grands groupes. Celles-ci avaient pour but, outre l'acquisition d'actions par les salariés, de les associer mieux en leur faisant comprendre les mécanismes essentiels du fonctionnement et de la stratégie de l'entreprise.

Ces process d'« embarquement » des salariés ne peuvent naturellement pas remplacer mais doivent compléter les négociations conduites et les accords obtenus. À côté des instances « officielles », quelques rares groupes en France ont créé, par exemple, lors de la préparation de restructurations rendues nécessaire par la situation, des groupes informels réunissant la direction et quelques organisations. La règle étant le secret, les échanges sont ouverts, la direction mettant à la connaissance des représentants des salariés, avant toute annonce officielle, l'ensemble des éléments dont elle dispose elle-même pour expliciter et faire comprendre ses projets. Concrètement, la transformation sociale porte principalement sur les salaires, l'emploi, l'organisation et les modes de travail. Le premier sujet, les salaires, est le plus évident et, à travers la négociation annuelle, le plus souvent évoqué, intéressant tous les personnels de l'entreprise.

Le sujet de l'emploi est plus complexe. En réalité, deux démarches peuvent être conduites ou se combiner. La première est de traiter les réductions d'effectifs de telle manière que les dommages occasionnés aux salariés soient les plus réduits possible. Le droit français a construit des dispositifs, PSE, PDV, RCC par exemple, qui créent des obligations pour les entreprises pour favoriser le reclassement de leurs salariés victimes d'un plan social. Par exemple, dans les entreprises de plus de 1 000 salariés les directions ont à leur charge le financement et la responsabilité des actions ayant pour but de trouver une solution concrète et acceptable par les salariés. Le second sujet est moins conflictuel et sans doute plus complexe. Il s'agit de faire évoluer les compétences pour atteindre deux objectifs : permettre aux salariés de mieux aborder une mobilité professionnelle volontaire ou contrainte. Il assure à l'entreprise que le niveau des compétences de ces salariés pour ceux qui restent correspond à ses besoins dans l'avenir.

Les deux démarches peuvent se combiner ou non. Quand un plan social est mené, une des voies, soit en anticipation soit au moment où il est appliqué, est de faire les efforts nécessaires pour élever les compétences des salariés. Par ailleurs, même sans plan de restructuration, ceux-ci souhaitent d'eux-mêmes mieux préparer leur avenir. Aujourd'hui les dispositifs juridiques sur ces sujets sont au point. Les financements existent. Il convient simplement que les modes d'intervention des différents acteurs soient coordonnés pour être efficaces.

Le dernier objectif de la transformation sociale de l'entreprise doit être la volonté, que celle-ci exprime, de porter des enjeux qui la concernent mais qui la dépassent, intéressant toute la société. En clair des actions qui n'ont pas comme première intention la recherche de la compétitivité. Il en va ainsi de l'écologie, des actions pour une meilleure égalité des chances. Le concept de « raison d'être » d'une entreprise repose sur ces données. Dans notre pays il commence lentement à s'implanter. Il est de l'intérêt de tous qu'il soit progressivement adopté par un nombre important d'entreprises.

Voir : Dialoguer ; Travail (… et emploi).

Transmettre

par Vincent Bolloré,
ancien président-directeur général de Bolloré

Lorsque j'ai été sollicité pour écrire ces quelques pages sur la transmission, j'ai bien sûr d'abord pensé à écrire quelques idées bien lénifiantes et optimistes. Et puis il m'a paru plus transparent de montrer aussi les difficultés que cela représente, et donc la nécessité de bien préparer sa transmission pour éviter trop de déconvenues.

Il y a plus de quarante ans, mon père, Michel Bolloré, m'a transmis ainsi qu'à mon frère la direction de l'entreprise Papeteries Bolloré fondée par son arrière-arrière-grand-père en 1822.

Arrivé au bout de mon temps, j'ai eu à mon tour à transmettre à mes enfants la direction de cette même entreprise.

À l'époque, mon père m'avait longuement préparé à cette transmission industrielle en me racontant l'histoire de l'entreprise, ses moments de peine, ses succès.

Il m'avait aussi fait prendre conscience de la responsabilité sociale que j'allais endosser. En ce temps-là, c'était plus facile : la maison familiale était collée aux usines dans notre petite commune de Bretagne près de Quimper. Depuis mon enfance quand j'y étais, je voyais les ouvriers, j'entendais le bruit des machines. Ce n'étaient pas des images virtuelles ou des échanges par mails ou SMS mais des gens bien vivants à côté de nous.

Il m'avait aussi bien fait comprendre la nécessité de n'être jamais en risque trop élevé – si cela était possible – au niveau des finances et me racontait les exemples de conducteurs trop pressés qui avaient dû arrêter leur entreprise par manque de financements, ou qui avaient pris trop de risques… Et c'est vrai que les gens très riches de ma jeunesse : les Prouvost, Beghin, Boussac, avaient trop vite disparu… Les secteurs du papier, du textile et de l'édition qui les avaient rendus riches et qui paraissaient insubmersibles s'étaient finalement rétrécis ou avaient périclité en quelques dizaines d'années.

C'est pourquoi sans doute j'ai poussé à ce que notre entreprise se développe au-delà de notre Bretagne et en dehors de l'activité papetière. Et j'ai bien sûr essayé à mon tour de transmettre à mes enfants, depuis leur jeunesse, cette même préparation pour jouer un jour le rôle d'actionnaires et/ou de dirigeants de cette entreprise que je comptais bien leur laisser lorsque le temps serait venu.

En fait, j'ai réalisé que la transmission était moins facile que ce que j'imaginais. D'abord psychologiquement : en fait quand mon père m'avait transmis, je recevais... quand c'est son tour de transmettre, on ne reçoit rien, on donne... on pourrait presque dire qu'on se dépouille !

C'est bien sûr vrai quand on parle des actions qu'on possède. Grâce à la loi Dutreil en France, la donation est encore faiblement taxée. Mais non seulement il faut donner de son vivant ses actions qui généralement représentent l'essentiel du patrimoine dans les familles d'industriels, mais il convient de payer les droits, même faibles, qui sont aussi souvent beaucoup de ce qui reste.

Et il faut transmettre les fonctions de direction et par conséquence les abandonner. À ces moments, on voit le regard des autres qui évidemment se détourne pour aller vers le nouveau pouvoir – cela est bien naturel mais toujours un peu douloureux. On voit aussi l'emploi du temps qui se vide un peu et assez vite le plaisir d'être un peu moins « pris » laisse la place à un sentiment de vide qui inexorablement montre le temps qui passe, la vieillesse qui arrive...

Pour éviter cela, il convient donc de bien préparer sa transmission.

D'abord il faut se rappeler que tous ceux qui ont repoussé, voire refusé, la transmission de leur entreprise jusqu'à un moment trop tardif n'ont rendu service ni à l'entreprise (la vieillesse est un naufrage, disait le général de Gaulle) ; ni à ses successeurs qui piaffent ou se démotivent ; ni à eux-mêmes.

Ensuite il faut s'organiser pour que cette transmission ne soit pas une fin de parcours uniquement. Si on a la chance de le pouvoir, il est très possible de commencer autre chose. Bien sûr c'est difficile après plusieurs dizaines d'années pendant lesquelles l'essentiel de sa vie est consacré à l'entreprise, mais c'est faisable.

À ma génération, Claude Bébéar a été le modèle parfait de celui qui ayant constitué cet extraordinaire groupe qu'est AXA, et en pleine possession de ses moyens physiques et intellectuels, a laissé sa place au successeur choisi – Henri de Castries – sans jouer les prolongations et sans rester dans une position de conseil qui lui aurait fait de l'ombre. Il est passé un jour de son très grand bureau où chaque objet (magnifique) avait été choisi pour un tout petit bureau...

Comme Kennedy qui déclarait : « Je me demande ce que je peux faire pour l'Amérique au lieu de me demander ce que l'Amérique pourrait faire pour moi », Claude a pensé qu'il rendrait service à ce groupe qu'il avait tant servi en nommant quelqu'un de plus jeune.

J'ai toujours eu de l'affection et de l'admiration pour Claude et j'ai donc essayé de faire de même : après avoir longuement à l'avance transféré mes actions de contrôle du groupe en quatre parts égales à mes quatre enfants et réglé les droits de succession de mon vivant, j'ai donc entrepris de trouver la position de management la meilleure.

J'ai toujours pensé que d'avoir les actionnaires qui travaillent dans leur groupe était le meilleur moyen de créer un *affectio societatis* et de leur éviter – autant que possible – de vendre leurs actions à la première embellie boursière. Cela permet à un groupe de mener une politique à long terme en évitant les marchés financiers plutôt enclins à des diktats à court terme.

C'est grâce à cet actionnariat stable que j'ai pu mener notre entreprise de la taille d'une PME à un grand groupe international de près de 20 milliards de chiffre d'affaires. Même quand les analystes financiers ou les fonds activistes pressaient notre groupe à des ventes trop rapides, fort de cet actionnariat nous avons pu réaliser patiemment des constructions beaucoup plus intéressantes.

L'aventure vécue avec mon ami Arnaud de Puyfontaine sur UMG est un exemple édifiant de l'intérêt d'avoir un actionnariat stable prêt à s'engager sur le long terme.

Quand nous sommes arrivés à la tête de Vivendi en 2014, tous les actionnaires institutionnels voulaient que Vivendi vende sa filiale UMG, leader de la musique, secteur confronté à une baisse des ventes de CD et à la gratuité sur la plateforme digitale YouTube... Arnaud et l'équipe étaient persuadés que la digitalisation de cette activité pourrait permettre sa revalorisation et que les 7 milliards proposés étaient insuffisants.

Le groupe Bolloré les a soutenus et cinq ans plus tard la valeur de 30 milliards qui avait été fixée comme objectif par Arnaud était atteinte et permettait aux actionnaires de Vivendi de réaliser une bien meilleure opération, et aux dirigeants de Vivendi de conserver plus de 12 milliards pour développer l'édition – la télévision –, la communication, autres secteurs d'activité supportés pour le futur. On pourrait raconter la même histoire pour Canal+ :

promis par tous les financiers à une quasi-faillite et qui, cinq ans plus tard, dégage un bénéfice annuel d'un demi-milliard d'euros et est devenu le champion des contenus européens… Et bien d'autres cas encore.

Les actionnaires financiers étant généralement pressés de retirer leur bénéfice sont ainsi utilement complétés par des actionnaires à plus long terme et en particulier les actionnaires familiaux.

C'est je pense ainsi que la transmission à mes héritiers d'un *affectio societatis* basé sur leur travail dans l'entreprise m'a toujours paru utile pour l'entreprise et son intérêt à une gestion à long terme.

J'ai aussi toujours pensé que la transmission d'un patrimoine « industriel » était préférable pour les héritiers eux-mêmes par comparaison à des placements financiers. Il faut bien sûr qu'ils soient entourés d'équipes de directeurs et de cadres compétents, motivés, fidèles sur lesquels ils pourront compter pour traverser les moments importants de la vie de leur entreprise.

J'ai constaté au cours de mes cinquante ans de vie professionnelle combien d'échecs ont été subis par des héritiers qui avaient surtout reçu de l'argent… La transmission de parts représentant un actif industriel entraîne un attachement à un bien réel – à des équipes qui travaillent ensemble – à des outils de production et de distribution, plus enrichissants pour l'esprit qu'une simple somme d'argent impersonnelle – fongible – immédiatement disponible et *in fine* sans utilité citoyenne.

J'ai aussi préféré éviter le « grand soir » où tout doit basculer en commençant à passer les commandes près de deux années avant la date que j'avais toujours évoquée du 17 février 2022, le jour du bicentenaire de notre groupe, à laquelle j'aurais 69 ans (pour encore 40 jours seulement...).

Cette anticipation a été facilitée par une série de difficultés qui me concernaient : judiciaires, médicales, et dans la marche des affaires, qui pouvaient être des signes que la fin de mon temps arrivait et qu'il fallait passer la main.

Les « barreurs » de voiliers sentent quand le vent tourne et qu'il faut s'adapter. Les Bretons souvent catholiques sentent aussi quand le Ciel semble envoyer des signes... Beaucoup de Bolloré, navigateurs, bretons et catholiques sont donc sensibles aux signes et je fais partie de ceux-là... Il faut rajouter que notre groupe qui depuis cent quatre-vingt-dix-neuf ans a toujours ses usines et son siège social à Ergué-Gabéric, dans le Finistère, est placé sous la protection de Notre-Dame de Kerdévot qui au XVe siècle a protégé la commune de la peste, et souvent notre entreprise depuis... Donc cette transmission se faisait au bon moment, fixée quarante ans auparavant, mais quand même au bon moment.

Cela a amené à transmettre aussi des valeurs bien utiles pour l'entreprise : l'audace, le courage, la persévérance et surtout l'humilité. Et puis la célébration de cette capacité à traverser les transmissions, puisque nous en sommes à la 6e génération.

J'ai vu beaucoup de grands patrons préparer très sérieusement leur transmission et finalement ne rien voir se passer comme ils l'avaient prévu. Il y aura des échecs ou des réussites inattendues, et puis il y aura ceux frappés par un drame : comme mon ami Yves Rocher qui a vu disparaître l'héritier remarquable qu'il avait si bien préparé... et qui finalement a vu de façon totalement inattendue se lever pour prendre la suite avec un talent exceptionnel son petit-fils Bris.

Mais au fond, être entrepreneur c'est être optimiste sur la capacité des hommes et des femmes à bâtir et à reconstruire encore et toujours.

Les Américains citent souvent cette phrase : « We try, we fail, we fix »... Il faut entreprendre – il faut poursuivre malgré les épreuves imprévues auxquelles on s'adaptera bien.

Il en est de même pour la transmission : il faut l'organiser et penser que, de toutes les façons, l'entreprise saura continuer et s'adapter à notre monde qui bouge.

Voir : Dynastie.

Travail (… et emploi)

par Jean-Denis Combrexelle,
ancien directeur général du travail

L'entreprise est à la fois une réalité et un concept. Elle est une réalité pour les millions de personnes qui y travaillent ou/et qui y assument des responsabilités. Plus exactement, ce sont « des » réalités tant les entreprises diffèrent les unes des autres par leur taille, leur activité, leur organisation, leur culture, leurs valeurs... Elle est un concept pour ceux qui réfléchissent, légifèrent, jugent, organisent, parlent à son propos.

Au grand désespoir du législateur, des juges et des économistes, le concept est à ce point riche qu'il résiste à la définition. Sans le dire, ils partagent une représentation implicite de l'entreprise. C'est souvent une entreprise située en dehors de la région parisienne, d'importance moyenne avec une activité industrielle. Aux étudiants à qui je professe le droit de l'emploi, je dis que l'une des clés de compréhension du code du travail en France est d'avoir à l'esprit cette représentation. Celle-ci est statistiquement inexacte. Mais peu importe, c'est comme dans les dessins animés et dans les caricatures, l'entreprise est ce bâtiment au toit en ligne brisée avec une grande cheminée qui fume.

De ce hiatus entre ces réalités et ce concept ou plus exactement sa représentation naissent beaucoup d'incompréhensions qui ne sont pas sans conséquence sur le travail et l'emploi.

Si on a une approche purement conceptuelle de l'entreprise, on va lui assigner, au risque parfois d'oublier quelque peu sa fonction première qui est de produire et de vendre sur un marché des biens et des services, deux missions essentielles.

La première est que la communauté de travail constituée autour des salariés doit procurer à ces derniers de bonnes rémunérations et protéger leur santé dans leur milieu professionnel. Petit à petit, ces exigences nées de notre histoire sociale évoluent vers une notion plus large et plus floue, celle de bien-être au travail. La loi contemporaine va encore plus loin en exigeant de l'entreprise qu'elle corrige des inégalités et des discriminations largement imputables à la société elle-même.

La seconde mission de l'entreprise tient à l'emploi et à la lutte contre le chômage et la précarité. Certes il y a l'emploi public et diverses formes d'intervention de l'État sur le marché du travail, mais qu'on le veuille ou non dans les sociétés occidentales l'emploi passe par l'entreprise.

Ces deux missions peuvent apparaître antagonistes. Toutes les strates successives de notre droit du travail s'expliquent par des variations infinies dans le temps sur le point où il convient de mettre le curseur de nos lois entre l'exigence du plein-emploi ou plus exactement maintenant la réduction du chômage et la protection, au sens le plus large du terme, des salariés.

Cette problématique n'est bien évidemment pas propre à la France mais elle revêt une singulière acuité dans notre pays tant est grande la place de l'approche conceptuelle. Il faut souligner que, contrairement à une opinion complaisamment répandue, l'État n'a pas le monopole de cette approche qui est souvent partagée, j'en témoigne, par nombre d'organisations syndicales et professionnelles au niveau national.

Si on revient aux réalités de l'entreprise, l'opposition entre travail et emploi perd beaucoup de sa pertinence. La fonction de l'entreprise est de concilier tout à la fois ses exigences de pérennité, de rentabilité et, si possible, de développement avec celles liées à l'emploi et à la qualité du travail.

C'est à partir de ce constat que naît un jeu d'acteurs bien connu dans notre pays. Au nom d'une approche essentiellement conceptuelle de l'entreprise, gouvernement, organisations syndicales et professionnelles s'opposent sans fin sur des projets de lois. Ensuite une fois la loi votée, celle-ci a souvent peu d'incidence sur la vie réelle des entreprises et de leurs salariés, peu de monde ayant d'ailleurs la curiosité de s'interroger sur la portée pratique du texte qui a suscité tant de débats et d'oppositions.

Il existe un mouvement qui place l'entreprise au centre. Ce mouvement est à ce point profond que l'on a pu parler de « nouveau droit du travail ». L'idée qui guide cette évolution profonde est simple à énoncer. Il ne faut plus partir du haut mais de l'entreprise et de la communauté de travail qui est le monde du concret et du pragmatique, la loi devant, quant à elle, jouer un rôle essentiel de régulation en fixant, comme le prévoit l'article 34 de la Constitution, les principes fondamentaux.

Les meilleurs spécialistes du sujet diffèrent sur la date de ce mouvement. Non sans amusement, il peut être constaté qu'ils ont tendance à faire remonter cette date au moment où ils étaient « aux affaires » dans diverses fonctions de responsabilités. Je n'aurai pas la prétention de trancher ce débat. Je dirai simplement que le mouvement a commencé très tôt paradoxalement par des textes et des responsables politiques qui sont perçus dans l'opinion publique comme représentant une vision très étatique des relations du travail (lois Auroux de 1982 et lois Aubry I et II de 1998 et 2000).

Le paradoxe continue quand on regarde la galerie des portraits des ministres du travail successifs de l'Hôtel du Châtelet. En fonction des gouvernements auxquels ils ont appartenu, ils ont certes mené des politiques très différentes mais tous, avec les services du ministère davantage qu'avec leur cabinet, ils ont contribué à mettre une pierre à ce mouvement avec une accélération ces dernières années.

Les illustrations de ce nouveau droit du travail sont multiples.

La réforme de la représentativité syndicale en 2008 a opéré un renversement complet de perspective. Là où la représentativité se fondait sur un dispositif bureaucratique et descendant la réforme a substitué un dispositif fondé sur les élections professionnelles organisées au niveau de l'entreprise.

Depuis 2013, les plans de sauvegarde de l'emploi peuvent être négociés au niveau de l'entreprise, cette faculté étant maintenant largement utilisée par les entreprises et les délégués syndicaux.

Enfin, tant les réformes dites El Khomri de 2016 et Macron de 2018 ont bouleversé le droit du travail en construisant la négociation collective autour des accords d'entreprise.

Ces réformes, dans leur esprit, ne sont en rien un dessaisissement du législateur au profit des entreprises et de leurs dirigeants. Ce sont de nouvelles responsabilités qui sont conférées aux entreprises.

Aujourd'hui la question n'est plus dans les dispositions du code du travail. C'est maintenant la pratique qui est en cause : comment les entreprises vont-elles appréhender ces nouvelles responsabilités ?

Dit autrement, il ne suffit pas que la loi fasse confiance à l'entreprise, je n'irais pas jusqu'à dire que la loi « aime » l'entreprise, encore faut-il que les entreprises aiment la société et soient à la hauteur des nouvelles responsabilités qui leur sont conférées.

Je prendrai trois exemples.

Le temps : celui de l'entreprise est un temps qui s'accélère. Pour être opérante la négociation d'entreprise doit être en phase avec ce mouvement, ce qui implique le renoncement à la liturgie du temps long que pratiquent nombre de syndicats. Mais en même temps, l'entreprise et ses dirigeants doivent vouloir et savoir organiser le temps long notamment vis-à-vis des jeunes générations. Est-il possible de dire ici, dans ce *Dictionnaire amoureux*, que les conditions dans lesquelles certaines entreprises « accueillent » leurs jeunes cadres et salariés constituent une menace à moyen terme grave pour l'image de l'entreprise et une incitation à un « zapping » permanent dans les emplois ?

L'espace : pour des raisons opposées mais finalement convergentes, dirigeants et syndicats vont vouloir conférer sans cesse plus de responsabilités ou d'obligations à l'entreprise mondialisée au sein des grands groupes. La sociologie des organisations montre qu'il doit exister un lien entre celui qui prend la décision et ceux auxquels elle s'applique. Les responsables politiques, confrontés aux populismes de tous bords, commencent à le constater. Il n'est pas certain que sur ce point la réflexion soit aussi avancée au sein des entreprises avec un risque de « déconnexion mondialiste » du côté de leurs dirigeants.

La raison d'être : la loi relative à la croissance et la transformation des entreprises (PACTE) de 2019, à la suite du rapport Notat-Sénard, constitue une amorce. Mais l'entreprise doit avoir une raison d'être qui ait du sens pour ceux qui participent à la communauté de travail. S'il est évident que cette recherche de sens doit aller au-delà de la seule optimisation de la situation des actionnaires et des dirigeants, elle ne peut pas non plus, sous une forme plus sophistiquée, se réduire à la recherche de la performance collective de l'entreprise. Les questions d'équilibre vie professionnelle/vie privée, d'éthique et surtout d'exemplarité prendront une place croissante, elles concernent tant les dirigeants, les cadres, que ceux qui sont censés représenter les salariés.

L'entreprise devra enfin gagner la bataille de l'opinion. « L'entreprise bashing », notamment en matière de travail et d'emploi, est devenu un sport national dans notre pays.

Un consultant avait un jour convaincu Xavier Darcos, alors ministre du Travail, de l'opportunité de délivrer le prix du roman de l'entreprise. J'avais eu la faiblesse comme directeur général du travail d'appuyer la démarche. Je me souviens de ma grande perplexité, le mot est faible, à la lecture de la dizaine des livres nominés dont voici quelques titres : *Notre part des ténèbres*, *Radiation*,

Classement vertical, Confessions d'un banquier pourri, Les Heures souterraines, Mon entreprise, ma dépression et moi, Mort de peur, la vie de bureau. Le lauréat, auteur d'un de ses livres, nous fit d'ailleurs faux bond à la cérémonie qui avait été organisée pour la remise du prix, ne voulant pas, comme il eut la grâce de nous l'indiquer dans le courrier qu'il nous adressa, se compromettre avec le ministre...

La même expérience pourrait être tentée avec les films consacrés au travail et aux entreprises.

Cette vision est certes partielle et partiale mais elle traduit une vérité ou en tout cas la vérité d'une part de la perception de l'entreprise dans notre société.

On pourrait penser que nous sommes ici bien loin des problématiques d'emploi et de travail. Ma conviction personnelle est que, au contraire, nous sommes au cœur du sujet.

L'entreprise ne doit pas prêter le flanc à cette vision. Ses dirigeants ont une responsabilité sociale voire sociétale. Ceux-ci doivent se rendre compte que l'attente vis-à-vis des entreprises est grande, surtout dans notre pays. La critique parfois virulente de l'entreprise ne fait souvent que traduire cette attente déçue.

L'entreprise peut être une des structures essentielles de progrès personnel, social et économique. Ce n'est pas simplement une organisation dédiée au marché et aux actionnaires.

Le risque de « découplage » entre l'entreprise et les attentes de la société est le sujet de demain. De notre capacité à l'éviter dépendent l'emploi, la qualité du travail et plus largement le progrès économique et social et la force de notre pays.

Voir : Emploi ; Dialoguer ; Transformation sociale.

Travail demain

par Nicolas Bouzou,
économiste,
essayiste,
président d'Asteres

Les technologies de la troisième révolution industrielle (numérique, robots, intelligence artificielle, imprimantes 3D, biotechnologies...) sont à l'origine par construction d'un mouvement de destruction créatrice technologique. Pour donner sa pleine mesure en termes de productivité et de croissance, ce mouvement devrait être accompagné d'une destruction créatrice organisationnelle. Ce sujet reste néanmoins peu discuté. À la crainte d'une mauvaise organisation et d'un mauvais management, on préfère se focaliser à tort sur la crainte de la fin du travail. Il faut donc expliquer, d'abord en quoi cette crainte est infondée, en quoi la troisième révolution industrielle appelle une façon modifiée d'envisager le management.

La peur de la fin du travail est aussi ancienne que le travail. Vespasien défendit qu'on utilise des grues pour reconstruire Rome détruite par Néron. Il avait peur que cela ne fasse disparaître les emplois. En 1489, Élisabeth Ire refusa un brevet à l'inventeur de la machine à tricoter des bas. Entre 1811 et 1812, 12 000 soldats britanniques durent être dépêchés dans les Midlands pour mettre fin dans le sang à la révolte des luddites briseurs de machines qui craignaient de perdre leur emploi. En 1831, c'est la généralisation des métiers Jacquard, dans une conjoncture économique défavorable pour les textiles en soie, qui déclencha la révolte des canuts lyonnais. En 1930, le maire de Palo Alto écrivit au président Hoover pour lui demander de freiner la technologie, « ce Frankenstein qui détruit l'emploi et la civilisation ». Keynes lui-même, dans un texte de 1930, soulignait la possibilité d'un « chômage technologique » parce que « l'on découvre de nouvelles façons d'économiser du travail plus rapidement que de nouvelles utilisations de ce travail ». En 1997, Jeremy Rifkin s'alarmait de *La Fin du travail*, donnant à la gauche française des munitions intellectuelles pour orchestrer le passage aux 35 heures. Dans cet ouvrage Rifkin prophétisait à cause de l'informatique « un monde sans travailleur ou presque ». Aujourd'hui, cette crainte est encore plus présente car l'intelligence artificielle est sur le point de nous devenir supérieure dans tous les domaines. À partir de 2050, l'intelligence artificielle devrait même devenir « forte », dotée du libre arbitre et de la conscience d'elle-même. Elle éprouvera des sentiments d'amour et de haine. Il faut imaginer des robots capables d'effectuer des travaux humains, exactement comme nous, mais avec deux différences : leur quotient intellectuel sera supérieur au nôtre (jusqu'à 6 000 points de QI) et leur coût sera plus faible. Mais, même dans ces conditions, la fin du travail n'est pas à craindre.

Que les angoissés de la fin du travail aient systématiquement eu tort par le passé ne signifie pas, en toute rigueur, que l'avenir ne leur donnera pas raison. Mais cette même rigueur devrait pour le moins conduire à remettre sérieusement en cause leurs prédictions pessimistes. Le plus probable, c'est que le numérique, la robotique et l'intelligence artificielle vont conduire au plus large phénomène de mutation du travail que l'humanité ait jamais connu. Mais raréfaction et mutation diffèrent fondamentalement. Dans le premier cas, il faudra instaurer un revenu universel pour que les 15 % de *happy few* qui auront la chance de travailler financent le revenu des 75 % qui seront chômeurs. Ce serait évidemment catastrophique sur le plan philosophique, avant même de l'être sur le plan économique. Dans le deuxième cas, il faudra mettre l'accent sur l'efficacité du marché du travail et la formation initiale et continue. Les métiers du futur sont ceux qui sont complémentaires de la technologie. Ils associent la tête (la créativité), le cœur (la relation avec des clients) et la main (le savoir-faire). Ce qui vaut pour les métiers vaut aussi pour les façons de travailler et donc pour les compétences. L'intelligence artificielle, au stade actuel, utilise des data et des algorithmes pour répondre à des problématiques précises : conduire d'un point A à un point B, déceler une tumeur sur des images, quantifier un risque de crédit... La zone de complémentarité du capital humain par rapport à la technologie se situe donc au confluent de l'analyse systémique (la tête), des interactions sociales (le cœur) et de l'excellence dans l'exécution (la main). Le collaborateur du XXIe siècle a donc besoin de temps de réflexion, de calme et de liberté encadrée par une saine conception de l'autorité (qui est l'inverse de l'autoritarisme). Il a besoin d'un management qui lève les contraintes au lieu d'en dresser. Il a besoin d'autonomie. Ainsi, l'entreprise à l'ère de la troisième révolution industrielle doit aussi adapter son organisation et, surtout, son management, à cette nouvelle donne technologique.

Si la productivité par personne plafonne dans les pays développés, c'est potentiellement à cause de l'inadaptation du management des entreprises aux technologies somme toute encore récentes du numérique, de la robotique, des imprimantes 3D et de l'intelligence artificielle. Schumpeter expliquait déjà il y a cent ans que le délai entre innovation et gains de productivité était très long car, bien souvent, la rigidité des organisations bloquait les effets positifs de la destruction créatrice. Ce raisonnement semble toujours pertinent. Les entreprises parlent beaucoup des technologies de la troisième révolution industrielle. C'est particulièrement vrai pour celles qui opèrent dans le BtoC. Mais, pour l'instant, cette obsession reste souvent du domaine intellectuel. En effet, peu de ces entreprises ont traduit en actes ce que l'avènement de ces technologies devrait impliquer pour elles : adopter un management qui accentue la complémentarité humain/machines et rendre l'expérience clients exceptionnelle. À l'inverse, dans de nombreux secteurs, l'expérience clients demeure catastrophique, ce qui signifie quelque chose de simple : ces entreprises prennent le risque de disparaître, tuées à plus ou moins brève échéance par une start-up proche ou non de l'écosystème des GAFA-BATX, qui utilisera la technologie pour offrir un service simple et de qualité. Les entreprises les plus lucides (encore trop rares) ont compris que les technologies de la troisième révolution industrielle devaient avoir trois vertus pour l'expérience clients : proposer plus de simplicité, plus de flexibilité et plus d'humanité. De même, les entreprises ne doivent plus faire travailler des humains pour leur faire faire des choses mécaniques ou leur faire dire « c'est le process ». Des algorithmes entrée de gamme suffiraient. L'avantage comparatif des humains, c'est justement d'être capables de ne pas respecter un process quand c'est nécessaire.

La crise du Covid-19 a de ce point de vue secoué avec vigueur et de façon inattendue l'organisation des entreprises, ce qui est une excellente chose. Elle a généré du désordre là où l'ordre ancien n'était plus pertinent car inadapté aux nouvelles structures technologiques. Ainsi, les entreprises ont dû apprendre à faire télétravailler leurs collaborateurs pour lesquels c'était possible, certes dans l'urgence. Globalement, les entreprises doivent donc tirer les leçons managériales de cette période en augmentant le niveau du management, en laissant davantage d'autonomie aux collaborateurs, en donnant davantage de sens au travail, c'est-à-dire en considérant au maximum le travail des salariés comme devant être un facteur de production complémentaire et non pas substituable à la technologie.

De cette façon, elles motiveront les salariés, magnifieront l'expérience client et amélioreront leurs performances. Nos résultats macroéconomiques y gagneront.

Voir : Autonomie ; Destruction créatrice ; Intelligence artificielle ; Schumpeter, Joseph.

V

Versailles

par Catherine Pégard,
présidente de l'Établissement public du château,
du musée et du domaine national de Versailles

Disons-le sans ambages : on rêverait qu'une image du château de Versailles illustre la couverture de ce dictionnaire tant il se veut, depuis sa création, l'un des symboles de l'entreprise !

Le souvenir, il y a peu encore, s'en était estompé... Versailles était d'abord le lieu du pouvoir, du « bel esprit », qui faisait et défaisait les succès au sein d'une société dont on ne pouvait imaginer qu'elle pût être industrieuse. Le « sérieux et instruit » qui désignait l'univers de la science y avait pourtant une vraie place mais les mémorialistes plus préoccupés d'exalter les passions politiques ou artistiques de la Cour, de démêler ses ambitions et ses jeux, ne s'en souciaient guère. Au XXe siècle encore, on était si préoccupé de faire revivre le château contre les altérations du temps, en le remeublant et en le restaurant, qu'on ne pensait pas à mettre en valeur le foisonnement des savoirs qui s'y étaient croisés constamment, encouragés par l'esprit d'entreprise des monarques.

Pourtant la création même de Versailles est une entreprise. Par son ampleur sans précédent, le chantier voulu par Louis XIV, bâtisseur – et chef d'entreprise – omniprésent, est un laboratoire de l'aménagement du territoire. Ce plateau de 145 mètres d'altitude au milieu des marécages qui accueille un Palais destiné à servir la renommée du roi et devenir le centre du monde requiert toute l'ingéniosité des hommes. Louis XIV veut de l'eau partout dans ses jardins. Versailles rassemblera les savoirs hydrauliques les plus innovants du XVIIe siècle pour le satisfaire. On développe des principes techniques qui n'avaient jamais été mis en œuvre à une telle échelle. On crée de nouveaux instruments d'optique, de géodésie ou de cartographie. Sous l'impulsion de Colbert qui assure la tutelle de l'Académie des sciences comme celle des Bâtiments du Roi, le prestige du roi ne va pas sans l'utilité pragmatique des connaissances. Le lien est fait entre le pouvoir et les savants qui fréquentent la Cour et enseignent aux enfants de France.

Versailles devient le domaine sans limites des sciences appliquées dont on attend des retombées économiques plus encore que politiques. Protecteur des Arts, Louis XIV s'impose comme le protecteur des Sciences en soutenant notamment les chercheurs étrangers. Il ajoute à sa gloire d'être considéré comme le monarque le plus moderne de son époque.

Deux ans après sa mort, ne verra-t-on pas Pierre le Grand, muni d'un petit crayon et d'un petit carnet, copier les mécanismes, les formules qu'il veut importer pour réformer la Russie ?

Colbert a eu soin d'insérer, jusque dans les grands décors de Versailles, les découvertes qui font de la résidence royale le symbole de cette modernité. On peut ainsi s'amuser à déceler dans les allégories peintes ou sculptées instruments scientifiques ou allusions aux prouesses techniques du temps.

À l'intérêt insatiable que porte Louis XIV à toute entreprise qui étend son propre rayonnement sur la France et le monde, ses successeurs ajoutent leur passion personnelle, intime pour la pratique des sciences et leur curiosité pour l'innovation. Louis XV qui possède dans son château de la Muette le plus grand télescope du monde ne manque aucun événement astronomique. Pendant plus de trente ans, il constitue dans les jardins de Trianon la plus grande collection botanique d'Europe : plus de quatre mille variétés de fruits, de fleurs et de plantes qui habillent d'exotisme les goûts de la Cour. On acclimate l'ananas venu du Nouveau Monde au Potager du roi, on cultive le riz dans le bassin des plantes aquatiques de Trianon...

Plus encore, l'engouement du Roi pour l'agronomie contribue au développement considérable de l'agriculture qu'encouragera à son tour Louis XVI. C'est à Versailles qu'il fait entrer la pomme de terre dans l'alimentation des Français. Quand, le 27 août 1786, Parmentier vient offrir au roi un bouquet de fleurs de pommes de terre pour le remercier de lui avoir accordé un lopin de terre à Neuilly pour cultiver ces tubercules, Louis XVI porte ces fleurs à sa boutonnière et s'exclame : « La France vous remerciera un jour d'avoir trouvé le pain des pauvres. » Le roi s'attache plus encore au développement de la Marine française, entouré de maquettes, corrigeant les cartes, suivant les voyages des grands navigateurs. On dit qu'avant de monter à l'échafaud, il interrogea son entourage : « Avons-nous des nouvelles de M. de La Pérouse ? »

L'art de vivre à la française dont Versailles est resté, par-delà les aléas de l'Histoire, le symbole est devenu le lien entre les métiers d'art d'hier et ceux qui les perpétuent aujourd'hui, qu'ils les restituent ou qu'ils les détournent dans des créations contemporaines. Le château de Versailles n'a-t-il pas intitulé une exceptionnelle exposition sur le Mobilier XVIIIe « Aux Sources du design », allusion au mot inventé en Angleterre en 1720 mais d'abord aux gestes d'aujourd'hui ? On redécouvre peu à peu que Versailles fut aussi ce champ d'expérimentation pour la création et l'innovation où les grandes entreprises en mutation constante ont leurs racines tout comme les artisans aux savoir-faire les plus immuables.

Versailles peut entrer dans tous les *story tellings*, comme on dit, pour faire le lien entre le passé et le présent, l'héritage et l'innovation. Récemment une grande industrie pharmaceutique cherchait – sans y croire – l'histoire qu'elle pourrait partager avec le château de Versailles. Et nous revenait cet événement d'une brûlante actualité en ces temps de pandémie. Le 29 mai 1774, l'Anglais Walpole écrit à son amie Mme du Deffand : « Le Roi, ni les princes ne se feront point inoculer. Il est des préventions impossibles à détruire. » On parle de l'inoculation – synonyme de vaccination – contre la variole. Les Anglais en ont été précurseurs, les Français s'en méfient...

La décision de Louis XVI, quelques jours après qu'il fut monté sur le trône, d'être « inoculé » avec ses frères est une surprise. Elle marque l'engouement spectaculaire du roi pour la science. La reine célèbre l'événement en arborant une perruque dite « à l'inoculation ». Opération de communication impeccable...

On sait que la compagnie de Saint-Gobain fournissait glaces et miroirs pour la Grande Galerie et aussi des vitraux pour la Chapelle royale, mais le président de Saint-Gobain ne manque jamais de rappeler l'expérience du miroir « ardent » faite pour concentrer les rayons du soleil, ancêtre sous Louis XIV, de sa filière des énergies nouvelles et renouvelables.

Comment ne pas évoquer encore cette soirée de 2015 où Laurent Fabius, ministre des Affaires étrangères présidant la COPIL-21, avait souhaité convier à Versailles les ministres des Transports du monde. Pourquoi Versailles au-delà du caractère prestigieux d'une soirée destinée à honorer nos hôtes étrangers s'attacherait-il aux transports ?

Le rappel du premier vol en montgolfière d'un mouton, d'un canard et d'un coq le 19 septembre 1783, devant Louis XVI, fit grand effet. Tout à coup, la présence de ces ministres était naturelle. À voir les visages conquis des invités, on aurait pu prononcer les mots enthousiastes qui saluaient l'envol du premier ballon : à force de légèreté, on avait vaincu la pesanteur.

Et ceux qui n'auraient pas été convaincus que Versailles s'inscrivait – aussi – dans une histoire des transports auraient pu l'être encore en apprenant qu'une première voie ferrée fut construite par Louis-Philippe pour relier Paris à Versailles pour l'inauguration du musée de l'Histoire de France en 1837.

Plus fascinant peut-être ce jour récent où l'un des leaders américains des réseaux sociaux se retrouve, pour la première fois, seul dans la galerie des Glaces. Même si l'histoire des États-Unis a pour une large part commencé à Versailles lorsque Louis XVI a décidé de soutenir la guerre d'Indépendance américaine, comment imaginer la « tech » à Versailles ? C'est Marie-Antoinette qui, cette fois, nous fournit un rapprochement inattendu. On avait déjà au XVIII siècle le désir de créer un homme artificiel. Les automates se multiplient alors. En 1784, la reine achète le plus élaboré des androïdes, ancêtre du robot, qui condense toutes les études menées sur les mouvements du corps. La Joueuse de tympanon porte le nom de l'instrument à cordes à huit airs dont l'automate – une femme qui cache sous ses atours ce mécanisme inédit – joue en frappant les 46 cordes avec deux petits maillets.

Tout à coup, le regard du maître du Web changea : le château n'était plus un musée figé dans une histoire arrêtée, il l'illustrait.

Au-delà de l'anecdote, ces démonstrations devant le roi qui avaient valeur de consécration comme elles l'ont aujourd'hui quand le chef de l'État assiste à une nouvelle expérience technologique créent une identification de Versailles à l'entreprise qui ne peut paraître incongrue. Dans les jours heureux comme dans les plus sombres, le château de Versailles a fait l'histoire de la France et puis il l'a accompagnée. Les grandes écoles y sont nées (Ponts et Chaussées, Génie maritime, Mines...), les grandes découvertes y ont été applaudies, les grandes entreprises y ont établi leur réputation.

Lorsque le président Emmanuel Macron a décidé, en 2018, d'organiser au château de Versailles des rencontres entre les chefs d'entreprise du monde entier et le gouvernement français pour faire rayonner l'attractivité économique de la France, il a voulu renouer avec cette tradition qui a fait de Versailles la vitrine de la créativité française dans tous les domaines. Et si cette manifestation inédite – Choose France – devient un rendez-vous attendu chaque année, c'est sans doute que flottent dans la mémoire de Versailles des souvenirs qui ne rendent pas anachroniques *speed dating* et conciliabules sur les investissements les plus novateurs du moment. Le président de la République l'a dit à ses premiers hôtes : « Le patrimoine porte notre histoire mais porte aussi une part de notre avenir. »

Comme s'y entrecroisent tous les arts, les sciences et les entreprises des hommes surgissent ici sous toutes les formes, à toutes les époques, nous renvoyant aux premiers rêves d'un roi dont la seule préservation suffit à faire de nous des entrepreneurs.

Il y avait sur le domaine de Versailles soixante-huit entreprises en activité quand le 15 mars 2020 ses grilles se sont refermées en raison de la pandémie qui s'abattait sur le monde. Mais les travaux ont continué. Ceux des jardins pour que ne se perdent pas les broderies de Le Nôtre, ceux de la Chapelle royale, le plus grand chantier de restauration depuis celui de la Galerie des Glaces, qui a mobilisé pendant trois années une centaine d'artisans et une dizaine d'entreprises... On y a créé un hôtel. Un Campus du patrimoine et de l'artisanat d'excellence va transformer une partie des Grandes Écuries.

Une manière d'affirmer que, même dans les temps les plus incertains, Versailles, après plus de trois siècles, ne cesse jamais d'entreprendre.

Voir : Mécénat ; Patrimoine.

Ville

par Robin Rivaton,
investisseur,
essayiste

Maritime, industrielle, portuaire, touristique, minière, la ville est inextricablement liée à son activité économique et par là aux entreprises qui l'ont façonnée. Tant et si bien que la ville-dortoir, celle qui n'a ni d'activité, ni entreprise, est combattue comme le mauvais fruit de l'urbanisme. Si l'Histoire s'est écrite dans les villes au fil des siècles, c'est parce qu'elles concentraient le pouvoir, pas la production. La proto-industrie au XVIIIe siècle est encore rurale, sous la forme de la sous-traitance à domicile, les artisans des villes veillant à ce que leurs monopoles soient soigneusement protégés. Revisitons la plus importante manufacture de l'histoire des indiennes de coton en Europe, créée en 1760 à Jouy-en-Josas, près de la source de la Bièvre, pour la qualité de son eau, ou les mines d'Anzin, petit hameau du Hainaut devenu centre industriel. Les entreprises n'ont alors pas de nom propre, elles récupèrent celui du territoire dont elles sont l'emblème.

À l'ère industrielle, les plus grandes entreprises, animées d'une ambition dévorante, décident de bâtir des villes à leur image. C'est le cas des empires automobiles. On parle de ville-champignon pour illustrer cette croissance folle. Quand Peugeot décide de s'implanter à Sochaux en 1912, il ne s'agit que d'un modeste bourg de 500 habitants. Moins de soixante-dix ans plus tard, l'usine comptera 40 000 employés. Aux États-Unis, Henry Ford devint ironiquement le défenseur des villages industriels quand ses usines inauguraient le tout début de la production de masse en 1905-1910. Dès 1919, il tentait de réorganiser, sans succès, la production autour de dix-neuf villages situés à moins de 100 kilomètres du siège de Ford à Dearborn. Le second plus grand groupe automobile du monde, Toyota, créé en 1937, a toujours son siège à Toyota, ville moyenne japonaise située à trois heures de Tokyo. Les entreprises ne sont pas des organismes froids imperméables au territoire où elles naissent et grandissent. Des ex-associés de M. Ford conçoivent une nouvelle voiture. Ils lui donneront le nom du fondateur français de la ville où ils se sont établis. Et voici comment le Gascon Antoine de Lamothe-Cadillac, débarqué en Amérique à 25 ans où il fonda le fort Pontchartrain du Détroit en 1701, devient une marque de voiture parmi les plus célèbres du monde. D'ailleurs la tentation de bâtir sa ville a traversé les siècles et les nouveaux maîtres du monde, géants du numérique, n'ambitionnent-ils pas comme leurs aînés de l'automobile de construire leur ville à leur image, à travers ses gigantesques campus plantés tels des châteaux forts d'antan ? Ne les désigne-t-on pas comme la firme de Mountain View (Alphabet), celle de Cupertino (Apple) ou celle de Menlo Park (Facebook), du nom de ces villages californiens devenus emblèmes de la technologie conquérante ?

Les entreprises font encore rayonner aujourd'hui les villes. Certes les villes sont majoritairement identifiées dans l'imaginaire collectif par les monuments publics, ici le Louvre, Central Park là-bas, la Cité interdite encore plus loin. Mais comment ne pas associer LVMH ou Hermès à Paris et l'empreinte que ces maisons laissent sur la ville avec des bâtiments aussi emblématiques que la Samaritaine ou la Fondation Louis-Vuitton ? Comment ne pas voir que la place Vendôme, si elle était seulement une place sans ses bijoutiers, serait un écrin sans joyau ? Comment imaginer New York sans Wall Street, l'Empire

State Building ou le Chrysler Building, symbole des entrepreneurs les plus ambitieux ? Comment se représenter Londres sans sa roue du Millénaire, le London Eye ? Et même les monuments publics les plus célèbres doivent un tribut aux entrepreneurs qui les ont bâtis. La tour Eiffel ne serait restée qu'un concours chimérique et la statue de la Liberté un cadeau diplomatique sans le talent des ateliers Eiffel qui en ont fait des icônes.

Les grandes entreprises ont façonné les paysages urbains. Elles ont amené les usines au cœur des villes. Puis avec la désindustrialisation, les promoteurs et architectes ont réinventé les entrepôts en bureaux et les anciennes filatures en loft de luxe. Les entreprises de services ont succédé aux groupes industriels. Les quartiers d'affaires ont été délimités et les tours ont poussé de terre. Les bâtiments les plus extraordinaires sont venus habiller les villes telles des parures. Mais à côté des géants qui surplombent la cime urbaine, il ne faut pas oublier les dizaines de milliers si ce n'est les centaines de milliers de petites entreprises qui font battre le cœur de la ville. Ces commerces, échoppes, restaurants, aux néons blafards ou aux couleurs criardes, aux façades distinguées ou aux vitrines banales, ce sont eux qui font vivre nos rues et leur donnent une âme. Même les zones commerciales, si facilement vilipendées aujourd'hui, assurent l'approvisionnement de nos villes, comme les halles d'antan. Voilà qu'une pandémie met sous cloche cette vie, oblige à baisser le rideau, et on se rend compte à quel point ces entreprises sont à la fois fragiles et précieuses. Au quotidien, la tentation est grande de vouloir réglementer, organiser, segmenter la vie des entreprises en ville. Mais l'entropie est consubstantielle de la vie en ville. C'est par le hasard des rencontres que naissent les plus grandes idées et les plus belles aventures.

Le télétravail vient remettre le lien entre les entreprises et les villes, laissant imaginer des entreprises décentralisées, dans le *cloud*, en lévitation au-dessus des villes. Stripe, le géant du paiement, a ouvert un cinquième hub après San Francisco, Seattle, Dublin, et Singapour. Sa particularité : il est entièrement dématérialisé. Pour autant, cette vision semble être très chimérique. L'entreprise sans la ville ne serait plus vraiment l'entreprise. C'est d'autant plus vrai aujourd'hui où elle dépend des talents. Et si certains d'entre eux aspirent à la vie de nouveaux nomades, la majorité souhaite habiter, au sein de Heidegger dans sa conférence à Darmstdadt, le lien entre l'homme et l'espace, quelque part.

Voir : Greffe ; Territoires.

Postface

Ainsi se termine ce dictionnaire avec l'espoir que le lecteur, en le refermant, soit saisi d'un fulgurant besoin d'entreprendre et d'entreprise, et pris d'une irrésistible envie comme je l'ai eue avec le *Dictionnaire amoureux de la Grèce* de Jacques Lacarrière de retourner dans le pays de mes origines, de me précipiter au théâtre après avoir lu celui de Christophe Barbier, à l'Opéra après celui de Pierre-Jean Rémy et de retrouver « Ma Provence » devenue celle de Peter Mayle.

Envie de saluer les artistes, d'investir dans leurs bonnes œuvres, de s'investir dans leur belle ouvrage et surtout… d'entreprendre en leur rappelant le conseil de Goethe qui disait : « Quoi que vous rêviez d'entreprendre, commencez-le. L'audace a le génie du pouvoir et de la magie. »

Toutes celles et tous ceux qui ont coécrit ce dictionnaire sont les « associés » d'une entreprise singulière, « à but non lucratif » puisque nous avons tous décidé de le faire *pro bono*, pour le bien public.

Mais notre engagement n'est pas pour autant désintéressé.

Animés par l'ardent désir de transmettre expérience et conviction, notre espoir est de susciter des vocations et d'encourager ceux qui sont habités par l'esprit d'entreprise. Nous avons ainsi décidé que nos droits d'auteurs seront versés à ceux qui demain assureront la relève.

Ce sont Les Déterminés qui vont recueillir ceux-ci.

Depuis plus de quinze ans, Moussa Camara, fort de son expérience de créateur d'entreprise « engagé dans la vie de la cité », accompagne à travers Les Déterminés (https://www.lesdetermines.fr) les futurs entrepreneurs des quartiers populaires et des milieux ruraux.

En Île-de-France au tout début et à l'échelle nationale aujourd'hui, ce sont près de trois mille jeunes qui ont été sensibilisés à l'entrepreneuriat.

Plus de quatre cents sont passés à l'acte.

Leur verser nos « droits » relève de notre « devoir » de transmettre.

Aider Les Déterminés à réaliser leur rêve, c'est aussi accompagner cette jeunesse venue d'ailleurs sur le chemin de sa citoyenneté pour qu'à l'instar de Lysias, le rhéteur de *La République* de Platon qui était aussi « fabricant », d'abord métèque puis isotèle, lui soit, à elle aussi – grâce à l'entreprise – reconnu « droit de cité ».

Remerciements

Mes remerciements vont bien évidemment en priorité à toutes celles et ceux qui sont les coauteurs de ce dictionnaire amoureux.

Ils l'ont été avec enthousiasme et du « cœur à l'ouvrage ».

Ils ont fait preuve d'une exceptionnelle disponibilité et d'un talent de plume, le leur, celui de l'authenticité et de l'incarnation.

Un immense merci aussi à Véronique et à Jean-Pierre, ma famille, qui s'est transformée en « comité de lecture » et, en quelques circonstances, en « comité des sages ».

Ils ont tous deux accompagné mes réflexions, encouragé mes audaces, tempéré mes fulgurances hasardeuses et partagé mes doutes, mes déceptions et mes joies.

Un immense merci à Grégory Berthier-Saudrais pour sa complicité et sa disponibilité. Il m'a guidé avec patience dans un métier où il excelle, qui n'est pas le mien et que j'ai adoré. Que Cécile Kilburg, pour sa compréhension et sa ponctualité, partage ces remerciements.

Ma reconnaissance va aussi à Sophie Charnavel et à Clément Pelletier qui ont su faire preuve d'une « audace créatrice » sans laquelle ce dictionnaire n'aurait jamais été une œuvre collégiale.

Mes remerciements vont enfin aux coauteurs qui ont entraîné dans l'aventure certains de leurs amis et aux miens, Christine Dutreil, Emmanuelle Ravaud, Gaétan de L'Hermite et Guy Maugis, qui m'ont ouvert la porte des leurs pour qu'ils la rejoignent.

Table

Dans la même collection

Ouvrages parus

Philippe Alexandre
Dictionnaire amoureux de la politique

Albert Algoud
Dictionnaire amoureux de Tintin

Claude Allègre
Dictionnaire amoureux de la science

Metin Arditi
Dictionnaire amoureux de la Suisse
Dictionnaire amoureux de l'esprit français

Pierre Assouline
Dictionnaire amoureux des écrivains et de la littérature

Jacques Attali
Dictionnaire amoureux du judaïsme

Alain Baraton
Dictionnaire amoureux des jardins
Dictionnaire amoureux des arbres

Christophe Barbier
Dictionnaire amoureux du théâtre

Jean-Baptiste Baronian
Dictionnaire amoureux de la Belgique

Alain Bauer
Dictionnaire amoureux de la franc-maçonnerie
Dictionnaire amoureux du crime

Olivier Bellamy
Dictionnaire amoureux du piano
Dictionnaire amoureux de Chopin

Yves Berger
Dictionnaire amoureux de l'Amérique (épuisé)

Laurent Binet et Antoine Benneteau
Dictionnaire amoureux du tennis

Adam Biro
Dictionnaire amoureux de l'humour juif

Patrice Blanc-Francard
Dictionnaire amoureux du jazz

Denise BOMBARDIER
Dictionnaire amoureux du Québec

Éric BOUHIER
Dictionnaire amoureux de San-Antonio

Hervé BOURGES
Dictionnaire amoureux de l'Afrique

Jean-Claude CARRIÈRE
Dictionnaire amoureux de l'Inde
Dictionnaire amoureux du Mexique

Jean DES CARS
Dictionnaire amoureux des trains
Dictionnaire amoureux des monarchies

Michel DEL CASTILLO
Dictionnaire amoureux de l'Espagne

Antoine DE CAUNES
Dictionnaire amoureux du rock

Patrick CAUVIN
Dictionnaire amoureux des héros (épuisé)

Jacques CHANCEL
Dictionnaire amoureux de la télévision

Malek CHEBEL
Dictionnaire amoureux de l'Algérie
Dictionnaire amoureux de l'islam
Dictionnaire amoureux des Mille et Une Nuits

Jean-Loup CHIFLET
Dictionnaire amoureux de l'humour
Dictionnaire amoureux de la langue française

Catherine CLÉMENT
Dictionnaire amoureux des dieux et des déesses

André COMTE-SPONVILLE
Dictionnaire amoureux de Montaigne

Gérard DE CORTANZE
Dictionnaire amoureux des Sixties

Xavier DARCOS
Dictionnaire amoureux de la Rome antique
Dictionnaire amoureux de l'école

Bernard DEBRÉ
Dictionnaire amoureux de la médecine

Jean-Louis Debré
Dictionnaire amoureux de la République

Alain Decaux
Dictionnaire amoureux d'Alexandre Dumas

Didier Decoin
Dictionnaire amoureux de la Bible
Dictionnaire amoureux des faits divers

André Deledicq et Mickaël Launay
Dictionnaire amoureux des mathématiques

Jean François Deniau
Dictionnaire amoureux de la mer et de l'aventure

Bertrand Dicale
Dictionnaire amoureux de la chanson française

Alain Duault
Dictionnaire amoureux de l'opéra

Alain Ducasse
Dictionnaire amoureux de la cuisine

Jean-Paul et Raphaël Enthoven
Dictionnaire amoureux de Marcel Proust

Nicolas d'Estienne d'Orves
Dictionnaire amoureux de Paris

Vladimir Fédorovski
Dictionnaire amoureux de Saint-Pétersbourg

Dominique Fernandez
Dictionnaire amoureux de la Russie
Dictionnaire amoureux de l'Italie
(deux volumes sous coffret)
Dictionnaire amoureux de Stendhal

Franck Ferrand
Dictionnaire amoureux de Versailles

Luc Ferry
Dictionnaire amoureux de la philosophie

Élisabeth de Feydeau
Dictionnaire amoureux du parfum

Jean-Louis Fournier
Dictionnaire amoureux du Nord

José Frèches
Dictionnaire amoureux de la Chine

Max Gallo
Dictionnaire amoureux de l'histoire de France

René Guitton
Dictionnaire amoureux de l'Orient

Claude Hagège
Dictionnaire amoureux des langues

Hervé Hamon
Dictionnaire amoureux des îles

Daniel Herrero
Dictionnaire amoureux du rugby
Dictionnaire amoureux de l'Ovalie

Homeric
Dictionnaire amoureux du cheval

Francis Huster
Dictionnaire amoureux de Molière

Gilles Jacob
Dictionnaire amoureux du Festival de Cannes

Daniel Jouanneau
Dictionnaire amoureux de la diplomatie

Serge July
Dictionnaire amoureux du journalisme
Dictionnaire amoureux de New York

Alain Juppé
Dictionnaire amoureux de Bordeaux

Christian Laborde
Dictionnaire amoureux du Tour de France

Jacques Lacarrière
Dictionnaire amoureux de la Grèce
Dictionnaire amoureux de la mythologie (épuisé)

André-Jean Lafaurie
Dictionnaire amoureux du golf

Pierre et Olivier de Lagarde
Dictionnaire amoureux du patrimoine

Mathieu Laine
Dictionnaire amoureux de la liberté

Jack Lang
Dictionnaire amoureux de François Mitterrand

Gilles LAPOUGE
Dictionnaire amoureux du Brésil

François LAROQUE
Dictionnaire amoureux de Shakespeare

Michel LE BRIS
Dictionnaire amoureux des explorateurs

Bernard LECOMTE
Dictionnaire amoureux des papes

Anne LEHOËRFF
Dictionnaire amoureux de l'archéologie

Nicole LE DOUARIN
Dictionnaire amoureux de la vie

Jean-Yves LELOUP
Dictionnaire amoureux de Jérusalem

Pierre LEMAITRE
Dictionnaire amoureux du polar

Évelyne LEVER
Dictionnaire amoureux des reines

Paul LOMBARD
Dictionnaire amoureux de Marseille

Peter MAYLE
Dictionnaire amoureux de la Provence

Michel MEYER
Dictionnaire amoureux de l'Allemagne

Christian MILLAU
Dictionnaire amoureux de la gastronomie

Richard MILLET
Dictionnaire amoureux de la Méditerranée

François et Valentin MOREL
Dictionnaire amoureux de l'inutile

Pierre NAHON
Dictionnaire amoureux de l'art moderne et contemporain

Alexandre NAJJAR
Dictionnaire amoureux du Liban

Henri PENA-RUIZ
Dictionnaire amoureux de la laïcité

Gilles Perrault
Dictionnaire amoureux de la Résistance

Jean-Christian Petitfils
Dictionnaire amoureux de Jésus

Loïck Peyron
Dictionnaire amoureux de la voile

Jean-Robert Pitte
Dictionnaire amoureux de la Bourgogne

Bernard Pivot
Dictionnaire amoureux du vin

Gilles Pudlowski
Dictionnaire amoureux de l'Alsace

Yann Queffélec
Dictionnaire amoureux de la Bretagne
Dictionnaire amoureux de la mer

Christiane Rancé
Dictionnaire amoureux des saints

Alain Rey
Dictionnaire amoureux des dictionnaires
Dictionnaire amoureux du diable

Pierre Rosenberg
Dictionnaire amoureux du Louvre

Jean-Marie Rouart
Dictionnaire amoureux de Jean d'Ormesson

Élisabeth Roudinesco
Dictionnaire amoureux de la psychanalyse

Marcel Rufo
Dictionnaire amoureux de l'enfance et de l'adolescence

Ève Ruggieri
Dictionnaire amoureux de Mozart

Danièle Sallenave
Dictionnaire amoureux de la Loire

Elias Sanbar
Dictionnaire amoureux de la Palestine

Jérôme Savary
Dictionnaire amoureux du spectacle (épuisé)

Jean-Noël Schifano
Dictionnaire amoureux de Naples

Alain SCHIFRES
Dictionnaire amoureux des menus plaisirs (épuisé)
Dictionnaire amoureux du bonheur

Robert SOLÉ
Dictionnaire amoureux de l'Égypte

Philippe SOLLERS
Dictionnaire amoureux de Venise

Michel TAURIAC
Dictionnaire amoureux de De Gaulle

Frédéric THIRIEZ
Dictionnaire amoureux de la montagne

Denis TILLINAC
Dictionnaire amoureux de la France
Dictionnaire amoureux du catholicisme
Dictionnaire amoureux du Général

Trinh Xuan THUAN
Dictionnaire amoureux du ciel et des étoiles

André TUBEUF
Dictionnaire amoureux de la musique

Jean TULARD
Dictionnaire amoureux du cinéma
Dictionnaire amoureux de Napoléon

Mario VARGAS LLOSA
Dictionnaire amoureux de l'Amérique latine

Hubert VÉDRINE
Dictionnaire amoureux de la géopolitique

Dominique VENNER
Dictionnaire amoureux de la chasse

Jacques VERGÈS
Dictionnaire amoureux de la justice

Pascal VERNUS
Dictionnaire amoureux de l'Égypte pharaonique

Frédéric VITOUX
Dictionnaire amoureux des chats

Olivier WEBER
Dictionnaire amoureux de Joseph Kessel

Jean-Michel WILMOTTE
Dictionnaire amoureux de l'architecture

Denis Zervudacki
(sous la direction de)
Dictionnaire amoureux de l'entreprise et des entrepreneurs

À paraître

Metin Arditi
Dictionnaire amoureux d'Istanbul

Richard Collasse
Dictionnaire amoureux du Japon

Pour en savoir plus
sur les Éditions Plon
(catalogue, auteurs, vidéos, actualités...),
vous pouvez consulter
www.plon.fr
www.lisez.com

lisez!

et nous suivre sur les réseaux sociaux

Editions Plon

@EditionsPlon

@editionsplon

Achevé d'imprimer en octobre 2021
par Normandie Roto Impression s.a.s.
61250 Lonrai
N° d'impression : 2104912
Imprimé en France